제35회 공인중개사 시험대비 **전면개정판**

박문각
공인중개사

합격예상문제 **1차**

민법·민사특별법

박문각 부동산교육연구소 편

브랜드만족
1위
박문각

근거자료
후면표기

20
24

동영상강의
www.pmg.co.kr

합격까지 박문각
합격 노하우가 다르다!

이 책의 머리말

공인중개사 시험을 준비하는 수험생 여러분에게 기본서 못지않게
중요한 것이 바로 문제집입니다.

오히려 기본서보다 문제집이 더 중요할 수도 있습니다. 우리는 시험을 보기 위해 공부하고, 또 최종적
으로 그 시험에 합격해야 하기 때문입니다.

따라서 2024년 박문각 공인중개사 민법·민사특별법 합격예상문제집의 모든 것은 시험 합격에 초점을
두어 만들었습니다.

본서의 구성과 특징은 다음과 같습니다.

01 ∣ 중요 테마에 따른 문제 구성

민법은 해마다 시험에 출제되는 중요 테마가 존재합니다. 그 핵심내용을 문제를 통해 정리할 수 있도록 하기 위
해, 먼저 대표유형을 제시하고 그 뒤 관련문제를 엄선하여 배치하였습니다. 이를 통해 해당 테마를 확실히 정
리할 수 있을 것입니다.

02 ∣ 최근 출제경향 완벽 반영

최근 민법 시험의 변화된 출제경향 중 하나는 바로 전체적인 관점에서 보는 종합적 사고문제가 점차 많아지고
있다는 것입니다. 이러한 출제경향에 대비하기 위해 각 단원별로 종합문제를 구성하여 변화된 유형에 수험생이
자연스럽게 대비할 수 있도록 하였습니다.

03 ∣ 최근 기출문제 완벽 반영

민법은 다른 공인중개사 과목들과는 달리 다른 국가고시에서도 시험을 치루고 있고, 실제로 그 문제유형이나
난이도 등이 공인중개사 민법과 매우 유사하기 때문에, 꼭 공인중개사 기출문제가 아니더라도 다른 국가시험에
출제된 문제 또한 매우 중요합니다. 따라서 최근 출제된 기출문제를 철저히 분석하여 공인중개사 시험의 형태
에 맞춰 변형하여 수록하였습니다.

기본서를 여러 번 반복하여 공부하듯, 문제집 또한 여러 번 반복하여 풀어보는 것이 중요합니다. 처음 풀었을 때는 몰랐던 것이 추후 알게 되는 경우가 많기 때문입니다.

시험에서 중요한 것은 많이 아는 것이 아니라 확실히 아는 것입니다.

끝으로 본서가 출간될 수 있도록 애써주신 박문각 편집부 직원 여러분께 감사드리며, 이 책으로 공부하는 모든 수험생의 합격을 다시 한 번 기원합니다.

2024년 4월
편저자 씀

2024 공인중개사 시험정보

시험일정 및 시험시간

1. 시험일정 및 장소

구 분	인터넷 / 모바일(App) 원서 접수기간		시험시행일	합격자발표
	정기접수	빈자리접수		
일 정	2024. 8. 5. ~ 8. 9.	2024. 10. 1. ~ 10. 2.	2024. 10. 26.	2024. 11. 27.
장 소	원서 접수시 수험자가 시험지역 및 시험장소를 직접 선택			

Tip 1. 제1·2차 시험이 동시접수·시행됩니다.

　　2. 정기 원서접수 기간(5일간) 종료 후 환불자 범위 내에서만 선착순으로 추가 원서접수 실시(2일간)하므로, 조기마감될 수 있습니다.

2. 시험시간

구 분	교 시	시험과목 (과목당 40문제)	시험시간	
			입실시간	시험시간
제1차 시험	1교시	2과목	09:00까지	09:30~11:10(100분)
제2차 시험	1교시	2과목	12:30까지	13:00~14:40(100분)
	2교시	1과목	15:10까지	15:30~16:20(50분)

＊ 수험자는 반드시 입실시간까지 입실하여야 함(시험 시작 이후 입실 불가)

＊ 개인별 좌석배치도는 입실시간 20분 전에 해당 교실 칠판에 별도 부착함

＊ 위 시험시간은 일반응시자 기준이며, 장애인 등 장애유형에 따라 편의제공 및 시험시간 연장가능(장애 유형별 편의제공 및 시험시간 연장 등 세부내용은 큐넷 공인중개사 홈페이지 공지사항 참조)

＊ 2차만 응시하는 시간연장 수험자는 1·2차 동시응시 시간연장자의 2차 시작시간과 동일 시작

Tip 시험일시, 시험장소, 시험방법, 합격자 결정방법 및 응시수수료의 환불에 관한 사항 등은 '제35회 공인중개사 자격시험 시행공고'시 고지

응시자격 및 합격자 결정방법

1. 응시자격: 제한 없음

다만, 다음의 각 호에 해당하는 경우에는 공인중개사 시험에 응시할 수 없음

① 공인중개사시험 부정행위자로 처분 받은 날로부터 시험시행일 전일까지 5년이 지나지 않은 자(공인중개사법 제4조의3)

② 공인중개사 자격이 취소된 후 3년이 지나지 않은 자(공인중개사법 제6조)

③ 이미 공인중개사 자격을 취득한 자

2. 합격자 결정방법

제1·2차 시험 공통. 매 과목 100점 만점으로 하여 매 과목 40점 이상, 전 과목 평균 60점 이상 득점하여야 합니다.

Tip 제1·2차 시험 응시자 중 제1차 시험에 불합격한 자의 제2차 시험에 대하여는 「공인중개사법 시행령」 제5조 제3항에 따라 이를 무효로 합니다.

＊ 제1차 시험 면제대상자: 2023년 제34회 제1차 시험에 합격한 자

시험과목 및 출제비율

구분	시험과목	시험범위	출제비율
제1차 시험 (2과목)	부동산학개론 (부동산 감정평가론 포함)	부동산학개론 •부동산학 총론[부동산의 개념과 분류, 부동산의 특성(속성)] •부동산학 각론(부동산 경제론, 부동산 시장론, 부동산 정책론, 부동산 투자론, 부동산 금융론, 부동산 개발 및 관리론)	85% 내외
		부동산 감정평가론(감정평가의 기초이론, 감정평가방식, 부동산 가격공시제도)	15% 내외
	민법 및 민사특별법 중 부동산중개에 관련되는 규정	민 법 •총칙 중 법률행위 •질권을 제외한 물권법 •계약법 중 총칙·매매·교환·임대차	85% 내외
		민사특별법 •주택임대차보호법 •집합건물의 소유 및 관리에 관한 법률 •가등기담보 등에 관한 법률 •부동산 실권리자명의 등기에 관한 법률 •상가건물 임대차보호법	15% 내외
제2차 시험 1교시 (2과목)	공인중개사의 업무 및 부동산 거래신고 등에 관한 법령 및 중개실무	공인중개사법	70% 내외
		부동산 거래신고 등에 관한 법률	
		중개실무	30% 내외
	부동산공법 중 부동산중개에 관련되는 규정	국토의 계획 및 이용에 관한 법률	30% 내외
		도시개발법	30% 내외
		도시 및 주거환경정비법	
		주택법	40% 내외
		건축법	
		농지법	
제2차 시험 2교시 (1과목)	부동산공시에 관한 법령 및 부동산 관련 세법	부동산등기법	30% 내외
		공간정보의 구축 및 관리 등에 관한 법률 제2장 제4절 및 제3장	30% 내외
		부동산 관련 세법(상속세, 증여세, 법인세, 부가가치세 제외)	40% 내외

Tip 답안은 시험시행일에 시행되고 있는 법령을 기준으로 작성

공인중개사 전망

"자격증 취득하면 무슨 일 할까?"

공인중개사 자격증에 대해 사람들이 가장 많이 궁금해하는 점이 바로 '취득 후 무슨 일을 하나'이다. 하지만 공인중개사 자격증 취득 후 선택할 수 있는 직업군은 생각보다 다양하다.

공인중개사가 타인의 부동산경매 대행 자격을 부여받아 직접 경매에 참여할 수 있는 제도적 장치가 마련되면서 공인중개사의 업무범위도 확대되어 보다 전문적인 업무를 할 수 있게 되었다. 공인중개사가 경매·공매 대상 부동산에 대한 시장가격 분석과 권리분석을 전문자격인으로 이미 수행하고 있는데도 절차적인 행위에 불과한 매수신청 또는 입찰신청의 대리업무를 변호사 및 법무사만이 하도록 제한되어 있어 일반인이 경매 등에 접근하기가 쉽지 않았지만, 공인중개사에게 입찰신청의 대리 등을 할 수 있도록 함으로써 업계의 형평성을 도모하고 일반인이 개업공인중개사를 통해 편리하게 경매 등에 참여할 수 있게 됨에 따라 공인중개사가 진출할 수 있는 범위가 더 넓어졌다.

1. 취업
- 온라인 부동산 포털회사 취업
- 개인사무소, 합동사무소 취업
- 정부재투자기관 취업
- 부동산 관련기업 취업
- 은행 등 부동산 금융파트 취업 등

2. 컨설팅
- 부동산투자분석 컨설팅
- 부동산 관련법규 및 세제 자문 등
- 부동산 자산관리 및 매매대행

3. 창업
- 개인사무소 창업
- 합동사무소 창업

📖 취업

20~30대 수험생들의 경우 인터넷 부동산 회사에 취업을 하는 경우를 볼 수 있다. 부동산 관련 회사에서는 "공인중개사 자격증 취득 여부가 입사시 가장 중요한 요소가 될 수 있다."고 밝혔다. 인터넷 회사뿐만 아니라 법인인 개업공인중개사 등 부동산 관련 기업, 정부재투자기관, 즉 법인인 개업공인중개사와 일반기업에서는 부동산 및 관재팀에 입사할 수 있다. 그리고 일반기업 입사 후에도 승급우대 등의 혜택과 자격증 수당 등이 지급되기도 한다.

📖 창업

중개업소 개업은 가장 많은 수험생들이 선택하는 직업이다. 공인중개사는 중개사무소 개설등록을 하여 사무소를 설치, 중개업을 할 수 있다. 소규모의 자본과 자격증만 있으면 창업이 가능해 40~50대의 퇴직 후의 주 소득원이 된다. 또한 여성들의 경우 결혼과 출산 후에도 안정적으로 일을 할 수 있다는 장점 때문에 20대에서 50대에 이르기까지 다양한 연령층이 공인중개사 시험에 도전하고 있다.

📖 컨설팅

중개업소 창업과 부동산 기업 입사 외에 합격생들이 선택할 수 있는 직종은 바로 부동산컨설팅이다. 부동산컨설팅은 부동산의 입지 환경과 특성의 조사와 분석을 통해 부동산 이용을 최대화할 수 있는 방안을 연구하며 재개발과 부동산 관련 법규와 세제 등에 대한 자문을 하는 전문화된 직업군이다. 공인중개사 자격증 취득 후 선택할 수 있는 직업의 전문성이 더해짐에 따라 선진국형 중개업으로 자리를 잡아간다고 보는 시각이 높아지고 있다. 공인중개사는 이제 기존 장·노년층만을 위한 자격증에서 20~30대의 직업 선택의 폭을 넓혀 주는 자격증으로 범위를 넓혀가고 있다.

공인중개사 공략법

📋 **학습 정도**에 따른 공략법

01 type

입문자의 경우

공인중개사 시험 준비 경험이 전혀 없는 상태라면 먼저 시험에 대한 전체적인 파악과 과목에 대한 이해가 필요하다. 서점에서 공인중개사 관련 서적을 살펴보고 공인중개사 시험에 대한 대략적 지식을 쌓은 후 학원에서 수험상담을 받는 것이 좋다.

02 type

학습경험이 있는 경우

잠시라도 손을 놓으면 실력이 급격히 떨어질 수 있으므로 문제풀이를 통해 학습한 이론을 정리하고, 안정적 실력 향상을 위해 꾸준히 노력해야 한다. 강의 또한 평소 취약하다고 느끼는 과목에 대해 집중 심화학습을 해야 한다. 정기적인 모의고사를 실시하여 결과에 따라 약점을 보완하는 동시에 성적이 잘 나오는 과목에 대해서도 소홀하지 않도록 지속적인 복습을 해야 한다.

03 type

시간이 부족한 직장인 또는 학생의 경우

시험에 올인하는 수험생에 비해 절대적으로 학습시간이 부족하므로 시간을 최대한 아껴가며 효율적으로 공부하는 방법을 찾는 것이 무엇보다도 중요하다. 평소에는 동영상 강의 등을 활용하여 과목별 이해도를 높이고 자투리 시간을 활용하여 지하철이나 버스 안에서 자기만의 암기카드, 핸드북 등을 보며 학습하는 것이 좋다. 주말은 주로 기본이론보다는 주중에 학습한 내용의 심화학습 위주로 공부해야 한다.

학습 방법에 따른 공략법

01 type

독학할
경우

신뢰할 수 있는 기본서를 선택하여 기본이론을 충실히 학습하면서 문제집 또는 모의고사집을 통하여 실전에 필요한 문제풀이 방법을 터득하는 것이 관건이다. 주기적으로 모의고사 등에 응시하여 자신의 실력을 확인하면서 체계적인 수험계획을 세우고 이에 따라서 공부하여야 한다.

Tip 관련 법령 개정이 잦은 공인중개사 시험의 특성상 시험 전 최신 수험정보를 확인해 보는 자세가 필요하다.

※ 최신 수험정보 및 수험자료는 박문각 홈페이지(www.pmg.co.kr)에서 박문각출판 참고

02 type

학원강의를
수강할 경우

보통 학원에서는 2달을 기준으로 기본서, 문제집, 모의고사 등에 관련된 강의가 개설·진행되는데 그에 맞춰서 수험 전체의 일정을 잡는 것이 좋다. 학원수업 후에는 개인공부를 통해 실력을 쌓아 나가고, 쉬는 날에도 공부의 흐름을 놓치지 않도록 그 주에 공부한 부분을 가볍게 훑어보는 것이 좋다. 학원 내 스터디 모임과 학원의 전문상담원을 통하여 수험정보를 빠르고 쉽게 접할 수 있는 장점도 있다.

03 type

동영상강의를
수강할 경우

동영상을 통하여 이론 강의와 문제풀이 강의를 동시에 수강할 수도 있고, 단원별로 이론강의 수강 후에 문제풀이 강의로 즉시 실력을 점검할 수도 있다. 그리고 이해가 안 되거나 어려운 부분은 책갈피해 두었다가 다시 볼 수 있다. 패키지 강좌, 프리미엄 강좌 등을 이용하면 강의료가 할인된다.

※ 공인중개사 동영상강의: www.pmg.co.kr
   박문각 공인중개사 전화문의: 02-6466-7201

공인중개사 시험총평

2023년 제34회 공인중개사 시험
"전년도에 비해 난이도가 상승하였다."

제34회 공인중개사 시험에서 1차 과목인 부동산학개론은 기존 기출문제 유형이 반복·응용출제되었으며 계산문제도 다수 출제되어 전년도에 비해 어려웠고, 민법은 지엽적이고 어려운 판례가 다수 출제되어 체감 난이도가 전년도에 비하여 매우 상승하였다.

2차 과목은 전반적으로 어려웠으나 부동산세법은 기본개념, 논점위주로 출제되어 기본서를 바탕으로 꾸준히 학습을 했다면 충분히 합격할 수 있을 난이도였다. 반면 공인중개사법·중개실무, 부동산공법, 부동산공시법령은 전혀 손을 댈 수 없는 고난도 문제와 생소한 유형의 문제가 대거 출제되어 수험생들의 체감 난이도는 예년에 비해 훨씬 높아졌다고 할 수 있다.

앞으로의 시험을 대비하기 위해서는 과목의 공통된 의견으로 전체적인 내용을 이해함과 동시에 정확히 파악한 후 다양한 유형의 문제풀이를 통해 종합적인 학습이 병행되어야 할 것으로 보인다.

제34회 시험의 과목별 출제 경향은 다음과 같다.

1차

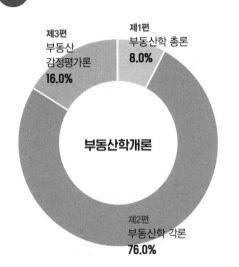

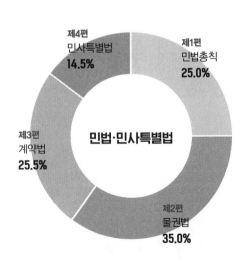

부동산학개론은 난이도 소폭 상승, 문제 간 난이도 구별이 명확하므로 '선택과 집중을 통한 합격전략 필요!

민법·민사특별법은 앞부분에 어려운 문제가 많이 배치되고, 지엽적인 판례가 다수 출제되어 체감 난이도가 아주 높았던 시험이었다.

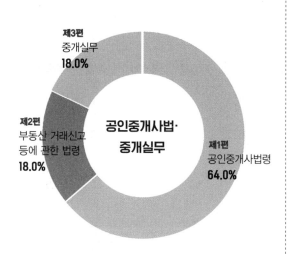

공인중개사법·중개실무는 제33회보다는 다소 어렵게 출제되었고, 이해와 암기를 병행하는 학습만이 고득점을 받을 수 있다는 점을 다시 한 번 보여주었다.

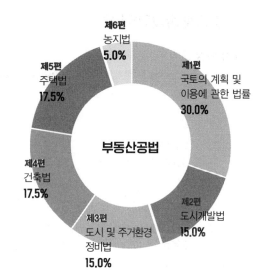

부동산공법은 일부 법률에서 최근 출제된 적 없는 계산문제와 매우 지엽적인 문제가 출제되어 전체적인 난이도가 많이 상승했다.

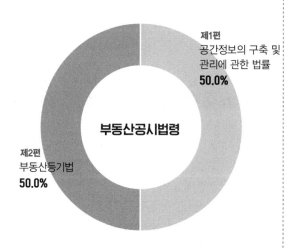

'공간정보법'은 몇몇 문제 외에는 평이한 난이도를 유지했고, '부동산등기법'은 지금까지 출제된 적 없던 유형의 문제들이 절반 가까이 출제되어 매우 어려웠다.

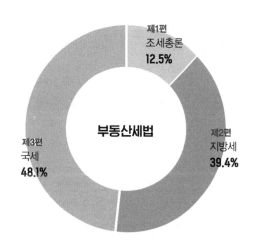

부동산세법은 기본개념을 이해하였는지를 중점적으로 물어보았고 단순 법조문을 묻는 문제, 사례형 문제, 계산문제를 혼합하여 출제하였다.

출제경향 분석 및 수험대책

🖥 어떻게 출제되었나?

▌출제경향 분석

구 분		제30회	제31회	제32회	제33회	제34회	총 계	비율(%)
민법 총칙	법률관계와 권리변동	0	0	0	0	0	0	0.0
	법률행위	1	1	3	2	2	8	4.0
	의사표시	2	2	1	1	1	7	3.5
	법률행위의 대리	4	4	3	4	4	18	9.0
	법률행위의 무효와 취소	2	2	2	2	2	12	6.0
	조건과 기한	1	1	1	1	1	5	2.5
	소 계	10	10	10	10	10	50	25.0
물권법	물권법 일반	1	1	2	3	3	8	4.0
	물권의 변동	3	3	2	0	0	9	4.5
	점유권	1	1	1	2	2	7	3.5
	소유권	3	2	3	3	3	14	7.0
	용익물권	3	3	3	3	3	15	7.5
	담보물권	3	4	3	3	3	17	8.5
	소 계	14	14	14	14	14	70	35.0
계약법	계약법 총론	4	7	5	5	5	26	13.0
	계약법 각론	7	3	5	5	5	25	12.5
	소 계	11	10	10	10	10	51	25.5
민사 특별법	주택임대차보호법	1	2	2	1	1	7	3.5
	상가건물 임대차보호법	1	1	1	1	1	5	2.5
	가등기담보법	1	1	1	1	1	5	2.5
	집합건물법	1	1	1	2	2	6	3.0
	부동산실명법	1	1	1	1	1	6	3.0
	소 계	5	6	6	6	6	29	14.5
총 계		40	40	40	40	40	200	100.0

제34회 시험은 박스형 문제 12개, 사례 문제 12개, 부정형(틀린 것은?) 문제 20개가 출제되었다. 긍정형 문제 출제가 예전보다 줄어든 것은 조금 도움이 되었을 것이다. 그러나 앞부분에 어려운 문제가 많이 배치되었다는 점, 박스형 문제의 정답 찾기가 어려웠다는 점, 판례도 판례공보에도 실리지 않은 판례가 많이 출제되었다는 점 등 때문에 체감 난이도는 아주 높았다. 앞부분에서 당황하지 않고 내가 아는 문제만을 풀겠다는 생각으로 접근하였다면 26문제 정도는 충분히 맞힐 수 있었던 시험이었다. 조문과 이론, 판례의 출제비중은 이론 출제가 많이 줄었고, 판례 비중이 여전히 높았다.

합격을 위해서는 정확한 수험방법으로 시험에 접근하여야 한다. 중개사 시험은 절대평가이고, 80점 이상의 점수는 필요하지 않다는 점에 포인트를 두고 내가 맞힐 수 있는 주제에 대하여 중점을 두고 공부하면서 그 부분에 대한 정확성을 높이면 합격에는 큰 문제가 없을 것이다.

📋 이렇게 준비하자!

민법·민사특별법의 출제비중을 살펴보면, 판례가 차지하는 비중이 절대적이다. 민법 공부는 판례 공부라고 해도 결코 지나치지 않다. 따라서 법조문을 기본으로 하여 판례를 반복학습하고 사례형 문제를 해결하기 위한 능력을 키우는 것이 무엇보다 중요하다.

다음에서는 각 단원별 꼭 학습해야 할 핵심부분을 정리하였다.

| 법률행위 |

- **권리변동과 법률행위**: 원시취득과 설정적 승계, 준법률행위의 종류, 반사회질서 법률행위, 불공정한 법률행위
- **의사표시와 대리**: 진의 아닌 의사표시, 통정허위표시, 착오·사기·강박에 의한 의사표시, 협의의 무권대리, 표현대리, 권한을 넘은 표현대리의 요건
- **무효와 취소**: 토지거래허가제, 전환, 추인의 대상과 소급효, 취소의 소급효, 추인의 요건, 법정추인, 행사기간
- **조건과 기한**: 정지조건과 해제조건, 불법조건, 기성조건, 소급효, 기한의 이익

| 물권법 |

- **물권법 일반**: 일물일권주의, 관습상의 물권, 물권적 청구권의 개념, 청구권자, 상대방
- **물권의 변동**: 등기의 유효요건, 무효등기의 유용, 중간생략등기, 등기의 추정력, 가등기, 소멸시효, 혼동
- **점유권**: 점유보조자, 간접점유, 자주점유, 타주점유, 추정력
- **소유권**: 주위토지통행권, 취득시효 사례, 부합, 공유, 합유, 총유
- **용익물권**: 법정지상권, 지역권의 처분, 시효취득, 전세권의 처분, 경매신청권
- **담보물권**: 부종성, 수반성, 유치권의 성립요건, 저당권의 피담보채권 범위, 특수저당권

| 계약법 |

- **계약법 총론**: 쌍무계약, 편무계약, 청약, 승낙, 계약체결상의 과실책임, 동시이행항변권, 위험부담, 제3자를 위한 계약, 수익자의 지위, 합의해제, 해제권의 발생요건
- **계약법 각론**: 예약완결권, 계약금, 매도인의 담보책임, 임대차 비용상환청구권, 지상물매수청구권, 부속물매수청구권, 임차권의 양도·전대

| 민사특별법 |

- **주택임대차보호법**: 주택임대차의 대항력, 우선변제권, 임차권등기명령, 임차권의 승계
- **상가건물 임대차보호법**: 주택임대차와 비교(계약갱신요구권), 권리금
- **집합건물의 소유 및 관리에 관한 법률**: 구분소유권, 대지사용권, 관리단·관리인·관리단 집회
- **가등기담보 등에 관한 법률**: 적용범위, 귀속청산 절차, 경매
- **부동산 실권리자명의 등기에 관한 법률**: 적용범위, 중간생략형 명의신탁, 계약명의신탁

이 책의 구성 및 특징

01 | 실전에 강한 기출·예상문제

실전예상문제

철저한 최신출제경향 분석을 통해 출제가능성이 높은 문제를 수록함으로써 실전능력을 기를 수 있도록 하였다.

대표유형

단원 내에서 키워드가 유사한 문제를 모아 테마를 만들고, 그 테마를 대표하는 문제를 통해 시험에 자주 출제되는 문제의 유형을 제시하였다.

난이도·핵심키워드·포인트 표시

난이도를 3단계로 표시하고 포인트와 핵심키워드를 통해 보다 정확한 문제 분석을 제시함으로써 수험생 스스로 셀프테스트가 가능하도록 구성하였다.

Chapter **02** 법률행위의 목적

제1절 **목적의 확정성, 가능성, 적법성**

02

대표유형

법률행위의 목적에 관한 설명 중 틀린 것을 모두 고른 것은?

㉠ 법률행위의 목적은 반드시 계약체결 당시에 구체적으로 확정하여야 한다.
㉡ 법률행위 성립 당시에 그 목적을 실현할 수 없는 법률행위는 무효이다.
㉢ 계약을 체결한 후에 그 계약의 이행이 객관적으로 불가능하게 되었다면 그 법률행위는 무효이다.
㉣ 조세포탈목적으로 한 중간생략등기도 실체관계와 부합하면 유효이다.

① ㉠, ㉢   ② ㉠, ㉣   ③ ㉡, ㉢
④ ㉠, ㉢   ⑤ ㉢, ㉣

해설 ㉠ 법률행위의 목적은 반드시 계약체결 당시에 구체적으로 확정하여야 하는 것은 아니다.
㉢ 계약을 체결한 후에 그 계약의 이행이 객관적으로 불가능하게 되더라도 법률행위는 유효이다. **정답** ①

Point 01
난이도 상
목적의 불능

03

법률행위의 목적에 관한 설명으로 옳은 것을 모두 고른 것은?   23. 감평사

01

㉠ 甲이 乙에게 매도한 건물이 계약체결 후 甲의 방화로 전소하여 乙에게 이전할 수 없게 된 경우, 甲은 손해배상책임이 문제될 수 있다.
㉡ 甲이 乙에게 매도한 토지가 계약체결 후 재결수용으로 인하여 乙에게 이전할 수 없게 된 경우, 위험부담이 문제될 수 있다.
㉢ 甲이 乙에게 매도하기로 한 건물이 계약체결 전에 지진으로 전파(全破)된 경우, 계약체결상의 과실책임이 문제될 수 있다.

① ㉡   ② ㉠, ㉡   ③ ㉠, ㉢
④ ㉡, ㉢   ⑤ ㉠, ㉡, ㉢

제2장 | 법률행위의 목적

Answer

01 ⑤	02 ④	03 ④	04 ④	05 ③	06 ①	07 ⑤	08 ⑤	09 ①	10 ④
11 ⑤	12 ④	13 ⑤	14 ②	15 ③	16 ②	17 ⑤	18 ①	19 ①	20 ①
21 ③	22 ④	23 ⑤	24 ①	25 ③	26 ④	27 ①	28 ③	29 ③	30 ②
31 ②	32 ④	33 ③	34 ①	35 ④	36 ①	37 ③	38 ②		

01 ⑤ ㉠ 채무자의 귀책사유로 이행불능이 된 것이므로, 채무불이행으로 인한 손해배상책임이 발생한다.
ㄴ 쌍방 귀책사유 없이 이행불능이 된 것이므로, 위험부담이 문제된다.
ㄷ 원시적 불능이므로, 계약체결상의 과실책임이 문제된다.

02 ④ 공인중개사 자격이 없는 자가 우연한 기회에 단 1회 거래행위를 중개한 경우에 중개보수지급 약정은 유효이다.

03 ④ 강행법규에 위반한 자도 스스로 그 약정의 무효를 주장할 수 있다(대판 2004.6.11, 2003다1601).

04 ① 강행법규에 위반한 자도 스스로 그 약정의 무효를 주장할 수 있다(대판 2004.6.11, 2003다1601).
② 형사사건에서의 성공보수약정은 수사·재판의 결과를 금전적인 대가와 결부시킴으로써, 기본적 인권의 옹호와 사회정의의 실현을 사명으로 하는 변호사 직무의 공공성을 저해하고, 의뢰인과 일반 국민의 사법제도에 대한 신뢰를 현저히 떨어뜨릴 위험이 있으므로, 선량한 풍속 기타 사회질서에 위배되는 것으로 평가할 수 있다(대판 2015.7.23, 2015다200111).
③ 중간생략등기합의는 유효이다.
⑤ 강행법규를 위반하여 무효인 계약에 대해서는 표현대리 법리가 적용될 수 없다.

05 ① 강행규정에 위반한 법률행위에 기한 급부는 사회질서위반에 해당하지 않는 한 불법원인급여에 해당하지 않는다.
② 임차인의 비용상환청구권에 관한 규정은 임의규정에 해당한다.
④ 강행규정 위반으로 무효인 법률행위는 무효행위 추인의 대상이 될 수 없다.
⑤ 강행규정에 위반한 자도 스스로 그 약정의 무효를 주장할 수 있다.

06 ① 매매목적물과 대금은 계약체결 당시에 반드시 확정되어 있어야 하는 것은 아니고, 이를 사후에 라도 확정할 수 있는 방법과 기준이 정해져 있으면 족하다.

07 ⑤ 강행규정을 위반하여 무효인 계약에 대해서는 표현대리의 법리는 적용될 여지가 없다.

---

02 | 정확하고 명쾌한 정답 및 해설

효율적 지면 구성

문제풀이에 방해되지 않도록 문제와 해설·정답을 분리하여 수록하였고 편리한 학습을 위하여 책속의 책 형태로 구성하였다.

상세한 해설

문제의 핵심을 찌르는 정확하고 명쾌한 해설은 물론, 문제와 관련하여 더 알아두어야 할 내용을 제시함으로써 문제풀이의 효과를 극대화하고자 하였다.

이 책의 차례

PART 01

민법총칙

PART 02

물권법

PART 03

계약법

PART
04

민사특별법

부록

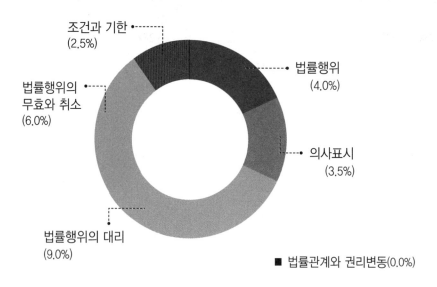

조건과 기한
(2.5%)

법률행위
(4.0%)

법률행위의
무효와 취소
(6.0%)

의사표시
(3.5%)

법률행위의 대리
(9.0%)

■ 법률관계와 권리변동(0.0%)

▌최근 5개년 출제경향 분석

민법 중 가장 이해하기 어렵고 많은 시간과 노력이 필요한 분야가 바로 민법총칙이다. 민법총칙 중 공인중개사와 관련된 분야는 권리변동, 법률행위, 의사표시, 대리, 무효와 취소, 조건과 기한인데, 시험에서는 이 모든 분야에서 골고루 출제되고 있다. 따라서 어느 한 부분도 소홀히 할 수 없을 것이다. 이 중 특히 의사표시, 무효와 취소는 사례형 문제로 자주 출제되므로 철저한 대비가 필요하다.

PART

01

민법총칙

Chapter 01 법률행위 총설

대표유형

상대방 없는 단독행위에 해당하는 것은?

제33회

① 착오로 인한 계약의 취소
② 무권대리로 체결된 계약에 대한 본인의 추인
③ 미성년자의 법률행위에 대한 법정대리인의 동의
④ 손자에 대한 부동산의 유증
⑤ 이행불능으로 인한 계약의 해제

해설 ④ 유언, 유증, 재단법인 설립행위, 소유권의 포기는 상대방 없는 단독행위이다. **A** 정답 ④

---

01 상대방 있는 단독행위에 해당하는 것을 모두 고른 것은?

21. 주택사

상중하
단독행위

㉠ 한정후견인의 동의
㉡ 사기에 의한 매매계약의 취소
㉢ 유언
㉣ 1인 설립자에 의한 재단법인 설립행위

① ㉠, ㉡   ② ㉠, ㉣
③ ㉡, ㉢   ④ ㉡, ㉣
⑤ ㉢, ㉣

---

02 상대방 있는 단독행위에 해당하지 <u>않는</u> 것은? (다툼이 있으면 판례에 따름)

상중하
단독행위

① 공유지분의 포기   ② 무권대리행위의 추인
③ 상계의 의사표시   ④ 취득시효 이익의 포기
⑤ 재단법인의 설립행위

03 다음 중 단독행위가 <u>아닌</u> 것은?

상중<u>하</u>
단독행위

① 증여
② 계약의 해제
③ 의사표시의 취소
④ 법정대리인의 동의
⑤ 무권대리행위에 대한 본인의 추인

04 법률행위에 관한 설명 중 틀린 것은?

상중<u>하</u>
의무부담행위와
처분행위

① 대리권수여행위는 불요식행위이다.
② 타인권리 매매계약이나 타인권리 임대차계약도 유효하게 체결할 수 있다.
③ 무권리자의 처분행위를 진정한 권리자가 추인하면 소급해서 유효로 된다.
④ 저당권을 설정하는 것은 이전적 승계에 해당한다.
⑤ 해제는 단독행위이나, 합의해제는 계약이다.

Point

05 다음은 법률행위에 대한 설명이다. 틀린 것은?

상중<u>하</u>
법률행위의
요건

① 농지취득자격증명은 농지매매계약의 효력발생요건이 아니다.
② 대리행위에 있어서 대리권의 존재는 특별효력요건에 해당한다.
③ 법률행위가 성립하지 않은 경우에도 무효나 취소에 관한 민법규정은 적용될 여지가 있다.
④ 조건부·기한부 법률행위에서의 조건의 성취 또는 기한의 도래는 특별효력요건에 해당한다.
⑤ 토지거래허가구역 내에서의 토지거래허가는 토지매매계약의 특별효력요건에 해당한다.

06 다음 중 법률행위의 효력요건이 <u>아닌</u> 것은?

상중<u>하</u>
법률행위의
요건

① 목적의 사회적 타당성
② 의사와 표시가 일치하고 하자가 없을 것
③ 대리행위에 있어서 대리권의 존재
④ 토지거래허가구역 내에서의 토지거래허가
⑤ 농지매매계약에 있어서 농지취득자격증명

Chapter 02

법률행위의 목적

제1절 | 목적의 확정성, 가능성, 적법성

대표유형

법률행위의 목적에 관한 설명 중 **틀린** 것을 모두 고른 것은?

   ㉠ 법률행위의 목적은 반드시 계약체결 당시에 구체적으로 확정하여야 한다.
   ㉡ 법률행위 성립 당시에 그 목적을 실현할 수 없는 법률행위는 무효이다.
   ㉢ 계약을 체결한 후에 그 계약의 이행이 객관적으로 불가능하게 되었다면 그 법률행위는 무효이다.
   ㉣ 조세포탈목적으로 한 중간생략등기도 실체관계와 부합하면 유효이다.

① ㉠, ㉢   ② ㉡, ㉢   ③ ㉡, ㉣
④ ㉠, ㉣   ⑤ ㉢, ㉣

해설 ㉠ 법률행위의 목적은 반드시 계약체결 당시에 구체적으로 확정하여야 하는 것은 아니다.
㉢ 계약을 체결한 후에 그 계약의 이행이 객관적으로 불가능하게 되더라도 법률행위는 유효이다.   🅐 정답 ①

Point 01

목적의 불능

법률행위의 목적에 관한 설명으로 옳은 것을 모두 고른 것은?   23. 감평사

   ㉠ 甲이 乙에게 매도한 건물이 계약체결 후 甲의 방화로 전소하여 乙에게 이전할 수 없게 된 경우, 甲은 손해배상책임이 문제될 수 있다.
   ㉡ 甲이 乙에게 매도한 토지가 계약체결 후 재결수용으로 인하여 乙에게 이전할 수 없게 된 경우, 위험부담이 문제될 수 있다.
   ㉢ 甲이 乙에게 매도하기로 한 건물이 계약체결 전에 지진으로 전파(全破)된 경우, 계약체결상의 과실책임이 문제될 수 있다.

① ㉡   ② ㉠, ㉡   ③ ㉠, ㉢
④ ㉡, ㉢   ⑤ ㉠, ㉡, ㉢

02
상중하
목적의 적법성

법률행위의 목적에 관한 다음의 설명 중 틀린 것은? (다툼이 있으면 판례에 의함)

① 무허가 음식점에서 음식물을 판매하는 행위는 유효이다.

② 주택법의 전매행위 제한을 위반하여 한 전매약정은 유효이다.

③ 부동산등기 특별조치법은 미등기전매를 형사처벌하도록 규정하고 있지만 미등기전매행위는 사법상으로 유효이다.

④ 공인중개사 자격이 없는 자가 우연한 기회에 단 1회 거래행위를 중개한 경우에도 중개보수약정은 무효이다.

⑤ 관계법령에서 정한 한도를 초과하는 부동산 중개보수약정은 무효이므로, 중개의뢰인은 이미 지급한 초과분에 대하여 반환을 청구할 수 있다.

03
상중하
목적의 적법성

민법상 강행규정을 위반한 법률행위의 효과에 관한 설명으로 틀린 것은? (다툼이 있으면 판례에 따름) 23. 행정사

① 강행규정을 위반한 법률행위는 당사자의 주장이 없더라도 법원이 직권으로 판단할 수 있다.

② 강행규정을 위반하여 확정적 무효가 된 법률행위는 특별한 사정이 없는 한 당사자의 추인에 의해 유효로 할 수 없다.

③ 강행규정에 위반하여 무효인 계약의 상대방이 그 위반사실에 대하여 선의·무과실이더라도 표현대리의 법리가 적용될 여지는 없다.

④ 강행규정에 위반한 약정을 한 자가 스스로 그 약정의 무효를 주장하는 것은 특별한 사정이 없는 한 신의성실 원칙에 반하여 허용될 수 없다.

⑤ 법률의 금지에 위반되는 행위라도 그것이 선량한 풍속 기타 사회질서에 위반하지 않는 경우에는 불법원인에 해당하지 않는다.

04
상중하
목적의 적법성

강행법규에 위반한 법률행위에 관한 설명으로 옳은 것은? (다툼이 있으면 판례에 따름) 20. 행정사

① 강행법규에 위반한 자가 스스로 그 약정의 무효를 주장하는 것은 특별한 사정이 없는 한 신의칙에 반한다.

② 형사사건에 대한 의뢰인과 변호사의 성공보수약정은 강행법규위반으로서 무효일 뿐 반사회적 법률행위는 아니다.

③ 부동산을 등기하지 않고 순차적으로 매도하는 중간생략등기합의는 강행법규에 위반하여 무효이다.

④ 개업공인중개사가 중개의뢰인과 직접 거래하는 행위를 금지하는 공인중개사법 규정은 단속규정이다.

⑤ 강행법규를 위반하여 무효인 계약에 대해서는 그 상대방의 선의, 무과실에 따라 표현대리 법리가 적용된다.

05 강행규정에 관한 설명으로 옳은 것은? (다툼이 있으면 판례에 따름) 15. 노무사

상중하
목적의 적법성

① 법률행위가 강행규정에 위반하여 무효인 경우에는 언제나 불법원인급여에 해당한다.
② 임차인의 비용상환청구권에 관한 규정은 강행규정이다.
③ 강행규정위반의 무효는 원칙적으로 선의의 제3자에게도 주장할 수 있다.
④ 강행규정을 위반하여 무효인 법률행위는 추인하면 유효로 될 수 있다.
⑤ 강행규정에 위반한 자가 스스로 그 약정의 무효를 주장하는 것은 특별한 사정이 없는 한, 신의칙에 반하는 행위로 허용될 수 없다.

복습문제
06 다음 중 법률행위에 대한 설명으로 틀린 것은?

상중하
법률행위의
목적

① 매매목적물과 대금은 계약체결 당시에 반드시 확정되어 있어야 한다.
② 원시적 불능의 경우에는 법률행위 자체는 무효이며, 계약체결상의 과실책임이 발생할 수 있다.
③ 계약을 체결한 후에 그 계약의 이행이 객관적으로 불가능하게 되더라도 그 법률행위는 유효이다.
④ 조세포탈목적으로 한 중간생략등기라도 실체관계와 부합하면 유효이다.
⑤ 일부불능인 법률행위는 원칙적으로 법률행위 전부가 무효로 된다.

복습문제
07 강행규정에 대한 설명으로 틀린 것은?

상중하
목적의 적법성

① 강행규정에 위반한 자도 스스로 그 약정의 무효를 주장할 수 있다.
② 개업공인중개사가 중개의뢰인과 직접 거래하는 행위를 금지하는 공인중개사법 규정은 단속규정이다.
③ 강행규정위반의 무효는 선의의 제3자에게도 주장할 수 있다.
④ 강행규정을 위반하여 무효인 법률행위는 추인하더라도 유효로 될 수 없다.
⑤ 강행규정을 위반하여 무효인 계약에 대해서도 그 상대방이 선의이고 무과실인 경우에는 표현대리 법리가 적용될 수 있다.

제2절 목적의 사회적 타당성

대표유형

반사회질서의 법률행위에 관한 설명으로 틀린 것은? (다툼이 있으면 판례에 따름) 22. 노무사

① 과도한 위약벌 약정은 법원의 직권감액이 가능하므로 선량한 풍속 기타 사회질서에 반할 여지가 없다.

② 부동산 매매계약에서 계약금을 수수한 후 당사자가 매매계약의 이행에 착수하기 전에 제3자가 매도인을 적극 유인하여 해당 부동산을 매수하였다면 매도인과 제3자 사이의 그 매매계약은 반사회질서의 법률행위가 아니다.

③ 보험사고를 가장하여 보험금을 부정취득할 목적으로 체결된 다수의 생명보험계약은 그 목적에 대한 보험자의 인식 여부를 불문하고 무효이다.

④ 부첩(夫妾)관계의 종료를 해제조건으로 하는 증여계약은 반사회질서의 법률행위로서 무효이다.

⑤ 선량한 풍속 기타 사회질서에 반하는 법률행위의 무효는 그 법률행위를 기초로 하여 새로운 이해관계를 맺은 선의의 제3자에 대해서도 주장할 수 있다.

해설 ① 위약벌의 약정이 그 의무의 강제에 의하여 얻어지는 채권자의 이익에 비하여 과도하게 무거운 경우에는 반사회질서의 법률행위에 해당한다.

Ⓐ 정답 ①

08

상중하
반사회적
법률행위

반사회적 법률행위에 관한 설명으로 틀린 것은? (다툼이 있으면 판례에 따름) 20. 행정사

① 해외파견 근로자의 귀국 후 일정기간 소속회사에 근무토록 한 약정은 특별한 사정이 없는 한 반사회적 법률행위라고 할 수 없다.

② 반사회적 법률행위로서 무효인 계약은 당사자가 무효임을 알고 추인하여도 원칙적으로는 새로운 법률행위로 볼 수 없다.

③ 매매계약의 동기가 반사회적이고 그 동기가 외부에 표시된 경우 그 매매계약은 무효이다.

④ 어느 법률행위가 선량한 풍속 기타 사회질서에 위반하는지는 특별한 사정이 없는 한 그 법률행위 당시를 기준으로 판단한다.

⑤ 수사기관에서 허위진술의 대가를 지급하기로 한 약정은 그 대가가 적정하다면 반사회적 법률행위에 해당하지 않는다.

09 선량한 풍속 기타 사회질서에 반하는 행위를 모두 고른 것은? (다툼이 있으면 판례에 따름)

상중하 사회질서위반

20. 변리사

> ㉠ 수사기관에서 참고인으로서 허위진술을 해주는 대가로 금원을 지급하기로 한 약정
> ㉡ 강제집행을 면할 목적으로 부동산에 허위의 근저당권설정등기를 경료하는 행위
> ㉢ 전통사찰의 주지직을 거액의 금품을 대가로 양도·양수하기로 하는 약정이 있음을 알고도 이를 묵인 혹은 방조한 상태에서 한 종교법인의 주지임명행위
> ㉣ 부동산을 매도인이 이미 제3자에게 매각한 사실을 매수인이 단순히 알고 있었던 경우에 매도인의 요청으로 그 부동산을 매수하기로 한 계약

① ㉠   ② ㉠, ㉡   ③ ㉡, ㉢
④ ㉠, ㉢, ㉣   ⑤ ㉡, ㉢, ㉣

10 반사회질서의 법률행위에 해당하는 것은? (다툼이 있으면 판례에 따름)

상중하 사회질서위반

21. 주택사

① 양도세 회피를 목적으로 한 부동산에 관한 명의신탁약정
② 강제집행을 면할 목적으로 부동산에 허위의 근저당권설정등기를 경료하는 행위
③ 전통사찰의 주지직을 거액의 금품을 대가로 양도·양수하기로 하는 약정이 있음을 알고도 이를 묵인한 상태에서 이루어진 종교법인의 양수인에 대한 주지임명행위
④ 변호사 아닌 자가 승소 조건의 대가로 소송당사자로부터 소송목적물 일부를 양도받기로 한 약정
⑤ 도박채무의 변제를 위하여 채무자가 그 소유의 부동산 처분에 관하여 도박채권자에게 대리권을 수여한 행위

Point

11 반사회질서의 법률행위에 관한 설명으로 틀린 것은? (다툼이 있으면 판례에 의함)

상중하 사회질서위반

① 첩계약의 대가로 부동산소유권을 이전하여 주었다면 부당이득을 이유로 그 반환을 청구할 수 없다.
② 정당한 대가를 지급하고 목적물을 매수하였다면 그 후 목적물이 범죄행위로 취득한 것을 알게 되었더라도 매매계약은 유효이다.
③ 소송에서 사실대로 증언하여 줄 것을 조건으로 한 대가약정이 통상적으로 용인될 수 있는 수준을 초과한 경우에는 반사회적 법률행위에 해당한다.
④ 법률행위의 성립과정에서 강박이라는 불법적 방법이 사용된 경우에는 반사회적 법률행위로 무효이다.
⑤ 이미 매매계약이 체결된 부동산에 관하여, 그러한 사실을 알면서 저당권설정을 요청하여 체결한 저당권설정계약도 반사회적 법률행위로 무효가 된다.

12
상중**하**
사회질서위반

선량한 풍속 기타 사회질서 위반으로 무효로 되지 <u>않는</u> 것은? (다툼이 있으면 판례에 의함)

14. 노무사

① 보험계약자가 다수의 보험계약을 통하여 보험금을 부정취득할 목적으로 체결한 보험계약
② 참고인이 수사기관에 허위의 진술을 하는 대가로 일정한 급부를 받기로 한 약정
③ 행정기관에 진정서를 제출하여 상대방을 궁지에 빠뜨린 다음 이를 취하하는 조건으로 거액의 급부를 받기로 한 약정
④ 부동산매매계약 체결시 매도인의 양도소득세를 절감하기 위하여 소유권이전등기를 일정 기간 이후에 하기로 한 약정
⑤ 채무자에게 의무를 강제하여 얻어지는 채권자의 이익에 비하여 과도하게 무거운 위약벌 약정

13
상중**하**
사회질서위반

반사회질서의 법률행위로서 무효가 <u>아닌</u> 것은? (다툼이 있으면 판례에 따름)

22. 감평사

① 반사회질서적인 조건이 붙은 법률행위
② 상대방에게 표시된 동기가 반사회질서적인 법률행위
③ 부첩(夫妾)관계의 종료를 해제조건으로 하는 증여계약
④ 오로지 보험사고를 가장하여 보험금을 취득할 목적으로 체결한 생명보험계약
⑤ 주택매매계약에서 양도소득세를 면탈할 목적으로 소유권이전등기를 일정 기간 후에 이전받기로 한 특약

14
상중**하**
사회질서위반

민법 제103조의 반사회적 법률행위에 해당하여 무효인 것을 모두 고른 것은? (다툼이 있으면 판례에 따름)

19. 노무사

> ㉠ 뇌물로 받은 금전을 소극적으로 은닉하기 위하여 이를 임치하는 약정
> ㉡ 강제집행을 면할 목적으로 허위의 근저당권을 설정하는 행위
> ㉢ 도박자금에 제공할 목적으로 금전을 대여하는 행위
> ㉣ 해외파견 후 귀국일로부터 상당기간 동안 소속회사에서 근무하지 않으면 해외파견 소요경비를 배상한다는 사규나 약정

① ㉠ ② ㉢ ③ ㉠, ㉡
④ ㉡, ㉢ ⑤ ㉢, ㉣

15
상**중**하
사회질서위반

선량한 풍속 기타 사회질서에 위반한다는 이유로 무효 또는 일부무효로 되는 법률행위가 <u>아닌</u> 것은? (다툼이 있으면 판례에 따름) 19. 감평사

① 어떤 일이 있어도 이혼하지 않겠다는 약정
② 과도한 위약벌의 약정
③ 민사사건에 관하여 변호사와 체결한 성공보수약정
④ 부첩(夫妾)관계의 종료를 해제조건으로 하는 증여계약
⑤ 보험사고를 가장하여 보험금을 취득할 목적으로 체결한 생명보험계약

16
상**중**하
사회질서위반

반사회질서의 법률행위로 무효인 것은? (다툼이 있으면 판례에 따름) 20. 주택사

① 양도소득세 회피 목적의 미등기 전매계약
② 부첩관계인 부부생활의 종료를 해제조건으로 하는 증여계약
③ 매매계약에서 매도인에게 부과될 공과금을 매수인이 책임진다는 취지의 특약
④ 강제집행을 면할 목적으로 자신의 아파트에 허위의 근저당권설정등기를 마치는 행위
⑤ 도박 채무의 변제를 위하여 채무자로부터 부동산의 처분을 위임받은 도박채권자가 이를 모르는 제3자와 체결한 매매계약

17
상**중**하
사회질서위반

사회질서에 반하는 법률행위에 해당하지 <u>않는</u> 것은? (다툼이 있으면 판례에 따름) 23. 주택사

① 형사사건에서 변호사가 성공보수금을 약정한 경우
② 변호사 아닌 자가 승소를 조건으로 소송의뢰인으로부터 소송물 일부를 양도받기로 약정한 경우
③ 당초부터 오로지 보험사고를 가장하여 보험금을 취득할 목적으로 생명보험계약을 체결한 경우
④ 증인이 사실을 증언하는 조건으로 그 소송의 일방 당사자로부터 통상적으로 용인될 수 있는 수준을 넘어서는 대가를 지급받기로 약정한 경우
⑤ 양도소득세의 일부를 회피할 목적으로 계약서에 실제로 거래한 가액보다 낮은 금액을 대금으로 기재하여 매매계약을 체결한 경우

18 상**중**하
사회질서위반

반사회적 법률행위에 해당하지 않는 것을 모두 고른 것은? (다툼이 있으면 판례에 따름)

22. 변리사

㉠ 강제집행을 면할 목적으로 부동산에 허위의 근저당권설정등기를 경료하는 행위
㉡ 오로지 보험사고를 가장하여 보험금을 취득할 목적으로 생명보험계약을 체결하는 행위
㉢ 매도인의 배임행위에 제2매수인이 적극 가담하여 행하진 부동산이중매매
㉣ 도박자금에 제공할 목적으로 금전을 대차하는 행위

① ㉠   ② ㉣   ③ ㉠, ㉡
④ ㉡, ㉢   ⑤ ㉢, ㉣

복습문제
19 상**중**하
사회질서위반

반사회질서 법률행위로서 무효가 <u>아닌</u> 것은? (다툼이 있으면 판례에 따름)

23. 감평사

① 변호사가 민사소송의 승소대가로 성공보수를 받기로 한 약정
② 도박자금에 제공할 목적으로 금전을 대여하는 행위
③ 수증자가 부동산 매도인의 배임행위에 적극 가담하여 체결한 부동산 증여계약
④ 마약대금채무의 변제로서 토지를 양도하기로 한 계약
⑤ 처음부터 보험사고를 가장하여 오로지 보험금을 취득할 목적으로 체결한 생명보험계약

20 상**중**하
사회질서위반

반사회질서의 법률행위에 해당하는 것을 모두 고른 것은? (다툼이 있으면 판례에 따름)

22. 행정사

㉠ 수사기관에서 참고인으로 자신이 잘 알지 못하는 내용에 대한 허위진술의 대가로 작성된 각서에 기한 급부의 약정
㉡ 강제집행을 면하기 위해 부동산에 허위의 근저당권설정등기를 경료하는 행위
㉢ 전통사찰의 주지직을 거액의 금품을 대가로 양도·양수하기로 하는 약정이 있음을 알고도 이를 묵인한 상태에서 한 종교법인의 주지임명행위

① ㉠   ② ㉢   ③ ㉠, ㉡
④ ㉡, ㉢   ⑤ ㉠, ㉡, ㉢

복습문제

21

상중하

사회질서위반

선량한 풍속 기타 사회질서에 반하는 법률행위에 해당하지 **않는** 것은? (다툼이 있으면 판례에 따름) 　　　　　　　　　　　　　　　　　　　　　　　　　　　　　　　　　23. 행정사

① 살인할 것을 조건으로 증여한 경우

② 형사사건에 관하여 보수약정과 별개로 성공보수를 약정한 경우

③ 강제집행을 면할 목적으로 부동산에 허위의 근저당권등기를 마친 경우

④ 수증자가 매도인의 매수인에 대한 배임행위에 적극 가담하여 매매목적 부동산을 증여받은 경우

⑤ 당초부터 오로지 보험사고를 가장하여 보험금을 취득할 목적으로 생명보험계약을 체결한 경우

22

상중하

이중매매

甲은 자기소유의 X부동산을 乙에게 매도하고 매매대금을 수령하였으나 乙명의로 등기를 경료하지 않고 있던 중, 丙에게 이중으로 매도한 후 丙명의로 소유권이전등기를 경료하였다. 다음 중 **틀린** 것은?

① 丙이 甲과 乙의 매매사실을 잘 알면서 甲으로부터 매수한 경우에도 丙은 유효하게 소유권을 취득한다.

② ①의 경우, 乙은 甲과의 매매계약을 최고 없이 해제하고, 甲에게 손해배상을 청구할 수 있다.

③ 丙이 甲의 배임행위에 적극 가담한 경우, 甲과 丙의 매매계약은 반사회적 법률행위로서 무효이다.

④ ③의 경우, 乙은 甲을 대위하여 丙에 대해서 말소등기를 청구할 수 없다.

⑤ ③의 경우, 丙으로부터 X부동산을 전득한 丁은 선의이더라도 소유권을 취득할 수 없다.

23

상중하

이중매매

甲은 자신의 X부동산을 乙에게 매도하고 계약금과 중도금을 지급받았다. 그 후 丙이 甲의 배임행위에 적극 가담하여 甲과 X부동산에 대한 매매계약을 체결하고 자신의 명의로 소유권이전등기를 마쳤다. 다음 설명으로 **틀린** 것은?

① 甲은 乙에게 계약금 배액을 상환하고 매매계약을 해제할 수 없다.

② 乙은 丙에 대하여 불법행위를 이유로 손해배상을 청구할 수 있다.

③ 乙은 丙에게 소유권이전등기를 청구할 수 없다.

④ 乙은 소유권이전청구권의 보전을 위하여 甲과 丙 사이의 매매계약에 대하여 채권자취소권을 행사할 수 없다.

⑤ 만약 선의의 丁이 X부동산을 丙으로부터 매수하여 이전등기를 받은 경우, 丁은 甲과 丙의 매매계약의 유효를 주장할 수 있다.

24
상중하
이중매매

甲이 그의 부동산을 乙에게 매도하여 대금을 모두 받았으나 아직 등기를 해 주지 않고 있는 동안에 丙이 甲의 배임행위에 적극 가담하여 그 부동산을 다시 매수하였고 그에 기하여 소유권이전등기도 넘겨받았다. 이 경우에 대한 설명으로 **틀린** 것으로 바르게 짝지어진 것은?

> ㉠ 甲은 丙에게 소유권이전등기의 말소를 청구할 수 있다.
> ㉡ 乙은 丙에게 진정명의회복을 원인으로 소유권이전등기청구를 할 수 있다.
> ㉢ 乙은 甲과 丙 사이의 매매계약에 대해 채권자취소권을 행사할 수 없다.
> ㉣ 乙은 丙에 대하여도 불법행위를 이유로 손해배상을 청구할 수 있다.

① ㉠, ㉡   ② ㉡, ㉢   ③ ㉠, ㉢
④ ㉢, ㉣   ⑤ ㉡, ㉣

25
상중하
사회질서위반

반사회적 법률행위에 관한 설명으로 **틀린** 것은? (다툼이 있으면 판례에 따름)   21. 감평사

① 어느 법률행위가 사회질서에 반하는지 여부는 특별한 사정이 없는 한 법률행위 당시를 기준으로 판단해야 한다.
② 강제집행을 면할 목적으로 부동산에 허위의 근저당권을 설정하는 행위는 특별한 사정이 없는 한 반사회적 법률행위라고 볼 수 없다.
③ 대리인이 매도인의 배임행위에 적극 가담하여 이루어진 부동산의 이중매매의 경우, 본인인 매수인이 그러한 사정을 몰랐다면 반사회적 법률행위가 되지 않는다.
④ 법률행위의 성립과정에서 단지 강박이라는 불법적 방법이 사용된 것에 불과한 때에는 반사회적 법률행위로 볼 수 없다.
⑤ 반사회적 법률행위임을 이유로 하는 무효는 선의의 제3자에게 대항할 수 있다.

복습문제
26
상중하
이중매매

甲은 자기소유의 부동산을 乙에게 매도하고 계약금과 중도금을 수령하였다. 그 뒤 甲은 甲과 乙의 매매사실을 알고 있는 丙에게 매도하고 이전등기를 해주었다. 다음 설명 중 **틀린** 것은? (다툼이 있는 경우에는 판례에 의함)

① 甲은 乙에게 계약금의 배액을 상환하고 매매계약을 해제할 수 없다.
② 乙은 최고 없이도 甲과의 매매계약을 해제하고 손해배상을 청구할 수 있다.
③ 乙은 丙에게 불법행위를 이유로 손해배상을 청구할 수 없는 것이 원칙이다.
④ 만일 丙이 甲의 배임행위에 적극 가담한 경우라면, 乙은 丙에 대하여 직접 등기말소를 청구할 수 있다.
⑤ ④의 경우, 丙으로부터 전득한 丁은 선의라 하더라도 부동산의 소유권을 취득하지 못한다.

제3절 불공정한 법률행위

대표유형

불공정한 법률행위에 관한 설명으로 **틀린** 것은? (다툼이 있으면 판례에 따름)   22. 감평사

① 급부와 반대급부 사이에 현저한 불균형은 그 무효를 주장하는 자가 증명해야 한다.

② 무경험은 어느 특정 영역에서의 경험부족이 아니라 거래일반에 대한 경험부족을 의미한다.

③ 대리인에 의한 법률행위의 경우, 궁박 상태에 있었는지 여부는 본인을 기준으로 판단한다.

④ 불공정한 법률행위로서 무효인 경우, 원칙적으로 추인에 의하여 유효로 될 수 없다.

⑤ 경매절차에서 매각대금이 시가보다 현저히 저렴한 경우, 그 경매는 불공정한 법률행위로서 무효이다.

해설 ⑤ 경매에 의한 재산권 이전의 경우에는 불공정한 법률행위는 성립할 수 없다.   **A** 정답 ⑤

Point
27
상중**하**
불공정행위

불공정한 법률행위에 관한 설명으로 옳은 것은? (다툼이 있으면 판례에 따름)   21. 변리사

① 불공정한 법률행위에도 무효행위 전환의 법리가 적용될 수 있다.

② 불공정한 법률행위로서 무효인 경우에도 추인하면 유효로 된다.

③ 불공정한 법률행위에 관한 규정은 부담 없는 증여의 경우에도 적용된다.

④ 경매에서 경매부동산의 매각대금이 시가에 비하여 현저히 저렴한 경우, 불공정한 법률행위에 해당하여 무효이다.

⑤ 법률행위가 현저하게 공정을 잃은 경우, 특별한 사정이 없는 한 그 법률행위는 궁박·경솔·무경험으로 인해 이루어진 것으로 추정된다.

28
상중**하**
불공정행위

불공정한 법률행위에 관한 설명으로 옳은 것은? (다툼이 있으면 판례에 따름)   20. 감평사

① 불공정한 법률행위로 무효가 된 행위의 전환은 인정되지 않는다.

② 불공정한 법률행위라도 당사자가 무효임을 알고 추인한 경우 유효로 될 수 있다.

③ 불공정한 법률행위에 해당하는지 여부는 그 행위를 한 때를 기준으로 판단한다.

④ 불공정한 법률행위의 요건을 갖추지 못한 법률행위는 반사회질서행위가 될 수 없다.

⑤ 증여와 같이 아무런 대가관계 없이 당사자 일방이 상대방에게 일방적인 급부를 하는 행위도 불공정한 법률행위가 될 수 있다.

29
상중하
불공정행위

불공정한 법률행위(민법 제104조)에 관한 설명으로 **틀린** 것은? (다툼이 있으면 판례에 따름)
23. 주택사

① 무상계약에는 제104조가 적용되지 않는다.
② 대가관계를 상정할 수 있는 한 단독행위의 경우에도 제104조가 적용될 수 있다.
③ 경매절차에서 경매부동산의 매각대금이 시가에 비해 현저히 저렴한 경우에는 제104조가 적용될 수 있다.
④ 불공정한 법률행위에서 궁박, 경솔, 무경험은 법률행위 당시를 기준으로 판단하여야 한다.
⑤ 불공정한 법률행위는 추인에 의해서도 유효로 될 수 없다.

30
상중하
불공정행위

불공정한 법률행위에 관한 설명으로 **틀린** 것은? (다툼이 있으면 판례에 따름)
21. 노무사

① 법률행위가 대리인에 의해서 행해진 경우, 궁박 상태는 본인을 기준으로 판단하여야 한다.
② 불공정한 법률행위의 무효는 선의의 제3자에게 대항할 수 없다.
③ 불공정한 법률행위의 무효는 원칙적으로 추인에 의해 유효로 될 수 없다.
④ 경매절차에서 매각대금이 시가보다 현저히 저렴하더라도 불공정한 법률행위를 이유로 무효를 주장할 수 없다.
⑤ 매매계약이 불공정한 법률행위에 해당하여 무효인 경우, 특별한 사정이 없는 한 그 계약에 관한 부제소 합의도 무효가 된다.

31
상중하
불공정행위

불공정한 법률행위에 관한 설명으로 **틀린** 것은? (다툼이 있으면 판례에 따름)
22. 주택사

① 무상증여에는 불공정한 법률행위에 관한 규정이 적용되지 않는다.
② 급부와 반대급부 사이의 '현저한 불균형' 여부의 판단은 당사자의 주관적 가치에 의해야 한다.
③ 불공정한 법률행위에 해당하여 무효인 경우에도 무효행위의 전환에 관한 민법 제138조가 적용될 수 있다.
④ 대리행위가 불공정한 법률행위에 해당하는지를 판단함에 있어서 '무경험'은 대리인을 기준으로 한다.
⑤ 불공정한 법률행위에서의 '궁박'에는 정신적·심리적 원인에 의한 것도 포함될 수 있다.

32 민법 제104조의 불공정한 법률행위에 관한 설명으로 옳은 것은? (다툼이 있으면 판례에 따름)

상중**하**
불공정행위

① 행정기관에 진정서를 제출하여 상대방을 궁지에 빠뜨린 다음 이를 취하하는 조건으로 거액의 급부를 제공받기로 약정한 것은 불공정한 법률행위에 해당한다.

② 법률행위의 성립시에는 존재하지 않았던 급부간의 현저한 불균형이 그 이후 외부적 사정의 급격한 변화로 인하여 발생하였다면 다른 요건이 충족되는 한 그때부터 불공정한 법률행위가 인정된다.

③ 불공정한 법률행위의 성립요건으로 요구되는 무경험이란 일반적인 생활체험의 부족이 아니라 해당 법률행위가 행해진 바로 그 영역에서의 경험 부족을 의미한다.

④ 법률행위가 현저히 공정을 잃었고, 어느 한 당사자에게 궁박의 사정이 존재한다고 하여도 그 상대방에게 이러한 사정을 이용하려는 폭리행위의 악의가 없었다면 불공정한 법률행위는 인정되지 않는다.

⑤ 불공정한 법률행위를 할 때 당사자간에 그 법률행위의 불공정성을 이유로 하여 법률행위의 효력을 다툴 수 없다는 합의가 함께 행해졌다면 그러한 합의는 유효하다.

33 반사회질서 또는 불공정한 법률행위에 관한 설명으로 옳은 것은? (다툼이 있으면 판례에 따름)

복습문제

상**중**하
종합문제

① 소송사건에 증인으로서 증언에 대한 대가를 약정하였다면 그 자체로 반사회질서행위로서 무효이다.

② 반사회질서 법률행위에 해당되는 매매계약을 원인으로 한 소유권이전등기명의자의 물권적 청구권 행사에 대하여 상대방은 법률행위의 무효를 주장할 수 없다.

③ 급부 간 현저한 불균형이 있더라도 폭리자가 피해당사자 측의 사정을 알면서 이를 이용하려는 의사가 없다면 불공정한 법률행위가 아니다.

④ 경매 목적물이 시가에 비해 현저하게 낮은 가격으로 매각된 경우 불공정한 법률행위로 무효가 될 수 있다.

⑤ 민사사건에 관한 변호사의 성공보수약정은 선량한 풍속 기타 사회질서에 위배되어 무효이다.

복습문제

34

상중하
불공정행위

불공정한 법률행위에 관한 설명으로 옳은 것은? (다툼이 있으면 판례에 따름)   22. 행정사

① 불공정한 법률행위는 원칙적으로 추인에 의해서 유효로 될 수 없다.

② 궁박은 경제적 원인에 기인하는 것을 말하며, 심리적 원인에 기인할 수 없다.

③ 특별한 사정이 없는 한 경솔·궁박은 본인을 기준으로 판단하고, 무경험은 대리인을 기준으로 판단한다.

④ 법률행위가 현저하게 공정성을 잃은 경우, 그 법률행위 당사자의 궁박·경솔·무경험은 추정된다.

⑤ 불공정한 법률행위에는 무효행위의 전환에 관한 민법 제138조는 적용되지 않는다.

복습문제

35

상중하
불공정행위

불공정한 법률행위에 관한 설명으로 옳은 것을 모두 고른 것은? (다툼이 있으면 판례에 따름)   23. 노무사

㉠ 급부 상호 간에 현저한 불균형이 있는지의 여부는 법률행위 시를 기준으로 판단한다.

㉡ 무경험은 거래 일반에 대한 경험부족을 말하는 것이 아니라 특정영역에 있어서의 경험부족을 의미한다.

㉢ 불공정한 법률행위로서 무효인 법률행위는 원칙적으로 법정추인에 의하여 유효로 될 수 없다.

㉣ 대가관계 없는 일방적 급부행위에 대해서는 불공정한 법률행위에 관한 민법 제104조가 적용되지 않는다.

① ㉠   ② ㉡, ㉢   ③ ㉡, ㉣

④ ㉠, ㉢, ㉣   ⑤ ㉠, ㉡, ㉢, ㉣

복습문제

36

상중하
불공정행위

불공정한 법률행위에 관한 설명으로 옳은 것을 모두 고른 것은? (다툼이 있으면 판례에 따름)   20. 주택사

㉠ 무상증여에는 불공정한 법률행위에 관한 규정이 적용되지 않는다.

㉡ 불공정한 법률행위로서 무효인 경우, 특별한 사정이 없는 한 추인에 의하여 무효인 법률행위가 유효로 될 수 없다.

㉢ 급부와 반대급부가 현저히 균형을 잃은 법률행위는 궁박·경솔 또는 무경험으로 인해 이루어진 것으로 추정된다.

㉣ 어떠한 법률행위가 불공정한 법률행위에 해당하는지는 이행기를 기준으로 판단해야 한다.

① ㉠, ㉡   ② ㉠, ㉢   ③ ㉡, ㉣

④ ㉠, ㉢, ㉣   ⑤ ㉡, ㉢, ㉣

제4절 법률행위의 해석

대표유형

甲과 乙은 X토지를 매매목적물로 하기로 약정하였으나 X토지의 지번에 관하여 착오를 일으켜서 계약서상 목적물로 Y토지의 지번을 표시하고 Y토지에 대해서 乙명의로 소유권이전등기가 경료되었다. 다음 설명 중 틀린 것은?

① 甲과 乙 간의 X토지에 대한 매매계약은 유효이다.

② 乙은 甲에 대하여 X토지에 대한 소유권이전등기를 청구할 수 있다.

③ 甲은 착오를 이유로 X토지에 대한 매매계약을 취소할 수 없다.

④ 乙은 현재 X토지 및 Y토지 어느 토지도 소유권을 취득하지 못한 상태에 있다.

⑤ 丙이 선의로 乙로부터 Y토지에 대하여 소유권이전등기를 경료받았다면 丙은 Y토지의 소유권을 취득한다.

해설 ⑤ Y토지에 관한 매수인 을명의의 소유권이전등기는 원인 없이 경료된 것으로서 무효이다. 따라서 丙은 선의이더라도 부동산소유권을 취득하지 못한다. **A** 정답 ⑤

복습문제

37
상중하
자연적 해석

"부동산 매매계약에서 당사자 쌍방이 모두 X토지를 그 목적물로 삼았으나 X토지의 지번에 착오를 일으켜 계약체결시에 계약서상으로는 그 목적물을 Y토지로 표시한 경우라도, X토지를 매매목적물로 한다는 당사자 쌍방의 의사합치가 있는 이상 그 매매계약은 X토지에 관하여 성립한 것으로 보아야 한다."고 하는 법률행위의 해석방법은? 23. 행정사

① 문언해석 ② 통일적 해석

③ 자연적 해석 ④ 규범적 해석

⑤ 보충적 해석

38
상중하
규범적 해석

甲이 자기소유의 아파트를 乙에게 1억 9천만원에 매도할 의사로 청약하였는데 청약서에는 1억 6천만원으로 기재되어 매매계약이 체결되었다. 甲의 진의를 알 수 있는 다른 해석자료가 없어서 1억 6천만원에 매매계약이 성립한 것으로 보는 법률행위의 해석방법은? (단, 甲의 착오로 인한 취소가능성은 논외로 함)

① 자연적 해석 ② 규범적 해석

③ 보충적 해석 ④ 예문해석

⑤ 유추해석

의사표시

제1절 진의 아닌 의사표시(비진의표시)

대표유형

1. 비진의표시에 대한 다음 설명 중 틀린 것은?   07. 변리사

① 전체공무원이 일괄사표를 제출함에 따라 공무원 甲도 함께 사직서를 제출한 경우, 甲의 내심의 의사는 사직할 뜻이 아니었으므로 사직서의 제출은 무효이다.

② 甲은 乙의 환심을 사기 위해 증여의사 없이 금반지를 乙에게 주었고, 乙은 그것을 丙에게 매도한 경우, 乙이 선의·무과실이면 丙이 악의이더라도 丙은 소유권을 취득한다.

③ 甲이 강박에 의하여 증여의 의사표시를 한 경우, 비록 재산을 강제로 뺏긴다는 것이 甲의 본심으로 잠재되어 있었더라도 비진의표시라고 할 수 없다.

④ 甲이 법률상 또는 사실상의 장애로 자기명의로 대출받을 수 없는 乙을 위하여 대출금채무자로서의 명의를 빌려준 경우, 甲의 의사표시는 비진의표시라고 할 수 없다.

⑤ 어떠한 의사표시가 비진의표시로서 무효라고 주장하는 경우에 그 증명책임은 주장자에게 있다.

해설 ① 공무원의 사직의 의사표시와 같은 사인의 공법행위에는 비진의표시에 관한 규정이 준용되지 않으므로 표시대로 효과가 발생한다.   **A** 정답 ①

2. 진의 아닌 의사표시에 관한 설명으로 옳은 것을 모두 고른 것은? (다툼이 있으면 판례에 따름)
                    22. 주택사

㉠ 진의는 표의자가 진정으로 마음속에서 바라는 사항을 말한다.
㉡ 진의와 표시가 일치하지 않음을 표의자가 과실로 알지 못하고 한 의사표시는 진의 아닌 의사표시에 해당하지 않는다.
㉢ 어떠한 의사표시가 진의 아닌 의사표시로서 무효라고 주장하는 경우에 그 증명책임은 그 주장자에게 있다.

① ㉠   ② ㉡   ③ ㉠, ㉢

④ ㉡, ㉢   ⑤ ㉠, ㉡, ㉢

해설 ㉠ '진의'는 특정한 내용의 의사표시를 하고자 하는 표의자의 생각을 의미하는 것이지, 표의자가 진정으로 마음속에서 바라는 사항을 의미하는 것은 아니다.   **A** 정답 ④

01 비진의표시에 관한 설명으로 **틀린** 것은? (다툼이 있으면 판례에 의함) 20. 행정사 변형

상중하
비진의표시

① 상대방 없는 단독행위에도 비진의표시에 관한 규정은 적용될 수 있다.
② 표의자가 진정 마음에서 바라지는 아니하였더라도 당시의 상황에서는 최선이라고 판단하여 의사표시를 하였다면 비진의표시는 아니다.
③ 비진의표시에서 '진의'는 특정한 내용의 의사표시를 하고자 하는 표의자의 생각을 의미하는 것은 아니다.
④ 대리인이 대리권을 남용한 경우, 비진의표시에 관한 규정이 유추적용될 수 있다.
⑤ 공무원의 사직의 의사표시와 같은 공법행위에는 비진의표시에 관한 규정이 적용되지 않는다.

02 비진의표시에 관한 설명으로 **틀린** 것은? (다툼이 있으면 판례에 따름) 20. 노무사

상중하
비진의표시

① 비진의표시에서 진의란 특정한 내용의 의사표시를 하고자 하는 표의자의 생각을 말하는 것이지 진정으로 마음속에서 바라는 사항을 뜻하는 것은 아니다.
② 법률상의 장애로 자기명의로 대출받을 수 없는 자를 위하여 대출금채무자로서 명의를 빌려준 자는 특별한 사정이 없는 한 채무부담의사를 가지지 않으므로 그가 행한 대출계약상의 의사표시는 비진의표시이다.
③ 재산을 강제로 뺏긴다는 인식을 하고 있는 자가 고지된 해악이 두려워 어쩔 수 없이 증여의 의사표시를 한 경우 이는 비진의표시라 할 수 없다.
④ 근로자가 회사의 경영방침에 따라 사직원을 제출하고 회사가 이를 받아들여 퇴직처리를 하였다가 즉시 재입사하는 형식으로 실질적 근로관계의 단절없이 계속 근무하였다면 그 사직의 의사표시는 무효이다.
⑤ 비리공무원이 감사기관의 사직권고를 받고 사직의 의사표시를 하여 의원면직처분이 된 경우, 그 사표제출자의 내심에 사직할 의사가 없었더라도 그 사직의 의사표시는 효력이 발생한다.

03

상중하

비진의표시

비진의표시에 관한 설명으로 **틀린** 것은? (다툼이 있으면 판례에 따름)   17. 노무사

① 근로자가 회사의 경영방침에 따라 사직원을 제출하고 퇴사 후 즉시 재입사하여 근로자가 그 퇴직 전후에 걸쳐 실질적인 근로관계의 단절이 없이 계속 근무하였다면 그 사직원 제출은 비진의 의사표시에 해당한다.

② 근로자가 희망퇴직의 권고를 받고 제반 사항 등을 종합적으로 고려하여 심사숙고한 결과 사직서를 제출한 경우라면 그 사직서 제출은 비진의 의사표시에 해당한다.

③ 근로자들이 사용자의 지시에 따라 사직의 의사 없이 사직서를 제출하였고 사용자가 선별적으로 수리하여 의원면직 처리하였다면 그 사직서의 제출은 비진의 의사표시에 해당한다.

④ 학교법인이 그 학교의 교직원의 명의로 금융기관으로부터 금전을 차용한 경우, 명의대여자의 의사표시는 비진의 의사표시가 아니므로 주채무자로서 책임이 있다.

⑤ 장관의 지시에 따라 공무원이 일괄사표를 제출하여 일부 공무원에 대해 의원면직 처분이 이루어진 경우 그 사직원 제출행위는 비진의 의사표시로 당연 무효가 된다고 볼 수 없다.

04

복습문제

상중하

비진의표시

비진의표시에 관한 설명으로 **옳은** 것은?

① 비진의표시는 무효임이 원칙이나, 선의의 제3자에게 대항할 수 없다.

② 대리권 남용의 경우에는 비진의표시에 관한 규정이 유추적용될 수 없다.

③ 강박으로 인한 증여의 의사표시는 증여의 내심의 효과의사가 결여된 것이라고 할 수 없다.

④ 공무원의 사직의 의사표시와 같은 사인의 공법행위에도 비진의표시에 관한 규정이 준용된다.

⑤ 은행대출 한도를 넘은 甲을 위해 乙이 은행대출약정서에 주채무자로 서명·날인한 경우, 은행이 이런 사정을 알고 있었다면 乙의 대출약정은 무효임이 원칙이다.

복습문제

05 비진의표시에 관한 설명으로 <u>틀린</u> 것은? (다툼이 있으면 판례에 의함)

상중하
비진의표시

① 비진의표시에 해당하여 무효인 경우, 제3자는 선의·무과실이어야 보호된다.

② 비진의표시에서 진의는 특정한 내용의 의사표시를 하고자 하는 표의자의 생각을 말하는 것이다.

③ 물의를 일으킨 사립대학교 조교수가 사직원이 수리되지 않을 것이라고 믿고 사태수습을 위하여 이사장 앞으로 형식상 사직원을 제출한 경우, 그 의사표시에 따라 효력이 발생할 수 있다.

④ 소송행위는 내심의 의사보다 표시를 기준으로 하므로 소의 취하가 내심의 의사에 반한 것이라도 무효라 할 수 없다.

⑤ 임대인이 임대차계약의 해지통고를 하였으나 실제로는 해지하려는 것이 아니고, 다만 임대료를 올려 받기 위한 수단으로 한 경우라 할지라도 원칙적으로 해지의 효력이 발생한다.

복습문제

06 다음 중 비진의표시에 관한 내용 중 <u>틀린</u> 것은?

상중하
비진의표시

① 비진의표시에서 진의란 표의자가 진정으로 마음속에서 바라는 사항을 의미하는 것은 아니다.

② 비진의표시는 표의자의 상대방이 표의자의 진의 아님을 과실로 알지 못하는 경우에도 유효이다.

③ 강박에 의해 증여의 의사표시를 한 경우라도 비진의표시가 되는 것은 아니다.

④ 공무원의 사직의 의사표시와 같은 사인의 공법행위에는 비진의표시에 관한 규정이 준용되지 않는다.

⑤ 대리인이 오직 자기이익을 꾀할 목적으로 대리권을 남용한 경우 비진의표시에 관한 규정이 유추적용될 수 있다.

Point

07 甲은 자신의 토지를 乙에게 증여의사 없이 증여하고 소유권이전등기를 경료해 주었고, 乙은 그 토지를 다시 丙에게 매도하고 소유권이전등기를 경료해 주었다. 다음 중 옳은 것은?

상중하
비진의표시

① 甲의 증여는 비진의표시에 해당하므로, 甲과 乙의 증여계약은 무효임이 원칙이다.

② 乙이 토지의 소유권을 취득하기 위해서는 자신의 선의·무과실을 입증하여야 한다.

③ 乙이 선의·무과실인 경우에는 丙은 악의라도 토지의 소유권을 취득한다.

④ 乙이 甲의 진의가 아님을 과실로 몰랐다면, 乙은 토지의 소유권을 취득한다.

⑤ 乙이 악의인 경우에는, 丙은 선의라 하더라도 토지의 소유권을 취득하지 못한다.

제2절 | 통정허위표시

대표유형

1. 통정허위표시에 관한 설명으로 틀린 것은? (다툼이 있으면 판례에 따름) 21. 노무사

① 통정허위표시가 성립하기 위해서는 표의자의 진의와 표시의 불일치에 관하여 상대방과의 사이에 합의가 있어야 한다.

② 통정허위표시로 무효인 법률행위는 채권자취소권의 대상이 될 수 있다.

③ 통정허위표시로서 의사표시가 무효라고 주장하는 자는 그 무효사유에 해당하는 사실을 증명할 책임이 있다.

④ 가장근저당권설정계약이 유효하다고 믿고 그 피담보채권을 가압류한 자는 통정허위표시의 무효로 대항할 수 없는 제3자에 해당하지 않는다.

⑤ 가장양수인으로부터 소유권이전등기청구권 보전을 위한 가등기를 경료받은 자는 특별한 사정이 없는 한 선의로 추정된다.

해설 ④ 통정한 허위표시에 의하여 외형상 형성된 법률관계로 생긴 채권을 가압류한 경우, 그 가압류권자는 허위표시에 기초하여 새로운 법률상 이해관계를 가지게 되므로 제3자에 해당한다(대판 2004.5.28, 2003다70041).

🄐 정답 ④

2. 허위표시의 무효로 대항할 수 없는 선의의 제3자에 관한 설명으로 옳은 것은? (다툼이 있으면 판례에 따름) 22. 변리사

① 파산관재인은 파산채권자 모두가 악의가 아닌 한 선의의 제3자이다.

② 가장근저당권설정계약이 유효하다고 믿고 그 피담보채권을 가압류한 자는 선의의 제3자로 보호될 수 없다.

③ 가장소비대차의 계약상 지위를 선의로 이전받은 자는 선의의 제3자로 보호될 수 있다.

④ 악의의 제3자로부터 선의로 전득한 자는 선의의 제3자로 보호받지 못한다.

⑤ 선의의 제3자로 보호받기 위해서는 선의뿐만 아니라 무과실도 인정되어야 한다.

해설 ② 통정한 허위표시에 의하여 외형상 형성된 법률관계로 생긴 채권을 가압류한 경우, 그 가압류권자는 허위표시에 기초하여 새로운 법률상 이해관계를 가지게 되므로 제3자에 해당한다(대판 2004.5.28, 2003다70041).
③ 계약상 지위를 이전받은 자는 새로운 법률상 이해관계를 가지게 된 제3자에 해당하지 않는다(대판 2004.1.15, 2002다31537).
④ 악의의 제3자로부터 선의로 전득한 자도 선의의 제3자로 보호된다.
⑤ 제3자는 선의이면 족하고 무과실은 요하지 않는다(대판 2004.5.28, 2003다70041).

🄐 정답 ①

08
삼중하
통정허위표시

통정허위표시에 관한 설명으로 **틀린** 것은? (다툼이 있으면 판례에 따름)   19. 감평사

① 상대방과 통정한 허위의 의사표시는 무효이지만, 이러한 무효는 과실로 인하여 허위표시라는 사실을 인식하지 못한 제3자에게 대항할 수 없다.

② 강제집행을 면할 목적으로 부동산에 허위의 근저당권설정등기를 경료하는 행위는 사회질서에 위반한 사항을 내용으로 하는 법률행위이다.

③ 선의의 제3자에 대해서는 통정허위표시의 당사자뿐만 아니라 그 누구도 통정허위표시의 무효로 대항할 수 없다.

④ 부동산 가장양수인으로부터 해당 부동산을 취득한 제3자 A가 악의이고, 그로부터 그 부동산을 전득한 B가 선의라면 통정허위표시의 무효로써 B에게 대항할 수 없다.

⑤ 당사자들이 실제로는 증여계약을 체결하면서 매매계약인 것처럼 통정허위표시를 하였다면 은닉행위인 증여계약은 유효할 수 있다.

09
삼중하
통정허위표시

통정허위표시에 관한 설명으로 **옳은** 것은? (다툼이 있으면 판례에 따름)   23. 감평사

① 통정허위표시에 관한 급부는 특별한 사정이 없는 한 불법원인급여이다.

② 대리인이 대리권의 범위 안에서 현명하여 상대방과 통정허위표시를 한 경우, 본인이 선의라면 특별한 사정이 없는 한 그는 허위표시의 유효를 주장할 수 있다.

③ 가장행위인 매매계약이 무효라면 은닉행위인 증여계약도 당연히 무효이다.

④ 통정허위표시의 무효로부터 보호되는 선의의 제3자는 통정허위표시를 알지 못한 것에 대해 과실이 없어야 한다.

⑤ 가장매매계약의 매수인과 직접 이해관계를 맺은 제3자가 악의라 하더라도 그와 다시 법률상 이해관계를 맺은 전득자가 선의라면 가장매매계약의 무효로써 전득자에게 대항할 수 없다.

10
삼중하
은닉행위

甲이 동생인 乙에게 부동산을 증여하면서 증여세를 면탈케 하기 위하여 매매한 것으로 하여 乙에게 소유권이전등기를 해 주었다. 그 후 丙은 乙로부터 그 부동산을 매수하고 丁이 丙으로부터 다시 이를 매수하였다. 이에 관한 설명으로 **틀린** 것은?

① 甲 · 乙 간의 증여는 유효이다.

② 甲 · 乙 간의 매매는 무효이다.

③ 丙이 악의라면 유효하게 부동산을 취득하지 못한다.

④ 丁은 악의라 할지라도 유효하게 부동산을 취득한다.

⑤ 甲은 丙 및 丁을 상대로 말소등기를 청구할 수 없다.

11
상중하
가장매매

甲이 乙에게 X부동산을 허위표시로 매도하고 이전등기를 해 주었다. 이에 관한 설명으로 **틀린** 것은? (다툼이 있으면 판례에 따름)   21. 행정사

① 甲은 乙을 상대로 매매대금의 지급을 청구할 수 없다.

② 甲은 乙을 상대로 X부동산의 반환을 구할 수 있다.

③ 만약 乙과 X부동산에 대해 저당권설정계약을 체결하고 저당권설정등기를 한 丙이 허위표시에 대해 선의인 경우, 甲은 그 저당권등기의 말소를 구할 수 없다.

④ 만약 乙명의로 등기된 X부동산을 가압류한 丙이 허위표시에 대해 선의이지만 과실이 있는 경우, 甲은 丙에 대하여 가압류의 무효를 주장할 수 없다.

⑤ 만약 X부동산이 乙로부터 丙, 丙으로부터 丁에게 차례로 매도되어 각기 그 명의로 이전등기까지 된 경우, 허위표시에 대해 丙이 악의이면 丁이 선의이더라도 甲은 丁명의 이전등기의 말소를 구할 수 있다.

12
상중하
가장매매

채권자 A의 강제집행을 면탈할 목적으로 甲은 자기소유 아파트에 대해 乙과 통정하여 乙명의로 이전등기를 하였다. 그 후 乙은 丙에게 그 아파트를 매도하여 丙명의로 이전등기가 경료되었다. 다음 설명 중 **틀린** 것은?

① 甲과 乙의 허위표시가 사회질서에 위반하는 것은 아니다.

② 丙이 선의인 경우, 甲은 乙에게 부당이득반환을 청구할 수 있다.

③ 선의인 丙이 취득한 아파트는 A의 강제집행의 대상이 될 수 없다.

④ 丙이 악의인 경우, 甲은 丙에게 등기말소를 청구할 수 있다.

⑤ 甲이 丙을 상대로 허위표시를 이유로 등기말소소송을 제기하면, 선의의 증명책임은 丙에게 있다.

13
상중하
가장매매

甲은 자기소유 아파트에 대해 채권자 A의 강제집행을 면탈할 목적으로 乙과 통정하여 乙명의로 이전등기를 하였다. 그 후 乙은 이 사정을 모르는 丙에게 그 아파트를 매도하여 丙명의로 이전등기가 경료되었다. 다음 설명 중 옳은 것을 모두 고른 것은?

> ㉠ 甲은 乙에게 원인무효를 이유로 부당이득반환을 청구할 수 있다.
> ㉡ 甲은 乙에게 불법행위를 이유로 손해배상을 청구할 수 있다.
> ㉢ 丙으로부터 전득한 자는 악의인 경우에는 유효하게 소유권을 취득할 수 없다.

① ㉠   ② ㉡   ③ ㉠, ㉡

④ ㉠, ㉢   ⑤ ㉡, ㉢

Point

14
상중하
가장매매

甲은 강제집행을 면할 목적으로 자기 소유의 X토지에 관하여 乙과 짜고 허위의 매매계약을 체결한 후 乙명의로 소유권이전등기를 마쳐 주었다. 그 후 乙은 丙에게 금전을 차용하면서 X토지 위에 저당권을 설정하였다. 이에 관한 설명으로 틀린 것은? (다툼이 있으면 판례에 따름) 19. 노무사

① 甲과 乙 사이의 매매계약은 무효이다.

② 丙은 특별한 사정이 없는 한 선의로 추정된다.

③ 丙이 보호받기 위해서는 허위표시에 대하여 선의이면 족하고 무과실일 필요는 없다.

④ 丙이 악의인 경우, 甲은 丙의 저당권등기의 말소청구를 할 수 있다.

⑤ 丙이 선의인 경우, 甲은 乙에게 X토지의 진정명의회복을 위한 소유권이전등기를 청구할 수 없다.

15
상중하
선의의 제3자

통정허위표시의 무효를 이유로 대항할 수 없는 '제3자'가 될 수 있는 자를 모두 고른 것은? (다툼이 있으면 판례에 따름)

> ㉠ 대리인의 통정허위표시에서 본인
> ㉡ 가장의 금전소비대차에 기한 대여금채권을 가압류한 자
> ㉢ 통정허위표시에 의해 체결된 제3자를 위한 계약에서 제3자
> ㉣ 가장채무를 보증하고 그 보증채무를 이행하여 구상권을 취득한 보증인

① ㉠, ㉡   ② ㉢, ㉣   ③ ㉠, ㉡, ㉢

④ ㉡, ㉣   ⑤ ㉡, ㉢, ㉣

16
상중하
선의의 제3자

통정허위표시에 기하여 새롭게 이해관계를 맺은 제3자에 해당하지 <u>않는</u> 사람은? (다툼이 있으면 판례에 따름) 20. 행정사, 21. 감평사

① 통정허위표시인 매매계약에 기하여 부동산 소유권을 취득한 양수인으로부터 그 부동산을 양수한 사람

② 통정허위표시인 채권양도계약의 양도인에 대하여 채무를 부담하고 있던 사람

③ 통정허위표시인 저당권 설정행위로 취득된 저당권의 실행으로 그 목적인 부동산을 경매에서 매수한 사람

④ 통정허위표시인 금전소비대차계약에서 대주가 파산한 경우 파산관재인으로 선임된 사람

⑤ 통정허위표시에 의하여 부동산 소유권을 취득한 양수인과 매매계약을 체결하고 소유권이전등기청구권 보전을 위한 가등기를 마친 사람

17 통정허위표시에 기초하여 새로운 법률상 이해관계를 맺은 '제3자'에 해당하지 <u>않는</u> 것은? (다툼
상중하 이 있으면 판례에 따름) 23. 주택사
선의의 제3자

① 채권의 가장양수인으로부터 추심을 위하여 채권을 양수한 자
② 가장의 근저당권설정계약이 유효하다고 믿고 그 피담보채권을 가압류한 자
③ 허위표시인 전세권설정계약에 기하여 등기까지 마친 전세권에 관하여 저당권을 취득한 자
④ 가장매매의 매수인으로부터 매매예약에 기하여 소유권이전등기청구권 보전을 위한 가
등기권을 취득한 자
⑤ 임대차보증금 반환채권을 가장 양수한 자의 채권자가 그 채권에 대하여 압류 및 추심명
령을 받은 경우, 그 채권자

18 통정허위표시의 무효로 대항할 수 없는 선의의 제3자로 될 수 <u>없는</u> 자는? (다툼이 있는 경우에는
상중하 판례에 의함) 12. 노무사
선의의 제3자

① 가장매매의 매수인으로부터 목적부동산을 다시 매수한 자
② 제한물권이 가장포기된 경우에 기존의 후순위 제한물권자
③ 가장매수한 부동산에 대하여 저당권을 취득한 자
④ 가장저당권이 설정된 후 그 저당권의 실행에 의하여 부동산을 매각받은 자
⑤ 가장매매의 매수인으로부터 매매계약에 의한 소유권이전청구권 보전을 위한 가등기를
취득한 자

19 통정허위표시에 관한 설명으로 틀린 것은? (다툼이 있으면 판례에 따름) 23. 행정사
상중하
통정허위표시

① 채무자의 법률행위가 통정허위표시인 경우에도 채권자취소권의 대상이 될 수 있다.
② 가장 근저당권설정계약이 유효하다고 믿고 그 피담보채권을 가압류한 자는 허위표시의
무효로부터 보호되는 선의의 제3자에 해당한다.
③ 의사표시의 진의와 표시의 불일치에 관하여 상대방과 사이에 합의가 있으면 통정허위표
시가 성립한다.
④ 통정허위표시에 따른 법률효과를 침해하는 것처럼 보이는 위법행위가 있는 경우에도 그
에 따른 손해배상을 청구할 수 없다.
⑤ 자신의 채권을 보전하기 위해 가장양도인의 가장양수인에 대한 권리를 대위행사하는 채
권자는 허위표시를 기초로 새로운 법률상의 이해관계를 맺은 제3자에 해당한다.

20 통정허위표시에 관한 설명으로 옳은 것은? (다툼이 있으면 판례에 따름) 22. 노무사

상중하
통정허위표시

① 통정허위표시에 의하여 생긴 채권을 가압류한 경우, 가압류권자는 선의이더라도 통정허 위표시와 관련하여 보호받는 제3자에 해당하지 않는다.

② 통정허위표시인 법률행위는 무효이므로 채권자취소권의 대상인 사해행위로 될 수 없다.

③ 표의자의 진의와 표시가 불일치함을 상대방이 명확하게 인식하였다면 그 불일치에 대하 여 양자 간에 합의가 없더라도 통정허위표시가 성립한다.

④ 파산관재인이 통정허위표시와 관련하여 보호받은 제3자로 등장하는 경우, 모든 파산채 권자가 선의인 경우에 한하여 그의 선의가 인정된다.

⑤ 임대차보증금반환채권을 담보하기 위하여 임대인과 임차인 사이에 임차인을 전세권자 로 하는 전세권설정계약이 체결된 경우, 그 계약이 전세권자의 사용·수익을 배제하는 것이 아니라 하더라도 임대차계약과 양립할 수 없는 범위에서 통정허위표시로 무효이다.

21 통정허위표시에 관한 설명으로 틀린 것은? (다툼이 있으면 판례에 따름) 23. 변리사

상중하
통정허위표시

① 통정허위표시에 의한 법률행위도 채권자취소권의 대상인 사해행위가 될 수 있다.

② 임대차보증금반환채권을 담보할 목적으로 임대인과 임차인이 체결한 전세권설정계약은 특별한 사정이 없는 한 임대차계약의 내용과 양립할 수 없는 범위에서만 통정허위표시 로 인정된다.

③ 차명(借名)으로 대출받으면서 명의대여자에게는 법률효과를 귀속시키지 않기로 하는 합 의가 대출기관과 실제 차주 사이에 있었다면 명의대여자의 명의로 작성된 대출계약은 통정허위표시이다.

④ 통정허위표시에 따른 선급금 반환채무 부담행위에 기하여 선의로 그 채무를 보증한 자는 보증채무의 이행 여부와 상관없이 허위표시의 무효로부터 보호받는 제3자에 해당한다.

⑤ 파산관재인은 그가 비록 통정허위표시에 대해 악의였다고 하더라도 파산채권자 모두가 악의로 되지 않는 한 선의의 제3자로 인정된다.

복습문제

22 의사표시에 관한 설명으로 틀린 것은? (다툼이 있으면 판례에 따름) 21. 주택사

상중하
종합문제

① 허위표시에 의한 가장행위라 하더라도 사해행위의 요건을 갖춘 경우, 채권자취소권의 대 상이 된다.

② 허위표시의 당사자는 선의의 제3자에게 과실이 있다면 의사표시의 무효를 그 제3자에게 주장할 수 있다.

③ 비진의 의사표시의 무효를 주장하는 자가 상대방의 악의 또는 과실에 대한 증명책임을 진다.

④ 사기에 의한 의사표시에서 상대방에 대한 고지의무가 없다면 침묵과 같은 부작위는 기 망행위가 아니다.

⑤ 동기가 표시되지 않았더라도 상대방에 의하여 유발된 동기의 착오는 취소할 수 있다.

제3절 착오

대표유형

1. 착오에 관한 의사표시에 관한 설명으로 틀린 것은? (다툼이 있으면 판례에 따름) 22. 주택사

① 매도인이 매수인의 채무불이행을 이유로 매매계약을 적법하게 해제한 후에도 매수인은 착오를 이유로 그 매매계약을 취소할 수 있다.

② 물건의 하자로 매도인의 하자담보책임이 성립하는 경우, 매수인은 매매계약 내용의 중요부분에 착오가 있더라도 그 계약을 취소할 수 없다.

③ 부동산 매매계약에서 시가에 관한 착오는 원칙적으로 법률행위의 중요부분에 관한 착오가 아니다.

④ 상대방이 표의자의 착오를 알고 이용한 경우에는 착오가 표의자의 중대한 과실로 인한 것이라도 표의자는 그 의사표시를 취소할 수 있다.

⑤ 계약당사자의 합의로 착오로 인한 의사표시 취소에 관한 민법 제109조 제1항의 적용을 배제할 수 있다.

해설 ② 매매계약 내용의 중요부분에 착오가 있는 경우, 매수인은 매도인의 하자담보책임이 성립하는지와 상관없이 착오를 이유로 매매계약을 취소할 수 있다(대판 2018.9.13, 2015다78703). **Ⓐ 정답 ②**

2. 착오에 의한 의사표시에 관한 설명으로 틀린 것은? (다툼이 있으면 판례에 따름) 23. 행정사

① 착오로 인하여 표의자가 경제적 불이익을 입은 것이 아니라면 이를 법률행위의 내용의 중요부분의 착오라고 할 수 없다.

② 기망행위로 인하여 법률행위의 내용으로 표시되지 않은 동기에 관하여 착오를 일으킨 경우에도 표의자는 그 법률행위를 사기에 의한 의사표시를 이유로 취소할 수 있다.

③ 대리인에 의한 계약체결의 경우, 특별한 사정이 없는 한 착오의 유무는 대리인을 표준으로 판단하여야 한다.

④ 매도인이 매수인의 채무불이행을 이유로 매매계약을 적법하게 해제한 후라도 매수인은 착오를 이유로 취소권을 행사할 수 있다.

⑤ 착오로 인한 의사표시에 있어서 표의자의 중대한 과실 유무에 관한 증명책임은 그 상대방이 아니라 착오자에게 있다.

해설 ⑤ 중대한 과실 유무에 관한 증명책임은 상대방에게 있다.

Ⓐ 정답 ⑤

23 착오로 인한 법률행위에 관한 설명으로 옳은 것은? (다툼이 있으면 판례에 따름) 21. 변리사

상중하
착 오

① 법률에 관한 착오는 그것이 법률행위 내용의 중요부분에 관한 것이라 하더라도 착오를 이유로 취소할 수 없다.

② 착오로 인한 의사표시의 취소에 관한 민법규정은 당사자의 합의로 그 적용을 배제할 수 없다.

③ 착오한 표의자의 중대한 과실 유무에 관한 증명책임은 의사표시의 효력을 부인하는 착오자에게 있다.

④ 상대방이 표의자의 착오를 알고 이용한 경우, 그 착오가 표의자의 중대한 과실로 인한 것이라고 하더라도 표의자는 착오에 의한 의사표시를 취소할 수 있다.

⑤ 표의자가 착오를 이유로 의사표시를 취소한 경우, 취소로 인하여 손해를 입은 상대방은 표의자에게 불법행위로 인한 손해배상을 청구할 수 있다.

24 착오에 관한 설명으로 <u>틀린</u> 것은? (다툼이 있으면 판례에 의함) 18. 노무사

상중하
착 오

① 대리인에 의한 의사표시의 경우, 착오의 유무는 대리인을 표준으로 결정한다.

② 소송대리인의 사무원의 착오로 소를 취하한 경우, 착오를 이유로 취소하지 못한다.

③ 매도인이 매매계약을 적법하게 해제한 후 매수인은 착오를 이유로 매매계약을 취소할 수 없다.

④ 상대방이 착오자의 진의에 동의한 것으로 인정될 때에는 계약의 취소가 허용되지 않는다.

⑤ 착오가 표의자의 중대한 과실로 인한 것이더라도 상대방이 표의자의 착오를 알고 이용한 경우에 표의자는 의사표시를 취소할 수 있다.

25 착오에 관한 설명으로 <u>틀린</u> 것은? (다툼이 있으면 판례에 따름) 20. 감평사

상중하
착 오

① 매도인이 매매대금 미지급을 이유로 매매계약을 해제한 후에도 매수인은 착오를 이유로 이를 취소할 수 있다.

② 보험회사의 설명의무 위반으로 보험계약의 중요사항을 제대로 이해하지 못하고 착오에 빠져 계약을 체결한 고객은 그 계약을 취소할 수 있다.

③ 계약서에 X토지를 목적물로 기재한 때에도 Y토지에 대하여 의사의 합치가 있었다면 Y토지를 목적으로 하는 계약이 성립한다.

④ 착오에 관한 민법규정은 법률의 착오에 적용되지 않는다.

⑤ 취소의 의사표시는 취소자가 그 착오를 이유로 자신의 법률행위의 효력을 처음부터 없애려는 의사가 드러나면 충분하다.

26 착오로 인한 의사표시에 관한 설명으로 **틀린** 것은? (다툼이 있으면 판례에 따름)   19. 행정사

상중하
착오

① 장래의 미필적 사실의 발생에 대한 기대나 예상이 빗나간 것에 불과한 것은 착오라고 할 수 없다.

② 표의자가 착오로 인하여 경제적인 불이익을 입은 것이 아니라면 이를 법률행위 내용의 중요부분의 착오라고 할 수 없다.

③ 표의자가 경과실로 인하여 착오에 빠져 법률행위를 하고 그 착오를 이유로 법률행위를 취소하는 것은 위법하다고 할 수 없다.

④ 착오로 인한 의사표시 취소에 관한 민법 제109조 제1항의 적용을 당사자의 합의로 배제할 수 있다.

⑤ 의사표시의 착오가 표의자의 중대한 과실로 인한 때에는 상대방이 표의자의 착오를 알고 이용한 경우에도 표의자는 그 의사표시를 취소할 수 없다.

27 착오에 의한 의사표시에 관한 설명으로 **틀린** 것은? (다툼이 있으면 판례에 따름)   21. 감평사

상중하
착오

① 토지매매에 있어서 특별한 사정이 없는 한, 매수인이 측량을 통하여 매매목적물이 지적도상의 그것과 정확히 일치하는지 확인하지 않은 경우 중대한 과실이 인정된다.

② 상대방이 표의자의 진의에 동의한 경우 표의자는 착오를 이유로 의사표시를 취소할 수 없다.

③ 상대방에 의해 유발된 동기의 착오는 동기가 표시되지 않았더라도 중요부분의 착오가 될 수 있다.

④ 상대방이 표의자의 착오를 알면서 이용한 경우에는 착오가 표의자의 중대한 과실로 인한 것이더라도 표의자는 착오에 의한 의사표시를 취소할 수 있다.

⑤ 제3자의 기망행위에 의해 표시상의 착오에 빠진 경우에 사기가 아닌 착오를 이유로 의사표시를 취소할 수 있다.

28 착오로 인한 의사표시에 관한 설명으로 **틀린** 것은? (다툼이 있으면 판례에 따름)   23. 감평사

상중하
착오

① 매도인의 하자담보책임이 성립하더라도 착오를 이유로 한 매수인의 취소권은 배제되지 않는다.

② 계약 당시를 기준으로 장래의 미필적 사실의 발생에 대한 기대나 예상이 빗나간 경우, 착오취소는 인정되지 않는다.

③ 동기의 착오는 동기가 표시되어 해석상 법률행위의 내용으로 된 경우에 한해서만 유일하게 고려된다.

④ 매매계약에서 매수인이 목적물의 시가에 관해 착오를 하였더라도 이는 원칙적으로 중요부분의 착오에 해당하지 않는다.

⑤ 상대방이 표의자의 착오를 알면서 이용하였다면 표의자의 착오에 중대한 과실이 있더라도 착오취소가 인정된다.

29

상중하
착오 사례

매수인 甲과 매도인 乙은 진품임을 전제로 하여 乙 소유의 그림 1점의 매매계약을 체결하였는데, 그림이 위작이라는 사실을 나중에 알게 된 甲은 중도금 지급일에 중도금을 지급하지 않았다. 이에 관한 설명으로 **틀린** 것은? (다툼이 있으면 판례에 따름)   20. 변리사

① 위조된 그림을 진품으로 알고 매수한 것은 법률행위 내용의 중요부분의 착오에 해당한다.

② 甲은 매매계약에 따른 하자담보책임을 乙에게 물을 수 있으므로 착오를 이유로 의사표시를 취소할 수 없다.

③ 乙이 甲의 중도금지급채무불이행을 이유로 매매계약을 해제한 후라도 甲은 착오를 이유로 의사표시를 취소할 수 있다.

④ 乙의 기망행위로 인해 매매계약을 체결하였다면 甲은 착오를 이유로 의사표시를 취소할 수 있을 뿐만 아니라 사기를 이유로도 의사표시를 취소할 수 있다.

⑤ 甲이 그림을 진품으로 믿은 것에 중대한 과실이 있는 경우에는 착오를 이유로 의사표시를 취소할 수 없다.

30

상중하
착오 사례

甲은 乙의 부동산을 매수하였는데 계약 내용의 중요부분에 착오가 있어 이를 이유로 매매계약을 취소하고자 한다. 이에 관한 설명으로 옳은 것은? (다툼이 있으면 판례에 따름)   20. 주택사

① 하자담보책임과 착오의 요건을 갖춘 경우, 甲은 하자담보책임을 물을 수 있을 뿐 착오를 이유로 매매계약을 취소할 수는 없다.

② 甲의 매매계약 취소가 인정되기 위해서는 甲은 자신에게 중대한 과실이 없었음을 주장·증명해야 한다.

③ 乙이 甲의 채무불이행을 이유로 매매계약을 적법하게 해제한 경우, 甲은 자신에게 중대한 과실이 없어도 취소권을 행사할 수 없다.

④ 경과실로 인해 착오에 빠진 甲이 매매계약을 취소한 경우, 乙은 甲에게 불법행위책임을 물을 수 있다.

⑤ 甲은 계약 내용에 착오가 있었다는 사실과 함께 만일 그 착오가 없었더라면 의사표시를 하지 않았을 것이라는 점도 증명해야 한다.

31

상중하
착오

착오의 의사표시에 관한 설명으로 **틀린** 것은? (다툼이 있으면 판례에 따름)   20. 행정사

① 동기의 착오를 이유로 취소하려면 당사자 사이에 동기를 의사표시의 내용으로 하는 합의가 필요하다.

② 착오를 이유로 취소하기 위해서는 일반인이 표의자라면 그러한 의사표시를 하지 않았을 정도의 중요부분에 착오가 있어야 한다.

③ 착오를 이유로 취소할 수 없는 중대한 과실은 표의자의 직업 등에 비추어 보통 요구되는 주의를 현저히 결여한 것을 의미한다.

④ 매매계약이 적법하게 해제된 후에도 착오를 이유로 그 매매계약을 취소할 수 있다.

⑤ 상대방의 기망으로 표시상의 착오에 빠진 자의 행위에 대하여 착오취소의 법리가 적용된다.

Point

32

상중하
착오

착오로 인한 의사표시에 관한 설명으로 **틀린** 것은? (다툼이 있으면 판례에 따름) 23. 변리사 변형

① 법률행위의 자연적 해석이 행해지는 경우, 표시상의 착오는 문제될 여지가 없다.

② 토지의 현황·경계에 관한 착오는 중요부분에 관한 착오에 해당한다.

③ 가압류 등기가 없다고 믿고 보증하였더라도 그 가압류가 원인 무효인 것으로 밝혀진 경우, 착오를 이유로 의사표시를 취소할 수 없다.

④ 물상보증인의 채무자의 동일성에 관한 착오는 근저당권설정계약의 중요부분에 관한 착오에 해당한다.

⑤ 예술품의 위작(僞作)을 진품으로 착각한 매도인의 말을 믿고서 과실 없이 진품에 상응하는 가격으로 그 위작을 구입한 매수인이 매도인에게 하자담보책임을 물을 수 있다면 그는 착오취소를 주장할 수 없다.

복습문제

33

상중하
착오

착오에 의한 의사표시에 관한 설명으로 **틀린** 것은? (다툼이 있으면 판례에 따름)   22. 감평사

① 대리인이 의사표시를 한 경우, 착오의 유무는 본인을 표준으로 판단하여야 한다.

② 착오가 표의자의 중대한 과실로 인한 때에는 표의자는 특별한 사정이 없는 한 그 의사표시를 취소할 수 없다.

③ 착오로 인하여 표의자가 경제적인 불이익을 입지 않았다면 법률행위 내용의 중요부분의 착오라 할 수 없다.

④ 상대방이 표의자의 진의에 동의한 경우, 표의자는 착오를 이유로 그 의사표시를 취소할 수 없다.

⑤ 착오를 이유로 의사표시를 취소하는 자는 착오가 없었더라면 의사표시를 하지 않았을 것이라는 점을 증명하여야 한다.

복습문제 34

상중하 착오

착오로 인한 의사표시에 관한 설명으로 틀린 것은? (다툼이 있으면 판례에 따름)   22. 행정사

① 법률행위 내용의 중요부분에 착오가 있는 경우, 그 착오가 표의자의 중과실로 인한 것이 아니라면 특별한 사정이 없는 한 이를 이유로 의사표시를 취소할 수 있다.

② 표의자는 자신에게 중과실이 없음에 대한 주장·증명을 부담한다.

③ 착오로 인한 의사표시에 관한 민법 제109조 제1항의 적용은 당사자의 합의로 배제할 수 있다.

④ 착오로 인하여 표의자가 경제적 불이익을 입지 않았다면 이는 법률행위 내용의 중요부분의 착오로 볼 수 없다.

⑤ 표의자가 장래에 있을 어떤 사항의 발생이 미필적임을 알아 그 발생을 예기한 데 지나지 않는 경우, 그 기대가 이루어지지 않은 것을 착오로 볼 수는 없다.

복습문제 35

상중하 착오

착오에 의한 의사표시에 관한 설명으로 틀린 것은? (다툼이 있으면 판례에 따름)   23. 주택사

① 매도인이 매매계약을 적법하게 해제한 경우, 매수인은 착오를 이유로 그 계약을 취소할 수 없다.

② 착오로 인하여 표의자가 경제적인 불이익을 입은 것이 아니라면 이를 법률행위의 내용의 중요부분의 착오라고 할 수 없다.

③ 상대방이 표의자의 착오를 알면서 이를 이용한 경우, 표의자는 자신에게 중대한 과실이 있더라도 그 의사표시를 취소할 수 있다.

④ 출연재산이 재단법인의 기본재산인지 여부는 착오에 의한 출연행위의 취소에 영향을 주지 않는다.

⑤ 표의자에게 중대한 과실이 있는지 여부에 관한 증명책임은 그 의사표시를 취소하게 하지 않으려는 상대방에게 있다.

복습문제 36

상중하 종합문제

의사표시에 관한 설명으로 틀린 것은? (다툼이 있으면 판례에 따름)   23. 노무사

① 매매계약이 착오로 취소된 경우 특별한 사정이 없는 한 당사자 쌍방의 원상회복의무는 동시이행관계에 있다.

② 동기의 착오가 상대방의 부정한 방법에 의하여 유발된 경우, 동기가 표시되지 않았더라도 표의자는 착오를 이유로 의사표시를 취소할 수 있다.

③ 통정허위표시로 무효인 법률행위도 채권자취소권의 대상이 될 수 있다.

④ 사기에 의해 화해계약이 체결된 경우 표의자는 화해의 목적인 분쟁에 관한 사항에 착오가 있더라도 사기를 이유로 화해계약을 취소할 수 있다.

⑤ 경과실로 인한 착오를 이유로 의사표시를 취소한 자는 상대방이 그 의사표시의 효력을 믿었음으로 인하여 발생한 손해에 대하여 불법행위책임을 진다.

제4절 | 하자 있는 의사표시

대표유형

1. 하자 있는 의사표시에 관한 설명으로 틀린 것은? (다툼이 있으면 판례에 의함)

① 분양회사가 상가를 분양하면서 그 곳에 첨단 오락타운을 조성하여 수익을 보장한다는 다소 과장된 선전광고를 하는 것은 기망행위에 해당하지 않는다.

② 상대방의 강박에 의하여 의사결정의 자유가 완전히 박탈된 상태에서 이루어진 의사표시는 무효이다.

③ 제3자의 사기로 의사표시를 한 경우, 표의자는 상대방이 그 사실을 과실로 알지 못한 경우에도 취소할 수 있다.

④ 甲의 대리인 乙의 사기로 乙과 매매를 한 丙은 甲이 그 사실을 알 수 있었을 경우에 한하여 취소할 수 있다.

⑤ 소송행위는 사기 또는 강박을 이유로 취소할 수 없는 것이 원칙이다.

해설 ④ 대리인은 본인과 동일시할 수 있는 자이므로 제3자에 해당되지 않는다. 따라서 대리인이 상대방을 사기·강박한 경우, 상대방은 언제나(본인의 선의·악의를 불문하고) 취소할 수 있다. **정답 ④**

2. 사기·강박에 의한 의사표시에 관한 설명으로 틀린 것은? (다툼이 있으면 판례에 따름)

22. 감평사

① 상대방의 기망행위로 의사결정의 동기에 관하여 착오를 일으켜 법률행위를 한 경우, 사기를 이유로 그 의사표시를 취소할 수 있다.

② 상대방이 불법적인 해악의 고지 없이 각서에 서명날인할 것을 강력히 요구하는 것만으로는 강박이 되지 않는다.

③ 부작위에 의한 기망행위로도 사기에 의한 의사표시가 성립할 수 있다.

④ 제3자에 의한 사기행위로 계약을 체결한 경우, 표의자는 먼저 그 계약을 취소하여야 제3자에 대하여 불법행위로 인한 손해배상을 청구할 수 있다.

⑤ 매수인이 매도인을 기망하여 부동산을 매수한 후 제3자에게 저당권을 설정해 준 경우, 특별한 사정이 없는 한 제3자는 매수인의 기망사실에 대하여 선의로 추정된다.

해설 ④ 제3자의 사기로 인하여 피해자가 분양계약을 체결한 경우, 피해자가 제3자를 상대로 손해배상청구를 하기 위하여 반드시 그 분양계약을 취소할 필요는 없다. **정답 ④**

37

상중하
사기 · 강박

사기, 강박에 의한 의사표시에 관한 설명으로 옳은 것을 모두 고른 것은? (다툼이 있으면 판례에 따름)

19. 행정사

> ㉠ 부작위에 의한 기망행위도 인정될 수 있다.
> ㉡ 제3자의 사기로 계약을 체결한 경우, 그 계약을 취소하지 않으면 그 제3자에 대하여 손해 배상을 청구할 수 없다.
> ㉢ 부정행위에 대한 고소, 고발은 부정한 이익의 취득을 목적으로 하는 경우에도 위법한 강박행위가 될 수 없다.

① ㉠

② ㉡

③ ㉠, ㉢

④ ㉡, ㉢

⑤ ㉠, ㉡, ㉢

38

상중하
사기, 강박

사기에 의한 의사표시에 관한 설명으로 **틀린** 것은? (다툼이 있으면 판례에 따름) 23. 행정사

① 사기에 의한 의사표시에는 의사와 표시의 불일치가 있을 수 없고, 단지 의사표시의 동기에 착오가 있는 것에 불과하다.

② 사기의 의사표시로 인해 부동산의 소유권을 취득한 자로부터 그 부동산의 소유권을 새로이 취득한 제3자는 특별한 사정이 없는 한 선의로 추정된다.

③ 교환계약의 당사자가 자기 소유의 목적물의 시가를 묵비하는 것은 특별한 사정이 없는 한 기망행위가 되지 않는다.

④ 상대방의 대리인에 의한 사기는 민법 제110조 제2항 소정의 제3자의 사기에 해당하지 않는다.

⑤ 계약이 제3자의 위법한 사기행위로 체결된 경우, 표의자는 그 계약을 취소하지 않는 한 제3자를 상대로 그로 인해 발생한 손해의 배상을 청구할 수 없다.

39
상중하
사기, 강박

사기·강박에 의한 의사표시에 관한 설명으로 옳은 것은? (다툼이 있으면 판례에 따름)

21. 감평사

① 교환계약의 당사자가 자기소유목적물의 시가를 묵비하였다면 특별한 사정이 없는 한, 위법한 기망행위가 성립한다.

② 강박에 의해 자유로운 의사결정의 여지가 완전히 박탈되어 그 외형만 있는 법률행위라고 하더라도 이를 무효라고 할 수는 없다.

③ 토지거래허가를 받지 않아 유동적 무효 상태에 있는 법률행위라도 사기에 의한 의사표시의 요건이 충족된 경우 사기를 이유로 취소할 수 있다.

④ 대리인의 기망행위로 계약을 체결한 상대방은 본인이 대리인의 기망행위에 대해 선의·무과실이면 계약을 취소할 수 없다.

⑤ 강박행위의 목적이 정당한 경우에는 비록 그 수단이 부당하다고 하더라도 위법성이 인정될 여지가 없다.

40
상중하
사기, 강박

사기·강박에 의한 의사표시에 관한 설명으로 틀린 것은? (다툼이 있으면 판례에 따름)

23. 주택사 수정

① 매매계약의 일방 당사자가 목적물의 시가를 묵비하여 상대방에게 고지하지 않은 것은 특별한 사정이 없는 한 기망행위에 해당하지 않는다.

② 상대방의 피용자는 제3자에 의한 사기에 관한 민법 제110조 제2항에서 정한 제3자에 해당하지 않는다.

③ 제3자의 사기행위로 체결한 계약에서 그 사기행위 자체가 불법행위를 구성하는 경우, 피해자가 제3자에게 불법행위로 인한 손해배상을 청구하기 위해서는 그 계약을 취소할 필요는 없다.

④ 타인의 기망행위에 의해 중요부분의 착오가 발생한 경우에는 사기와 착오의 경합이 인정될 수 있다.

⑤ 강박에 의한 의사표시가 취소된 동시에 불법행위의 성립요건을 갖춘 경우, 그 취소로 인한 부당이득반환청구권과 불법행위로 인한 손해배상청구권은 경합하여 병존한다.

41 사기 또는 강박에 의한 의사표시에 관한 설명으로 틀린 것은? (다툼이 있으면 판례에 따름)

상중하

사기, 강박

22. 주택사

① 강박에 의하여 의사결정의 자유가 완전히 박탈된 상태에서 이루어진 의사표시는 무효이다.

② 교환계약의 당사자가 자기가 소유하는 목적물의 시가를 묵비하여 상대방에게 고지하지 않은 것은 특별한 사정이 없는 한 기망행위에 해당하지 않는다.

③ 어떤 해악의 고지가 없이 단지 각서에 서명·날인할 것을 강력히 요구한 것만으로도 강박에 해당한다.

④ 제3자의 사기행위로 체결한 계약에서 그 사기행위 자체가 불법행위를 구성하는 경우, 피해자가 제3자에게 불법행위로 인한 손해배상을 청구하기 위하여 그 계약을 취소할 필요는 없다.

⑤ 상대방 있는 의사표시에 있어서 상대방과 동일시할 수 있는 자의 사기는 제3자의 사기에 해당하지 않는다.

42 사기·강박에 의한 의사표시에 관한 설명으로 틀린 것은? (다툼이 있으면 판례에 따름)

상중하

사기, 강박

22. 변리사

① 아파트 분양자가 아파트 인근에 쓰레기매립장이 건설될 예정이라는 사실을 분양계약자에게 고지하지 않는 것은 기망행위에 해당한다.

② 신의칙에 반하여 정상가격을 높이 책정한 후 할인하여 원래 가격으로 판매하는 백화점 변칙세일은 기망행위에 해당한다.

③ 강박행위의 주체가 국가 공권력이고 그 공권력의 행사의 내용이 기본권을 침해하는 것이면 그 강박에 의한 의사표시는 당연히 무효가 된다.

④ 부정한 이익을 목적으로 부정행위에 대한 고소, 고발이 행해지는 경우에는 강박행위가 될 수 있다.

⑤ 제3자에 의한 사기행위로 계약을 체결한 경우, 피해자는 그 계약을 취소하지 않아도 제3자에게 불법행위로 인한 손해배상을 청구할 수 있다.

43
상중하
사기

사기에 의한 의사표시에 관한 설명으로 틀린 것은? (다툼이 있으면 판례에 따름) 22. 행정사

① 광고에 있어 다소의 과장은 일반 상거래의 관행과 신의칙에 비추어 시인될 수 있는 한 기망성이 결여된다.

② 부작위에 의한 기망행위에서 고지의무는 조리상 일반원칙에 의해서는 인정될 수 없다.

③ 사기에 의한 의사표시가 인정되기 위해서는 의사표시자에게 재산상의 손실을 주려는 사기자의 고의는 필요하지 않다.

④ 기망행위로 인하여 법률행위의 내용으로 표시되지 않은 동기에 관하여 착오를 일으킨 경우에도 그 법률행위를 사기에 의한 의사표시를 이유로 취소할 수 있다.

⑤ 사기에 의한 의사표시의 취소는 선의의 제3자에게 대항하지 못한다.

44
상중하
강박 사례

乙은 甲의 강박에 의해서 자신이 소유하는 X토지를 甲에게 증여하기로 하였다. 이에 대한 설명 중 틀린 것은? (다툼이 있으면 판례에 의함)

① 乙은 증여계약이 반사회질서의 법률행위로서 무효라는 주장을 할 수 없다.

② 증여계약이 甲의 강박에 의해서 이루어진 것이라도 乙은 그 증여계약이 불공정한 법률행위임을 주장할 수 없다.

③ 乙은 甲의 강박에 의해 증여한다는 의사표시를 한 것이므로 내심적 효과의사가 결여된 것으로 볼 수 있다.

④ 甲의 강박의 정도가 극심하여 乙의 의사결정의 자유가 완전히 박탈된 상태에서 증여를 했다면 乙은 무효를 주장할 수 있다.

⑤ 증여계약이 강박에 의한 것이어서 무효라는 乙의 주장은 증여계약을 취소한다는 의사표시를 당연히 포함하는 것은 아니다.

45
상중하
사기 사례

甲은 乙의 기망으로 그 소유의 X토지를 丙에게 팔았고, 丙은 그의 채권자 丁에게 X토지에 근저당권을 설정하였다. 甲은 기망행위를 이유로 매매계약을 취소하려고 한다. 이에 관한 설명으로 틀린 것은? (다툼이 있으면 판례에 따름) 20. 감평사 수정

① 甲은 丙이 과실 없이 기망사실을 몰랐을 경우에는 매매계약을 취소할 수 없다.

② 丙의 악의 또는 과실은 甲이 증명하여야 한다.

③ 甲은 매매계약을 취소하지 않고 乙에게 불법행위책임을 물을 수 있다.

④ 丁의 선의는 추정된다.

⑤ 매매계약을 취소한 甲은 丁이 선의이지만 과실이 있으면 근저당권설정등기의 말소를 청구할 수 있다.

복습문제
46
상중하
사기 사례

甲은 A의 기망행위로 자기소유의 건물을 乙에게 매도하고 소유권이전등기를 하였다. 틀린 것은?

① 甲이 사기당한 사실을 乙이 알 수 있었을 경우, 甲은 乙과의 매매계약을 취소할 수 있다.

② ①의 경우, 甲은 사기사실을 안 날로부터 3년 내에 매매계약을 취소하여야 한다.

③ 甲이 매매계약을 취소하면 말소등기 없이도 소유권은 甲에게 복귀한다.

④ 乙이 丙에게 건물을 양도한 경우, 甲이 乙과의 매매계약을 취소하면 그 효과를 선의의 丙에게도 주장할 수 있다.

⑤ 甲이 A를 상대로 불법행위를 이유로 손해배상을 청구하기 위하여 乙과의 매매계약을 취소할 필요는 없다.

복습문제
47
상중하
사기 사례

A의 사기로 인하여 甲은 자기소유의 토지를 乙에게 매도하였는데, 토지소유권을 취득한 乙은 이를 다시 丙에게 매도하여 소유권을 이전하였다. 옳은 설명은?

⊙ 만일 A가 乙의 대리인인 경우, 甲은 乙이 선의·무과실이라 하더라도 매매계약을 취소할 수 있다.

ⓛ A의 사기사실을 乙이 알 수 있었던 경우, 甲은 매매계약을 취소할 수 있다.

ⓒ 甲이 매매계약을 취소한 경우, 甲은 선의의 丙에 대하여 소유권이전등기의 말소를 청구할 수 있다.

ⓔ 甲은 A의 사기사실을 안 날로부터 3년이 지난 후에도 乙과 매매계약을 체결한 날로부터 10년이 지나기 전까지는 취소권을 행사할 수 있다.

① ⊙, ⓛ 　　　　② ⊙, ⓒ 　　　　③ ⓛ, ⓒ
④ ⓛ, ⓔ 　　　　⑤ ⓒ, ⓔ

복습문제
48
상중하
사 기

사기에 의한 의사표시에 관한 설명으로 옳은 것은? (다툼이 있으면 판례에 의함)

① 표의자가 제3자의 사기로 의사표시를 한 경우, 상대방이 그 사실을 과실 없이 알지 못한 때에도 그 의사표시를 취소할 수 있다.

② 甲의 대리인 乙의 사기로 乙에게 매수의사를 표시한 丙은 甲이 그 사실을 알지 못한 경우에도, 사기를 이유로 법률행위를 취소할 수 있다.

③ 사기에 의한 의사표시의 상대방의 포괄승계인은 사기를 이유로 한 법률행위의 취소로써 대항할 수 없는 선의의 제3자에 포함된다.

④ 교환계약의 당사자 일방이 상대방에게 그가 소유하는 목적물의 시가를 허위로 고지한 경우, 원칙적으로 사기를 이유로 취소할 수 있다.

⑤ 기망에 의하여 하자 있는 물건을 매수한 경우, 매수인은 담보책임만을 주장할 수 있고 사기를 이유로 한 취소권을 행사할 수 없다.

복습문제
49
상중하
사 기

사기에 의한 의사표시에 관한 설명 중 틀린 것은? (다툼이 있으면 판례에 의함)

① 단순한 침묵이나 부작위도 기망행위가 될 수 있다.

② 기망행위로 인하여 중요부분이 아닌 동기의 착오를 일으킨 경우에는 표의자는 사기를 이유로 취소할 수 없다.

③ 재산상의 손해를 입히려고 하는 의사가 기망행위를 하는 자에게 있을 것을 요하지 않는다.

④ 제3자가 사기를 행한 경우, 상대방이 그 사실을 과실 없이 알지 못한 경우에는 취소할 수 없다.

⑤ 제3자의 사기행위로 계약을 체결한 경우, 그 계약을 취소하지 않고 제3자에 대하여 불법행위로 인한 손해배상을 청구할 수 있다.

복습문제
50
상중하
사기 · 강박

사기 · 강박에 관한 설명 중 옳은 것은? (다툼이 있으면 판례에 의함)

① 사기를 이유로 법률행위를 취소하기 위해서는 기망행위로 인하여 표의자가 법률행위의 중요부분에 착오를 일으켜 의사표시를 하였어야 한다.

② 제3자의 사기로 인하여 매매계약을 체결하여 손해를 입은 자가 제3자에 대해 손해배상을 청구하기 위해서는 먼저 매매계약을 취소하여야 한다.

③ 사기가 성립하기 위해서는 재산상 손해를 입히려고 하는 의사가 기망행위를 하는 자에게 있어야 한다.

④ 강박에 의한 법률행위가 무효로 되기 위하여는 강박의 정도가 극심하여 의사표시자의 의사결정의 자유가 완전히 박탈된 상태에서 이루어져야 한다.

⑤ 소송행위는 사기 또는 강박을 이유로 취소할 수 있는 것이 원칙이다.

복습문제
51
상중하
착오 · 사기 ·
강박

착오 · 사기 · 강박에 관한 설명 중 옳은 것은?

① 표의자가 착오를 이유로 의사표시를 취소하여 상대방이 손해를 입은 경우, 상대방은 불법행위를 이유로 손해배상을 청구할 수 있다.

② 매도인이 매매계약을 적법하게 해제하면 매매계약은 소급적으로 소멸하므로, 그 후 매수인은 착오를 이유로 한 취소권을 행사할 수 없다.

③ 법률행위의 성립과정에 강박이라는 불법적 방법이 사용된 경우에는 반사회질서의 법률행위라고 할 수 있다.

④ 표의자가 제3자의 사기로 의사표시를 한 경우, 상대방이 그 사실을 알았거나 알 수 있었을 경우에 한하여 취소할 수 있다.

⑤ 소송행위도 착오 · 사기 또는 강박에 의하여 이루어진 것임을 이유로 취소할 수 있다.

제5절 의사표시의 효력발생시기

대표유형

1. 의사표시의 효력발생에 관한 설명으로 틀린 것은? (다툼이 있으면 판례에 따름)   19. 감평사

① 의사표시의 도달이란 상대방이 그 내용을 안 것을 의미한다.

② 의사표시의 부도달로 인한 불이익은 표의자가 부담한다.

③ 도달주의 원칙을 정하는 민법 제111조는 임의규정이므로 당사자는 약정으로 의사표시의 효력발생시기를 달리 정할 수 있다.

④ 매매계약의 승낙의 의사표시를 발신한 후 승낙자가 사망하였다고 하더라도 그 의사표시가 청약자에게 정상적으로 도달하였다면 매매계약은 유효하게 성립한다.

⑤ 제한능력자는 원칙적으로 의사표시의 수령무능력자이다.

해설 ① 도달이란 사회통념상 요지할 수 있는 상태에 달한 때를 말한다.   **A** 정답 ①

2. 甲은 자기 소유의 부동산을 1억원에 매도하겠다는 청약을 등기우편으로 乙에게 보냈다. 이에 관한 설명으로 틀린 것은? (다툼이 있으면 판례에 따름)   19. 행정사

① 甲의 청약은 乙에게 도달한 때에 효력이 생긴다.

② 甲이 등기우편을 발송한 후 성년후견개시의 심판을 받은 경우, 乙에게 도달한 甲의 청약은 효력이 발생하지 않는다.

③ 甲의 등기우편은 반송되는 등 특별한 사정이 없는 한 乙에게 배달된 것으로 인정하여야 한다.

④ 甲은 등기우편이 乙에게 도달하기 전에 자신의 청약을 철회할 수 있다.

⑤ 甲의 청약이 효력을 발생하기 위해서 乙이 그 내용을 알 것까지는 요하지 않는다.

해설 ② 표의자가 의사표시를 발한 후 행위능력을 상실하여도 의사표시는 효력이 발생하므로 취소할 수 없다.   **A** 정답 ②

52
상중하
도달주의

상대방 있는 의사표시의 효력발생에 관한 설명으로 옳은 것은? (다툼이 있으면 판례에 따름)   22. 감평사

① 의사표시의 도달은 표의자의 상대방이 이를 현실적으로 수령하거나 그 통지의 내용을 알았을 것을 요한다.

② 제한능력자는 원칙적으로 의사표시의 수령무능력자이다.

③ 보통우편의 방법으로 발송된 의사표시는 상당기간 내에 도달하였다고 추정된다.

④ 표의자가 의사표시를 발송한 후 사망한 경우, 그 의사표시는 효력을 잃는다.

⑤ 표의자가 과실로 상대방을 알지 못하는 경우에는 민사소송법 공시송달의 규정에 의하여 의사표시의 효력을 발생시킬 수 있다.

53 의사표시의 효력발생에 관한 설명으로 **틀린** 것은? (다툼이 있으면 판례에 따름) 20. 감평사

상중**하**
도달주의

① 도달주의의 원칙은 채권양도의 통지와 같은 준법률행위에도 유추적용 될 수 있다.

② 의사표시의 부도달 또는 연착으로 인한 불이익은 특별한 사정이 없는 한 표의자가 이를 부담한다.

③ 의사표시자가 그 통지를 발송한 후 제한능력자가 되었다면 특별한 사정이 없는 한 그 의사표시는 취소할 수 있다.

④ 수령무능력자에게 의사표시를 한 경우, 특별한 사정이 없는 한 표의자는 그 의사표시로써 수령무능력자에게 대항할 수 없다.

⑤ 상대방이 정당한 사유 없이 의사표시 통지의 수령을 거절한 경우, 상대방이 그 통지의 내용을 알 수 있는 객관적 상태에 놓여 있는 때에 의사표시의 효력이 생기는 것으로 보아야 한다.

54 의사표시의 효력발생에 관한 설명으로 **옳은** 것은? (다툼이 있으면 판례에 따름) 23. 주택사 변형

상**중**하
도달주의

① 격지자 간의 계약은 승낙의 통지가 도달한 때 성립한다.

② 특별한 사정이 없는 한, 아파트 경비원이 집배원으로부터 우편물을 수령한 후 이를 아파트 공동 출입구의 우편함에 넣어 두었다는 사실만으로도 수취인이 그 우편물을 수취하였다고 추단할 수 있다.

③ 표의자가 의사표시를 발신한 후 사망하더라도 그 의사표시의 효력에는 영향을 미치지 아니한다.

④ 의사표시를 보통우편으로 발송한 경우, 그 우편이 반송되지 않는 한 의사표시는 도달된 것으로 추정된다.

⑤ 의사표시가 상대방에게 도달한 후에도 상대방이 이를 알기 전이라면 특별한 사정이 없는 한 그 의사표시를 철회할 수 있다.

복습문제
55 의사표시의 효력발생시기에 관한 설명으로 **틀린** 것은? (다툼이 있으면 판례에 따름) 20. 감평사

상**중**하
도달주의

① 상대방 있는 의사표시는 상대방에게 도달한 때에 그 효력이 생긴다.

② 표의자가 의사표시의 통지를 발송한 후 제한능력자가 되어도 그 의사표시의 효력은 영향을 받지 아니한다.

③ 상대방이 현실적으로 통지를 수령하거나 그 내용을 안 때에 도달한 것으로 본다.

④ 상대방이 정당한 사유 없이 통지의 수령을 거절한 경우, 상대방이 그 통지의 내용을 알 수 있는 객관적 상태에 놓여 있는 때에 의사표시의 효력이 생긴다.

⑤ 등기우편으로 발송된 경우, 상당한 기간 내에 도달하였다고 추정된다.

복습문제

56

상중하
도달주의

의사표시에 관한 설명으로 틀린 것은?   22. 행정사

① 청약의 의사표시는 그 표시가 상대방에게 도달한 때에 그 효력이 생긴다.

② 의사표시자가 청약의 의사표시를 발송한 후 사망하였다면 그 의사표시는 처음부터 무효인 것으로 본다.

③ 행위능력을 갖춘 미성년자에게는 특별한 사정이 없는 한 의사표시의 수령능력이 인정된다.

④ 표의자가 과실 없이 상대방을 알지 못하는 경우, 민사소송법 공시송달의 규정에 의하여 의사표시를 송달할 수 있다.

⑤ 의사표시의 상대방이 의사표시를 받은 때에 제한능력자인 경우, 특별한 사정이 없는 한 의사표시자는 그 의사표시로써 대항할 수 없다.

복습문제

57

상중하
도달주의

의사표시의 효력발생에 관한 설명으로 틀린 것은? (다툼이 있으면 판례에 따름)   23. 감평사

① 의사표시의 발신 후 표의자가 사망하였다면, 그 의사표시는 상대방에게 도달하더라도 무효이다.

② 의사표시의 효력발생시기에 관해 도달주의를 규정하고 있는 민법 제111조는 임의규정이다.

③ 상대방이 정당한 사유 없이 의사표시의 수령을 거절하더라도 상대방이 그 의사표시의 내용을 알 수 있는 객관적 상태에 놓여 있다면 그 의사표시는 효력이 있다.

④ 재단법인 설립행위의 효력발생을 위해서는 의사표시의 도달이 요구되지 않는다.

⑤ 미성년자는 그 행위능력이 제한되고 있는 범위에서 수령무능력자이다.

58

상중하
도달주의

다음 중 발신주의가 적용되는 경우를 모두 고른 것은?

> ㉠ 무권대리인의 상대방의 최고에 대한 본인의 확답
> ㉡ 격지자 간의 계약 성립에 있어 승낙의 통지
> ㉢ 해제권 행사 여부의 최고에 대한 해제의 통지
> ㉣ 제3자를 위한 계약에 있어 계약이익 향수 여부의 최고에 대한 수익자의 확답
> ㉤ 집합건물의 재건축결의 후 찬성하지 않은 구분소유자에 대한 참가 여부의 최고에 대한 회답

① ㉠, ㉡   ② ㉠, ㉢

③ ㉡, ㉢, ㉤   ④ ㉣, ㉤

⑤ ㉠, ㉡, ㉢, ㉣

Chapter 04 대 리

대표유형

1. 甲 소유의 X토지를 매도하는 계약을 체결할 대리권을 甲으로부터 수여받은 乙은 甲의 대리인임을 현명하고 丙과 매매계약을 체결하였다. 이에 관한 설명으로 **틀린** 것은? (다툼이 있으면 판례에 따름)

21. 변리사

① 乙은 특별한 사정이 없는 한 매매계약을 해제할 권한이 없다.

② 乙이 미성년자인 경우, 甲은 乙의 제한능력을 이유로 X토지에 대한 매매계약을 취소할 수 없다.

③ 丙과의 매매계약이 불공정한 법률행위에 해당하는지 여부가 문제된 경우, 매도인의 무경험은 甲을 기준으로 판단한다.

④ 乙이 丙으로부터 매매대금을 수령한 경우, 甲에게 이를 아직 전달하지 않았더라도 특별한 사정이 없는 한 丙의 매매대금채무는 소멸한다.

⑤ 甲이 乙에게 매매계약의 체결과 이행에 관한 포괄적 대리권을 수여한 경우, 특별한 사정이 없는 한 乙은 약정된 매매대금 지급기일을 연기하여 줄 권한을 가진다.

해설 ③ 대리행위가 불공정한 법률행위에 해당하는지 여부가 문제된 경우, 궁박은 본인을 기준으로, 경솔과 무경험은 대리인을 기준으로 판단한다.

Ⓐ 정답 ③

2. 甲은 자신 소유의 X토지에 대한 매매계약 체결의 대리권을 乙에게 수여하였고, 그에 따라 乙은 丙과 위 X토지에 대한 매매계약을 체결하였다. 이에 관한 설명으로 **옳은** 것은? (다툼이 있으면 판례에 따름)

23. 노무사

① 乙은 원칙적으로 매매계약을 해제할 수 있는 권한을 가진다.

② 乙이 매매계약에 따라 丙으로부터 중도금을 수령하였으나 이를 甲에게 현실로 인도하지 않았더라도 특별한 사정이 없는 한 丙은 중도금 지급채무를 면한다.

③ 乙은 甲의 승낙이 있는 경우에만 복대리인을 선임할 수 있다.

④ 乙의 사기로 매매계약이 체결된 경우, 丙은 甲이 乙의 사기를 알았거나 알 수 있었을 경우에 한하여 사기를 이유로 그 계약을 취소할 수 있다.

⑤ 丙이 甲의 채무불이행을 이유로 계약을 해제한 경우, 그 채무불이행에 乙의 책임사유가 있다면 해제로 인한 원상회복의무는 乙이 부담한다.

> **해설** ① 매매계약을 체결할 대리권에 매매계약의 해제 등 일체의 처분권까지 포함되어 있다고 볼 수는 없다(대판 1997.3.25, 96다51271).
> ③ 임의대리인은 본인의 승낙뿐만 아니라 부득이한 사유에 의해서도 복대리인을 선임할 수 있다(제120조).
> ④ 사기를 행한 대리인은 본인과 동일시 할 수 있는 자이므로, 민법 제110조 제2항의 제3자에 해당하지 않으므로 상대방 丙은 대리인 乙의 기망행위에 대하여 본인 甲의 인식여부를 불문하고 사기를 이유로 취소할 수 있다.
> ⑤ 계약상 채무의 불이행을 이유로 계약이 상대방 당사자에 의하여 유효하게 해제되었다면, 해제로 인한 원상회복의무는 대리인이 아니라 계약의 당사자인 본인이 부담한다(대판 2011.8.18, 2011다30871).　　　**ⓐ 정답 ②**

01
상중하
대리권의 범위

대리권의 범위와 제한에 관한 설명으로 틀린 것은? (다툼이 있으면 판례에 따름)　　15. 노무사

① 대리인이 수인인 때에는 각자가 본인을 대리하는 것이 원칙이다.
② 대리인이 부동산입찰절차에서 동일물건에 관하여 이해관계가 다른 2인 이상을 대리한 경우, 그가 한 입찰은 무효이다.
③ 대리권의 범위가 명확하지 않은 임의대리인이라 하더라도 소멸시효를 중단시킬 수 있다.
④ 부동산의 소유자로부터 매매계약을 체결할 대리권을 수여받은 대리인은 특별한 사정이 없는 한, 그 매매계약에서 약정한 바에 따라 중도금이나 잔금을 수령할 권한이 있다.
⑤ 예금계약의 체결을 위임받은 자가 가지는 대리권에는 그 예금을 담보로 하여 대출을 받거나 이를 처분할 수 있는 대리권이 포함되어 있다.

02
상중하
대리

대리에 관한 설명으로 틀린 것은? (다툼이 있으면 판례에 따름)　　22. 행정사

① 대리인은 행위능력자임을 요하지 아니한다.
② 사실상의 용태에 의하여 대리권의 수여가 추단될 수 있다.
③ 임의대리의 원인된 법률관계가 종료하기 전이라도 본인은 수권행위를 철회할 수 있다.
④ 수권행위에서 권한을 정하지 아니한 대리인은 보존행위만을 할 수 있다.
⑤ 복대리인은 본인의 대리인이다.

03
상중하
대리행위

대리에 관한 설명으로 틀린 것은? (다툼이 있으면 판례에 따름)　　19. 행정사

① 대리인은 행위능력자임을 요하지 않는다.
② 유언은 대리가 허용되지 않는다.
③ 대리에 있어 본인을 위한 것임을 표시하는 현명은 묵시적으로 할 수는 없다.
④ 임의대리의 경우 그 원인된 법률관계의 종료 전에 본인이 수권행위를 철회할 수 있다.
⑤ 대리인이 수인인 때에는 원칙적으로 각자가 본인을 대리한다.

04 민법상 대리에 관한 설명으로 **틀린** 것은? (다툼이 있으면 판례에 따름)

상**중**하
대 리

① 매매계약 체결의 대리권을 수여받은 대리인은 특별한 사정이 없는 한 중도금을 수령할 권한이 있다.

② 권한의 정함이 없는 대리인은 기한이 도래한 채무를 변제할 수 있다.

③ 대리인이 수인인 경우 대리인은 특별한 사정이 없는 한 각자가 본인을 대리한다.

④ 대리인의 쌍방대리는 금지되나 채무의 이행은 가능하므로, 쌍방의 허락이 없더라도 경개계약을 체결할 수 있다.

⑤ 사채알선업자가 대주와 차주 쌍방을 대리하여 소비대차계약을 유효하게 체결한 경우, 사채알선업자는 특별한 사정이 없는 한 차주가 한 변제를 수령할 권한이 있다.

05 대리에 관한 설명으로 **틀린** 것은? (다툼이 있으면 판례에 따름)

상**중**하
대리행위

① 불법행위에는 대리의 법리가 적용되지 않는다.

② 대리인이 자신의 이익을 도모하기 위하여 대리권을 남용하는 경우는 무권대리에 해당한다.

③ 대리인의 대리행위가 공서양속에 반하는 경우, 본인이 그 사정을 몰랐다고 하더라도 그 행위는 무효이다.

④ 대리인이 상대방에게 사기·강박을 하였다면 상대방은 본인이 그에 대해 선의·무과실이라 하더라도 대리인과 행한 법률행위를 취소할 수 있다.

⑤ 복대리인은 본인의 대리인이다.

06 甲의 임의대리인 乙이 丙과 부동산 매매계약을 체결한 경우, 다음 중 **틀린** 것은?

상**중**하
대리행위

① 乙이 현명하지 않은 경우에도 丙이 계약당사자가 甲임을 알 수 있었다면, 甲과 丙 간에 매매계약이 성립한다.

② 계약서에 乙이 甲의 이름만 적고 또 甲의 인장만을 날인했다면, 이는 유효한 대리행위가 될 수 있다.

③ 乙이 자기의 이익을 위하여 배임적 대리행위를 한 경우, 丙이 이러한 사실을 알았거나 알 수 있었더라도 乙의 대리행위는 甲에게 효력을 미친다.

④ 甲의 지시에 따라 乙이 하자 있는 丙의 부동산을 매수한 경우, 하자의 존재에 대한 선의·악의 여부는 甲을 기준으로 하여 판단하여야 한다.

⑤ 매매계약이 불공정한 법률행위인가를 판단함에 있어서는 궁박은 甲을 기준으로 판단하여야 한다.

07

상중하
대리 사례

甲은 자신의 X토지를 매도할 것을 미성년자 乙에게 위임하고 대리권을 수여하였다. 乙은 甲을 대리하여 丙과 X토지의 매매계약을 체결하였는데, 계약체결 당시 丙의 위법한 기망행위가 있었다. 이에 관한 설명으로 옳은 것은? (다툼이 있으면 판례에 따름) 20. 주택사

① 乙이 사기를 당했는지 여부는 甲을 표준으로 하여 결정한다.

② 甲이 아니라 乙이 사기를 이유로 丙과의 매매계약을 취소할 수 있다.

③ 甲은 乙이 제한능력자라는 이유로 乙이 체결한 매매계약을 취소할 수 없다.

④ 甲은 특별한 사정이 없는 한 乙과의 위임계약을 일방적으로 해지할 수 없다.

⑤ 乙이 丙의 사기에 의해 착오를 일으켜 계약을 체결한 경우, 착오에 관한 법리는 적용되지 않고 사기에 관한 법리만 적용된다.

08

상중하
대리 사례

甲이 乙에게 X토지를 매도 후 등기 전에 丁이 丙의 임의대리인으로서 甲의 배임행위에 적극 가담하여 甲으로부터 X토지를 매수하고 丙명의로 소유권이전등기를 마쳤다. 이에 관한 설명으로 틀린 것은? (다툼이 있으면 판례에 따름) 21. 주택사

① 수권행위의 하자유무는 丙을 기준으로 판단한다.

② 대리행위의 하자유무는 특별한 사정이 없는 한 丁을 기준으로 판단한다.

③ 대리행위의 하자로 인하여 발생한 효과는 특별한 사정이 없는 한 丙에게 귀속된다.

④ 乙은 반사회질서의 법률행위임을 이유로 甲과 丙 사이의 계약이 무효임을 주장할 수 있다.

⑤ 丁이 甲의 배임행위에 적극 가담한 사정을 丙이 모른다면, 丙명의로 경료된 소유권이전등기는 유효하다.

복습문제

09

상중하
대리 사례

甲이 乙에게는 자신의 부동산을 매도할 권한을, 丙에게는 다른 사람으로부터 부동산을 매수할 권한을 각기 부여하였다. 그에 따라 甲을 대리하여 乙은 丁과 매도계약을, 丙은 戊와 매수계약을 각기 체결한 경우, 이에 관한 설명으로 틀린 것은? (다툼이 있으면 판례에 따름) 20. 변리사

① 乙은 위 매매계약에 따라 丁이 지급하는 중도금이나 잔금을 甲을 대리하여 수령할 권한이 있다.

② 丁이 위 매매계약의 채무를 이행하지 않는 경우, 乙은 그 계약을 해제할 수 있는 권한이 있다.

③ 丙은 위 매매계약을 체결한 후에는 그 매수한 부동산을 다시 처분할 수 있는 권한은 없다.

④ 丙이 위 매매계약을 체결한 경우, 丙에게는 戊로부터 위 매매계약의 해제의 의사표시를 수령할 권한은 없다.

⑤ 丁이 채무불이행을 이유로 위 매매계약을 적법하게 해제한 경우, 乙이 丁으로부터 받은 계약금을 도난당하여 甲에게 전달하지 못하였더라도 甲은 계약금을 반환해줄 의무가 있다.

복습문제

10 임의대리권의 범위에 관한 설명으로 **틀린** 것은? (다툼이 있으면 판례에 따름)   22. 행정사

상중하
대리

① 임의대리권의 범위는 원칙적으로 수권행위에 의하여 정해진다.

② 특별한 사정이 없는 한 통상의 임의대리권은 필요한 한도에서 수령대리권을 포함한다.

③ 매도인으로부터 매매계약체결에 대한 대리권을 수여받은 자는 특별한 사정이 없는 한 그 매매계약에 따른 중도금을 수령한 권한이 있다.

④ 매도인으로부터 매매계약의 체결과 이행에 대해 포괄적인 대리권을 수여받은 자는 특별한 사정이 없는 한 약정된 매매대금의 지급기일을 연기해 줄 권한이 없다.

⑤ 부동산을 매수할 권한을 수여받은 자는 원칙적으로 그 부동산을 처분할 권한이 없다.

복습문제

11 대리에 관한 설명으로 **틀린** 것은? (다툼이 있으면 판례에 따름)   22. 노무사

상중하
대리

① 대리인이 그 권한 내에서 본인을 위한 것임을 표시한 의사표시는 직접 본인에게 효력이 생긴다.

② 복대리인은 본인에 대하여 대리인과 동일한 권리의무가 있다.

③ 대리인이 수인(數人)인 때에는 법률 또는 수권행위에서 다른 정함이 없으면 공동으로 본인을 대리한다.

④ 임의대리권은 대리인의 성년후견의 개시로 소멸된다.

⑤ 특정한 법률행위를 위임한 경우에 대리인이 본인의 지시에 좇아 그 행위를 한 때에는 본인은 자기가 안 사정에 관하여 대리인의 부지(不知)를 주장하지 못한다.

Point

12 대리권의 공통 소멸사유가 **아닌** 것은?

상중하
대리권
소멸사유

① 본인의 사망   ② 대리인의 사망

③ 대리인의 파산   ④ 대리인의 성년후견개시의 결정

⑤ 대리인의 한정후견개시의 결정

대표유형

1. 복대리에 관한 설명으로 틀린 것은? (다툼이 있으면 판례에 따름)   22. 감평사

① 대리권이 소멸하면 특별한 사정이 없는 한 복대리권도 소멸한다.

② 복대리인의 대리권은 대리인의 대리권의 범위보다 넓을 수 없다.

③ 복대리인의 대리행위에 대해서는 표현대리가 성립할 수 없다.

④ 법정대리인은 그 책임으로 복대리인을 선임할 수 있다.

⑤ 임의대리인은 본인의 승낙이 있거나 부득이한 사유가 있는 때가 아니면 복대리인을 선임하지 못한다.

해설 ③ 대리인이 대리권 소멸 후 복대리인을 선임하여 복대리인으로 하여금 상대방과 사이에 대리행위를 하도록 한 경우에도, 상대방이 대리권 소멸 사실을 알지 못하여 복대리인에게 적법한 대리권이 있는 것으로 믿었고 그와 같이 믿은 데 과실이 없다면 민법 제129조에 의한 표현대리가 성립할 수 있다(대판 1998.5.29, 97다55317).   **A** 정답 ③

2. 복대리에 관한 설명으로 옳은 것은?   23. 행정사

① 복대리인은 대리인의 대리인이다.

② 법정대리인은 언제나 복임권이 있다.

③ 대리인이 파산하여도 복대리권은 소멸하지 않는다.

④ 임의대리인은 본인의 승낙이 있는 때에 한하여 복임권을 갖는다.

⑤ 복대리인이 선임되면 특별한 사정이 없는 한 대리인의 대리권은 소멸한다.

해설 ① 복대리인은 본인의 대리인이다.
③ 대리인이 파산하면 대리권이 소멸하므로, 복대리권도 소멸한다.
④ 임의대리인은 본인의 승낙이 있거나 부득이한 사유가 있는 때에 한하여 복임권을 갖는다.
⑤ 복대리인이 선임되더라도 대리인의 대리권은 소멸하지 않는다.   **A** 정답 ②

---

13 복대리에 관한 설명으로 옳은 것은? (다툼이 있으면 판례에 따름)   23. 감평사

상중하
복대리

① 복대리인은 대리인의 대리인이다.

② 복대리인은 본인에 대해 어떠한 권리·의무도 부담하지 않는다.

③ 복대리인이 선임되면 복대리인의 대리권 범위 내에서 대리인의 대리권은 잠정적으로 소멸한다.

④ 대리인이 복대리인을 선임한 후 사망하더라도 특별한 사정이 없는 한 그 복대리권은 소멸하지 않는다.

⑤ 복임권 없는 대리인에 의해 선임된 복대리인의 대리행위에 대해서도 권한을 넘은 표현대리에 관한 규정이 적용될 수 있다.

14 복대리에 관한 설명으로 옳은 것은? (다툼이 있으면 판례에 따름)

21. 감평사

상**중**하
복대리

① 복대리인은 제3자에 대하여 대리인과 동일한 권리의무가 있다.
② 본인의 묵시적 승낙에 기초한 임의대리인의 복임권행사는 허용되지 않는다.
③ 임의대리인이 본인의 명시적 승낙을 얻어 복대리인을 선임한 때에는 본인에 대하여 그 선임감독에 관한 책임이 없다.
④ 법정대리인이 그 자신의 이름으로 선임한 복대리인은 법정대리인의 대리인이다.
⑤ 복대리인의 대리행위에 대해서는 표현대리가 성립할 수 없다.

15 복대리에 관한 설명으로 틀린 것은? (다툼이 있으면 판례에 따름)

20. 주택사 변형

상**중**하
복대리

① 임의대리인은 본인의 묵시적 승낙에 의해서도 복대리인을 선임할 수 있다.
② 대리인의 능력에 따라 사업의 성공여부가 결정되는 사무에 대해 대리권을 수여받은 경우에는 본인의 묵시적 승낙이 있는 것으로 볼 수 없다.
③ 복대리인이 그 권한 내에서 본인을 위한 것임을 표시한 의사표시는 직접 본인에게 효력이 생긴다.
④ 법률행위에 의해 대리권을 부여받은 대리인은 특별한 사정이 없는 한 복대리인을 선임할 수 있다.
⑤ 법정대리인이 부득이한 사유로 복대리인을 선임한 때에는 선임·감독상의 과실책임을 진다.

16 미성년자 甲의 법정대리인 乙이 복대리인 丙을 선임한 경우에 관한 설명으로 틀린 것은?

21. 행정사

상**중**하
복대리

① 乙은 항상 복임권이 있다.
② 丙도 법정대리인의 지위를 가진다.
③ 乙이 부득이한 사유로 丙을 선임한 경우라면 甲에 대하여 그 선임감독에 관한 책임이 있다.
④ 乙이 사망한 경우 丙의 복대리인의 지위는 원칙적으로 소멸한다.
⑤ 丙은 자신이 수령한 법률행위의 목적물을 乙에게 인도할 의무가 있다.

17
상중하
복대리

甲으로부터 5억원에 토지매수를 부탁받은 임의대리인 乙이 甲의 허락을 얻어 丙을 복대리인으로 선임하였다. 丙은 매수의뢰가격이 5억원임을 알고 있음에도 丁의 토지를 조속히 매수하기 위하여 丁과 6억원에 매수하는 계약을 체결하였다. 甲, 乙, 丙, 丁의 법률관계에 관한 설명으로 옳은 것은? (다툼이 있으면 판례에 따름) 15. 노무사

① 乙은 甲의 이름으로 丙을 선임한다.

② 乙은 甲에 대하여 丙의 선임감독에 대한 책임을 지지 않는다.

③ 丙은 乙의 동의가 있더라도 특별한 사정이 없는 한, 토지매매계약을 해제할 수 없다.

④ 만약 乙이 사망하더라도 丙의 복대리권은 소멸하지 않는다.

⑤ 토지를 5억원에 매수해달라는 부탁을 받은 丙이 丁과 6억원에 매수하는 계약을 체결한 것은 착오에 의한 의사표시이므로 甲은 매매계약을 취소할 수 있다.

복습문제
18
상중하
복대리

甲의 임의대리인 乙은 甲의 승낙을 얻어 복대리인 丙을 선임하였다. 이에 관한 설명으로 옳은 것은? (다툼이 있으면 판례에 따름) 23. 주택사

① 丙은 乙의 대리인이 아니라 甲의 대리인이다.

② 乙의 대리권은 丙의 선임으로 소멸한다.

③ 丙의 대리권은 특별한 사정이 없는 한 乙이 사망하더라도 소멸하지 않는다.

④ 丙은 甲의 지명이나 승낙 기타 부득이한 사유가 없더라도 복대리인은 선임할 수 있다.

⑤ 만약 甲의 지명에 따라 丙을 선임한 경우, 乙은 甲에게 그 부적임을 알고 통지나 해임을 하지 않더라도 책임이 없다.

19
상중하
복대리권의
소멸사유

민법상 복대리권의 소멸사유가 <u>아닌</u> 것은? 22. 주택사

① 본인의 사망

② 대리인의 성년후견의 개시

③ 본인의 특정후견의 개시

④ 복대리인의 파산

⑤ 복대리인의 사망

제2절 무권대리

대표유형

1. 대리권 없는 乙이 甲을 대리하여 甲 소유 X건물에 대하여 丙과 매매계약을 체결하였다. 표현대리가 성립하지 <u>않는</u> 경우 이에 관한 설명으로 옳은 것은? (다툼이 있으면 판례에 따름) 20. 행정사

① 계약체결 당시 乙이 무권대리인임을 丙이 알았다면 丙은 甲에게 추인 여부의 확답을 최고할 수 없다.

② 甲은 丙에 대하여 계약을 추인할 수 있으나 乙에 대해서는 이를 추인할 수 없다.

③ 계약체결 당시 乙이 무권대리인임을 丙이 알았더라도 甲이 추인하기 전이라면 丙은 乙을 상대로 의사표시를 철회할 수 있다.

④ 甲이 추인을 거절한 경우, 丙의 선택으로 乙에게 이행을 청구하였으나 이를 이행하지 않은 乙은 丙에 대하여 채무불이행에 따른 손해배상책임을 진다.

⑤ 甲이 사망하여 乙이 단독상속한 경우 乙은 본인의 지위에서 위 계약의 추인을 거절할 수 있다.

해설 ① 악의인 丙도 甲에게 추인 여부의 확답을 최고할 수 있다.
② 甲은 무권대리인 乙에게 추인할 수 있다.
③ 악의인 丙은 철회할 수 없다.
⑤ 乙이 甲을 단독상속한 경우, 乙은 본인의 지위에서 추인을 거절할 수 없다. **Ⓐ 정답 ④**

2. 甲의 무권대리인 乙이 甲을 대리하여 丙과 매매계약을 체결하였고, 그 당시 丙은 제한능력자가 아닌 乙이 무권대리인임을 과실 없이 알지 못하였다. 이에 관한 설명으로 <u>틀린</u> 것은? (표현대리는 성립하지 않으며, 다툼이 있으면 판례에 따름) 23. 주택사

① 乙과 丙 사이에 체결된 매매계약은 甲이 추인하지 않는 한 甲에 대하여 효력이 없다.

② 甲이 乙에게 추인의 의사표시를 하였으나 丙이 그 사실을 알지 못한 경우, 丙은 매매계약을 철회할 수 있다.

③ 甲을 단독 상속한 乙이 丙에게 추인거절권을 행사하는 것은 신의칙에 반하여 허용될 수 없다.

④ 乙의 무권대리행위가 제3자의 위법행위로 야기된 경우, 乙은 과실이 없으므로 丙에게 무권대리행위로 인한 책임을 지지 않는다.

⑤ 丙이 乙에게 가지는 계약의 이행 또는 손해배상청구권의 소멸시효는 丙이 이를 선택할 수 있는 때부터 진행한다.

해설 ④ 무권대리인의 상대방에 대한 책임은 무과실책임으로서 대리권의 흠결에 관하여 대리인에게 과실 등의 귀책사유가 있어야만 인정되는 것이 아니고, 무권대리행위가 제3자의 기망이나 문서위조 등 위법행위로 야기되었다고 하더라도 책임은 부정되지 아니한다(대판 2014.2.27, 2013다213038). **Ⓐ 정답 ④**

20
상중하
무권대리

무권대리인 乙은 아무런 권한 없이 자신을 甲의 대리인이라고 칭하면서 丙과 甲소유의 X토지에 대한 매매계약을 체결하였다. 이에 관한 설명으로 **틀린** 것은? (표현대리는 성립하지 않으며, 다툼이 있으면 판례에 따름) 23. 행정사

① 丙이 계약 체결 당시 乙이 무권대리인임을 알지 못하였다면, 丙은 甲의 추인이 있기 전에 乙을 상대로 계약을 철회할 수 있다.

② 丙이 계약 체결 당시 乙이 무권대리인임을 알았더라도 丙은 상당한 기간을 정하여 甲에게 추인 여부의 확답을 최고할 수 있다.

③ 甲이 乙의 무권대리행위의 내용을 변경하여 추인한 경우, 그 추인은 그에 대한 丙의 동의가 있어야 유효하다.

④ 乙이 대리권을 증명하지 못하고 甲의 추인도 받지 못한 경우, 丙은 계약 체결 당시 乙이 무권대리인임을 알았더라도 乙에게 계약의 이행이나 손해배상을 청구할 수 있다.

⑤ 계약 체결 후 乙이 甲의 지위를 단독상속한 경우, 乙은 본인의 지위에서 丙을 상대로 계약의 추인을 거절할 수 없다.

21
상중하
무권대리

무권대리인 乙은 자신을 甲의 대리인이라고 하면서 丙과 매매계약을 체결하였다. 이에 관한 설명으로 **틀린** 것은? (다툼이 있으면 판례에 따름) 19. 변리사

① 乙이 무권대리인임을 알았던 丙은 甲에게 乙의 대리행위에 대한 추인 여부의 확답을 최고할 수 없다.

② 丙이 매매계약을 적법하게 철회하였다면 乙의 무권대리행위는 확정적으로 무효가 되어 그 후에는 甲이 매매계약을 추인할 수 없다.

③ 甲이 乙에 대하여 매매계약에 관한 추인의 의사표시를 한 경우, 이러한 추인의 의사표시를 丙이 알지 못하였다면 丙은 철회할 수 있다.

④ 丙이 매매계약을 철회하는 경우, 철회의 효과를 다투는 甲은 丙이 乙에게 대리권이 없다는 사실에 관하여 악의임을 증명할 책임이 있다.

⑤ 乙이 甲을 단독상속한 경우, 乙은 甲의 지위에서 무권대리임을 이유로 매매계약의 무효를 주장하는 것은 허용되지 않는다.

22
상중하
무권대리

甲의 무권대리인 乙이 丙에게 甲 소유의 부동산을 매도하여 소유권이전등기를 경료해주었고, 그후 丙은 이 부동산을 丁에게 매도하고 소유권이전등기를 경료해주었다. 이에 관한 설명으로 **틀린** 것은? (다툼이 있으면 판례에 따름)   20. 변리사

① 丙은 甲에게 상당한 기간을 정하여 추인 여부의 확답을 최고할 수 있고, 그 기간 내에 甲이 확답을 발하지 않으면 추인을 거절한 것으로 본다.

② 丙이 계약 당시 乙에게 대리권이 없음을 안 경우, 丙은 乙에게 한 매수의 의사표시를 철회할 수 없다.

③ 甲이 丁에게 추인의 의사를 표시하더라도 무권대리행위에 대한 추인의 효과가 발생하지 않는다.

④ 甲이 乙에게 추인의 의사를 표시한 경우, 추인 사실을 알게 된 丙은 乙에게 한 매수의 의사표시를 철회할 수 없다.

⑤ 甲의 추인을 얻지 못한 경우, 丙이 무권대리에 관하여 선의이더라도 과실이 있으면 乙은 계약을 이행할 책임을 부담하지 않는다.

23
상중하
무권대리

18세의 甲은 乙의 대리인을 사칭하여 그가 보관하던 乙의 노트북을 그 사정을 모르는 丙에게 팔았다. 이에 관한 설명으로 **틀린** 것은? (다툼이 있으면 판례에 따름)   20. 감평사 수정

① 乙이 丙에게 매매계약을 추인한 때에는 매매계약은 확정적으로 효력이 생긴다.

② 乙이 甲에게 추인한 때에도 그 사실은 모르는 丙은 매매계약을 철회할 수 있다.

③ 乙이 추인하지 않으면, 甲은 丙의 선택에 따라 丙에게 매매계약을 이행하거나 손해를 배상하여야 한다.

④ 丙이 甲에게 대리권이 없음을 알았더라도 丙은 乙에게 추인 여부의 확답을 최고할 수 있다.

⑤ 乙이 추인한 때에는 甲은 자신이 미성년자임을 이유로 매매계약을 취소하지 못한다.

복습문제
24
상중하
무권대리

무권대리에 관한 설명으로 **틀린** 것은? (다툼이 있으면 판례에 따름)   19. 행정사

① 무권대리인이 체결한 계약은 본인이 이를 추인할 수 있다.

② 무권대리인이 체결한 계약의 상대방은 상당한 기간을 정하여 본인에게 추인여부의 확답을 최고할 수 있다.

③ 대리권 없이 타인의 부동산을 매도한 자가 그 부동산을 단독상속한 후 그 대리행위가 무권대리로 무효임을 주장하는 것은 신의칙상 허용될 수 없다.

④ 무권대리행위가 제3자의 기망 등 위법행위로 야기되었더라도 민법 제135조에 따른 무권대리인의 상대방에 대한 책임은 부정되지 않는다.

⑤ 민법 제135조에 따른 무권대리인의 상대방에 대한 책임은 대리권 흠결에 관하여 무권대리인에게 귀책사유가 있어야만 인정된다.

복습문제

25

심중하
무권대리

협의의 무권대리에 관한 설명으로 틀린 것은? (다툼이 있으면 판례에 따름)   20. 주택사

① 무권대리행위의 추인은 원칙적으로 의사표시의 전부에 대하여 해야 한다.

② 무권대리행위에 대한 본인의 추인 또는 추인거절이 없는 경우, 상대방은 최고권을 행사할 수 있다.

③ 추인의 상대방은 무권대리행위의 직접 상대방뿐만 아니라 그 무권대리행위로 인한 권리의 승계인도 포함한다.

④ 무권대리행위가 제3자의 기망 등 위법행위로 야기된 경우, 무권대리인의 상대방에 대한 책임은 부정된다.

⑤ 무권대리행위의 내용을 변경하여 추인한 경우, 상대방의 동의를 얻지 못하면 그 추인은 효력이 없다.

복습문제

26

상중하
대리 종합

법률행위의 대리에 관한 설명으로 틀린 것은? (다툼이 있으면 판례에 따름)   23. 감평사

① 무권대리인의 상대방에 대한 책임은 대리권의 흠결에 관하여 대리인에게 귀책사유가 있는 경우에만 인정된다.

② 민법 제124조에서 금지하는 자기계약이 행해졌다면 그 계약은 유동적 무효이다.

③ 행위능력자인 임의대리인이 성년후견개시 심판을 받아 제한능력자가 되면 그의 대리권은 소멸한다.

④ 대리인이 수인인 경우, 법률 또는 수권행위에서 다른 정함이 없으면 각자가 본인을 대리한다.

⑤ 상대방 없는 단독행위의 무권대리는 특별한 사정이 없는 한 확정적 무효이다.

27

상중하
추인

무권대리행위의 추인에 관한 설명으로 틀린 것은? (다툼이 있으면 판례에 따름)   18. 노무사

① 추인은 제3자의 권리를 해하지 않는 한, 다른 의사표시가 없으면 계약시에 소급하여 그 효력이 생긴다.

② 무권대리행위의 일부에 대한 추인은 상대방의 동의를 얻지 못하는 한 무효이다.

③ 추인은 무권대리행위로 인한 권리 또는 법률관계의 승계인에게도 할 수 있다.

④ 본인이 무권대리인에게 추인한 경우, 상대방은 추인이 있었음을 주장할 수 있다.

⑤ 무권대리행위가 범죄가 되는 경우에 본인이 그 사실을 알고도 장기간 형사고소를 하지 않은 것만으로 묵시적 추인이 된다.

복습문제 28
상**중**하
묵시적 추인

다음 중 묵시적 추인으로 인정되지 않는 것은? (다툼이 있으면 판례에 의함)

① 무권대리인인 처가 차용한 금전의 변제기일에 채권자가 본인에게 변제를 독촉하자 본인이 그 유예를 요청한 경우

② 본인이 무권대리를 알고 장기간 형사소추를 하지 않은 경우

③ 본인이 무권대리인으로부터 손해배상금조로 금원을 지급받은 경우

④ 본인의 장남이 서류를 위조하고 매매한 부동산을 본인이 매수인에게 명도하고 장기간 이의를 제기하지 않은 경우

⑤ 본인이 무권대리인으로부터 매매대금의 전부 또는 일부를 받은 경우

복습문제 29
상**중**하
무권대리

무권대리행위에 대한 본인의 추인에 관한 설명으로 옳은 것은? (다툼이 있으면 판례에 따름)

22. 행정사

① 추인은 무권대리인의 동의가 있어야 유효하다.

② 추인은 무권대리인이 아닌 무권대리행위의 상대방에게 하여야 한다.

③ 무권대리행위가 범죄가 되는 경우, 본인이 그 사실을 알고 장기간 형사고소를 하지 않았다면 묵시적 추인이 인정된다.

④ 추인은 무권대리행위가 있음을 알고 하여야 한다.

⑤ 무권대리행위의 일부에 대한 추인은 상대방의 동의가 없더라도 유효하다.

복습문제 30
상**중**하
무권대리

대리권 없는 乙이 甲을 대리하여 甲소유의 토지를 丙에게 매도하고, 丙은 다시 丁에게 매도하였다. 이 경우 인정되지 않는 것은? (단, 표현대리는 고려하지 않음)

① 甲의 丁에 대한 추인권

② 선의인 丙의 甲에 대한 최고권　　③ 선의인 丙의 甲에 대한 철회권

④ 악의인 丙의 甲에 대한 최고권　　⑤ 악의인 丙의 甲에 대한 철회권

복습문제 31
상**중**하
대리
종합문제

대리에 관한 설명으로 틀린 것은? (다툼이 있으면 판례에 따름)

20. 감평사

① 계약체결의 권한을 수여받은 대리인은 체결한 계약을 처분할 권한이 있다.

② 본인이 이의제기 없이 무권대리행위를 장시간 방치한 것을 추인으로 볼 수는 없다.

③ 매매계약의 체결과 이행에 관한 대리권을 가진 대리인은, 특별한 사정이 없으면 매수인의 대금지급기일을 연기할 수 있는 권한을 가진다.

④ 본인이 사회통념상 대리권을 추단할 수 있는 직함이나 명칭 등의 사용을 승낙한 경우, 수권행위가 있는 것으로 볼 수 있다.

⑤ 무권대리행위가 제3자의 위법행위로 야기된 경우에도, 본인이 추인하지 않으면 무권대리인은 계약을 이행하거나 손해를 배상하여야 한다.

제3절 | 표현대리

대표유형

1. 표현대리에 관한 설명으로 옳은 것은? (다툼이 있으면 판례에 따름) 23. 주택사

① 사회통념상 대리권을 추단할 수 있는 직함이나 명칭 등의 사용을 승낙한 경우라도 특별한 사정이 없는 한 대리권 수여의 표시가 있는 것으로 볼 수는 없다.

② 복대리인의 권한은 권한은 넘은 표현대리의 기본대리권이 될 수 없다.

③ 대리행위가 강행규정에 반하여 무효인 경우에도 표현대리가 성립할 수 있다.

④ 유권대리에 관한 주장에는 표현대리의 주장이 포함되어 있다고 볼 수 있다.

⑤ 표현대리가 성립하는 경우에는 상대방에게 과실이 있더라도 과실상계의 법리를 유추적용하여 본인의 책임을 경감할 수 없다.

해설 ① 본인에 의한 대리권 수여의 표시는 반드시 대리권 또는 대리인이라는 말을 사용하여야 하는 것이 아니라 사회통념상 대리권을 추단할 수 있는 직함이나 명칭 등의 사용을 승낙 또는 묵인한 경우에도 대리권 수여의 표시가 있은 것으로 볼 수 있다(대판 1998.6.12, 97다53762).
② 복대리인 선임권이 없는 대리인에 의하여 선임된 복대리인의 권한도 기본대리권이 될 수 있다(대판 1998.3.27, 97다48982).
③ 강행법규에 위반한 계약은 무효이므로 계약상대방이 선의·무과실이더라도 표현대리 법리가 적용될 여지는 없다(대판 2016.5.12, 2013다49381).
④ 유권대리에 관한 주장 속에 무권대리에 속하는 표현대리의 주장이 포함되어 있다고 볼 수 없다(대판 전합 1983.12.13, 83다카1489). **Ⓐ 정답 ⑤**

2. 표현대리에 관한 설명으로 옳은 것은? (다툼이 있으면 판례에 따름) 23. 노무사 변형

① 현명하지 않은 경우에도 표현대리는 성립할 수 있다.

② 권한을 넘은 표현대리에 관한 제126조의 제3자는 당해 표현대리행위의 직접 상대방만을 의미한다.

③ 권한을 넘은 표현대리가 성립하기 위해서는 기본대리권과 월권행위는 동종 내지 유사한 것이어야 한다.

④ 등기신청대리권을 기본대리권으로 하여 사법상의 법률행위를 한 경우에는 권한을 넘은 표현대리가 성립할 수 없다.

⑤ 대리인이 대리권 소멸 후 선임한 복대리인과 상대방 사이의 법률행위에는 대리권 소멸 후의 표현대리가 성립할 수 없다.

해설 ① 현명하지 않은 경우에는 표현대리는 성립하지 않는다.
③④ 권한을 넘은 표현대리가 성립하기 위해서는 기본대리권과 월권행위는 동종 내지 유사한 것을 요하지 않으므로, 등기신청대리권을 기본대리권으로 하여 사법상의 법률행위를 한 경우에도 권한을 넘은 표현대리가 성립할 수 있다.
⑤ 대리인이 대리권 소멸 후 복대리인을 선임하여 복대리인으로 하여금 상대방과 사이에 대리행위를 하도록 한 경우에도, 상대방이 대리권 소멸 사실을 알지 못하여 복대리인에게 적법한 대리권이 있는 것으로 믿었고 그와 같이 믿은 데 과실이 없다면 민법 제129조에 의한 표현대리가 성립할 수 있다(대판 1998.5.29, 97다55317). **Ⓐ 정답 ②**

32

표현대리에 관한 설명으로 틀린 것은? (다툼이 있으면 판례에 따름)   20. 행정사

① 대리권수여표시에 의한 표현대리가 성립하기 위한 대리권수여의 표시는 사회통념상 대리권을 추단할 수 있는 직함의 사용을 승낙한 경우도 포함한다.

② 대리인이 복대리인을 통하여 대리권의 범위를 넘는 법률행위를 한 경우에도 권한을 넘은 표현대리가 적용된다.

③ 표현대리가 성립하여 본인이 이행책임을 지는 경우, 상대방에게 과실이 있으면 과실상계의 법리를 적용하여 본인의 책임을 경감할 수 있다.

④ 대리권 소멸 후의 표현대리가 인정된 경우에 그 표현대리의 권한을 넘는 대리행위가 있으면 권한을 넘은 표현대리가 성립할 수 있다.

⑤ 권한을 넘은 표현대리는 임의대리뿐만 아니라 법정대리에도 적용된다.

33

표현대리에 관한 설명으로 틀린 것은? (다툼이 있으면 판례에 따름)   20. 주택사

① 대리권수여의 표시에 의한 표현대리가 성립하기 위해서는 대리권이 없다는 사실에 대해 상대방은 선의·무과실이어야 한다.

② 사실혼 관계에 있는 부부간에도 일상가사에 관한 대리권이 인정되므로, 이를 기본대리권으로 하는 권한을 넘은 표현대리가 성립할 수 있다.

③ 대리인이 사자(使者)를 통해 권한 외의 대리행위를 한 경우, 그 사자에게는 기본대리권이 없으므로 권한을 넘은 표현대리가 성립할 수 없다.

④ 권한을 넘은 표현대리의 경우, 권한이 있다고 믿을 만한 정당한 이유가 있는지 여부는 대리행위 당시를 기준으로 해야 한다.

⑤ 대리인이 대리권 소멸 후 복대리인을 선임하여 복대리인으로 하여금 상대방과 대리행위를 하도록 한 경우에도 대리권 소멸 후의 표현대리가 성립할 수 있다.

34

상중하
표현대리

표현대리에 관한 설명으로 **틀린** 것을 모두 고른 것은? (다툼이 있으면 판례에 따름) 21. 감평사

> ㉠ 대리권 소멸 후의 표현대리에 관한 규정은 임의대리에만 적용된다.
> ㉡ 표현대리를 주장할 때에는 무권대리인과 표현대리에 해당하는 무권대리 행위를 특정하여 주장하여야 한다.
> ㉢ 강행법규를 위반하여 무효인 법률행위라 하더라도 표현대리의 법리는 준용될 수 있다.
> ㉣ 표현대리가 성립하는 경우에도 상대방에게 과실이 있다면 과실상계의 법리를 유추적용하여 본인의 책임을 경감할 수 있다.

① ㉠, ㉡   ② ㉡, ㉢   ③ ㉠, ㉡, ㉢
④ ㉠, ㉢, ㉣   ⑤ ㉡, ㉢, ㉣

35

상중하
표현대리와
무권대리

표현대리와 무권대리에 관한 설명으로 **틀린** 것은? (다툼이 있으면 판례에 따름) 21. 주택사

① 표현대리가 성립된다고 하더라도 무권대리의 성질이 유권대리로 전환되는 것은 아니다.
② 표현대리가 성립하는 경우, 상대방에게 과실이 있다면 과실상계의 법리가 유추적용되어 본인의 책임이 경감될 수 있다.
③ 법정대리의 경우에도 대리권 소멸 후의 표현대리가 성립할 수 있다.
④ 사실혼관계에 있는 부부의 경우, 일상가사대리권을 기본대리권으로 하는 권한을 넘은 표현대리가 성립할 수 있다.
⑤ 무권대리행위에 대해 본인이 이의를 제기하지 않고 장기간 방치해 둔 사실만으로 무권대리행위에 대한 추인이 있다고 볼 수 없다.

36

상중하
권한을 넘은
표현대리

권한을 넘은 표현대리에 관한 설명으로 **틀린** 것은? (다툼이 있으면 판례에 따름) 21. 행정사

① 권한을 넘은 대리행위와 기본대리권이 반드시 동종의 것이어야 하는 것은 아니다.
② 대리인이 사술을 써서 대리행위의 표시를 하지 아니하고 단지 본인의 성명을 모용하여 자기가 본인인 것처럼 기망하여 본인 명의로 직접 법률행위를 한 경우에는 특별한 사정이 없는 한 권한을 넘은 표현대리는 성립할 수 없다.
③ 권한을 넘은 표현대리에 관한 규정에서의 제3자에는 당해 표현대리행위의 직접 상대방이 된 자 외에 전득자도 포함된다.
④ 권한을 넘은 표현대리에 있어서 정당한 이유의 유무는 대리행위 당시를 기준으로 하여 판단한다.
⑤ 복임권이 없는 대리인이 선임한 복대리인의 대리권도 권한을 넘은 표현대리에서의 기본대리권이 될 수 있다.

37
상**중**하
권한을 넘은
표현대리

甲은 그 소유의 X토지에 저당권을 설정하고 금전을 차용하는 계약을 체결할 대리권을 친구 乙에게 수여하였는데, 乙이 甲을 대리하여 X토지를 丙에게 매도하는 계약을 체결하였다. 이에 관한 설명으로 옳은 것은? (다툼이 있으면 판례에 따름) 21. 변리사

① 丙이 乙의 대리행위가 유권대리라고 주장하는 경우, 그 주장 속에는 표현대리의 주장이 포함된 것으로 보아야 한다.

② 丙이 계약체결 당시에 乙에게 매매계약 체결의 대리권이 없음을 알았더라도 丙의 甲에 대한 최고권이 인정된다.

③ 丙이 계약체결 당시에 乙에게 매매계약 체결의 대리권이 없음을 알았더라도 계약을 철회할 수 있다.

④ 乙의 행위가 권한을 넘은 표현대리로 인정되는 경우, 丙에게 과실(過失)이 있다면 과실상계의 법리에 따라 甲의 책임이 경감될 수 있다.

⑤ 丙이 乙의 대리행위가 권한을 넘은 표현대리라고 주장하는 경우, 乙에게 매매계약체결의 대리권이 있다고 丙이 믿을 만한 정당한 이유가 있었는지의 여부는 계약성립 이후의 모든 사정을 고려하여 판단해야 한다

Point
38
상**중**하
표현대리

甲은 자신의 토지를 담보로 은행대출을 받기 위해 乙에게 대리권을 수여하고, 저당권설정에 필요한 등기서류 일체를 교부하였다. 그러나 乙은 이를 악용하여 甲의 대리인으로서 그 토지를 丙에게 매도하였다. 다음 중 **틀린** 것은? (다툼이 있으면 판례에 의함)

① 표현대리가 성립하기 위해서는 丙은 선의일 뿐 아니라 무과실이어야 한다.

② 소송에서 丙이 甲에게 유권대리를 주장하여 이행청구를 한 경우에는, 법원은 표현대리의 성립 여부를 심리·판단할 필요가 없다.

③ 표현대리가 성립한 경우 丙에게 과실, 즉 약한 부주의가 있더라도 甲의 책임이 경감되는 것은 아니다.

④ 丙이 매수 당시 乙에게 대리권이 있다고 믿은 데 정당한 이유가 있었다면, 매매계약 성립 후에 대리권 없음을 알았더라도 표현대리는 성립한다.

⑤ 만약 乙이 자기 앞으로 소유권이전등기를 마친 후 丙에게 토지를 매도하였다면, 丙은 甲에게 표현대리의 성립을 주장할 수 있다.

39 민법상 대리에 관한 설명으로 옳은 것은? (다툼이 있으면 판례에 따름)   23. 변리사

상**중**하
대리 종합문제

① 대리권은 대리인의 권리이자 의무의 성격을 갖는다.

② 대리권 남용에 대해 진의 아닌 의사표시에 관한 민법 제107조 제1항 단서가 유추적용되는 경우, 선의의 제3자 보호에 관한 동조 제2항도 함께 유추적용된다.

③ 복대리인은 본인의 대리인이므로 원대리인의 복임행위는 본인을 위한 대리행위이다.

④ 대리권이 이미 소멸한 원대리인에 의해 선임된 복대리인의 대리행위에 대해서는 대리권 소멸 후의 표현대리(제129조)가 성립할 여지가 없다.

⑤ 자신에게 유효한 대리권이 있다고 과실 없이 믿었던 행위능력 있는 선의의 무권대리인은 본인의 추인이 없더라도 상대방에 대한 무권대리인의 책임에 관한 민법 제135조에 따른 책임을 지지 않는다.

40 대리에 관한 설명으로 틀린 것은? (다툼이 있으면 판례에 따름)   22. 노무사

상**중**하
대리 종합문제

① 대리행위가 강행법규에 위반하여 무효인 경우에도 표현대리가 성립할 수 있다.

② 복임권이 없는 임의대리인이 선임한 복대리인의 행위에도 표현대리가 성립할 수 있다.

③ 하나의 무권대리행위 일부에 대한 본인의 추인은 상대방의 동의가 없으면 무효이다.

④ 무권대리인이 본인을 단독상속한 경우, 특별한 사정이 없는 한 자신이 행한 무권대리행위의 무효를 주장하는 것은 허용되지 않는다.

⑤ 제한능력자가 법정대리인의 동의 없이 계약을 무권대리한 경우, 그 제한능력자는 무권대리인으로서 계약을 이행할 책임을 부담하지 않는다.

41 대리에 관한 설명으로 틀린 것은? (다툼이 있으면 판례에 따름)   22. 주택사

상중**하**
대리
종합문제

① 대리권수여의 표시에 의한 표현대리는 어떤 자가 본인을 대리하여 제3자와 법률행위를 함에 있어서 본인이 그 자에게 대리권을 수여하였다는 표시를 그 제3자에게 한 경우에 성립할 수 있다.

② 대리인이 대리권 소멸 후 복대리인을 선임하여 복대리인으로 하여금 상대방과 대리행위를 하도록 한 경우에도 대리권 소멸 후의 표현대리가 성립할 수 있다.

③ 등기신청의 대리권도 권한을 넘은 표현대리의 기본대리권이 될 수 있다.

④ 매매계약을 체결할 권한을 수여받은 대리인이라도 특별한 사정이 없는 한 그 계약을 해제할 권한은 없다.

⑤ 무권대리행위가 제3자의 위법행위로 야기된 경우에는 무권대리인에게 귀책사유가 있어야 무권대리인의 상대방에 대한 책임이 인정된다.

대표유형

1. 법률행위의 무효에 관한 설명으로 틀린 것은? (다툼이 있으면 판례에 따름) 　22. 감평사 변형

① 매매계약이 약정된 매매대금의 과다로 인하여 불공정한 법률행위에 해당하는 경우, 무효행위의 전환에 관한 민법 제138조가 적용될 수 있다.

② 취소할 수 있는 법률행위를 취소한 후에도 무효인 법률행위의 추인의 요건과 효력으로서 추인할 수 있다.

③ 법률행위의 일부무효에 관한 민법 제137조는 임의규정이다.

④ 사회질서에 위반하여 무효인 법률행위도 당사자가 무효임을 알고 추인하면 그때부터 유효로 된다.

⑤ 무효인 가등기를 유효한 등기로 전용하기로 한 약정은 특별한 사정이 없는 한 그때부터 유효하고 이로써 그 가등기가 소급하여 유효한 등기로 전환될 수 없다.

해설 ④ 강행규정위반, 사회질서위반, 불공정한 법률행위에 해당하여 무효인 법률행위는 추인하여도 아무런 효력이 없다.　　🅐 정답 ④

2. 법률행위의 무효에 관한 설명으로 틀린 것은? (다툼이 있으면 판례에 따름)　　23. 감평사

① 무권대리행위에 대한 본인의 추인은 다른 의사표시가 없는 한 소급효를 가진다.

② 법률행위의 일부분이 무효일 때, 그 나머지 부분의 유효성을 판단함에 있어서 나머지 부분을 유효로 하려는 당사자의 가정적 의사를 고려하여야 한다.

③ 토지거래허가구역 내의 토지를 매매한 당사자가 계약체결시부터 허가를 잠탈할 의도였더라도, 그 후 해당 토지에 대한 허가구역 지정이 해제되었다면 위 매매계약은 유효하게 된다.

④ 무효인 법률행위를 추인에 의하여 새로운 법률행위로 보기 위해서는 당사자가 그 무효를 알고서 추인하여야 한다.

⑤ 처분권자는 명문의 규정이 없더라도 처분권 없는 자의 처분행위를 추인하여 이를 유효하게 할 수 있다.

해설 ③ 토지거래계약 허가구역 내 토지에 관하여 허가를 배제하거나 잠탈하는 내용으로 매매계약이 체결된 경우에는 계약은 체결된 때부터 확정적으로 무효이다. 따라서 계약체결 후 허가구역 지정이 해제되거나 허가구역 지정기간 만료 이후 재지정을 하지 아니한 경우라 하더라도 이미 확정적으로 무효로 된 계약이 유효로 되는 것이 아니다(대판 2019.1.31, 2017다228618).　　🅐 정답 ③

Point

01
상중하
법률행위의
무효

법률행위의 무효에 관한 설명으로 **틀린** 것은? (다툼이 있으면 판례에 따름)　　20. 행정사

① 법률행위의 일부가 무효인 때에는 원칙적으로 그 전부를 무효로 한다.

② 무효인 법률행위에 따른 법률효과를 침해하는 것처럼 보이는 채무불이행이 있다면 채무불이행으로 인한 손해배상을 청구할 수 있다.

③ 불공정한 법률행위로서 무효인 경우 무효행위의 전환에 관한 민법 제138조가 적용될 수 있다.

④ 법률행위가 불성립하는 경우 무효행위의 추인을 통해 유효로 전환할 수 없다.

⑤ 무효행위의 추인은 그 무효 원인이 소멸한 후에 하여야 효력이 있다.

02
상중하
법률행위의
무효

법률행위의 무효에 관한 설명으로 **옳은** 것은? (다툼이 있으면 판례에 따름)　　22. 행정사 변형

① 진의 아닌 의사표시는 원칙적으로 무효이다.

② 법률행위가 무효와 취소사유를 모두 포함하고 있는 경우, 당사자는 취소권이 있더라도 무효에 따른 효과를 제거하기 위해 이미 무효인 법률행위를 취소할 수 없다.

③ 무효인 재산상 법률행위에 대하여 당사자가 무효임을 알고 추인하면 소급해서 유효로 된다.

④ 타인의 권리를 목적으로 하는 매매계약은 특별한 사정이 없는 한 유효하다.

⑤ 무효행위의 추인은 명시적으로만 할 수 있을 뿐 묵시적으로는 할 수 없다.

03
상중하
유동적 무효

甲은 토지거래허가구역 내에 있는 그 소유 X토지에 관하여 乙과 매매계약을 체결하였으나 아직 토지거래허가를 받지는 않고 있다. 다음 설명 중 **틀린** 것은? (다툼이 있으면 판례에 따름)

① 乙이 계약내용에 따른 채무를 이행하지 않더라도 甲은 이를 이유로 매매계약을 해제할 수 없다.

② 허가를 받기 전 유동적 무효상태에서 甲은 계약금의 배액을 상환하고 계약을 해제할 수 있다.

③ 토지거래허가구역 지정기간이 만료되었으나 재지정이 없는 경우, 매매계약은 확정적으로 유효로 된다.

④ 甲의 귀책사유로 인하여 매매계약이 무효로 확정된 경우에도 甲은 계약의 무효를 주장할 수 있다.

⑤ 乙이 丙에게 X토지를 전매하고 丙이 자신과 甲을 매매당사자로 하는 허가를 받아 甲으로부터 곧바로 등기를 이전받았다면 그 등기는 유효하다.

04
상중하
유동적 무효

甲은 「부동산 거래신고 등에 관한 법률」상 토지거래허가 구역에 있는 자신 소유의 X토지를 乙에게 매도하는 매매계약을 체결하였다. 아직 토지거래허가(이하 '허가')를 받지 않아 유동적 무효 상태에 있는 법률관계에 관한 설명으로 틀린 것은? (다툼이 있으면 판례에 따름) 23. 노무사

① 甲은 허가 전에 乙의 대금지급의무의 불이행을 이유로 매매계약을 해제할 수 없다.

② 甲의 허가신청절차 협력의무와 乙의 대금지급의무는 동시이행관계에 있다.

③ 甲과 乙이 허가신청절차 협력의무 위반에 따른 손해배상액을 예정하는 약정은 유효하다.

④ 甲이 허가신청절차에 협력할 의무를 위반한 경우, 乙은 협력의무 위반을 이유로 매매계약을 해제할 수 없다.

⑤ 甲이 허가신청절차에 협력하지 않는 경우, 乙은 협력의무의 이행을 소구할 수 있다.

05
상중하
유동적 무효

甲은 토지거래허가구역 내에 있는 그 소유의 X토지에 대하여 토지거래허가를 받을 것을 전제로 乙과 매매계약을 체결하였다. 이에 관한 설명으로 틀린 것은? (다툼이 있으면 판례에 따름) 21. 변리사

① 甲이 허가신청절차에 협력하지 않으면 乙은 甲에 대하여 협력의무의 이행을 소구할 수 있다.

② 甲이 허가신청절차에 협력할 의무를 이행하지 않더라도 특별한 사정이 없는 한 乙은 이를 이유로 계약을 해제할 수 없다.

③ 甲과 乙이 허가신청절차 협력의무의 이행거절의사를 명백히 표시한 경우, 매매계약은 확정적으로 무효가 된다.

④ 매매계약이 乙의 사기에 의해 체결된 경우, 甲은 토지거래허가를 신청하기 전에 사기를 이유로 계약을 취소함으로써 허가신청절차의 협력의무를 면할 수 있다.

⑤ X토지가 중간생략등기의 합의에 따라 乙로부터 丙에게 허가 없이 전매된 경우, 丙은 甲에 대하여 직접 허가신청절차의 협력의무 이행청구권을 가진다.

Point

06
상중하
유동적 무효

부동산 거래신고 등에 관한 법률에 따른 토지거래허가구역 내에 존재하는 토지에 대하여 매도인 甲과 매수인 乙 사이에 허가를 전제로 하여 매매계약이 체결되었으며 계약 당시 乙은 甲에게 계약금을 지급하였다. 이에 관한 설명으로 **틀린** 것은? (다툼이 있으면 판례에 따름) 23. 변리사

① 甲과 乙이 관할관청으로부터 허가를 받으면 유동적 무효상태에 있던 위 매매계약은 소급해서 유효로 된다.

② 乙의 매수인 지위를 丙이 이전받는다는 취지의 약정을 甲, 乙, 丙이 한 경우, 그와 같은 합의는 甲과 乙간의 위 매매계약에 관한 관할관청의 허가가 있어야 비로소 효력이 발생한다.

③ 보전의 필요성이 인정되는 한 乙은 甲에 대한 토지거래허가 신청절차의 협력의무 이행청구권을 피보전권리로 하여 甲의 권리를 대위 행사할 수 있다.

④ 甲과 乙이 관할관청에 토지거래허가를 신청하여 그 허가를 받은 후에도 乙은 다른 사유가 없는 한 계약금을 포기하고 위 매매계약을 해제할 수 있다.

⑤ 乙은 특별한 사정이 없는 한 위 매매계약의 허가를 받기 전까지 부당이득반환청구권을 행사하여 甲에게 이미 지급한 계약금의 반환을 청구할 수 있다.

07
상중하
유동적 무효

甲은 허가받을 것을 전제로 토지거래허가구역 내 자신의 토지에 대해 乙과 매매계약을 체결하였다. 다음 설명 중 옳은 것을 모두 고른 것은? (다툼이 있으며 판례에 따름)

> ㉠ 일정기간 내 허가를 받기로 약정한 경우, 특별한 사정이 없는 한 그 허가를 받지 못하고 약정기간이 경과하였다는 사정만으로도 매매계약은 확정적 무효가 된다.
> ㉡ 甲은 乙의 매매대금 이행제공이 없음을 이유로 토지거래허가 신청에 대한 협력의무의 이행을 거절할 수 없다.
> ㉢ 매매계약 후 토지거래허가구역 지정이 해제되었다고 해도 그 계약은 여전히 유동적 무효이다.

① ㉠   ② ㉡   ③ ㉠, ㉢

④ ㉡, ㉢   ⑤ ㉠, ㉡, ㉢

대표유형

1. 법률행위의 취소에 관한 설명으로 틀린 것은?   19. 감평사

① 착오로 인하여 취소할 수 있는 법률행위를 한 자의 포괄승계인은 그 법률행위를 취소할 수 있다.

② 미성년자가 동의 없이 단독으로 한 법률행위를 그 법정대리인이 추인하는 경우, 그 추인은 취소의 원인이 소멸한 후에 하여야만 효력이 있다.

③ 제한능력자가 제한능력을 이유로 법률행위를 취소한 경우, 그 행위로 인하여 받은 이익이 현존하는 한도에서 상환할 책임이 있다.

④ 취소할 수 있는 법률행위를 추인한 후에는 이를 다시 취소하지 못한다.

⑤ 취소권은 추인할 수 있는 날로부터 3년 내에, 법률행위를 한 날로부터 10년 내에 행사하여야 한다.

▶**해설** ② 법정대리인이 추인하는 경우에는 취소의 원인이 소멸하기 전에도 추인의 효력이 있다.   **ⓐ 정답** ②

2. 법률행위의 취소에 관한 설명으로 틀린 것은? (다툼이 있으면 판례에 따름)   21. 주택사

① 취소할 수 있는 법률행위에 관하여 법정추인 사유가 존재하더라도 이의를 보류했다면 추인의 효과가 발생하지 않는다.

② 취소할 수 있는 법률행위를 취소한 경우, 무효행위의 추인요건을 갖추더라도 다시 추인할 수 없다.

③ 계약체결에 관한 대리권을 수여받은 대리인이 취소권을 행사하려면 특별한 사정이 없는 한 취소권의 행사에 관한 본인의 수권행위가 있어야 한다.

④ 매도인이 매매계약을 적법하게 해제하였더라도 매수인은 해제로 인한 불이익을 면하기 위해 착오를 이유로 한 취소권을 행사할 수 있다.

⑤ 가분적인 법률행위의 일부에 취소사유가 존재하고 나머지 부분을 유지하려는 당사자의 가정적 의사가 있는 경우, 일부만의 취소도 가능하다.

▶**해설** ② 취소할 수 있는 법률행위가 취소된 이후에는 취소할 수 있는 법률행위의 추인에 의하여 다시 확정적으로 유효하게 할 수 없으나, 무효행위의 추인은 할 수 있다.   **ⓐ 정답** ②

08

상중하
취소

법률행위의 취소에 관한 설명으로 틀린 것은? (다툼이 있으면 판례에 따름)

20. 행정사

① 제한능력을 이유로 법률행위가 취소되면 제한능력자는 그 행위로 인해 받은 이익이 현존하는 한도에서 상환할 책임이 있다.

② 취소권은 추인할 수 있는 날로부터 3년 내에, 법률행위를 한 날로부터 10년 내에 행사하여야 한다.

③ 취소할 수 있는 법률행위는 추인에 의하여 유효한 것으로 확정된다.

④ 취소된 법률행위는 원칙적으로 처음부터 무효인 것으로 본다.

⑤ 미성년자가 한 법률행위는 그가 단독으로 유효하게 취소할 수 없다.

09

상중하
취소

법률행위의 취소에 관한 설명으로 틀린 것은? (다툼이 있으면 판례에 따름)

21. 변리사

① 제한능력자의 법률행위에 대한 법정대리인의 추인은 취소의 원인이 소멸된 후에 하여야 그 효력이 있다.

② 취소할 수 있는 법률행위로 취득한 권리를 취소권자의 상대방이 제3자에게 양도한 경우, 법정추인이 되지 않는다.

③ 법률행위의 취소를 전제로 한 소송상의 이행청구나 이를 전제로 한 이행거절에는 취소의 의사표시가 포함되어 있다고 볼 수 있다.

④ 취소할 수 있는 법률행위는 취소권자가 추인할 수 있는 후에 이의를 보류하지 않고 이행청구를 하면 추인한 것으로 본다.

⑤ 취소권자가 취소할 수 있는 법률행위를 적법하게 추인한 경우, 그 법률행위를 다시 취소할 수 없다.

10

상중하
취소

법률행위의 취소에 관한 설명으로 틀린 것은? (다툼이 있으면 판례에 따름)

22. 감평사

① 취소할 수 있는 미성년자의 법률행위를 친권자가 추인하는 경우, 그 취소의 원인이 소멸한 후에 하여야만 효력이 있다.

② 제한능력자가 그 의사표시를 취소한 경우, 제한능력자는 그 행위로 인하여 받은 이익이 현존하는 한도에서 상환할 책임이 있다.

③ 강박에 의하여 의사표시를 한 자의 포괄승계인은 그 의사표시를 취소할 수 있다.

④ 취소권은 추인할 수 있는 날로부터 3년 내에 법률행위를 한 날로부터 10년 내에 행사하여야 한다.

⑤ 의사표시의 취소는 취소기간 내에 소를 제기하는 방법으로만 행사하여야 하는 것은 아니다.

11 법률행위의 취소에 관한 설명으로 **틀린** 것은? (다툼이 있으면 판례에 따름)

상**중**하
취 소

① 취소권자의 단기제척기간은 취소할 수 있는 날로부터 3년이다.

② 취소권의 행사시 반드시 취소원인의 진술이 함께 행해져야 하는 것은 아니다.

③ 취소할 수 있는 법률행위의 상대방이 그 행위로 취득한 특정의 권리를 양도한 경우, 양수인이 아닌 원래의 상대방에게 취소의 의사표시를 하여야 한다.

④ 제한능력을 이유로 취소된 경우에는 선의의 제3자에게 취소의 효과를 주장할 수 있다.

⑤ 매도인이 매매계약을 적법하게 해제한 후에도 매수인은 그 매매계약을 착오를 이유로 취소할 수 있다.

12 취소할 수 있는 법률행위의 법정추인에 해당하지 <u>않는</u> 것은? (다툼이 있으면 판례에 따름)

상**중**하
법정추인

① 취소할 수 있는 행위로부터 생긴 채무의 이행을 위해 취소권자가 상대방에게 일부 이행을 한 경우

② 취소할 수 있는 행위로부터 생긴 채무의 이행을 위해 취소권자가 상대방에게 이행을 청구하는 경우

③ 취소할 수 있는 행위로부터 생긴 채무의 이행을 위해 취소권자가 상대방에게 저당권을 설정해 준 경우

④ 취소권자가 취소할 수 있는 행위에 의하여 성립된 채권을 소멸시키고 그 대신 다른 채권을 성립시키는 경개를 하는 경우

⑤ 취소할 수 있는 행위로부터 취득한 권리의 전부를 취소권자의 상대방이 제3자에게 양도하는 경우

13 취소할 수 있는 법률행위의 법정추인 사유가 <u>아닌</u> 것은?

상**중**하
법정추인

① 미성년자가 단독으로 한 법률행위로부터 생긴 채무를 상대방에게 이행한 경우

② 강박상태에서 벗어난 후, 취소권자가 상대방에게 이전등기를 해 준 경우

③ 사기의 사실을 안 취소권자가 상대방으로부터 담보를 제공받은 경우

④ 사기의 사실을 안 취소권자가 취소할 수 있는 행위에 의하여 생긴 채무를 이행한 경우

⑤ 자신의 착오를 안 취소권자가 상대방에게 이행을 청구한 경우

14

상**중**하

법정추인

甲소유 토지를 매수한 乙이 중요부분의 착오가 있었음을 알게 된 후 다음과 같은 사실이 발생했을 때 乙이 여전히 취소권을 행사할 수 있는 경우는?

① 甲이 乙에게 매매대금 지급을 청구한 경우

② 乙이 甲에게 매매대금을 지급한 경우

③ 乙이 甲으로부터 소유권이전등기에 필요한 서류를 받은 경우

④ 乙이 甲에게 소유권이전등기를 청구한 경우

⑤ 甲과 乙이 대금 지급 대신 乙소유 건물로 이전하기로 약정한 경우

15

상**중**하

무효와 취소

법률행위의 무효와 취소에 관한 설명으로 옳은 것은? (다툼이 있으면 판례에 따름)   23. 행정사

① 계약이 불공정한 법률행위로서 무효인 경우, 그 계약에 대한 부제소합의는 특별한 사정이 없는 한 유효하다.

② 취소할 수 있는 법률행위에서 취소권자의 상대방이 이행을 청구하는 경우에는 법정추인이 된다.

③ 매매계약이 약정된 대금의 과다로 인해 불공정한 법률행위에 해당하여 무효인 경우, 무효행위의 전환에 관한 민법 제138조는 적용될 여지가 없다.

④ 무권리자가 타인의 권리를 처분하는 계약을 체결한 경우, 권리자가 이를 추인하면 계약의 효과는 원칙적으로 계약체결시에 소급하여 권리자에게 귀속된다.

⑤ 취소할 수 있는 법률행위의 상대방이 그 법률행위로 취득한 권리를 타인에게 임의로 양도한 경우, 특별한 사정이 없는 한 그 취소의 의사표시는 그 양수인을 상대방으로 하여야 한다.

16

상**중**하

무효와 취소

민법상 법률행위의 무효 또는 취소에 관한 설명으로 옳은 것은? (다툼이 있으면 판례에 따름)

23. 노무사

① 불공정한 법률행위에는 무효행위의 전환에 관한 제138조가 적용될 수 없다.

② 선량한 풍속 기타 사회질서에 위반한 사항을 내용으로 하는 법률행위의 무효는 이를 주장할 이익이 있는 자라면 누구든지 무효를 주장할 수 있다.

③ 취소할 수 있는 법률행위를 취소한 후 그 취소 원인이 소멸하였다면, 취소할 수 있는 법률행위의 추인에 의하여 그 법률행위를 다시 확정적으로 유효하게 할 수 있다.

④ 법률행위의 일부분이 무효인 경우 원칙적으로 그 일부분만 무효이다.

⑤ 甲이 乙의 기망행위로 자신의 X토지를 丙에게 매도한 경우, 甲은 매매계약의 취소를 乙에 대한 의사표시로 하여야 한다.

17
상**중**하
무효와 취소

법률행위의 무효와 취소에 관한 설명으로 **틀린** 것은? (다툼이 있으면 판례에 따름)   23. 주택사

① 취소할 수 있는 법률행위를 취소한 경우, 무효행위 추인의 요건을 갖추면 이를 다시 추인할 수 있다.

② 토지거래허가구역 내의 토지에 대한 매매계약이 처음부터 허가를 배제하는 내용의 계약일 경우, 그 계약은 확정적 무효이다.

③ 집합채권의 양도가 양도금지특약을 위반하여 무효인 경우, 채무자는 일부 개별 채권을 특정하여 추인할 수 없다.

④ 무권리자의 처분행위에 대한 권리자의 추인의 의사표시는 무권리자나 그 상대방 어느 쪽에 하여도 무방하다.

⑤ 취소할 수 있는 법률행위의 추인은 추인권자가 그 행위가 취소할 수 있는 것임을 알고 하여야 한다.

복습문제
18
상**중**하
무효와 취소

무효와 취소에 관한 설명으로 **옳은** 것은? (다툼이 있으면 판례에 따름)   19. 노무사

① 무효인 법률행위의 당사자가 그 무효임을 알고 추인한 때에는 새로운 법률행위로 본다.

② 취소권자가 이의의 보류 없이 상대방으로부터 일부의 이행을 수령한 경우에도 법정추인이 되지 않는다.

③ 불공정한 법률행위는 법정추인에 의해 유효로 될 수 있다.

④ 강박에 의한 의사표시를 취소하여 무효가 된 법률행위는 그 무효원인이 종료하더라도 무효행위 추인의 요건에 따라 다시 추인할 수 없다.

⑤ 토지거래허가구역 내의 토지의 매도인은 거래허가 전이라도 매수인의 대금지급의무의 불이행을 이유로 계약을 해제할 수 있다.

복습문제
19
상**중**하
무효와 취소

법률행위의 무효와 취소에 관한 설명으로 **틀린** 것은? (다툼이 있으면 판례에 따름)   19. 행정사

① 무효인 법률행위는 추인하여도 원칙적으로 그 효력이 생기지 않는다.

② 법률행위의 일부분이 무효인 경우에 대하여 규정하고 있는 민법 제137조는 임의규정이다.

③ 취소할 수 있는 법률행위에서 취소권자의 상대방이 그 취소할 수 있는 행위로 취득한 권리를 양도하는 경우 법정추인이 된다.

④ 하나의 법률행위의 일부분에만 취소사유가 있다고 하더라도 그 법률행위가 가분적이거나 그 목적물의 일부가 특정될 수 있다면, 그 나머지 부분이라도 이를 유지하려는 당사자의 가정적 의사가 인정되는 경우 그 일부만의 취소도 가능하다.

⑤ 임차권양도계약과 권리금 계약이 결합하여 경제적·사실적 일체로 행하여진 경우, 그 권리금계약 부분에만 취소사유가 존재하여도 특별한 사정이 없는 한 권리금계약 부분만을 따로 떼어 취소할 수는 없다.

20 상중하
무효와 취소

법률행위의 무효와 취소에 관한 설명으로 틀린 것은? (다툼이 있으면 판례에 따름)   17. 노무사

① 가분적 법률행위의 일부분에만 취소사유가 있는 경우 나머지 부분이라도 이를 유지하려는 당사자의 가정적 의사가 인정되더라도 그 일부만의 취소는 불가능하다.

② 반사회적 법률행위는 당사자의 추인으로 유효하게 될 수 없다.

③ 법정대리인의 동의 없이 행한 미성년자의 법률행위는 미성년자가 단독으로 취소할 수 있다.

④ 법률행위의 일부분이 무효인 경우 원칙적으로 그 전부를 무효로 한다.

⑤ 제한능력을 이유로 법률행위가 취소된 경우, 제한능력자는 현존이익의 한도에서 상환할 책임이 있다.

21 상중하
무효와 취소

무효와 취소에 관한 설명으로 틀린 것은? (다툼이 있으면 판례에 따름)   20. 주택사

① 취소할 수 있는 법률행위는 취소권을 행사하지 않더라도 처음부터 무효이다.

② 취소할 수 있는 법률행위의 상대방이 확정된 경우, 취소는 그 상대방에 대한 의사표시로 해야 한다.

③ 제한능력자가 제한능력을 이유로 법률행위를 취소한 경우, 그는 법률행위로 인하여 받은 이익이 현존하는 한도에서 상환할 책임이 있다.

④ 무효인 가등기를 유효한 등기로 전용하기로 한 약정은 그때부터 유효하고, 이로써 가등기가 소급하여 유효한 등기로 전환되지 않는다.

⑤ 무효인 법률행위에 따른 법률효과를 침해하는 것처럼 보이는 위법행위가 있다고 하여도 법률효과의 침해에 따른 손해는 없으므로 그 배상을 청구할 수 없다.

복습문제
22
상중하
무효와 취소

법률행위의 무효와 취소에 관한 설명으로 틀린 것은? (다툼이 있으면 판례에 따름)   22. 주택사

① 법률행위의 일부분이 무효인 경우, 특별한 사정이 없는 한 그 전부를 무효로 한다.

② 일부무효에 관한 민법 제137조는 당사자의 합의로 그 적용을 배제할 수 있다.

③ 무효인 가등기를 유효한 등기로 전용하기로 약정한 경우, 그 가등기는 등기시로 소급하여 유효한 등기로 된다.

④ 취소할 수 있는 법률행위의 상대방이 확정된 경우, 취소는 그 상대방에 대한 의사표시로 해야 한다.

⑤ 제한능력자의 법정대리인이 제한능력자의 법률행위를 추인한 후에는 제한능력을 이유로 그 법률행위를 취소하지 못한다.

복습문제
23
상중하
무효와 취소

법률행위의 무효와 취소에 관한 설명으로 틀린 것은? (다툼이 있으면 판례에 따름)   22. 변리사

① 법률행위가 무효임을 알고 이를 추인한 때에는 원칙적으로 소급하여 유효가 된다.

② 불공정한 법률행위에도 무효행위 전환의 법리가 적용될 수 있다.

③ 법률행위의 일부가 무효인 경우, 그 무효부분이 없더라도 법률행위를 하였을 것으로 인정되는 때에는 나머지 부분은 무효가 되지 않는다.

④ 취소할 수 있는 법률행위의 상대방이 확정되어 있는 경우에는 그 취소는 그 상대방에 대한 의사표시로 하여야 한다.

⑤ 강박에 의한 의사표시는 법률행위를 한 날로부터 10년이 경과하면 취소하지 못한다.

대표유형

1. 법률행위의 조건에 관한 설명으로 틀린 것은? (다툼이 있으면 판례에 따름)   18. 노무사

① 정지조건이 법률행위 당시 이미 성취된 경우에는 그 법률행위는 무효이다.

② 해제조건 있는 법률행위는 조건이 성취한 때로부터 그 효력을 잃는다.

③ 조건의 성취가 미정한 권리의무는 일반규정에 의하여 처분, 상속, 보존 또는 담보로 할 수 있다.

④ 당사자가 합의한 경우에는 조건성취의 효력을 소급시킬 수 있다.

⑤ 정지조건부 법률행위에서 조건성취의 사실은 권리를 취득하는 자가 증명책임을 진다.

해설 ① 정지조건이 법률행위 당시 이미 성취된 경우에는 조건 없는 법률행위가 된다.   **A** 정답 ①

2. 조건과 기한에 관한 설명으로 틀린 것은? (다툼이 있으면 판례에 따름)   21. 주택사

① 법률행위에 정지조건이 붙어 있다는 사실은 그 법률행위의 효력발생을 다투려는 자가 증명하여야 한다.

② 조건의사가 외부로 표시되지 않은 경우, 조건부 법률행위로 인정되지 않는다.

③ 당사자가 조건성취의 효력을 그 성취 전에 소급하게 할 의사를 표시한 경우, 그 의사표시는 무효이다.

④ 불확정한 사실이 발생한 때를 이행기한으로 정한 경우, 그 사실의 발생이 불가능하게 된 때에도 기한이 도래한 것으로 본다.

⑤ 상계의 의사표시에는 기한을 붙일 수 없다.

해설 ③ 당사자가 조건성취의 효력을 그 성취 전에 소급하게 할 의사를 표시한 경우, 그 의사표시는 유효이다.   **A** 정답 ③

01

조 건

조건에 관한 설명으로 틀린 것은? (다툼이 있으면 판례에 따름) 19. 노무사

① 정지조건부 권리의 경우, 조건이 미성취인 동안에는 소멸시효가 진행되지 않는다.

② 불법조건이 붙어 있는 법률행위는 그 조건뿐만 아니라 법률행위 전부가 무효로 된다.

③ 조건의 성취가 미정인 조건부 권리도 일반규정에 의하여 담보로 할 수도 있다.

④ 기성조건을 해제조건으로 한 법률행위는 무효이다.

⑤ 정지조건부 법률행위는 조건이 성취되면 법률행위를 한 때로부터 효력이 발생하는 것이 원칙이다.

02
상**중**하
조 건

조건에 관한 설명으로 옳은 것은? (다툼이 있으면 판례에 따름) 20. 변리사

① 당사자가 조건성취의 효력을 그 성취 전에 소급하게 할 의사를 표시하였더라도 특별한 사정이 없는 한 소급하지 않는다.

② 조건부 법률행위에서 조건이 선량한 풍속에 위반되면 당사자의 의도를 살리기 위하여 그 조건만이 무효이고 법률행위는 유효한 것이 원칙이다.

③ 조건부 권리는 조건의 성부가 미정인 상태에서는 그 가치에 대한 평가가 곤란하므로 담보제공은 할 수 없다.

④ 해제조건부 법률행위의 조건이 법률행위의 당시에 이미 성취할 수 없는 것인 경우에는 조건 없는 법률행위로 한다.

⑤ 상계의 의사표시에는 조건을 붙일 수 있다.

03 법률행위의 조건과 기한에 관한 설명으로 틀린 것은? (다툼이 있으면 판례에 따름)   19. 행정사

상중하
조건과 기한

① 기한부 권리는 일반규정에 의하여 처분할 수 있다.

② 조건있는 법률행위의 당사자는 조건의 성부가 미정한 동안에 조건의 성취로 인하여 생길 상대방의 이익을 해하지 못한다.

③ 해제조건있는 법률행위는 조건이 성취한 때로부터 그 효력을 잃지만, 당사자의 의사에 따라 이를 소급하게 할 수 있다.

④ 시기있는 법률행위는 기한이 도래한 때로부터 그 효력이 생긴다.

⑤ 부첩관계의 종료를 해제조건으로 하는 증여계약에서 그 조건은 무효이므로 그 증여계약은 조건 없는 법률행위가 된다.

04 조건과 기한에 관한 설명으로 틀린 것은?   19. 변리사

상중하
조건과 기한

① 종기 있는 법률행위는 기한이 도래한 때로부터 그 효력을 잃는다.

② 기한의 이익은 이를 포기할 수 있지만, 상대방의 이익을 해하지 못한다.

③ 조건이 법률행위 당시 이미 성취한 것인 경우에는 그 조건이 해제조건이면 그 법률행위는 조건 없는 법률행위로 한다.

④ 조건 있는 법률행위의 당사자는 조건의 성부가 미정인 동안에 조건의 성취로 인하여 생길 상대방의 이익을 해하지 못한다.

⑤ 조건의 성취로 인하여 불이익을 받을 당사자가 신의성실에 반하여 조건의 성취를 방해한 때에는 상대방은 그 조건이 성취한 것으로 주장할 수 있다.

05 조건과 기한에 관한 설명으로 틀린 것은?   19. 감평사

상중하
조건과 기한

① 조건성취의 효력은 당사자의 의사표시로 소급하게 할 수 없다.

② 조건이 법률행위 당시에 이미 성취할 수 없는 것일 경우에는 그 조건이 해제조건이면 조건없는 법률행위로 한다.

③ 조건의 성취가 미정인 권리는 일반규정에 의하여 담보로 할 수 있다.

④ 당사자의 특약이나 법률행위의 성질상 분명하지 않으면 기한은 채무자의 이익을 위한 것으로 추정한다.

⑤ 기한의 이익은 포기할 수 있지만, 이로 인해 상대방의 이익을 해하지 못한다.

06 법률행위의 부관에 관한 설명으로 옳은 것은? (다툼이 있으면 판례에 따름)   16. 노무사
상중하
조건과 기한
① 기성조건이 해제조건이면 조건 없는 법률행위로 한다.
② 불능조건이 정지조건이변 조건 없는 법률행위로 한다.
③ 불법조건이 붙어 있는 법률행위는 불법조건만 무효이며, 법률행위 자체는 무효로 되지 않는다.
④ 기한의 효력은 기한 도래시부터 생기며 당사자가 특약을 하더라도 소급효가 없다.
⑤ 어느 법률행위에 어떤 조건이 붙어 있었는지 여부는 법률행위 해석의 문제로서 당사자가 주장하지 않더라도 법원이 직권으로 판단한다.

07 법률행위의 부관인 조건에 관한 설명으로 틀린 것은? (다툼이 있으면 판례에 따름)   23. 감평사
상중하
조 건
① 물권행위에는 조건을 붙일 수 없다.
② 조건이 되기 위해서는 법률이 요구하는 것이 아니라 당사자가 임의로 부가한 것이어야 한다.
③ 조건의 성취를 의제하는 효과를 발생시키는 조건성취 방해행위에는 과실에 의한 행위도 포함된다.
④ 부첩(夫妾)관계의 종료를 해제조건으로 하는 부동산 증여계약은 해제조건뿐만 아니라 증여계약도 무효이다.
⑤ 당사자의 특별한 의사표시가 없는 한 정지조건이든 해제조건이든 그 성취의 효력은 소급하지 않는다.

08 법률행위의 조건과 기한에 관한 설명으로 옳은 것은? (다툼이 있으면 판례에 따름)   21. 감평사
상중하
조건과 기한
① 법정조건도 법률행위의 부관으로서 조건에 해당한다.
② 채무면제와 같은 단독행위에는 조건을 붙일 수 없다.
③ 기한은 특별한 사정이 없는 한 채권자의 이익을 위한 것으로 추정한다.
④ 조건에 친하지 않은 법률행위에 불법조건을 붙이면 조건 없는 법률행위로 전환된다.
⑤ 불확정한 사실의 발생을 기한으로 한 경우, 특별한 사정이 없는 한 그 사실의 발생이 불가능한 것으로 확정된 때에도 기한이 도래한 것으로 본다.

09 조건과 기한에 관한 설명으로 **틀린** 것은? (다툼이 있으면 판례에 따름)　　　20. 감평사

상중하
조건과 기한

① 법률행위의 조건은 그 조건의 존재를 주장하는 사람이 증명하여야 한다.
② 정지조건부 법률행위에서 조건이 성취된 사실은 조건의 성취로 권리를 취득하는 사람이 증명하여야 한다.
③ 불능조건이 정지조건인 경우 그 법률행위는 무효이다.
④ 조건의 성취로 불이익을 받을 당사자가 신의성실에 반하여 조건의 성취를 방해한 경우, 처음부터 조건 없는 법률행위로 본다.
⑤ 기한이익 상실의 약정은 특별한 사정이 없으면 형성권적 기한이익 상실의 약정으로 추정한다.

10 법률행위의 부관에 관한 설명으로 **틀린** 것은? (다툼이 있으면 판례에 따름)　　　23. 주택사

상중하
조건과 기한

① 조건은 의사표시의 일반원칙에 따라 조건의사와 그 표시가 필요하다.
② 법률행위가 정지조건부 법률행위에 해당한다는 사실은 그 법률효과의 발생을 다투려는 자에게 증명책임이 있다.
③ 당사자 사이에 기한이익 상실의 특약이 있는 경우, 특별한 사정이 없는 한 이는 형성권적 기한이익 상실의 특약으로 추정된다.
④ 보증채무에서 주채무자의 기한이익의 포기는 보증인에게 효력이 미치지 아니한다.
⑤ 조건의 성취로 인하여 불이익을 받을 당사자가 신의칙에 반하여 조건의 성취를 방해한 경우, 그러한 행위가 있었던 시점에 조건은 성취된 것으로 의제된다.

11 조건과 기한에 관한 설명으로 **옳은** 것은? (다툼이 있으면 판례에 따름)　　　22. 노무사

상중하
조건과 기한

① 기한의 이익을 가지고 있는 채무자가 그가 부담하는 담보제공 의무를 이행하지 아니하더라도 그 기한의 이익은 상실되지 않는다.
② 해제조건 있는 법률행위는 조건이 성취한 때로부터 그 효력이 생긴다.
③ 기성조건이 정지조건이면 그 법률행위는 무효로 한다.
④ 기한이익 상실특약은 특별한 사정이 없는 한 정지조건부 기한이익 상실특약으로 본다.
⑤ 기한은 원칙적으로 채무자의 이익을 위한 것으로 추정한다.

복습문제

12 법률행위의 조건에 관한 설명으로 틀린 것은?

상중**하**
조건

22. 감평사

① 조건의 성취에 의하여 이익을 받을 당사자가 신의성실에 반하여 조건을 성취시킨 때에는 상대방은 그 조건이 성취되지 아니한 것으로 주장할 수 있다.

② 법률행위 당시 이미 성취된 조건을 해제조건으로 하는 법률행위는 조건 없는 법률행위이다.

③ 정지조건이 있는 법률행위는 특별한 사정이 없는 한 조건이 성취된 때로부터 그 효력이 생긴다.

④ 조건 있는 법률행위의 당사자는 조건의 성부가 미정한 동안에 조건의 성취로 인하여 생길 상대방의 이익을 해하지 못한다.

⑤ 조건의 성취가 미정인 권리도 일반규정에 의하여 담보로 할 수 있다.

복습문제

13 민법상 조건에 관한 설명으로 틀린 것은? (다툼이 있으면 판례에 따름)

상중**하**
조건과 기한

23. 노무사

① 조건을 붙이고자 하는 의사는 법률행위의 내용으로 외부에 표시되어야 하므로 그 의사표시는 묵시적 방법으로는 할 수 없다.

② 조건이 법률행위의 당시 이미 성취한 것인 경우에는 그 조건이 정지조건이면 조건 없는 법률행위이다.

③ 조건의 성취로 인하여 불이익을 받을 당사자가 과실로 신의성실에 반하여 조건의 성취를 방해한 때에는 상대방은 그 조건이 성취한 것으로 주장할 수 있다.

④ 조건의 성취가 미정한 권리의무는 일반규정에 의하여 담보로 할 수 있다.

⑤ 선량한 풍속에 반하는 불법조건이 붙어 있는 법률행위는 무효이다.

복습문제

14 소급효가 원칙적으로 인정되지 않는 것은? (다툼이 있으면 판례에 따름)

상중**하**
종합문제

21. 감평사

① 무권대리인이 체결한 계약에 대한 추인의 효과

② 기한부 법률행위에서의 기한도래의 효과

③ 토지거래 허가구역 내의 토지거래계약에 대한 허가의 효과

④ 소멸시효 완성의 효과

⑤ 법률행위 취소의 효과

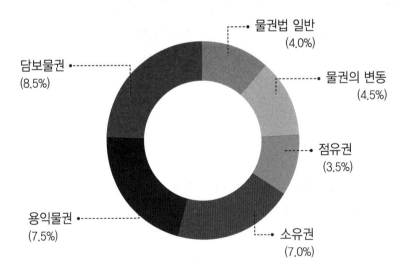

최근 5개년 출제경향 분석

물권법은 질권을 제외한 나머지 7개의 물권이 부동산물권이다(점유권·소유권·지상권·지역권·전세권·유치권·저당권). 전반적으로 모든 부분에 걸쳐 고르게 출제되는 파트이므로 각별한 주의가 필요하며, 특히 물권의 변동, 소유권, 용익물권, 지상권, 전세권, 저당권에서 높은 출제 비중을 보이고 있다.

물권법

제1절 총 설

대표유형

물권의 객체에 대한 설명으로 틀린 것은?

① 용익물권은 부동산의 일부 위에도 설정할 수 있다.

② 토지의 일부에 저당권을 설정할 수 없다.

③ 공유지분 위에 저당권을 설정할 수 있다.

④ 입목등기된 수목은 토지와 별개로 저당권의 목적이 될 수 있다.

⑤ 명인방법을 갖춘 수목은 토지와 독립한 부동산이므로 저당권의 목적이 될 수 있다.

해설 ⑤ 명인방법을 갖춘 수목은 토지와 독립한 부동산이지만 저당권의 목적물이 될 수는 없다.   **Ⓐ** 정답 ⑤

01

상중하
물 권

물권에 대한 설명으로 틀린 것은?

① 지역권은 요역지와 분리하여 저당권의 객체가 될 수 없다.

② 매수한 입목을 특정하지 않고 한 명인방법에는 물권변동의 효력이 없다.

③ 타인의 토지를 무단으로 경작한 경우, 농작물의 소유권은 경작자에게 귀속한다.

④ 甲이 신축한 미등기 건물을 매수한 乙은 대금을 지급하고 점유를 이전받았다면 등기 없이도 건물소유권을 취득한다.

⑤ 甲이 임차한 乙의 토지에서 경작한 쪽파를 수확하지 않은 채 丙에게 매도한 경우, 丙이 명인방법을 갖추면 그 쪽파의 소유권을 취득한다.

02

상중**하**
물권법정주의

물권법정주의에 대한 설명 중 **틀린** 것은?

① 물권관계의 법원은 법률과 관습법에 한정된다.
② 당사자가 물권을 임의로 창설하지 못한다는 것이고, 법률에서 정하는 물권의 내용과 다른 내용으로 당사자가 정하는 것은 무방하다.
③ 미등기 무허가 건물의 양수인에게 소유권에 준하는 관습법상의 물권이 인정되는 것은 아니다.
④ 온천에 관한 권리는 관습법상의 물권에 포함되지 않는다.
⑤ 토지소유자의 승낙을 얻지 않고 권원 없이 그 토지 위에 식재한 수목은 토지에 부합한다.

03

상중**하**
물권의 종류

다음 중 물권이 **아닌** 것은?

① 등기된 부동산임차권
② 양도담보권
③ 근저당권
④ 유치권
⑤ 관습법상 법정지상권

04

상중**하**
물권의 종류

다음 중 물권이 **아닌** 것은? (다툼이 있으면 판례에 의함)

① 광업권
② 온천권
③ 동산 양도담보권
④ 구분지상권
⑤ 분묘기지권

05

상중**하**
물건의 객체

부동산만을 객체로 하는 물권으로 묶인 것은?

17. 감평사

① 소유권 − 점유권 − 저당권
② 소유권 − 지상권 − 저당권
③ 지상권 − 지역권 − 전세권
④ 전세권 − 유치권 − 저당권
⑤ 지상권 − 유치권 − 저당권

제2절 │ 물권적 청구권

대표유형

물권적 청구권에 관한 설명으로 틀린 것은? (다툼이 있으면 판례에 따름) 22. 변리사

① 미등기 무허가건물의 양수인은 미등기인 상태에서 소유권에 기한 방해제거청구를 할 수 없다.

② 소유권에 기한 소유물반환청구를 거부할 수 있는 권리에는 임차권 등과 같이 점유를 수반하는 채권도 포함된다.

③ 특별한 사정이 없는 한 합의해제에 따른 부동산 매도인의 원상회복청구권은 소유권에 기한 물권적 청구권으로서 소멸시효의 대상이 되지 않는다.

④ 소유자가 제3자에게 그 소유 물건에 대한 처분권한을 유효하게 수여하면 제3자의 처분이 없더라도 소유자는 그 제3자 이외의 자에 대해 소유권에 기한 물권적 청구권을 행사할 수 없다.

⑤ 공유자는 자신의 처분권 행사를 방해하는 행위에 대해서 지분권에 기한 방해배제청구권을 행사할 수 있다.

해설 ④ 소유자가 제3자에게 그 소유 물건에 대한 처분권한을 유효하게 수여하였더라도 제3자의 처분이 없다면 소유자는 그 제3자 이외의 자에 대해 소유권에 기한 물권적 청구권을 행사할 수 있다(대판 2014.3.13, 2009다 105215).   **ⓐ 정답 ④**

Point
06
상중**하**
물권적 청구권

물권적 청구권에 관한 설명으로 틀린 것은? (다툼이 있으면 판례에 의함)

① 물권적 청구권은 침해자의 고의·과실을 요하지 않는다.

② 손해배상청구권은 물권적 청구권의 행사 내용에 당연히 포함되는 것은 아니다.

③ 간접점유자는 물권적 청구권의 상대방이 될 수 있으나, 점유보조자는 물권적 청구권의 상대방이 될 수 없다.

④ 소유자는 소유권을 방해할 염려가 있는 자에 대하여 그 예방 또는 손해배상의 담보를 청구할 수 있다.

⑤ 甲소유의 토지를 매수하여 토지를 인도받은 미등기매수인 乙로부터 丙이 임차하여 점유하고 있는 경우, 甲은 丙에 대하여 소유물반환을 청구할 수 있다.

07 물권적 청구권에 관한 설명으로 **틀린** 것은? (다툼이 있으면 판례에 따름) 15. 감평사 변형

상종하
물권적 청구권

① 甲의 물건을 乙이 불법점유하는 경우 甲은 丙에게 그 소유권을 양도하면서 乙에 대한 소유물반환청구권을 자신에게 유보할 수 없다.

② 소유자는 현재 점유하고 있지 않은 자를 상대로 소유물의 반환을 청구할 수 없다.

③ 소유자는 물권적 청구권에 의하여 방해제거비용 또는 방해예방비용을 청구할 수 없다.

④ 소유권에 기한 방해배제청구권은 현재 계속되고 있는 방해원인의 제거를 내용으로 한다.

⑤ 간접점유자는 직접점유자가 점유의 침탈을 당한 때에는 그 물건의 반환을 청구할 수 없다.

08 물권적 청구권에 관한 설명으로 **틀린** 것은? (다툼이 있으면 판례에 따름) 22. 감평사

상종하
물권적 청구권

① 지역권자는 지역권을 방해하는 자에 대하여 방해의 제거를 청구할 수 있다.

② 간접점유자는 제3자의 점유침해에 대하여 물권적 청구권을 행사할 수 있다.

③ 직접점유자가 임의로 점유를 타인에게 양도한 경우에는 그 점유이전이 간접점유자의 의사에 반하더라도 간접점유자의 점유가 침탈된 경우에 해당하지 않는다.

④ 부동산 양도담보의 피담보채무가 전부 변제되었음을 이유로 양도담보권설정자가 행사하는 소유권이전등기말소청구권은 소멸시효에 걸린다.

⑤ 점유물방해제거청구권의 행사를 위한 '1년의 제척기간'은 출소기간이다.

09 물권적 청구권에 관한 설명으로 **틀린** 것은? (다툼이 있으면 판례에 따름) 20. 감평사

상종하
물권적 청구권

① 물권적 청구권은 물권과 분리하여 양도하지 못한다.

② 물권적 청구권을 보전하기 위하여 가등기를 할 수 있다.

③ 미등기건물을 매수한 사람은 소유권이전등기를 갖출 때까지 그 건물의 불법점유자에게 직접 자신의 소유권에 기하여 인도를 청구하지 못한다.

④ 토지소유자는 권원 없이 그의 토지에 건물을 신축·소유한 사람으로부터 건물을 매수하여 그 권리의 범위에서 점유하는 사람에게 건물의 철거를 청구할 수 있다.

⑤ 소유권에 기한 말소등기청구권은 소멸시효의 적용을 받지 않는다.

10 물권적 청구권에 관한 설명으로 옳은 것을 모두 고른 것은? (다툼이 있으면 판례에 따름)

상중하
물권적 청구권

19. 감평사

> ㉠ 부동산 매매계약이 합의해제되면 매수인에게 이전되었던 소유권은 당연히 매도인에게 복귀되므로 합의해제에 따른 매도인의 원상회복청구권은 소유권에 기인한 물권적 청구권으로서 이는 소멸시효의 대상이 아니다.
> ㉡ 임대차목적물 침해자에 대하여 임차인은 점유보호청구권을 행사할 수 있으나, 소유자인 임대인은 점유보호청구권을 행사할 수 없다.
> ㉢ 불법한 원인으로 급여를 한 사람은 그 원인행위가 법률상 무효라 하여 상대방에게 부당이득반환청구를 할 수 없는 경우, 급여한 물건의 소유권이 여전히 자기에게 있다고 하여 소유권에 기한 반환청구도 할 수 없다.
> ㉣ 소유권에 기한 방해제거청구권은 현재 계속되고 있는 방해의 원인과 함께 방해결과의 제거를 내용으로 한다.

① ㉠, ㉡
② ㉠, ㉢
③ ㉡, ㉢
④ ㉡, ㉣
⑤ ㉢, ㉣

Point

11 점유물반환청구권에 관한 다음 설명 중 틀린 것은?

상중하
점유물반환
청구권

① 사기에 의해 점유물을 인도한 자는 점유물반환청구권을 행사할 수 있다.
② 점유물반환청구권은 선의의 특별승계인에게는 행사하지 못한다.
③ 점유물반환청구권은 침탈을 당한 날로부터 1년 이내에 행사하여야 한다.
④ 제3자에 의해 직접점유가 침탈된 경우에는 간접점유자도 점유물반환청구권을 행사할 수 있다.
⑤ 직접점유자가 간접점유자의 의사에 반하여 점유물을 제3자에게 양도한 경우, 간접점유자는 제3자를 상대로 점유물반환을 청구할 수 없다.

12 乙은 甲소유의 X토지를 임차하여 점유하고 있는데, 丙이 무단으로 X토지 위에 건축폐자재를 적치(積置)하여 乙의 토지사용을 방해하고 있다. 이에 관한 설명으로 틀린 것은? (다툼이 있으면 판례에 따름)

상중하
물권적 청구권
사례

21. 변리사

① 甲은 丙에 대하여 소유권에 기한 방해배제청구권을 행사할 수 있다.

② 乙은 丙에 대하여 소유권에 기한 방해배제청구권을 행사할 수 없지만, 甲의 소유권에 기한 방해배제청구권을 대위 행사할 수 있다.

③ 丙이 X토지를 자신의 것으로 오신하여 건축폐자재를 적치한 경우라 하더라도, 乙은 丙에 대하여 점유권에 기한 방해배제청구권을 행사할 수 있다.

④ 甲은 丙에 대하여 점유권에 기한 방해배제청구권을 행사할 수 없지만, 乙의 점유권에 기한 방해배제청구권을 대위 행사할 수 있다.

⑤ X토지에 대한 임대차 계약이 종료되면 甲은 乙에 대하여 임대차 계약상 반환청구권을 행사할 수 있는데, 이는 채권적 청구권으로 물권적 청구권과 별개로 행사할 수 있다.

Point 13 **물권적 청구권에 관한 설명으로 옳은 것은?** (다툼이 있는 경우에는 판례에 의함)

상중하
물권적 청구권

① 甲의 자전거를 수리하여 생긴 수리비 채권을 확보하기 위하여 乙이 자전거를 유치하던 중 丙이 그 자전거를 절취한 경우, 乙은 유치권에 기한 반환청구권을 행사할 수 있다.

② 甲의 점유물을 乙이 침탈하여 선의의 丙에게 양도하고, 다시 丙이 악의의 丁에게 양도한 경우, 甲은 악의의 丁에게 점유물반환을 청구할 수 있다.

③ 甲소유의 토지에 지상권을 취득한 乙은 토지에 무단으로 건물을 신축한 丙을 상대로 건물철거를 청구할 수 없다.

④ 甲소유의 토지에 통행지역권을 취득한 乙은 甲소유의 토지를 불법으로 점유하고 있는 丙에게 토지의 반환을 청구할 수 있다.

⑤ 甲소유의 임야에 저당권을 취득한 乙은 임야에서 수목을 불법으로 반출한 丙에게 자신에게 그 수목을 반환할 것을 청구할 수 없다.

14

상중하

무단신축

甲소유의 토지 위에 乙이 무단으로 건물을 축조하였다. 다음 중 틀린 것을 모두 고른 것은?

⊙ 건물은 토지에 부합하지 않으므로, 건물소유자는 乙이다.

© 乙이 건물에 거주하는 경우, 甲은 乙을 상대로 건물에서 퇴거할 것을 청구할 수 없다.

© 乙이 건물을 丙에게 임대하여 丙이 점유하고 있는 경우, 甲은 대항력이 있는 丙에게 퇴거를 청구할 수 없다.

② 乙이 丙에게 건물을 매도하고 인도한 경우, 丙명의로 이전등기가 없다면 甲은 丙을 상대로 철거를 청구할 수 없다.

① ⊙, ©   ② ⊙, ©   ③ ©, ②

④ ©, ©   ⑤ ©, ②

제3절 **물권변동**

대표유형

부동산의 물권변동을 위해 등기가 필요한 것은? (다툼이 있으면 판례에 따름)   19. 감정사

① 건물의 신축에 의한 소유권의 취득

② 상속에 의한 토지 소유권의 취득

③ 피담보채권의 소멸에 의한 저당권의 소멸

④ 관습법에 따른 법정지상권의 취득

⑤ 점유취득시효에 의한 토지 소유권의 취득

해설 ⑤ 점유취득시효에 의한 부동산물권의 변동은 등기하여야 효력이 생긴다(제245조 제1항).   **A** 정답 ⑤

15 등기 없이 물권변동이 일어나는 경우가 <u>아닌</u> 것은? (다툼이 있으면 판례에 따름) 15. 변리사

상중하
등기 요부

① 단독건물을 완공하였으나 소유권보존등기를 하지 않은 경우

② 부동산 소유자가 사망하여 그 부동산이 상속된 경우

③ 민사집행법에 의한 경매에서 부동산을 매수하고 매각대금을 완납한 경우

④ 채무의 담보로 자신의 토지에 저당권을 설정해 준 채무자가 그 채무를 모두 변제한 경우

⑤ 잔금을 지급한 부동산 매수인이 매도인을 상대로 매매를 원인으로 한 소유권이전등기청구소송을 제기하여 승소의 확정판결을 받은 경우

16 다음 중 등기를 요하지 아니하는 부동산 물권변동에 해당하는 것을 모두 고른 것은?

상중하
등기 요부

ⓖ 포괄유증에 의한 부동산소유권의 취득
ⓛ 혼동으로 인한 부동산물권의 소멸
ⓒ 공유자 1인의 지분포기로 인한 부동산물권의 변동
ⓔ 공유물분할판결에 의한 부동산물권의 변동

① ㉠, ㉡   ② ㉡, ㉢   ③ ㉠, ㉢, ㉣

④ ㉡, ㉢   ⑤ ㉠, ㉡, ㉣

17 등기를 마치지 않더라도 물권변동의 효력이 발생하는 경우는? (다툼이 있으면 판례에 따름)

23. 감평사

상중하
등기 요부

① 지상권설정계약에 따른 지상권의 취득

② 피담보채권의 시효소멸에 따른 저당권의 소멸

③ 공익사업에 필요한 토지에 관하여 토지소유자와 관계인 사이의 협의에 의한 토지소유권의 취득

④ 공유토지의 현물분할에 관한 조정조서의 작성에 따른 공유관계의 소멸

⑤ 당사자 사이의 법률행위를 원인으로 한 소유권이전등기절차 이행의 소에서 승소판결에 따른 소유권의 취득

18
상중하
물권변동

물권변동에 관한 설명으로 틀린 것은? (다툼이 있으면 판례에 따름)   23. 주택사

① 별도의 공시방법을 갖추면 토지 위에 식재된 입목은 그 토지와 독립하여 거래의 객체로 할 수 있다.

② 지역권은 20년간 행사하지 않으면 시효로 소멸한다.

③ 취득시효에 의한 소유권취득의 효력은 점유를 개시한 때로 소급한다.

④ 부동산 공유자가 자기 지분을 포기한 경우, 그 지분은 이전등기 없이도 다른 공유자에게 각 지분의 비율로 귀속된다.

⑤ 공유물분할의 조정절차에서 협의에 의하여 조정조서가 작성되더라도 그 즉시 공유관계가 소멸하지는 않는다.

19
상중하
물권변동

물권변동에 관한 설명으로 틀린 것은? (다툼이 있으면 판례에 따름)   23. 변리사 변형

① 미등기건물에 대한 양도담보계약상의 채권자의 지위를 승계하여 건물을 관리하고 있는 자는 그 건물에 대한 철거처분권을 가진 자에 해당한다.

② 부동산 합유지분의 포기가 적법하더라도 그에 관한 등기가 경료되지 않았다면 그 포기된 합유지분은 나머지 잔존 합유지분권자들에게 귀속되지 않는다.

③ 전세권이 법정갱신된 경우, 전세권자는 등기 없이도 전세권설정자로부터 목적물을 취득한 제3자에 대하여 갱신된 권리를 주장할 수 있다.

④ 소유권이전의 약정을 내용으로 하는 화해조서는 민법 제187조(등기를 요하지 아니하는 부동산물권취득)의 판결에 포함되지 않는다.

⑤ 공유물분할의 조정절차에서 공유자 사이에 공유토지에 관한 현물분할의 협의가 성립하여 그 합의사항을 조서에 기재함으로써 조정이 성립하더라도 등기없이 그 협의에 따른 새로운 법률관계가 창설되는 것은 아니다.

20
상중하
등기청구권

등기청구권에 관한 설명으로 **틀린** 것은? (다툼이 있으면 판례에 따름)   20. 변리사

① 부동산 매매로 인한 소유권이전등기청구권은 채권적 청구권이다.

② 부동산 매매로 인한 소유권이전등기청구권은 특별한 사정이 없는 한 그 권리의 성질상 양도가 제한되고 그 양도에 채무자의 동의를 요한다.

③ 토지 일부에 대한 점유취득시효가 완성된 후 점유자가 그 토지 부분에 대한 점유를 상실한 경우, 특별한 사정이 없는 한 시효완성을 원인으로 한 소유권이전등기청구권도 즉시 소멸한다.

④ 취득시효완성으로 인한 소유권이전등기청구권의 양도는 특별한 사정이 없는 한 등기의무자에게 통지함으로써 그에게 대항할 수 있다.

⑤ 소유권이전등기를 받지 않은 부동산의 매수인이 그 부동산을 인도받아 이를 사용·수익하다가 다른 사람에게 그 부동산을 처분하고 그 점유를 승계하여 준 경우, 매수인의 매도인을 상대로 한 이전등기청구권의 소멸시효는 진행되지 않는다.

21
상중하
등기청구권

부동산매매계약으로 인한 등기청구권에 관한 설명으로 옳은 것을 모두 고른 것은? (다툼이 있으면 판례에 따름)   22. 주택사

> ㉠ 부동산 매수인이 목적 부동산을 인도받아 계속 점유하는 경우, 그 소유권이전등기 청구권의 소멸시효는 진행되지 않는다.
> ㉡ 부동산 매수인 甲이 목적 부동산을 인도받아 이를 사용·수익하다가 乙에게 그 부동산을 처분하고 그 점유를 승계하여 준 경우, 甲의 소유권이전등기청구권의 소멸시효는 진행되지 않는다.
> ㉢ 부동산매매로 인한 소유권이전등기청구권은 특별한 사정이 없는 한 권리의 성질상 양도가 제한되고 양도에 채무자의 동의를 요한다.

① ㉠   ② ㉢   ③ ㉠, ㉡

④ ㉡, ㉢   ⑤ ㉠, ㉡, ㉢

Point
22
상**중**하
등기청구권의
법적 성질

다음 등기청구권 중 그 법적 성질이 다른 하나는 어느 것인가?

① 甲소유 부동산을 매수하여 인도까지 받은 乙이 甲에게 소유권이전등기를 청구하는 경우
② 甲이 乙에게 부동산을 매도하고 이전등기를 하였다가 매매계약이 합의해제된 후 甲이 乙에게 소유권이전등기를 청구하는 경우
③ 乙소유 부동산에 대하여 甲의 점유취득시효가 완성된 후, 甲이 乙에 대해 소유권이전등기를 청구하는 경우
④ 甲소유 부동산이 순차 전매되어 甲, 乙, 丙 3자 간의 합의에 따라 丙이 甲에게 직접 소유권이전등기를 청구하는 경우
⑤ 甲과 乙 간의 지상권설정계약으로 인하여 乙이 甲에게 지상권설정등기를 청구하는 경우

23
상**중**하
등기청구권의
법적 성질

채권적 청구권에 해당하는 등기청구권을 모두 고른 것은? (다툼이 있으면 판례에 따름) 21. 주택사

> ㉠ 매매계약에 기한 매수인의 소유권이전등기청구권
> ㉡ 위조서류에 의해 마쳐진 소유권이전등기에 대한 소유자의 말소등기청구권
> ㉢ 점유취득시효완성자의 소유자에 대한 소유권이전등기 청구권
> ㉣ 민법 제621조에 의한 임차인의 임대인에 대한 임차권설정등기청구권

① ㉠, ㉡   ② ㉡, ㉢   ③ ㉢, ㉣
④ ㉠, ㉡, ㉣   ⑤ ㉠, ㉢, ㉣

복습문제
24
상**중**하
등기청구권의
법적 성질

등기청구권의 법적 성질이 물권적 청구권인 경우는? (다툼이 있으면 판례에 의함)

① 매매예약을 원인으로 가등기를 경료한 자가 가등기에 기해서 본등기를 청구하는 경우
② 甲이 乙에게 부동산을 매도하고 소유권이전등기를 하였다가 매매계약이 해제된 후 甲이 乙에게 등기말소를 청구하는 경우
③ 부동산을 매수하여 인도받은 자가 매도인에 대해 소유권이전등기를 청구하는 경우
④ 부동산 점유취득시효가 완성된 후 점유자가 등기명의자에 대해 소유권이전등기를 청구하는 경우
⑤ 목적물이 전전양도된 경우에 최종 양수인이 최초 양도인에게 직접 소유권이전등기를 청구하는 경우

25
상중하
미등기매수인

乙은 2005. 1. 10. 甲소유의 X토지를 매수하고 대금을 지급한 후 X토지를 인도 받았으나 소유권 이전등기는 마치지 않았다. 乙은 2015. 12. 31. X토지를 다시 丙에게 매도하였고, 2019. 2. 16. 현재까지 丙 역시 미등기 상태로 X토지를 점유하고 있다. 이에 관한 설명으로 틀린 것은? (다툼이 있으면 판례에 따름)   19. 변리사

① 甲은 丙에게 소유권에 기하여 X토지의 반환을 청구할 수 없다.

② 乙의 甲에 대한 소유권이전등기청구권의 소멸시효는 진행되지 않는다.

③ 丙은 乙의 甲에 대한 소유권이전등기청구권을 대위하여 행사할 수 있다.

④ 甲은 丙에 대해 불법점유를 이유로 임료 상당의 부당이득반환을 청구할 수 없다.

⑤ X토지를 제3자가 불법점유하고 있다면, 丙은 제3자에 대하여 소유권에 기한 물권적 청구권을 행사할 수 있다.

26
상중하
미등기매수인

1990년 乙이 甲으로부터 토지를 매수하여 등기는 이전받지 아니한 채 인도받고 점유·사용하다가, 2003년 이를 丙이 乙로부터 매수하여 이전등기 없이 인도받고 점유·사용하고 있다. 옳은 설명을 모두 고른 것은? (다툼이 있으면 판례에 따름)   15. 감평사

> ㉠ 乙의 甲에 대한, 매매를 원인으로 하는 소유권이전등기청구권은 소멸시효에 걸리지 않는다.
>
> ㉡ 丙이 토지를 점유·사용하는 동안에는 丙의 乙에 대한, 매매를 원인으로 하는 소유권이전등기청구권은 소멸시효에 걸리지 않는다.
>
> ㉢ 만약 丁이 乙의 점유를 침탈했더라도, 乙의 甲에 대한 매매를 원인으로 하는 소유권이전등기청구권은 소멸시효가 진행하지 않는다.
>
> ㉣ 만약 2014년 4월 戊가 丙의 점유를 침탈했다면, 2015년 6월 현재 丙은 戊에게 점유물반환청구를 할 수 있다.

① ㉠, ㉡   ② ㉠, ㉣   ③ ㉡, ㉢

④ ㉢, ㉣   ⑤ ㉠, ㉡, ㉢

27
상중하
중간생략등기

중간생략등기에 관한 설명으로 틀린 것은? (다툼이 있으면 판례에 따름)   15. 감평사

① 중간생략등기의 합의는 순차적 또는 묵시적으로 할 수 있다.

② 중간생략등기의 합의가 있더라도 최초 매도인과 최종 매수인 사이에 매매계약이 체결되었다고 볼 수는 없다.

③ 중간생략등기의 합의가 있다고 하여 최초 매도인이 매매계약상 상대방에 대하여 가지는 대금청구권의 행사가 제한되는 것은 아니다.

④ 관계당사자 전원의 의사합치가 없어도 중간자의 동의가 있다면 최종 매수인은 최초 매도인을 상대로 직접 중간생략등기를 청구할 수 있다.

⑤ 중간생략등기가 당사자 사이에 적법한 등기원인에 기하여 이미 경료되었다면, 중간생략등기의 합의가 없었음을 들어 그 등기의 말소를 구할 수는 없다.

28 상중하
중간생략등기

甲은 자신의 X토지를 乙에게 매도하였고, 乙은 X토지를 丙에게 전매하였다. 다음 설명으로 **틀린** 것을 모두 고른 것은? (다툼이 있으면 판례에 따름)   21. 감평사

> ㉠ 甲, 乙, 丙 사이에 중간생략등기에 관한 합의가 있다면, 甲의 乙에 대한 소유권이전등기 의무는 소멸한다.
> ㉡ 乙의 甲에 대한 소유권이전등기청구권의 양도는 甲에 대한 통지만으로 대항력이 생긴다.
> ㉢ 甲, 乙, 丙 사이에 중간생략등기에 관한 합의가 없다면, 중간생략등기가 이루어져서 실체 관계에 부합하더라도 그 등기는 무효이다.
> ㉣ 甲, 乙, 丙 사이에 중간생략등기에 관한 합의가 있은 후 甲·乙 간의 특약으로 매매대금 을 인상한 경우, 甲은 인상된 매매대금의 미지급을 이유로 丙에 대한 소유권이전등기의 무의 이행을 거절할 수 있다.

① ㉠, ㉡   ② ㉡, ㉢   ③ ㉢, ㉣
④ ㉠, ㉡, ㉢   ⑤ ㉡, ㉢, ㉣

29 상중하
중간생략등기

甲소유의 X토지에 관하여 甲과 乙, 乙과 丙 사이에 순차로 매매계약이 체결되었다. 甲, 乙, 丙은 이행의 편의상 X토지에 관하여 乙명의의 소유권이전등기를 생략하고, 바로 甲으로부터 丙명의로 소유권이전등기를 경료하여 주기로 합의하였다. 이에 관한 설명으로 **옳은** 것을 모두 고른 것은? (각 지문은 독립적이며, 다툼이 있으면 판례에 따름)   22. 변리사

> ㉠ 위 합의에도 불구하고 乙은 甲에 대해 X토지에 관한 소유권이전등기청구권을 행사할 수 있다.
> ㉡ 위 합의 후 甲과 乙 사이에 매매대금을 인상하는 약정이 체결된 경우, 甲은 乙이 인상된 매매대금을 지급하지 않았음을 이유로 丙명의로의 소유권이전등기의무의 이행을 거절할 수 있다.
> ㉢ 만일 X토지가 토지거래허가구역 내의 토지로서 관할 관청의 허가 없이 전전매매된 것이 라면, 丙은 甲에 대하여 직접 X토지에 관한 토지거래허가 신청절차의 협력의무 이행청구 권이 있다.

① ㉠   ② ㉢
③ ㉠, ㉡   ④ ㉡, ㉢
⑤ ㉠, ㉡, ㉢

복습문제

30 X토지가 소유자인 최초 매도인 甲으로부터 중간 매수인 乙에게, 다시 乙로부터 최종 매수인 丙에게 순차로 매도되었다. 한편 甲, 乙, 丙은 전원의 의사합치로 X토지에 대하여 甲이 丙에게 직접 소유권이전등기를 하기로 하는 중간생략등기의 합의를 하였다. 이에 관한 설명으로 옳은 것을 모두 고른 것은? (다툼이 있으면 판례에 따름)

상중하
중간생략등기

22. 주택사

> ㉠ 중간생략등기합의로 인해 乙의 甲에 대한 소유권이전등기청구권은 소멸한다.
> ㉡ 중간생략등기합의 후 甲과 乙 사이에 매매대금을 인상하기로 약정한 경우, 甲은 인상된 매매대금이 지급되지 않았음을 이유로 丙명의로의 소유권이전등기의무의 이행을 거절할 수 있다.
> ㉢ 만약 X토지가 토지거래허가구역 내의 토지라면, 丙이 자신과 甲을 매매 당사자로 하는 토지거래허가를 받아 자신 앞으로 소유권이전등기를 경료하였더라도 그 소유권이전등기는 무효이다.

① ㉠   ② ㉢   ③ ㉠, ㉡

④ ㉡, ㉢   ⑤ ㉠, ㉡, ㉢

31 등기에 관한 설명으로 옳은 것은? (다툼이 있으면 판례에 따름)

상중하
등기의 효력

23. 주택사

① 등기는 물권의 효력발생요건이자 효력존속요건에 해당한다.

② 동일인 명의로 소유권보존등기가 중복으로 된 경우에는 특별한 사정이 없는 한 후행등기가 무효이다.

③ 매도인이 매수인에게 소유권이전등기를 마친 후 매매계약의 합의해제에 따른 매도인의 등기말소청구권의 법적 성질은 채권적 청구권이다.

④ 소유자의 대리인으로부터 토지를 적법하게 매수하였더라도 소유권이전등기가 위조된 서류에 의하여 마쳐졌다면 그 등기는 무효이다.

⑤ 무효등기의 유용에 관한 합의는 반드시 명시적으로 이루어져야 한다.

32 등기의 유효요건에 관한 설명으로 **틀린** 것은? (다툼이 있으면 판례에 따름) 23. 감평사

상중하
등기의 효력

① 물권에 관한 등기가 원인 없이 말소되더라도 특별한 사정이 없는 한 그 물권의 효력에는 영향을 미치지 않는다.

② 미등기건물의 승계취득자가 원시취득자와의 합의에 따라 직접 소유권보존등기를 마친 경우, 그 등기는 실체관계에 부합하는 등기로서 유효하다.

③ 멸실된 건물의 보존등기를 멸실 후에 신축된 건물의 보존등기로 유용할 수 없다.

④ 중복된 소유권보존등기의 등기명의인이 동일인이 아닌 경우, 선등기가 원인무효가 아닌 한 후등기는 무효이다.

⑤ 토지거래허가구역 내의 토지에 관한 최초매도인과 최후매수인 사이의 중간생략등기에 관한 합의만 있더라도, 그에 따라 이루어진 중간생략등기는 실체관계에 부합하는 등기로서 유효하다.

Point
33 무효등기의 유용에 관한 설명으로 **틀린** 것은? (다툼이 있으면 판례에 따름) 19. 감평사

상중하
등기의 효력

① 무효등기의 유용에 관한 합의 내지 추인은 묵시적으로 이루어질 수 있다.

② 실질관계의 소멸로 무효로 된 등기의 유용은 그 등기를 유용하기로 하는 합의가 이루어지기 전에 등기상 이해관계가 있는 제3자가 생기지 않은 경우에는 허용된다.

③ 유용할 수 있는 등기에는 가등기도 포함된다.

④ 기존건물이 전부 멸실된 후 그곳에 새로이 건축한 건물의 물권변동에 관한 등기를 위해 멸실된 건물의 등기를 유용할 수 있다.

⑤ 무효인 등기를 유용하기로 한 약정을 하더라도, 무효의 등기가 있은 때로 소급하여 유효한 등기로 전환될 수 없다.

34 부동산등기에 관한 설명으로 **틀린** 것은? (다툼이 있으면 판례에 따름) 21. 감평사

상중하
등기의 효력

① 전부 멸실한 건물의 보존등기를 신축한 건물의 보존등기로 유용하는 것은 허용된다.

② 물권에 관한 등기가 원인 없이 말소되었더라도 특별한 사정이 없는 한 그 물권의 효력에는 아무런 영향을 미치지 않는다.

③ 소유권이전청구권 보전의 가등기가 있더라도 소유권이전등기를 청구할 어떤 법률관계가 있다고 추정되지 않는다.

④ 가등기권리자가 가등기에 기한 소유권이전의 본등기를 한 경우에는 등기공무원은 그 가등기 후에 한 제3자 명의의 소유권이전등기를 직권으로 말소하여야 한다.

⑤ 소유권이전등기가 마쳐지면 그 등기명의자는 제3자는 물론이고 전소유자에 대해서도 적법한 등기원인에 의하여 소유권을 취득한 것으로 추정된다.

35 **부동산물권의 변동에 관한 설명으로 옳은 것은?** (다툼이 있으면 판례에 따름) 20. 주택사

상중하
등기의 효력

① 등기는 물권의 효력존속요건이다.

② 무효등기의 유용에 관한 합의는 묵시적으로 이루어질 수 없다.

③ 토지거래허가구역 내의 토지에 대해 행하여진 중간생략등기는 무효이다.

④ 상속에 의한 토지소유권 취득은 등기해야 그 효력이 생긴다.

⑤ 미등기건물의 원시취득자와 그 승계취득자 사이의 합의에 의하여 직접 승계취득자명의로 소유권보존등기를 한 경우, 그 등기는 무효이다.

36 **甲은 乙과 丙으로부터 금원을 각 차용하고 甲소유 부동산에 관하여 乙에게 1번 저당권을 丙에게 2번 저당권을 각각 설정하여 주었다. 다음 설명 중 틀린 것은?**

상중하
등기의 효력

① 乙의 저당권등기가 원인 없이 말소된 경우에도 저당권은 소멸하지 않는다.

② 乙의 저당권등기가 원인 없이 말소된 후 회복등기 전에 丙의 경매신청으로 丁이 경락받아 대금을 완납한 경우, 乙은 회복등기를 위해 丁을 상대로 승낙을 구할 수 없다.

③ 乙의 저당권등기가 원인 없이 말소된 후 회복등기 전에 丙의 경매실행으로 배당금 전부가 丙에게 배당된 경우, 乙은 丙에게 부당이득반환을 청구할 수 있다.

④ 甲이 乙에 대한 채무를 변제한 경우, 말소등기를 하지 않아도 1번 저당권은 소멸한다.

⑤ 乙의 1번 저당권이 소멸한 후 甲이 丁에게 금원을 차용한 경우, 甲과 丁은 1번 저당권을 유용할 수 있다.

37 **등기와 관련된 판례의 태도에 대한 설명으로 틀린 것은?**

상중하
등기 판례

① 등기는 효력발생요건이지 효력존속요건은 아니다.

② 甲이 건물을 신축한 후 乙에게 양도하고 乙명의로 보존등기를 한 경우 乙은 건물의 소유권을 취득한다.

③ 피담보채권의 소멸 후 저당권의 말소등기가 경료되기 전에 그 저당권부 채권의 압류 및 전부명령을 받아 저당권이전등기를 경료한 자는 그 저당권을 취득할 수 없다.

④ 무효인 소유권이전등기에 터 잡아 이루어진 근저당권설정등기는 무효이지만, 무효인 근저당권에 기한 경매절차에서 경락받은 자는 그 소유권을 취득할 수 있다.

⑤ 위조문서에 의한 등기신청에 의하여 이루어진 등기라 하더라도 실체관계에 부합하면 유효하다.

Point
38
상중하
가등기

甲은 乙과 자신의 소유 건물에 대한 매매계약을 체결하고 乙 앞으로 소유권이전청구권 보전의 가등기를 하였다. 다음 중 판례의 입장으로 **틀린** 것은?

① 乙이 甲에게 본등기를 청구하기 위해서는 스스로 등기원인의 존재를 입증해야 한다.

② 甲이 丙에게 매도하고 이전등기를 한 경우, 乙은 丙이 아닌 甲에 대하여 가등기에 기한 본등기를 청구하여야 한다.

③ ②의 경우, 乙이 본등기를 하게 되면 가등기 후에 경료된 丙의 등기는 등기관이 직권으로 말소한다.

④ ③의 경우, 乙은 丙에게 丙이 본등기 전에 취득한 과실의 반환을 청구할 수 없다.

⑤ 甲이 丁에게 건물을 임대하여 丁이 대항력을 갖춘 경우, 그 후 乙이 본등기를 하더라도 丁은 乙에게 임차권으로 대항할 수 있다.

39
상중하
가등기

甲 소유의 X토지에 乙 명의로 소유권이전청구권을 보전하기 위한 가등기를 한 경우에 관한 설명으로 옳은 것은? (다툼이 있으면 판례에 따름)   20. 감평사

① 乙은 부기등기의 형식으로는 가등기된 소유권이전청구권을 양도하지 못한다.

② 가등기가 있으면 乙이 甲에게 소유권이전을 청구할 법률관계가 있다고 추정된다.

③ 乙이 가등기에 기하여 본등기를 하면 乙은 가등기한 때부터 X토지의 소유권을 취득한다.

④ 가등기 후에 甲이 그의 채권자 丙에게 저당권을 설정한 경우, 가등기에 기하여 본등기를 마친 乙은 丙에 대하여 물상보증인의 지위를 가진다.

⑤ 乙이 별도의 원인으로 X토지의 소유권을 취득한 때에는, 특별한 사정이 없으면 가등기로 보전된 소유권이전청구권은 소멸하지 않는다.

40
상중하
등기 종합

부동산등기에 관한 설명으로 **틀린** 것은? (다툼이 있으면 판례에 따름)   22. 감평사

① 가등기된 권리의 이전등기는 가등기에 대한 부기등기의 형식으로 할 수 있다.

② 근저당권등기가 원인 없이 말소된 경우, 그 회복등기가 마쳐지기 전이라도 말소된 등기의 등기명의인은 적법한 권리자로 추정된다.

③ 청구권보전을 위한 가등기에 기하여 본등기가 경료되면 본등기에 의한 물권변동의 효력은 가등기한 때로 소급하여 발생한다.

④ 소유권이전등기의 원인으로 주장된 계약서가 진정하지 않은 것으로 증명되었다면 그 등기의 적법추정은 복멸된다.

⑤ 동일 부동산에 관하여 등기명의인을 달리하여 중복된 소유권보존등기가 경료된 경우, 선행보존등기가 원인무효가 아닌 한 후행보존등기는 실체관계에 부합하더라도 무효이다.

Point

41

상**중**하
등기의 추정력

등기의 추정력에 관한 설명으로 틀린 것은? (다툼이 있으면 판례에 따름)   17. 감평사

① 신축건물에 소유권보존등기가 된 경우, 그 명의자가 신축한 것이 아니라도 그 보존등기는 실체관계에 부합하는 유효한 등기로 추정된다.

② 소유권이전등기 명의자는 제3자뿐만 아니라 전(前)소유자에 대해서도 적법한 등기원인에 의하여 소유권을 취득한 것으로 추정된다.

③ 소유권이전등기는 등기원인과 절차가 적법하게 마쳐진 것으로 추정된다.

④ 종중재산에 대한 유효한 명의신탁의 경우, 등기의 추정력에도 불구하고 신탁자는 수탁자에 대하여 명의신탁에 의한 등기임을 주장할 수 있다.

⑤ 소유권이전청구권 보전을 위한 가등기가 있다고 하여 소유권이전등기를 청구할 수 있는 법률관계가 존재한다고 추정되는 것은 아니다.

42

상**중**하
등기의 추정력

등기의 추정력이 깨지는 경우를 모두 고른 것은? (다툼이 있으면 판례에 따름)   20. 주택사

> ㉠ 건물 소유권보존등기의 명의자가 건물을 신축한 것이 아닌 경우
> ㉡ 등기부상 등기명의자의 공유지분의 분자 합계가 분모를 초과하는 경우
> ㉢ 소유권보존등기의 명의인이 부동산을 양수받은 것이라 주장하는데 전(前) 소유자가 양도사실을 부인하는 경우

① ㉠   ② ㉡   ③ ㉠, ㉢

④ ㉡, ㉢   ⑤ ㉠, ㉡, ㉢

43

상**중**하
등기의 추정력

등기의 추정력에 관한 설명으로 옳은 것을 모두 고른 것은? (다툼이 있으면 판례에 따름)

19. 감평사

> ㉠ 가등기가 그 등기명의인의 의사에 기하지 아니하고 위조된 서류에 의하여 부적합하게 말소된 사실이 인정되는 경우, 그 가등기는 여전히 적법하게 이루어진 것으로 추정된다.
> ㉡ 등기명의자가 허무인(虛無人)으로부터 소유권이전등기를 이어받았다는 사실만으로는 그 등기명의자가 적법한 권리자라는 추정은 깨트려지지 않는다.
> ㉢ 소유권이전등기의 원인으로 주장된 계약서가 진정하지 않은 것으로 증명된 경우에 그 등기의 적법추정은 복멸되는 것이고, 계속 다른 적법한 등기원인이 있을 것으로 추정할 수는 없다.

① ㉠   ② ㉡   ③ ㉢

④ ㉠, ㉢   ⑤ ㉠, ㉡, ㉢

44 등기의 추정력에 관한 설명으로 **틀린** 것은? (다툼이 있으면 판례에 따름)

상**중**하
등기의 추정력

① 매매를 원인으로 하여 甲에게서 乙 앞으로 마쳐진 소유권이전등기에 대해 甲이 매매의 부존재를 이유로 그 말소를 청구하는 경우, 乙은 등기의 추정력을 주장할 수 없다.

② 등기명의자가 등기부상 기재된 등기원인과 다른 원인으로 취득하였다고 주장하는 경우에도 등기의 추정력은 깨지지 않는다.

③ 토지에 관한 소유권보존등기는 그 토지를 사정받은 사람이 따로 있는 것으로 밝혀진 경우에는 등기의 추정력은 깨진다.

④ 사망자 명의로 신청하여 이루어진 소유권이전등기에는 특별한 사정이 없는 한 등기의 추정력이 인정될 수 없다.

⑤ 乙이 甲의 대리인이라 칭하여 甲소유의 토지를 丙에게 매도하여 丙명의의 소유권이전등기가 경료된 경우, 甲이 乙에게 대리권이 없었다는 사실을 입증해야 한다.

45 부동산 물권변동에 관한 설명으로 **틀린** 것은? (다툼이 있으면 판례에 따름)   20. 감평사

상**중**하
종합문제

① 소유권이전등기를 마친 등기명의인은 제3자에 대하여 적법한 등기원인으로 소유권을 취득한 것으로 추정되지만 그 전(前)소유자에 대하여는 그렇지 않다.

② 미등기건물의 원시취득자는 그 승계인과 합의하여 승계인 명의로 소유권보존등기를 하여 건물소유권을 이전할 수 있다.

③ 등기는 물권의 존속요건이 아니므로 등기가 원인 없이 말소되더라도 그 권리는 소멸하지 않는다.

④ 미등기건물의 소유자가 건물을 그 대지와 함께 팔고 대지에 관한 소유권이전등기를 마친 때에는 매도인에게 관습법상 법정지상권이 인정되지 않는다.

⑤ 저당권설정등기가 원인 없이 말소된 때에도 그 부동산이 경매되어 매수인이 매각대금을 납부하면 원인 없이 말소된 저당권은 소멸한다.

46 부동산에 관한 등기 또는 등기청구권 등에 관한 설명으로 **틀린** 것은? (다툼이 있으면 판례에 따름)

[참]중하
종합문제

23. 변리사

① 甲 → 乙 → 丙의 순으로 매매계약이 체결된 경우, 3자간 중간생략등기의 합의가 있더라도 乙의 甲에 대한 소유권이전등기청구권이 소멸되는 것은 아니다.

② 가등기에 의하여 순위 보전의 대상이 되어 있는 물권변동청구권이 양도된 경우, 양도인과 양수인의 공동신청으로 그 가등기상 권리의 이전등기를 가등기에 대한 부기등기의 형식으로 경료할 수 있다.

③ 무효인 3자간 등기명의신탁에서 부동산을 매수하여 인도받아 계속 점유하는 명의신탁자의 매도인에 대한 소유권이전등기청구권은 소멸시효에 걸리지 않는다.

④ 매수인의 매도인에 대한 소유권이전청구권 보전을 위한 가등기가 경료된 경우, 소유권이전등기를 청구할 어떤 법률관계가 있다고 추정되지 않는다.

⑤ 「임야소유권 이전등기에 관한 특별조치법」에 의한 소유권보존등기가 경료된 임야에 관하여 그 임야를 사정받은 사람이 따로 있는 것이 사후에 밝혀졌다면, 그 등기는 실체적 권리관계에 부합하는 등기로 추정되지 않는다.

47 등기에 관한 설명으로 옳은 것은? (다툼이 있으면 판례에 따름)

[참]중하
종합문제

21. 변리사

① 본등기에 의한 물권변동의 효력은 가등기를 한 때에 소급하여 발생한다.

② 등기가 원인 없이 말소된 경우, 그 회복등기가 마쳐지기 전이라도 말소된 등기의 등기명의인은 적법한 권리자로 추정된다.

③ 합유자가 그 지분을 포기하면 지분권 이전등기를 하지 않더라도, 포기된 합유지분은 나머지 잔존 합유지분권자들에게 물권적으로 귀속하게 된다.

④ 매매로 인한 소유권이전등기에서 등기명의자가 등기원인을 증여로 주장하였다면 등기의 추정력은 깨어진다.

⑤ 사망자 명의로 신청하여 이루어진 이전등기도 특별한 사정이 없는 한 등기의 추정력이 인정되므로, 등기의 무효를 주장하는 자가 현재의 실체관계에 부합하지 않음을 증명하여야 한다.

48 부동산등기에 관한 설명으로 옳은 것은? (다툼이 있으면 판례에 따름)

[상]중하
등기의 효력

15. 감평사

① 등기에 공신력이 인정된다.

② 지상권설정등기가 불법 말소된 경우 그 지상권은 소멸한다.

③ 동일인 명의로 보존등기가 중복된 경우 후등기가 무효이다.

④ 멸실된 건물의 보존등기를 그 대지 위에 신축한 건물의 보존등기로 유용할 수 있다.

⑤ 매매를 원인으로 하여 甲에서 乙 앞으로 마쳐진 소유권이전등기에 대해 甲이 매매의 부존재를 이유로 그 말소를 청구하는 경우, 乙은 등기의 추정력을 주장할 수 없다.

제4절 물권의 소멸

혼동으로 물권이 소멸하는 경우는? (다툼이 있으면 판례에 따름)   15. 감평사

① 甲의 토지에 乙이 1번 저당권, 丙이 2번 저당권을 취득한 후 乙이 토지소유권을 취득하는 경우

② 甲의 건물에 乙이 저당권을 취득한 다음 그 건물을 매수하여 소유권이전등기를 마쳤는데, 그 매매계약이 원인무효임이 밝혀진 경우

③ 甲의 건물에 乙이 1번 저당권, 丙이 2번 저당권을 취득한 후 丙이 건물소유권을 취득하는 경우

④ 甲의 토지에 乙이 지상권을 취득하고, 그 지상권 위에 丙이 저당권을 취득한 후 乙이 토지소유권을 취득하는 경우

⑤ 甲의 토지에 대한 乙의 지상권 위에 丙이 1번 저당권, 丁이 2번 저당권을 취득한 뒤 丙이 乙의 지상권을 취득하는 경우

해설 ③ 丙의 2번 저당권 뒤에 다른 권리가 존재하지 않으므로, 丙의 2번 저당권은 혼동으로 소멸한다.

ⓐ 정답 ③

49
상중하
물권의 소멸

물권의 소멸에 관한 설명으로 틀린 것은? (다툼이 있으면 판례에 따름)   19. 변리사

① 점유권은 혼동이나 소멸시효에 의해 소멸하지 않는다.

② 소유권은 소멸시효에 의해 소멸하지 않지만, 타인이 시효취득하면 상대적으로 소멸할 수 있다.

③ 전세권에 저당권이 설정된 경우, 전세목적물에 대한 소유권과 전세권이 동일인에게 귀속되더라도 전세권은 혼동에 의해 소멸하지 않는다.

④ 후순위 저당권이 있는 부동산의 소유권을 선순위 저당권자가 아무런 조건 없이 증여 받아 취득한 경우, 혼동에 의해 저당권은 소멸한다.

⑤ 부동산공유자의 공유지분포기의 의사표시가 다른 공유자에게 도달하더라도 그 공유지분이 바로 소멸하는 것은 아니고, 다른 공유자는 자신에게 귀속될 공유지분에 관하여 소유권이전등기를 청구할 수 있을 뿐이다.

Point
50
상**중**하
물권의 소멸

물권의 소멸에 관한 설명으로 **틀린** 것은? (다툼이 있으면 판례에 따름)   19. 감평사

① 물건이 멸실되더라도 물건의 가치적 변형물이 남아 있는 경우에는 담보물권은 그 가치적 변형물에 미친다.

② 지역권은 소멸시효의 대상이 될 수 있다.

③ 부동산에 대한 합유지분의 포기는 형성권의 행사이므로 등기하지 않더라도 포기의 효력이 생긴다.

④ 점유권과 본권이 동일인에게 귀속하더라도 점유권은 소멸하지 않는다.

⑤ 근저당권자가 그 저당물의 소유권을 취득하면 그 근저당권은 원칙적으로 혼동에 의하여 소멸하지만, 그 뒤 그 소유권 취득이 무효인 것이 밝혀지면 소멸하였던 근저당권은 자연히 부활한다.

51
상**중**하
물권의 소멸

물권의 소멸에 관한 설명으로 **틀린** 것은? (다툼이 있으면 판례에 따름)   20. 변리사

① 부동산 합유지분의 포기로 인한 물권변동은 등기하여야 효력이 있다.

② 어떠한 물건에 대한 소유권과 그에 대한 제한물권이 동일한 사람에게 귀속한 경우에도 본인 또는 제3자의 이익을 위해서 그 제한물권을 존속시킬 필요가 있으면 제한물권은 소멸하지 않는다,

③ 부동산임차권이 대항요건을 갖춘 후에 그 부동산에 제3자의 저당권이 설정된 경우, 소유권과 임차권이 동일인에게 귀속하더라도 임차권이 소멸하지 않는다.

④ 지상권이 저당권의 목적인 경우에는 저당권자의 동의가 없이는 지상권을 포기할 수 없다.

⑤ 부동산 근저당권자가 그 소유권을 취득하여 근저당권이 혼동으로 소멸한 경우 그 소유권 취득이 무효인 것이 밝혀졌더라도 소멸하였던 근저당권은 부활하지 않는다.

제1절 | 점 유

대표유형

점유에 관한 설명으로 옳은 것은? (다툼이 있으면 판례에 따름) 22. 감평사

① 미등기건물의 양수인은 그 건물에 대한 사실상의 처분권을 보유하더라도 건물부지를 점유하고 있다고 볼 수 없다.

② 건물 공유자 중 일부만이 당해 건물을 점유하고 있는 경우, 그 건물의 부지는 건물 공유자 전원이 공동으로 점유하는 것으로 볼 수 있다.

③ 점유자의 권리적법추정 규정은 특별한 사정이 없는 한 등기된 부동산에도 적용된다.

④ 선의의 점유자라도 본권에 관한 소에 패소한 때에는 그 패소판결이 확정된 때로부터 악의의 점유자로 본다.

⑤ 진정한 소유자가 점유자를 상대로 소유권이전등기의 말소청구소송을 제기하여 점유자의 패소가 확정된 경우, 그 소가 제기된 때부터 점유자의 점유는 타주점유로 전환된다.

해설 ① 미등기건물의 양수인은 그 건물에 대한 사실상의 처분권을 보유하고 있으므로, 건물의 부지를 점유하는 것으로 볼 수 있다(대판 2003.11.13, 2002다57935).
③ 점유자의 권리추정의 규정은 특별한 사정이 없는 한 등기되어 있는 부동산물권에 대하여는 적용되지 않는다(대판 1970.7.24, 70다729).
④ 선의의 점유자라도 본권에 관한 소에 패소한 때에는 그 소가 제기된 때로부터 악의의 점유자로 본다(제197조 제2항).
⑤ 진정 소유자가 자신의 소유권을 주장하며 점유자를 상대로 토지에 관한 소유권이전등기의 말소소송을 제기하여 점유자의 패소로 확정되었다면, 점유자의 토지에 대한 점유는 패소판결 확정 후부터는 타주점유로 전환된다(대판 1996.10.11, 96다19857). **Ⓐ 정답 ②**

---

01 **점유권에 관한 설명 중 틀린 것은?** (다툼이 있으면 판례에 의함)

상중하
점유권

① 점유권은 혼동이나 시효로 소멸하지 않는다.

② 불법점유자도 제3자에 의해 점유가 침탈되면 점유보호청구권을 행사할 수 있다.

③ 점유자는 평온·공연·선의·무과실로 점유한 것으로 추정된다.

④ 점유자는 스스로 자주점유임을 증명할 필요가 없다.

⑤ 점유자가 전 점유자의 점유를 아울러 주장하는 경우에는 그 하자도 승계된다.

02 자주점유에 관한 설명으로 **틀린** 것은? (다툼이 있으면 판례에 따름)

상중하
자주점유

① 점유매개자의 점유는 타주점유에 해당한다.

② 부동산의 매매 당시에는 그 무효를 알지 못하였으나 이후 매매가 무효임이 밝혀지더라도 특별한 사정이 없는 한, 매수인의 점유는 여전히 자주점유이다.

③ 양자간 등기명의신탁에 있어서 부동산의 명의수탁자의 상속인에 의한 점유는 특별한 사정이 없는 한, 자주점유에 해당하지 않는다.

④ 공유토지 전부를 공유자 1인이 점유하고 있는 경우, 특별한 사정이 없는 한 다른 공유자의 지분비율 범위에 대해서는 타주점유에 해당한다.

⑤ 자주점유의 판단기준인 소유의 의사 유무는 점유취득의 원인이 된 권원의 성질이 아니라 점유자의 내심의 의사에 따라 결정된다.

03 점유에 관한 설명으로 **틀린** 것은? (다툼이 있으면 판례에 따름)

상중하
점 유

① 건물에 대하여 유치권을 행사하는 자는 건물의 부지를 점유하는 자에 해당하지 않는다.

② 미등기건물을 양수하여 사실상의 처분권을 가진 자는 토지소유자에 대하여 건물부지의 점유·사용에 따른 부당이득반환의무를 진다.

③ 간접점유가 인정되기 위해서는 직접점유자와 간접점유자 사이에 점유매개관계가 존재하여야 한다.

④ 계약명의신탁약정에 따라 명의수탁자 명의로 등기된 부동산을 명의신탁자가 점유하는 경우, 특별한 사정이 없는 한 명의신탁자의 점유는 타주점유에 해당한다.

⑤ 선의의 타주점유자는 자신에게 책임있는 사유로 점유물이 멸실되더라도 현존이익의 범위에서만 손해배상책임을 진다.

04 점유에 관한 설명으로 **틀린** 것은? (다툼이 있으면 판례에 따름)

상중하
점 유

① 점유매개자의 점유를 통한 간접점유에 의해서도 점유에 의한 시효취득이 가능하다.

② 사기의 의사표시에 의해 건물을 명도해 준 자는 점유회수의 소권을 행사할 수 없다.

③ 미등기건물을 양수하여 건물에 관한 사실상의 처분권을 보유한 양수인은 그 건물부지의 점유자이다.

④ 간접점유의 요건이 되는 점유매개관계는 법률행위가 아닌 법률규정에 의해서는 발생할 수 없다.

⑤ 상속에 의하여 점유권을 취득한 상속인은 새로운 권원에 의하여 자기 고유의 점유를 개시하지 않는 한 피상속인의 점유를 떠나 자기만의 점유를 주장할 수 없다.

05

상중하
자주점유와
타주점유

점유에 관한 설명으로 틀린 것은? (다툼이 있으면 판례에 따름)　　　　　17. 감평사

① 토지매도인의 매도 후의 점유는 특별한 사정이 없는 한 타주점유로 된다.

② 타인소유의 토지를 자기소유 토지의 일부로 알고 이를 점유하게 된 자가 나중에 그러한 사정을 알게 되었다면 그 점유는 그 사정만으로 타주점유로 전환된다.

③ 제3자가 토지를 경락받아 대금을 납부한 후에는 종래소유자의 그 토지에 대한 점유는 특별한 사정이 없는 한 타주점유가 된다.

④ 토지점유자가 등기명의자를 상대로 매매를 원인으로 소유권이전등기를 청구하였다가 패소 확정된 경우, 그 사정만으로 타주점유로 전환되는 것은 아니다.

⑤ 소유자가 점유자를 상대로 적극적으로 소유권을 주장하여 승소한 경우, 점유자의 토지에 대한 점유는 패소판결 확정 후부터는 타주점유로 전환된다.

06

상중하
자주점유와
타주점유

점유에 관한 설명으로 틀린 것은? (다툼이 있으면 판례에 따름)

① 매매대상 토지의 면적이 공부상 면적을 상당히 초과하는 경우 그 초과부분에 대한 점유는 타주점유이다.

② 점유자가 스스로 매매 등과 같은 자주점유의 권원을 주장하였으나 이것이 인정되지 않는 경우에는 자주점유의 추정이 깨어진다.

③ 간접점유의 성립요건인 점유매개관계는 중첩적으로 있을 수 있다.

④ 전후 양 시점의 점유자가 다른 경우에도 점유의 승계가 증명되면 점유는 계속된 것으로 추정된다.

⑤ 제3자가 토지를 경락받아 대금을 납부한 후에는 종래 소유자의 그 토지에 대한 점유는 특별한 사정이 없는 한 타주점유가 된다.

Point

07

상**중**하

자주점유와
타주점유

점유에 관한 설명 중 옳은 것만을 고른 것은? (다툼이 있으면 판례에 의함)

> ㉠ 명의수탁자는 소유자로 등기된 기간과 점유한 기간이 10년이 경과되더라도 등기부취득
> 시효를 주장할 수 없다.
> ㉡ 국가나 지방자치단체가 부동산을 점유하는 경우에도 자주점유의 추정이 적용된다.
> ㉢ 공유자 1인이 공유부동산 전부를 점유하고 있는 경우, 다른 특별한 사정이 없는 한 부동
> 산 전부에 대한 자주점유가 인정된다.
> ㉣ 분묘기지권이 인정되는 경우, 분묘의 소유자에게 분묘기지에 대한 자주점유가 인정된다.

① ㉠, ㉡   ② ㉠, ㉢   ③ ㉠, ㉡, ㉢
④ ㉠, ㉡, ㉣   ⑤ ㉡, ㉣

08

상**중**하

자주점유와
타주점유

자주점유에 관한 설명으로 틀린 것은? (다툼이 있으면 판례에 따름)   22. 주택사

① 부동산의 점유자가 지적공부 등의 관리주체인 국가나 지방자치단체인 경우에는 자주점
유로 추정되지 않는다.

② 매매로 인한 점유의 승계가 있는 경우, 전(前) 점유자의 점유가 타주점유라도 현(現) 점
유자가 자기의 점유만을 주장하는 때에는 현(現) 점유자의 점유는 자주점유로 추정된다.

③ 점유자가 스스로 주장한 매매와 같은 자주점유의 권원이 인정되지 않는다는 사유만으로
는 자주점유의 추정이 깨진다고 볼 수 없다.

④ 자주점유인지 여부는 점유취득의 원인이 될 권원의 성질이나 점유와 관계가 있는 모든
사정에 의하여 외형적·객관적으로 결정되어야 한다.

⑤ 처분권한이 없는 자로부터 그 사실을 알면서 부동산을 취득하여 점유하게 된 경우, 그
점유의 법적 성질은 타주점유이다.

Point

09

상**중**하

점유권

점유권에 관한 설명 중 틀린 것은?

① 상속인은 새로운 권원에 의하지 않는 한 피상속인의 점유의 성질과 하자를 떠나서 자기
만의 새로운 점유를 주장할 수 없다.

② 점유취득의 원인인 매매계약이 무효임을 모르는 매수인의 점유는 자주점유이다.

③ 점유자의 승계인이 자기의 점유만을 주장하는 경우, 전 점유자의 점유가 타주점유라면
현 점유자의 점유는 타주점유로 추정된다.

④ 매수인이 착오로 인접 토지의 일부를 그가 매수·취득한 토지에 속하는 것으로 믿고 점
유한 경우, 그 점유방법이 분묘를 설치·관리하는 것이라도 자주점유이다.

⑤ 진정한 소유자가 제기한 소유권이전등기 말소등기청구소송에서 점유자가 패소한 경우
에는 패소판결확정 후부터 점유자의 점유는 타주점유로 전환된다.

복습문제

10

상<u>중</u>하
자주점유와
타주점유

점유권의 효력에 관한 설명으로 틀린 것은? (다툼이 있으면 판례에 따름)   19. 감평사

① 점유자가 점유물에 대하여 행사하는 권리는 적법하게 보유한 것으로 추정된다.

② 점유자가 점유의 침탈을 당한 때에는 그 물건의 반환 및 손해의 배상을 청구할 수 있다.

③ 점유물반환청구권은 점유의 침탈을 당한 날로부터 3년 내에 행사하여야 한다.

④ 점유가 점유침탈 이외의 방법으로 침해되고 있는 경우에 점유자는 그 방해의 제거 및 손해의 배상을 청구할 수 있다.

⑤ 점유권에 기인한 소와 본권에 기인한 소는 서로 영향을 미치지 아니한다.

복습문제

11

상<u>중</u>하
점 유

점유에 관한 설명으로 틀린 것은? (다툼이 있으면 판례에 따름)   20. 감평사

① 점유매개자의 점유는 자주점유이다.

② 점유는 사실상 지배로 성립한다.

③ 다른 사정이 없으면, 건물의 소유자가 그 부지를 점유하는 것으로 보아야 한다.

④ 점유매개관계가 소멸하면 간접점유자는 직접점유자에게 점유물반환을 청구할 수 있다.

⑤ 점유자는 소유의 의사로 점유한 것으로 추정한다.

제2절 점유자와 회복자의 관계

대표유형

점유자와 회복자의 관계에 관한 설명으로 **틀린** 것은? (다툼이 있으면 판례에 따름)   15. 감평사

① 타주점유자가 그의 책임있는 사유로 점유물을 멸실 또는 훼손한 때에는 그가 선의로 점유했더라도 손해의 전부를 배상하여야 한다.

② 자신에게 과실수취권을 포함하는 권원이 있다고 오신한 데 정당한 근거가 있는 점유자는 과실수취권이 있다.

③ 선의의 점유자가 법률상 원인 없이 회복자의 건물을 점유 · 사용하고 이로 말미암아 회복자에게 손해를 입혔다면 그 점유 · 사용으로 인한 이득을 반환할 의무가 있다.

④ 타인 소유물을 권원 없이 점유함으로써 얻은 사용이익을 반환하는 경우, 악의의 점유자는 사용이익뿐만 아니라 그 이자도 반환해야 한다.

⑤ 점유자가 과실을 취득하였다면 통상의 필요비는 청구할 수 없다.

해설 ③ 민법 제201조 제1항에 의하면 선의의 점유자는 점유물의 과실을 취득한다고 규정하고 있는바, 건물을 사용함으로써 얻는 이득은 그 건물의 과실에 준하는 것이므로, 선의의 점유자는 비록 법률상 원인 없이 타인의 건물을 점유 · 사용하고 이로 말미암아 그에게 손해를 입혔다고 하더라도 그 점유 · 사용으로 인한 이득을 반환할 의무는 없다(대판 1996.1.26, 95다44290).   **A** 정답 ③

12

상중하

점유자와
회복자의 관계

점유자와 회복자의 법률관계에 관한 설명으로 **틀린** 것은? (다툼이 있으면 판례에 따름) 16. 감평사

① 타인의 건물을 선의로 점유한 자는 비록 법률상 원인 없이 사용하였더라도 이로 인한 이득을 반환할 의무가 없다.

② 악의의 점유자가 과실을 소비한 경우에는 그 과실의 대가를 보상하여야 한다.

③ 점유물이 점유자의 책임 있는 사유로 인하여 멸실 또는 훼손된 경우, 선의의 자주점유자는 그 이익이 현존하는 한도에서 배상하여야 한다.

④ 선의의 점유자가 본권에 관한 소에서 패소한 경우, 소제기 후 판결확정 전에 취득한 과실은 반환할 의무가 없다.

⑤ 점유자가 과실을 취득한 경우에는 통상의 필요비의 상환을 청구하지 못한다.

13

상종**하**
점유자와
회복자의 관계

점유자와 회복자의 관계에 관한 설명으로 틀린 것은? 20. 감평사

① 선의의 점유자는 점유물의 과실을 취득한다.

② 과실의 수취에 관하여 점유자의 선·악의는 과실이 원물에서 분리되는 때를 기준으로 판단한다.

③ 악의의 점유자는 그가 소비한 과실의 대가를 보상하여야 한다.

④ 그의 책임있는 사유로 점유물을 멸실·훼손한 선의의 타주점유자는 손해 전부를 배상하여야 한다.

⑤ 과실을 취득한 점유자는 그가 지출한 비용 전부를 청구할 수 있다.

14

상종**하**
점유자와
회복자의 관계

점유자와 회복자의 관계에 관한 설명으로 틀린 것은? (다툼이 있으면 판례에 따름) 15. 변리사

① 선의의 점유자는 과실을 취득한 경우에도 점유물을 보존하기 위하여 지출한 통상의 필요비를 상환할 것을 청구할 수 있다.

② 타주점유자가 그의 책임 있는 사유로 점유물을 멸실 또는 훼손한 때에는 그가 선의로 점유했더라도 손해의 전부를 배상하여야 한다.

③ 권원 없이 타인 소유 토지의 상공에 송전선을 설치하여 그 토지를 사용·수익한 악의의 점유자는 받은 이익에 이자를 붙여 반환하여야 한다.

④ 악의의 점유자는 수취한 과실을 반환하여야 하며 소비하였거나 과실로 인하여 수취하지 못한 경우에는 그 과실의 대가를 보상하여야 한다.

⑤ 점유자가 물건에 유익비를 지출할 당시 계약관계 등 적법한 점유의 권원을 가지고 있었다면, 계약관계 등의 상대방이 아닌 점유회복 당시의 소유자에 대하여 점유자와 회복자의 관계에 따른 유익비의 상환을 청구할 수 없다.

15

상**중**하
점유자와
회복자의 관계

점유자와 회복자의 관계에 관한 설명으로 옳은 것은? (다툼이 있으면 판례에 따름) 21. 감평사

① 선의의 점유자가 취득하는 과실에 점유물의 사용이익은 포함되지 않는다.

② 유치권자에게는 원칙적으로 수익목적의 과실수취권이 인정된다.

③ 점유물이 점유자의 귀책사유로 훼손된 경우, 선의의 점유자는 소유의 의사가 없더라도 이익이 현존하는 한도에서 배상책임이 있다.

④ 회복자로부터 점유물의 반환을 청구 받은 점유자는 유익비의 상환을 청구할 수 있다.

⑤ 점유물의 소유자가 변경된 경우, 점유자는 유익비 지출 당시의 전 소유자에게 비용의 상환을 청구해야 한다.

16
상중하
점유자와
회복자의 관계

점유자와 회복자의 관계에 관한 설명으로 **틀린** 것은? (다툼이 있으면 판례에 따름)   17. 감평사

① 선의의 점유자가 과실을 취득한 범위에서는 그 이득을 반환할 의무가 없다.

② 유효한 도급계약에 기하여 수급인이 도급인으로부터 제3자 소유 물건을 이전받아 수리를 마친 경우, 원칙적으로 수급인은 소유자에 대하여 비용상환청구권을 행사할 수 있다.

③ 악의의 점유자도 원칙적으로 필요비 전부의 상환을 청구할 수 있다.

④ 점유물이 점유자의 책임 있는 사유로 멸실 또는 훼손된 경우, 악의의 점유자는 자주점유라도 손해 전부를 배상할 책임이 있다.

⑤ 유익비는 그 가액의 증가가 현존한 경우에 한하여 회복자의 선택에 좇아 그 지출금액이나 증가액의 상환을 청구할 수 있다.

17
상중하
점유자와
회복자의 관계

점유자와 회복자의 관계에 관한 설명으로 **틀린** 것은? (다툼이 있으면 판례에 따름)   19. 감평사

① 과실을 수취한 자가 선의의 점유자로 보호되기 위해서는 과실수취권을 포함하는 권원이 있다고 오신할만한 정당한 근거가 있어야 한다.

② 폭력 또는 은비에 의한 점유자는 수취한 과실을 반환하여야 한다.

③ 점유물이 점유자의 책임 있는 사유로 인하여 멸실 훼손한 때에는 선의의 자주점유자라도 그 손해의 전부를 배상하여야 한다.

④ 악의의 점유자도 점유물을 반환할 때에는 회복자에 대하여 필요비의 상환을 청구할 수 있다.

⑤ 선의의 점유자가 과실을 취득한 경우에는 통상의 필요비를 청구하지 못한다.

18
상중하
점유자와
회복자의 관계

점유자와 회복자의 법률관계에 관한 설명으로 **옳은** 것은? (다툼이 있으면 판례에 따름)   21. 변리사

① 악의의 점유자가 점유물의 사용에 따른 이익을 반환하여야 하는 경우, 자신의 노력으로 점유물을 활용하여 얻은 초과이익도 반환하여야 한다.

② 악의의 수익자는 받은 이익에 이자를 붙여 반환하여야 하며, 그 이자의 이행지체로 인한 지연손해금도 지급하여야 한다.

③ 악의의 점유자가 과실(果實)을 수취하지 못한 경우, 이에 대한 과실(過失)이 없더라도 그 과실(果實)의 대가를 보상하여야 한다.

④ 점유자가 점유물을 개량하기 위하여 유익비를 지출한 경우는 점유자가 점유물을 반환할 때에 그 상환을 청구할 수 있으나, 필요비를 지출한 경우에는 즉시 상환을 청구할 수 있다.

⑤ 점유물이 점유자의 책임 있는 사유로 멸실된 때, 악의의 점유자라 하더라도 자주점유인 경우는 타주점유에 비하여 책임이 경감된다.

19
상중하
점유자와
회복자의 관계

점유자와 회복자의 관계에 관한 설명으로 옳은 것은? (다툼이 있으면 판례에 따름) 23. 감평사

① 선의의 점유자라도 점유물의 사용으로 인한 이익은 회복자에게 반환하여야 한다.

② 임차인이 지출한 유익비는 임대인이 아닌 점유회복자에 대해서도 민법 제203조 제2항에 근거하여 상환을 청구할 수 있다.

③ 과실수취권 있는 선의의 점유자란 과실수취권을 포함하는 본권을 가진다고 오신할 만한 정당한 근거가 있는 점유자를 가리킨다.

④ 선의점유자에 대해서는 점유에 있어서의 과실(過失)유무를 불문하고 불법행위를 이유로 한 손해배상책임이 배제된다.

⑤ 점유물이 타주점유자의 책임 있는 사유로 멸실된 경우, 그가 선의의 점유자라면 현존이익의 범위에서 손해배상책임을 진다.

20
상중하
점 유

점유에 관한 설명으로 틀린 것은? (다툼이 있으면 판례에 따름) 20. 변리사

① 점유자는 선의로 점유한 것으로 추정되지만, 권원 없는 점유였음이 밝혀지면 곧 그 동안의 점유에 대한 선의의 추정이 깨진다.

② 선의의 점유자라도 본권에 관한 소에 패소한 때에는 그 소가 제기된 때로부터 악의의 점유자로 본다.

③ 선의의 점유자에게 과실취득권이 있다는 이유만으로 불법행위로 인한 손해배상책임이 배제되지는 않는다.

④ 악의의 점유자는 그 받은 이익에 이자를 붙여 반환하여야 하며, 그 이자의 이행지체로 인한 지연손해금도 지급하여야 한다.

⑤ 악의의 점유자는 과실(過失)로 인하여 과실(過失)을 훼손한 경우 그 대가를 보상하여야 한다.

21
상중하
점 유

점유자 甲의 권리관계 등에 관한 설명으로 옳은 것은? (다툼이 있으면 판례에 따름) 23. 변리사

① 甲이 부동산을 증여받아 점유를 개시한 이후에 그 증여가 무권리자에 의한 것임을 알았더라도 그 점유가 타주점유가 된다고 볼 수 없다.

② 甲의 통상의 필요비 청구가 부정되는 민법규정은 과실수취권이 없는 악의의 점유자에 대해서도 적용된다.

③ 점유자의 비용상환청구권에서 유익비의 상환범위는 甲이 유익비로 지출한 금액과 현존하는 증가액 중에서 甲이 선택하는 것으로 정해진다.

④ 점유물이 甲의 책임있는 사유로 인하여 멸실한 경우, 甲이 악의의 점유자로서 부담하는 손해배상범위와 선의이면서 타주점유자로서 부담하는 손해배상범위는 다르다.

⑤ 점유를 침탈당한 甲이 본권인 유치권 소멸에 따른 손해배상청구권을 행사하는 때에는 점유를 침탈당한 날부터 1년 내에 행사해야만 한다.

Point

22
상중하
점유자와
회복자의 관계

甲소유의 토지를 乙이 서류를 위조하여 자기 앞으로 등기한 후 丙에게 매도하여 丙 앞으로 등기하고, 乙명의 등기를 신뢰한 丙이 현재까지 점유하고 있다. 甲이 제기한 본권에 관한 소에서 丙이 패소한 경우, 다음 설명 중 틀린 것은? (다툼이 있으면 판례에 의함)

① 甲은 乙과 丙 모두에게 등기말소를 청구하거나 丙에게 이전등기를 청구할 수 있다.

② 본권에 관한 소가 제기된 후에 丙의 책임 있는 사유로 토지가 훼손된 경우, 丙은 甲에게 손해 전부를 배상하여야 한다.

③ 丙이 토지에 유익비를 지출한 경우 甲의 선택에 따라 지출금액이나 증가액의 상환을 청구할 수 있다.

④ ③의 경우, 甲이 丙에게 소유권이전등기 말소만을 청구하는 경우에도 丙은 유익비상환청구권으로 유치권 항변을 할 수 있다.

⑤ 만일 丙의 점유가 불법행위로 인하여 개시되었다면, 丙은 유익비상환은 청구할 수 있으나 유치권을 주장할 수는 없다.

23
상중하
구별실익

다음 중 점유형태에 있어서 선의·악의를 구별할 실익이 <u>없는</u> 경우는?

① 점유자의 과실수취권

② 점유자의 회복자에 대한 책임

③ 점유자의 유익비상환청구권

④ 등기부취득시효

⑤ 동산 선의취득

소유권

제1절 상린관계

대표유형

주위토지통행권에 관한 설명으로 틀린 것은? (다툼이 있으면 판례에 따름)   16. 감평사

① 토지의 분할 및 일부양도의 경우, 무상주위통행권에 관한 민법의 규정은 포위된 토지 또는 피통행지의 특정승계인에게 적용되지 않는다.

② 주위토지통행권은 이를 인정할 필요성이 없어지면 당연히 소멸한다.

③ 기존의 통로가 있더라도 당해 토지의 이용에 부적합하여 실제로 통로로서 충분한 기능을 하지 못하고 있는 경우에도 주위토지통행권이 인정된다.

④ 통행지소유자는 주위토지통행권자의 허락을 얻어 사실상 통행하고 있는 자에게는 그 손해의 보상을 청구할 수 없다.

⑤ 주위토지통행권이 인정되는 도로의 폭과 면적을 정함에 있어서, 건축법에 건축과 관련하여 도로에 관한 폭 등의 제한규정이 있으면 이에 따라 결정하여야 한다.

해설 ⑤ 건축 관련법령에 정한 도로 폭에 관한 규정만으로 당연히 피포위지 소유자에게 반사적 이익으로서 건축 관련법령에 정하는 도로의 폭이나 면적 등과 일치하는 주위토지통행권이 생기는 것은 아니다(대판 2006.10.26, 2005다30993).   **ⓐ 정답** ⑤

Point

01

상**중**하
주위토지
통행권

주위토지통행권에 관한 설명으로 옳은 것은? (다툼이 있으면 판례에 따름)   15. 감평사

① 통행권자가 통행지 소유자에게 손해보상의 지급을 게을리 하면 통행권이 소멸한다.

② 주위토지통행권의 범위는 현재의 토지의 용법은 물론 장래의 이용 상황도 미리 대비하여 정해야 한다.

③ 통행권자가 통행지를 배타적으로 점유하는 경우 통행지 소유자는 통행지의 인도를 청구할 수 있다.

④ 주위토지통행권이 인정되는 경우 통행지 소유자는 원칙적으로 통로개설 등 적극적인 작위의무를 부담한다.

⑤ 동일인 소유의 토지의 일부가 양도되어 공로에 통하지 못하는 토지가 생긴 경우, 포위된 토지를 위한 통행권은 일부 양도 전의 양도인 소유의 종전토지뿐만 아니라 다른 사람 소유의 토지에 대하여도 인정된다.

02 주위토지통행권에 관한 설명으로 **틀린** 것은? (다툼이 있으면 판례에 따름) 22. 감평사
상중하
주위토지
통행권

① 토지의 분할로 주위토지통행권이 인정되는 경우, 통행권자는 분할당사자인 통행지 소유자의 손해를 보상하여야 한다.

② 통행지 소유자는 통행지를 배타적으로 점유하고 있는 통행권자에 대해 통행지의 인도를 청구할 수 있다.

③ 주위토지통행권은 법정의 요건을 충족하면 당연히 성립하고 요건이 없어지면 당연히 소멸한다.

④ 주위토지통행권에 기한 통행에 방해가 되는 축조물을 설치한 통행지 소유자는 그 철거의무를 부담한다.

⑤ 주위토지통행권의 범위는 현재의 토지의 용법에 따른 이용의 범위에서 인정된다.

03 상린관계에 관한 설명으로 **틀린** 것은? 20. 변리사
상중하
상린관계

① 토지소유자는 일정한 경우 이웃 토지소유자에게 보상하고 여수의 급여를 청구할 수 있다.

② 토지소유자는 경계나 그 근방에서 담 또는 건물을 축조하거나 수선하기 위하여 필요한 범위 내에서 이웃 토지의 사용을 청구할 수 있다.

③ 분할로 인하여 공로(公路)에 통하지 못하는 토지의 소유자가 공로에 출입하기 위해 다른 분할자의 토지를 통행하는 경우 이로 인한 손해를 보상하여야 한다.

④ 고지소유자가 농업용 여수를 소통하기 위하여 저지에 물을 통과하게 한 경우 이로 인한 저지의 손해를 보상하여야 한다.

⑤ 수류지의 소유자가 대안(對岸)에 언(偃)을 접촉하게 한 경우 이로 인한 대안소유자의 손해를 보상하여야 한다.

04 상린관계에 관한 설명으로 **틀린** 것은? (다툼이 있으면 판례에 따름) 23. 감평사
복습문제
상중하
상린관계

① 인접하는 토지를 소유한 자들이 공동비용으로 통상의 경계표를 설치하는 경우, 다른 관습이 없으면 측량비용은 토지의 면적에 비례하여 부담한다.

② 지상권자 상호간에도 상린관계에 관한 규정이 준용된다.

③ 주위토지통행권은 장래의 이용을 위하여 인정될 수 있으므로, 그 범위와 관련하여 장래의 이용상황까지 미리 대비하여 통행로를 정할 수 있다.

④ 건물을 축조함에는 특별한 관습이 없으면 경계로부터 반미터 이상의 거리를 두어야 한다.

⑤ 경계에 설치된 경계표나 담은 특별한 사정이 없는 한, 상린자의 공유로 추정한다.

05

상중하
경계에 관한
상린관계

경계에 관한 민법상의 규정 중 틀린 것은? (다툼이 있으면 판례에 의함)

① 인접토지 소유자들은 공동비용으로 경계표나 담을 설치할 수 있는데, 이때 소요되는 설치비용 및 측량비용은 쌍방이 절반씩 부담한다.

② 인접지의 수목뿌리가 경계를 넘은 경우에는 임의로 제거할 수 있다.

③ 상린관계에 관한 규정은 소유권뿐만 아니라 지상권, 전세권에도 준용된다.

④ 건물을 축조할 경우 경계로부터 반 미터 이상의 거리를 두어야 하나, 건축에 착수한 후 1년이 경과하거나 건물이 완공된 후에는 그 건물의 철거를 청구할 수 없다.

⑤ 토지소유자는 경계나 그 근방에서 담 또는 건물을 축조하거나 수선하기 위하여 필요한 범위 내에서 이웃토지의 사용을 청구할 수 있으나 이웃사람의 승낙이 없으면 그 주거에 들어가지 못한다.

제2절 **취득시효**

대표유형

1. 부동산 소유권의 점유취득시효에 관한 설명으로 틀린 것은? (다툼이 있으면 판례에 따름)

21. 변리사

① 시효완성자는 취득시효완성에 따른 등기를 하지 않더라도 시효완성 당시의 등기명의인에 대하여 취득시효를 주장할 수 있다.

② 취득시효가 완성되기 전에 등기명의인이 바뀐 경우에는 시효완성자는 취득시효완성 당시의 등기명의인에게 취득시효를 주장할 수 있다.

③ 취득시효완성 후 등기명의인이 변경되면 설사 등기원인이 취득시효 완성 전에 존재하였더라도, 시효완성자는 변경된 등기명의인에게 취득시효를 주장할 수 없다.

④ 취득시효기간이 진행하는 중에 등기명의인이 변동된 경우, 취득시효기간의 기산점을 임의로 선택할 수 없다.

⑤ 취득시효완성 후 등기명의인이 바뀐 경우, 등기명의가 바뀐 시점으로부터 다시 취득시효기간이 경과하더라도 취득시효완성을 주장할 수 없다.

해설 ⑤ 취득시효완성 후 등기명의인이 바뀐 경우, 등기명의가 바뀐 시점으로부터 다시 취득시효기간이 경과하면 취득시효완성을 주장할 수 있다. **정답 ⑤**

2. 부동산점유취득시효에 관한 설명으로 틀린 것은? (다툼이 있으면 판례에 따름) 21. 주택사

① 취득시효 완성 당시에는 일반재산이었으나 취득시효 완성 후에 행정재산으로 변경된 경우, 국가를 상대로 소유권이전등기청구를 할 수 없다.

② 점유자가 매매와 같은 자주점유의 권원을 주장하였다가 그 점유권원이 인정되지 않았다는 것만으로는 자주점유의 추정은 번복되지 않는다.

③ 취득시효기간 중 계속해서 등기명의자가 동일한 경우, 점유개시 후 임의의 시점을 시효기간 의 기산점으로 삼을 수 있다.

④ 취득시효의 완성을 알고 있는 소유자가 부동산을 선의의 제3자에게 처분하여 소유권이전등 기를 마친 경우, 그 소유자는 시효완성자에게 불법행위로 인한 손해배상책임을 진다.

⑤ 취득시효 완성 후 그로 인한 등기 전에 소유자가 저당권을 설정한 경우, 특별한 사정이 없는 한 시효완성자는 등기를 함으로써 저당권의 부담이 없는 소유권을 취득한다.

해설 ⑤ 원소유자가 취득시효의 완성 이후 그 등기가 있기 전에 그 토지를 제3자에게 처분하거나 제한물권의 설정, 토지의 현상 변경 등 소유자로서의 권리를 행사하였다 하여 시효취득자에 대한 관계에서 불법행위가 성립하 는 것이 아님은 물론 위 처분행위를 통하여 그 토지의 소유권이나 제한물권 등을 취득한 제3자에 대하여 취득시효 의 완성 및 그 권리취득의 소급효를 들어 대항할 수도 없다. 따라서 원소유자에 의하여 그 토지에 설정된 근저당권 은 소멸하지 않는다(대판 2006.5.12, 2005다75910).　　　　　　　　　　　　　　　**A** 정답 ⑤

06
상중하
점유취득시효

부동산의 점유취득시효에 관한 설명으로 틀린 것은? (다툼이 있으면 판례에 따름)

23. 감평사 변형

① 집합건물의 공용부분은 취득시효에 의한 소유권 취득의 대상이 될 수 없다.

② 시효완성을 이유로 한 소유권취득의 효력은 점유를 개시한 때로 소급하지 않으며 등기를 함으로써 장래를 향하여 발생한다.

③ 시효취득으로 인한 등기청구권이 발생하면 부동산소유자와 시효완성자 사이에 법률규 정에 의한 채권관계가 성립한다.

④ 시효완성자는 그 완성 전에 이미 설정되어 있던 가등기에 기하여 시효완성 후에 소유권 이전의 본등기를 마친 자에 대하여 시효완성을 주장할 수 없다.

⑤ 시효이익의 포기는 특별한 사정이 없는 한, 시효취득자가 취득시효완성 당시의 진정한 소유자에 대하여 하여야 한다.

07 부동산 취득시효에 관한 설명으로 **틀린** 것은? (다툼이 있으면 판례에 따름)   21. 감평사

상중하
부동산
취득시효

① 무과실은 점유취득시효의 요건이 아니다.

② 성명불상자의 소유물도 시효취득의 대상이 된다.

③ 점유취득시효가 완성된 후에는 취득시효 완성의 이익을 포기할 수 있다.

④ 행정재산은 시효취득의 대상이 아니다.

⑤ 압류는 점유취득시효의 중단사유이다.

08 부동산취득시효에 관한 설명으로 **틀린** 것은? (다툼이 있으면 판례에 따름)   17. 감평사

상중하
부동산
취득시효

① 등기부취득시효의 요건으로서 무과실은 이를 주장하는 자가 증명하여야 한다.

② 점유취득시효에 있어서 점유자가 무효인 임대차계약에 따라 점유를 취득한 사실이 증명된 경우, 그 점유자의 소유의 의사는 추정되지 않는다.

③ 시효취득자가 시효취득 당시 원인무효인 등기의 등기부상 소유명의자에게 시효이익을 포기한 경우에도 시효이익 포기의 효력이 발생한다.

④ 점유취득시효의 완성 후 등기 전에 토지소유자가 파산선고를 받은 때에는 점유자는 파산관재인을 상대로 취득시효를 이유로 소유권이전등기를 청구할 수 없다.

⑤ 토지에 대한 취득시효 완성으로 인한 소유권이전등기청구권은 그 토지에 대한 점유가 계속되는 한 시효로 소멸하지 않는다.

09 부동산 점유취득시효에 관한 설명으로 **틀린** 것은? (다툼이 있으면 판례에 따름)   22. 주택사 변형

상중하
점유취득시효

① 시효완성자의 시효이익의 포기는 특별한 사정이 없는 한 시효완성 당시의 원인무효인 등기의 등기부상 소유명의자에게 하여도 그 효력이 있다.

② 점유자가 시효완성 후 점유를 상실하였다고 하더라도 이를 시효이익의 포기로 볼 수 있는 경우가 아닌 한, 이미 취득한 소유권이전등기청구권이 즉시 소멸되는 것은 아니다.

③ 등기부상 소유명의자가 진정한 소유자가 아니면 원칙적으로 그를 상대로 취득시효완성을 원인으로 소유권이전등기를 청구할 수 없다.

④ 시효완성 당시의 소유자는 특별한 사정이 없는 한 시효완성자가 등기를 마치지 않았더라도 그에 대하여 부동산의 점유로 인한 부당이득반환청구를 할 수 없다.

⑤ 시효완성 당시의 소유자는 특별한 사정이 없는 한 시효완성자가 등기를 마치지 않았더라도 그에 대하여 불법점유임을 이유로 그 부동산의 인도를 청구할 수 없다.

10 부동산점유취득시효에 관한 설명으로 **틀린** 것은? (다툼이 있으면 판례에 따름)   23. 주택사

상중**하**
점유취득시효

① 부동산에 대한 압류 또는 가압류는 취득시효의 중단사유에 해당하지 않는다.

② 취득시효기간 중 계속해서 등기명의자가 동일한 경우, 점유개시 후 임의의 시점을 시효기간의 기산점으로 삼을 수 있다.

③ 시효완성자는 시효완성 당시의 진정한 소유자에 대하여 채권적 등기청구권을 가진다.

④ 시효완성 후 그에 따른 소유권이전등기 전에 소유자가 부동산을 처분하면 시효완성자에 대하여 채무불이행책임을 진다.

⑤ 시효완성자가 소유자에게 등기이전을 청구하더라도 특별한 사정이 없는 한, 부동산의 점유로 인한 부당이득반환의무를 지지 않는다.

11 甲소유의 X토지에 대하여 乙이 점유취득시효를 완성하였으나 등기를 경료하지 않고 있는 경우에 관한 설명으로 **틀린** 것은? (다툼이 있으면 판례에 따름)   16. 감평사

상중**하**
점유취득시효

① 甲이 丙에게 X토지를 매도하여 이전등기를 마치면, 乙은 甲에 대한 시효취득의 효력을 丙에게 주장할 수 없다.

② ①에서 丙이 甲의 배임행위에 적극 가담한 경우에는 甲과 丙의 매매는 반사회질서 법률행위로서 무효가 된다.

③ 乙이 점유를 상실하면 시효이익의 포기로 간주되어 취득한 소유권이전등기청구권은 소멸한다.

④ 乙의 X토지에 대한 취득시효의 주장에도 불구하고 甲이 악의로 丙에게 이를 매도한 경우, 乙은 甲에 대하여 손해배상을 청구할 수 있다.

⑤ X토지가 수용된 경우, 그 전에 乙이 甲에 대하여 시효취득기간만료를 원인으로 등기청구권을 행사하였다면 대상청구권을 행사할 수 있다.

12 乙은 甲소유의 토지를 20년간 소유의 의사로 평온·공연하게 점유하였음을 이유로 甲에게 소유권이전등기를 청구할 수 있게 되었다. 다음 설명 중 **틀린** 것은?

상중**하**
점유취득시효

① 乙의 점유가 간접점유인 경우에도 乙은 시효취득할 수 있다.

② 乙의 甲에 대한 등기청구권은 통상의 채권양도법리에 따라 양도할 수 있다.

③ 甲이 丙에게 매도하여 등기한 후에는 甲과 丙의 매매가 해제되어 甲이 다시 소유권을 회복한 경우에도 乙은 甲에게 시효완성을 주장할 수 없다.

④ 甲이 丙에게 매도하여 등기한 후 丙에게 소유권이 변동된 시점을 기산점으로 삼아도 다시 시효기간이 경과한 경우에는 乙은 丙에게 시효완성을 주장할 수 있다.

⑤ 乙의 시효완성 후 甲에 의하여 설정된 근저당권의 피담보채무를 乙이 변제한 경우, 乙은 甲에게 대위변제를 이유로 구상권을 행사할 수 없다.

13 부동산 점유취득시효에 관한 설명으로 틀린 것은? (다툼이 있으면 판례에 따름) 15. 감평사

상중하
점유취득시효

① 점유취득시효가 완성된 경우 점유자가 시효기간 중에 수취한 과실은 소유자에게 반환할 필요가 없다.

② 점유자의 점유가 불법이라고 주장하는 소유자로부터 이의를 받은 사실이 있다 하더라도 그러한 사실만으로 곧 평온·공연한 점유가 부정되지 않는다.

③ 취득시효 진행 중에 소유자가 소유권을 제3자에게 양도하고 등기를 이전한 후 시효가 완성된 경우, 점유자는 양수인에게 시효완성을 이유로 소유권이전등기를 청구할 수 있다.

④ 종중 부동산이 종중 대표자에게 적법하게 명의신탁 되었는데 그 부동산에 대해 제3자의 점유에 의한 취득시효가 완성된 후 제3자 명의의 등기 전에 명의신탁이 해지되어 등기명의가 종중에게 이전된 경우, 특별한 사정이 없는 한 점유자는 종중에 대해 시효완성을 주장할 수 있다.

⑤ 점유취득시효가 완성된 경우, 점유자는 등기 없이는 그 부동산의 소유권을 주장할 수 없다.

14 甲이 20년간 소유의 의사로 평온, 공연하게 乙소유의 X토지를 점유한 경우에 관한 설명으로 옳은 것을 모두 고른 것은? (다툼이 있으면 판례에 따름) 22. 감평사

상중하
점유취득시효

㉠ X토지가 미등기 상태라면 甲은 등기 없이도 X토지의 소유권을 취득한다.
㉡ 乙은 甲에 대하여 점유로 인한 부당이득반환청구를 할 수 있다.
㉢ 乙이 丙에게 X토지를 유효하게 명의신탁한 후 丙이 甲에 대해 소유자로서의 권리를 행사하는 경우, 특별한 사정이 없는 한 甲은 점유취득시효의 완성을 이유로 이를 저지할 수 있다.

① ㉠ ② ㉢ ③ ㉠, ㉡
④ ㉡, ㉢ ⑤ ㉠, ㉡, ㉢

Point
15
상중하
부동산
점유취득시효

甲소유의 토지에 대한 乙의 점유취득시효에 관한 설명 중 틀린 것은? (다툼이 있으면 판례에 의함)

① 乙의 시효완성 후 甲이 사망하고 甲의 상속인 丙이 상속등기를 한 경우, 乙은 丙에게 등기를 청구할 수 있다.

② 甲소유의 토지가 제3자에 의해 압류 또는 가압류되더라도 乙의 점유취득시효가 중단되는 것은 아니다.

③ 乙의 시효완성 당시 甲의 소유권등기가 무효라면 원칙적으로 甲은 소유권이전등기청구의 상대방이 될 수 없다.

④ 乙의 시효완성 후 甲이 丙과 명의신탁약정에 따라 丙 앞으로 이전등기를 했다면, 乙은 甲을 대위하여 丙명의의 등기말소를 청구할 수 있다.

⑤ 만약 丙이 甲에게 명의신탁한 토지여서 乙의 시효가 완성된 후에 丙이 명의신탁 해지를 원인으로 丙 앞으로 이전등기를 했다면, 乙은 丙에게 시효완성을 주장할 수 있다.

Point
16
상중하
등기부
취득시효

甲은 X토지에 대하여 등기부취득시효를 주장하고 있다. 이에 관한 설명으로 옳은 것을 모두 고른 것은? (다툼이 있으면 판례에 따름)   23. 변리사

> ㉠ 甲이 개인이 아니라 지방자치단체의 경우 등기부취득시효를 주장할 수 없다.
> ㉡ 甲의 무과실은 전 시효기간을 통하여 인정되어야 하는 것은 아니다.
> ㉢ 甲이 X토지에 대하여 무효의 중복된 소유권보존등기를 마친 경우에는 등기부취득시효를 주장할 수 없다.

① ㉠   ② ㉡   ③ ㉠, ㉡
④ ㉡, ㉢   ⑤ ㉠, ㉡, ㉢

제3절 기타 소유권 취득사유

대표유형

부합에 관한 설명으로 틀린 것은? (다툼이 있으면 판례에 따름)   16. 감평사

① 부동산에 동산이 부합한 경우, 동산의 가격이 부동산의 가격을 초과하더라도 부동산의 소유자가 부합한 동산의 소유권을 취득한다.

② 타인의 권원에 의하여 부동산에 부합된 물건이 독립한 권리의 객체성을 상실하고 부동산의 구성부분이 된 경우, 그 부합물의 소유권은 부동산의 소유자에게 귀속된다.

③ 토지 위에 건물이 신축 완공된 경우에 건물은 토지에 부합하지 않는다.

④ 권원이 없는 자가 토지소유자의 승낙 없이 그 토지 위에 나무를 심은 경우, 특별한 사정이 없는 한, 토지소유자에 대하여 그 나무의 소유권을 주장할 수 있다.

⑤ 건물의 임차인이 권원에 기하여 증축한 부분이 독립성을 가지면 증축된 부분은 부합되지 않는다.

해설 ④ 권원이 없는 자가 토지소유자의 승낙 없이 그 토지 위에 나무를 심은 경우에는 토지소유자에 대하여 그 나무의 소유권을 주장할 수 없다.   **정답** ④

---

17 **부동산에의 부합에 관한 설명으로 틀린 것은?** (다툼이 있으면 판례에 의함)

상중하
부 합

① 타인의 토지에 무단으로 농작물을 경작한 경우, 농작물은 토지에 부합하지 않는다.

② 甲소유의 토지를 乙에게 임대한 후 丙이 乙의 승낙만을 받아 그 토지에 수목을 심은 경우, 丙은 甲에게 수목의 소유권을 주장할 수 없다.

③ 乙이 권원 없이 甲소유의 토지에 잣나무를 식재한 후 잣을 수확한 경우, 甲은 乙에게 잣에 대한 소유물반환을 청구할 수 있다.

④ 건물의 임차인이 임차한 건물에 그 권원에 기하여 증축을 하였더라도 증축한 부분이 기존 건물의 구성부분이 된 때에는, 증축된 부분은 별개의 소유권이 성립할 수 없다.

⑤ 건물의 증축부분이 기존건물에 부합된 경우에도 기존건물에 대한 경매절차에서 경매목적물로 평가되지 않았다면 경락인은 부합된 증축부분의 소유권을 취득할 수 없다.

18

부 합

부합에 관한 설명으로 틀린 것은? (다툼이 있으면 판례에 따름)   23. 감평사

① 부동산에의 부합 이외에 동산 상호간의 부합도 인정된다.

② 동산 이외의 부동산은 부합물이 될 수 없다.

③ 동일인 소유의 부동산과 동산 상호간에는 원칙적으로 부합이 인정되지 않는다.

④ 분리가 가능하지만 분리할 경우 상호 부착되거나 결합된 물건의 경제적 가치가 심하게 손상되는 경우에도 부합이 인정된다.

⑤ 부동산의 소유자는 원칙적으로 그 부동산에 부합한 물건의 소유권을 취득한다.

Point
19

소유권의
귀속

소유권의 귀속에 관한 설명으로 틀린 것은?

① 무주의 부동산도 선점의 대상이 된다.

② 유실물은 법률에 정한 바에 의하여 공고한 후 6개월 내에 그 소유자가 권리를 주장하지 아니하면 습득자가 그 소유권을 취득한다.

③ 타인의 토지 또는 물건으로부터 발견한 매장물은 그 타인과 발견자가 절반하여 공유한다.

④ 건물의 임차인이 권원에 기하여 증축한 부분이 독립성을 가지면 증축된 부분은 부합되지 않는다.

⑤ 부합하는 동산의 가격이 부동산의 가격을 초과하더라도 부동산의 소유자는 부합된 그 물건의 소유권을 취득한다.

제4절 공동소유

대표유형

1. 甲, 乙, 丙이 X토지를 같은 지분비율로 공유하고 있는데, 甲은 乙, 丙과 어떠한 합의도 없이 X토지 전부를 독점적으로 점유, 사용하고 있다. 이에 관한 설명으로 옳은 것을 모두 고른 것은? (다툼이 있으면 판례에 따름) 22. 주택사

⊙ 乙은 甲에게 공유물의 보존행위로서 X토지의 인도청구를 할 수 있다.
ⓒ 丙은 甲에게 자신의 공유지분권에 기초하여 X토지에 대한 방해배제청구를 할 수 있다.
ⓒ 乙은 甲에게 자신의 지분에 상응하는 부당이득반환청구를 할 수 있다.

① ⊙ ② ⓒ ③ ⊙, ⓒ
④ ⓒ, ⓒ ⑤ ⊙, ⓒ, ⓒ

해설 ⊙ 소수지분권자가 다른 공유자와 협의 없이 공유물의 전부 또는 일부를 독점적으로 점유·사용하고 있는 경우, 다른 소수지분권자는 공유물의 보존행위로서 그 인도를 청구할 수는 없고, 다만 자신의 지분권에 기초하여 공유물에 대한 방해제거를 청구할 수 있다(대판 전합 2020.5.21, 2018다287522). **정답 ④**

2. 甲, 乙, 丙은 X토지를 각각 7분의 1, 7분의 2, 7분의 4의 지분으로 공유하고 있다. 이에 관한 설명으로 틀린 것은? (다툼이 있으면 판례에 따름) 22. 감평사

① 甲이 乙, 丙과의 협의 없이 X토지 전부를 독점적으로 점유하는 경우, 乙은 甲에 대하여 공유물의 보존행위로서 X토지의 인도를 청구할 수 없다.
② 丁이 X토지 전부를 불법으로 점유하고 있는 경우, 甲은 단독으로 X토지 전부의 인도를 청구할 수 있다.
③ 丙이 甲, 乙과의 협의 없이 X토지 전부를 戊에게 임대한 경우, 甲은 戊에게 차임 상당액의 7분의 1을 부당이득으로 반환할 것을 청구할 수 있다.
④ 甲, 乙, 丙 사이의 X토지 사용·수익에 관한 특약이 공유지분권의 본질적 부분을 침해하지 않는 경우라면 그 특약은 丙의 특별승계인에게 승계될 수 있다.
⑤ 甲은 특별한 사정이 없는 한 乙, 丙의 동의 없이 X토지에 관한 자신의 지분을 처분할 수 있다.

해설 ③ 과반수 지분의 공유자로부터 특정 부분의 사용·수익을 허락받은 제3자의 점유는 적법한 점유이므로 그 제3자는 소수지분권자에 대하여도 그 점유로 인하여 법률상 원인 없이 이득을 얻고 있다고는 볼 수 없다(대판 2002.5.14, 2002다9738). **정답 ③**

20 공유에 관한 설명으로 **틀린** 것은? (다툼이 있으면 판례에 따름)　　16. 감평사

① 공유자 사이에 다른 특약이 없는 한 그 지분의 비율로 공유물의 관리비용 기타 의무를 부담한다.

② 공유자의 1인이 상속인 없이 사망한 경우, 그 지분은 다른 공유자에게 각 지분의 비율로 귀속된다.

③ 공유물을 손괴한 자에 대하여 공유자 중 1인은 특별한 사유가 없는 한 공유물에 발생한 손해의 전부를 청구할 수 있다.

④ 공유토지 위에 건물을 신축하기 위해서는 공유자 전원의 동의가 있어야 한다.

⑤ 공유자가 다른 공유자의 지분권을 대외적으로 주장하는 것은 보존행위가 아니다.

21 공유에 관한 설명으로 **틀린** 것은? (다툼이 있으면 판례에 따름)　　15. 변리사 변형

① 공유자는 5년 범위 내에서 공유물분할금지특약을 할 수 있으며, 특약을 갱신할 수 있다.

② 공유물분할금지특약은 등기를 하여야 공유자의 특정승계인에게도 대항할 수 있다.

③ 공유물분할협의가 성립한 후에 공유자 일부가 분할에 따른 이전등기에 협력하지 않으면, 재판상 분할을 청구할 수 있다.

④ 토지의 1/2 지분권자가 나머지 1/2 지분권자와 협의 없이 토지를 배타적으로 사용하는 경우, 나머지 지분권자는 자신의 지분권에 기초하여 공유물에 대한 방해제거를 청구할 수 있다.

⑤ 재판에 의하여 공유물을 분할하는 경우에는 현물분할이 원칙이다.

22 공유관계에 관한 설명으로 **틀린** 것은? (다툼이 있으면 판례에 따름)　　21. 감평사

① 부동산 공유자의 공유지분 포기의 의사표시가 다른 공유자에게 도달하더라도 이로써 곧바로 공유지분 포기에 따른 물권변동의 효력이 발생하는 것은 아니다.

② 소수지분권자는 공유물의 전부를 협의 없이 점유하는 다른 소수지분권자에게 공유물의 인도를 청구할 수 있다.

③ 과반수 지분권자는 공유물의 관리에 관한 사항을 단독으로 결정할 수 있다.

④ 토지공유자 사이에서는 지분비율로 공유물의 관리비용을 부담한다.

⑤ 공유자는 특별한 사정이 없는 한 언제든지 공유물의 분할을 청구할 수 있다.

23
상**중**하
공유

공유에 관한 설명으로 틀린 것은? (다툼이 있으면 판례에 따름)   22. 변리사

① 공유물분할청구권은 공유관계에 수반되는 형성권으로서 채권자대위권의 목적이 될 수 있다.

② 공유물의 소수지분권자가 다른 공유자와 협의 없이 공유물의 전부를 독점적으로 점유·사용하고 있는 경우, 다른 소수지분권자는 보존행위로서 공유물의 인도를 청구할 수 없다.

③ 특별한 사정이 없는 한 공유물의 과반수지분권자가 그 공유물의 특정 부분을 배타적으로 사용·수익하기로 정하는 것은 공유물의 관리방법으로서 적법하다.

④ 특별한 사정이 없는 한 공유물의 과반수지분권자로부터 사용·수익을 허락받은 점유자에 대하여 소수지분권자는 그 점유자가 사용·수익하는 공유물에 대한 점유배제를 구할 수 없다.

⑤ 특별한 사정이 없는 한 공유물의 과반수지분권자로부터 공유부동산의 특정 부분에 대한 사용·수익을 허락받은 제3자는 소수지분권자에 대해 그 점유로 인하여 법률상 원인 없이 이득을 얻은 것으로 볼 수 있다.

24
상**중**하
공유 사례

甲, 乙, 丙이 각 3분의 1의 지분으로 X토지를 공유하고 있다. 이에 대한 다음의 설명 중 틀린 것은?

① X토지에 대하여 丁명의로 원인무효등기가 경료된 경우, 甲은 丁에게 단독으로 등기 전부의 말소를 청구할 수 있다.

② 丁이 X토지 전부를 불법점유하고 있는 경우, 甲은 단독으로 X토지 전부에 대한 방해제거를 청구할 수 없다.

③ 丁이 X토지 전부를 불법점유하고 있는 경우, 甲은 丁에게 X토지 전부에 대한 손해배상을 청구할 수 없다.

④ 甲이 단독으로 X토지를 丁에게 임대차한 경우, 임대차계약은 유효하다.

⑤ ④의 경우, 丁은 임차권으로 乙 또는 丙에게 대항할 수 없다.

25

상중하
공유 사례

甲, 乙, 丙은 X토지를 공유하며, 甲이 7분의 4, 乙이 7분의 2, 丙이 7분의 1의 지분을 가지고 있다. 이와 관련한 설명으로 **틀린** 것은? (다툼이 있으면 판례에 의함)

① 甲이 乙과 丙의 동의 없이 X토지 전부를 丁에게 임대한 경우, 乙은 丁에게 점유의 배제를 청구할 수 없다.

② 丙이 甲과 乙의 동의 없이 단독명의로 등기를 한 경우, 甲은 등기 전부의 말소를 청구할 수 없다.

③ 甲의 지분에 대하여 丁명의로 원인무효등기가 경료된 경우, 乙은 丁에게 등기말소를 청구할 수 없다.

④ 과반수권자인 甲이라도 乙과 丙의 동의 없이 나대지에 건물을 신축할 권한은 없다.

⑤ 甲이 乙과 丙의 동의 없이 X토지 전부를 丁에게 매도하는 계약을 체결한 경우, 그 매매계약은 무효이다.

26

상중하
공 유

甲, 乙, 丙은 A토지를 각각 5분의 3, 5분의 1, 5분의 1의 지분으로 공유하고 있다. 이에 관한 설명으로 **틀린** 것은? (다툼이 있으면 판례에 따름) 17. 감평사

① 甲은 다른 공유자들과의 협의 없이 A토지의 관리방법을 정할 수 있다.

② 乙은 A토지에 제3자 명의로 경료된 원인무효인 근저당권설정등기의 말소를 청구할 수 있다.

③ 등기부상의 지분과 실제의 지분이 다르고 새로운 이해관계를 가진 제3자가 없다면, 공유물분할소송에서 甲, 乙, 丙은 특별한 사정이 없는 한 실제의 지분에 따라 A토지를 분할하여야 한다.

④ 丙의 지분 위에 근저당권이 설정된 후 A토지가 지분에 따라 분할된 때에는 특별한 합의가 없는 한 그 근저당권은 丙에게 분할된 부분에 집중된다.

⑤ 甲, 乙, 丙 사이의 관리방법에 관한 약정에 따라 乙이 A토지의 특정부분만을 사용할 수 있는 경우, 특별한 사정이 없는 한 乙의 지분을 양수한 丁도 그 특정부분만을 사용할 수 있다.

27

상중하
공유물분할

공유물분할에 관한 설명으로 **틀린** 것은? (다툼이 있으면 판례에 따름) 21. 감평사

① 공유물분할의 효과는 원칙적으로 소급하지 않는다.

② 재판에 의한 공유물분할은 현물분할이 원칙이다.

③ 공유관계가 존속하는 한, 공유물분할청구권만이 독립하여 시효로 소멸하지는 않는다.

④ 공유토지를 현물분할하는 경우에 반드시 공유지분의 비율대로 토지 면적을 분할해야 하는 것은 아니다.

⑤ 공유물분할의 조정절차에서 공유자 사이에 현물분할의 협의가 성립하여 조정조서가 작성된 때에는 그 즉시 공유관계가 소멸한다.

28

공유물분할에 관한 설명으로 틀린 것은? (다툼이 있으면 판례에 따름) 22. 감평사

① 공유물분할청구권은 형성권에 해당한다.

② 공유관계가 존속하는 한 공유물분할청구권만이 독립하여 시효로 소멸될 수 없다.

③ 부동산의 일부 공유지분 위에 저당권이 설정된 후 그 공유부동산이 현물분할된 경우, 저당권은 원칙적으로 저당권설정자에게 분할된 부분에 집중된다.

④ 공유물분할청구의 소에서 법원은 원칙적으로 공유물분할을 청구하는 원고가 구하는 방법에 구애받지 않고 재량에 따라 합리적 방법으로 분할을 명할 수 있다.

⑤ 공유자는 특별한 사정이 없는 한 언제든지 공유물의 분할을 청구할 수 있다.

29

공유에 관한 설명으로 옳은 것은? (다툼이 있으면 판례에 따름) 23. 주택사

① 공유자 1인이 무단으로 공유물을 임대하고 그 보증금을 수령한 경우, 다른 공유자에게 지분비율에 상응하는 보증금액을 부당이득으로 반환하여야 한다.

② 공유자들이 공유물의 무단점유자에게 가지는 차임 상당의 부당이득반환채권은 특별한 사정이 없는 한 불가분채권에 해당한다.

③ 공유물의 소수지분권자가 다른 공유자와 협의 없이 공유물의 일부를 독점적으로 사용하는 경우, 다른 소수지분권자는 공유물에 대한 보존행위로서 공유물의 인도를 청구할 수 있다.

④ 구분소유적 공유관계의 성립을 주장하는 자는 구분소유 약정의 대상이 되는 해당 토지의 위치를 증명하면 족하고, 그 면적까지 증명할 필요는 없다.

⑤ 공유물분할청구의 소가 제기된 경우, 법원은 청구권자가 요구한 분할방법에 구애받지 않고 공유자의 지분 비율에 따라 합리적으로 분할하면 된다.

30

공동소유에 관한 설명으로 틀린 것은? (다툼이 있으면 판례에 따름) 23. 감평사

① 공유자는 다른 공유자의 동의 없이 공유물을 처분하거나 변경하지 못한다.

② 합유는 수인이 조합체로서 물건을 소유하는 형태이고, 조합원은 자신의 지분을 조합원 전원의 동의 없이 처분할 수 없다.

③ 합유물에 대한 보존행위는 합유자 전원의 동의를 요하지 않는다.

④ 구조상·이용상 독립성이 있는 건물부분이라 하더라도 구분소유적 공유관계는 성립할 수 없다.

⑤ 공유물분할 금지약정은 갱신할 수 있다.

31 공동소유관계에 관한 설명으로 옳은 것을 모두 고른 것은? (다툼이 있으면 판례에 따름)

공동소유

23. 변리사

> ㉠ 공유물분할청구는 부동산의 구분소유적 공유관계에서 인정되지 않는다.
> ㉡ 지분권자로서의 사용권을 사실상 포기하는 공유자 사이의 특약은 그 사실을 알지 못하고 공유지분을 취득한 특정승계인에게 승계되지 않는다.
> ㉢ 비법인사단의 채권자가 채권자대위권에 기하여 비법인사단의 총유재산에 관한 권리를 적법하게 대위행사하는 경우에도 사원총회의 결의 등 비법인사단의 내부적인 의사결정 절차를 거쳐야 한다.
> ㉣ 부동산의 합유자 중 일부가 사망한 경우 합유자 사이에 특별한 약정이 없는 한 해당 부동산은 잔존 합유자가 2인 이상일 때에는 잔존 합유자의 합유로 귀속된다.

① ㉠, ㉣   ② ㉠, ㉡, ㉢   ③ ㉠, ㉡, ㉣
④ ㉡, ㉢, ㉣   ⑤ ㉠, ㉡, ㉢, ㉣

32 공동소유에 관한 다음 기술 중 틀린 것은?

공동소유

① 공유자는 지분을 자유롭게 처분할 수 있다.
② 합유자는 전원의 동의 없이 합유물에 대한 지분을 처분하지 못한다.
③ 합유물의 보존행위는 각자가 할 수 있다.
④ 부동산의 합유자가 사망한 경우에는 그 상속인이 합유자로서의 지위를 승계한다.
⑤ 총유물에 대한 보존행위는 구성원 각자가 단독으로 할 수 없고, 특별한 사정이 없는 한 사원총회의 결의를 거쳐야 한다.

제1절 | **지상권**

대표유형

지상권에 관한 설명으로 틀린 것은? (다툼이 있으면 판례에 따름)   19. 감평사

① 지상권자는 지상권설정자의 동의 없이도 그 토지를 타인에게 임대할 수 있다.

② 구분지상권의 존속기간을 영구적인 것으로 약정하는 것은 허용된다.

③ 지상권자가 2년 이상의 지료를 지급하지 아니하는 때에는 지상권설정자는 지상권의 소멸을 청구할 수 있다.

④ 지료연체를 이유로 한 지상권소멸청구에 의해 지상권이 소멸하더라도 지상권자의 지상물매수청구권은 인정된다.

⑤ 지상권 설정계약에서 지료의 지급에 대한 약정이 없더라도 지상권의 성립에는 영향이 없다.

해설 ④ 지상권자가 2년 이상 지료연체를 이유로 지상권소멸청구를 당한 경우에는 비록 지상물이 현존하더라도 지상권자에게 지상물매수청구는 허용되지 않는다(대판 1972.12.26, 72다2085).   **A** 정답 ④

01 지상권에 관한 설명으로 틀린 것은?   15. 감평사 변형

상중하
지상권

① 수목의 소유를 목적으로 한 지상권의 최단존속기간은 30년이다.

② 기간만료로 지상권이 소멸한 경우, 지상권자는 지상물매수청구를 하기 위해서 지상권설정자에게 갱신청구를 먼저 하여야 한다.

③ 지상권이 소멸한 경우에 지상권설정자가 상당한 가액을 제공하여 지상물매수를 청구한 때에는 지상권자는 정당한 이유 없이 이를 거절하지 못한다.

④ 지상권자는 지상물소유권을 유보한 채 지상권만을 양도할 수 있다.

⑤ 지상권자가 2년 이상의 지료를 지급하지 아니한 때에는 지상권설정자는 지상권의 소멸을 청구할 수 있으나, 당사자의 약정으로 그 기간을 단축할 수 있다.

Point
02
상중하
지상권

지상권에 관한 설명으로 틀린 것은? (다툼이 있으면 판례에 의함)

① 당사자 간에 지료의 지급을 약정했더라도 그 등기 없이는 제3자에게 대항할 수 없다.

② 지상물이 멸실되더라도 존속기간이 만료되지 않는 한 지상권이 소멸하는 것은 아니다.

③ 지상권은 양도 자유가 절대적으로 보장되므로, 당사자 간의 설정행위로 양도를 금지할 수 없다.

④ 최단기간에 관한 규정은 지상권자가 기존의 건물을 사용할 목적으로 지상권을 설정한 경우에는 적용되지 않는다.

⑤ 구분지상권은 건물 기타의 공작물 및 수목을 소유하기 위해서 설정할 수 있다.

03
상중하
지상권

지상권에 관한 설명으로 옳은 것은? (다툼이 있으면 판례에 따름)　　　　　19. 변리사

① 지상권은 1필 토지의 전부가 아닌 일부에 대해서는 성립할 수 없다.

② 지상권자는 존속기간이 만료한 때에 지상물이 현존하는 경우, 지상권설정자에 대해 선택적으로 지상권의 갱신청구 또는 지상물의 매수청구를 할 수 있다.

③ 지상권은 지상물의 소유를 목적으로 토지를 사용하는 권리이므로, 지상권자는 지상권을 유보한 채 지상물 소유권만을 양도할 수 없다.

④ 지상권의 지료지급 연체가 토지소유권의 양도 전후에 걸쳐 이루어진 경우, 토지양수인에 대한 연체기간이 2년 이상이면 토지양수인은 지상권의 소멸을 청구할 수 있다.

⑤ 금융기관이 토지에 저당권과 함께 지료 없는 지상권을 설정 받으면서 채무자의 사용수익권을 배제하지 않은 경우, 금융기관은 그 토지의 무단점유자에 대해 지상권침해를 근거로 임료 상당의 손해배상을 청구할 수 있다.

04
상중하
지상권

乙은 甲소유의 X토지에 건물을 소유하기 위하여 지상권을 취득하였다. 다음 설명 중 틀린 것은?

① X토지 위에 丙이 무단으로 건물을 신축한 경우, 乙은 지상권에 기하여 丙에게 건물철거를 청구할 수 있다.

② ①의 경우, 乙은 지상권 침해를 이유로 丙에게 손해배상을 청구할 수 있다.

③ 지상권자인 乙과 인접한 토지소유자 丙 간에도 상린관계의 규정은 준용된다.

④ 丙이 甲으로부터 X토지를 양수한 경우, 존속기간 중에 丙은 乙에게 토지의 인도를 청구할 수 없다.

⑤ ④의 경우, 乙이 토지소유권의 양도 전후에 걸쳐 2년분 이상의 지료를 연체했다면 丙은 乙에게 지상권 소멸을 청구할 수 있다.

05
상중하
담보지상권

甲은 乙에 대한 채권을 담보하기 위하여 乙 소유의 X토지에 관하여 저당권을 취득하였다. 그 후 X의 담보가치 하락을 막기 위하여 乙의 X에 대한 사용·수익권을 배제하지 <u>않는</u> 지상권을 함께 취득하였다. 이에 관한 설명으로 **틀린** 것은? (다툼이 있으면 판례에 따름)   21. 감평사

① 甲의 지상권의 피담보채무는 존재하지 않는다.

② 甲의 채권이 시효로 소멸하면 지상권도 소멸한다.

③ 甲의 채권이 변제 등으로 만족을 얻어 소멸하면 지상권도 소멸한다.

④ 제3자가 甲에게 대항할 수 있는 권원 없이 X 위에 건물을 신축하는 경우, 甲은 그 축조의 중지를 요구할 수 있다.

⑤ 제3자가 X를 점유·사용하는 경우, 甲은 지상권의 침해를 이유로 손해배상을 청구할 수 있다.

복습문제
06
상중하
담보지상권

乙은 甲소유의 나대지에 저당권을 설정하면서 담보가치의 하락을 막기 위해 무상의 지상권도 함께 설정하였다. 다음 설명 중 옳은 것을 모두 고른 것은?

> ㉠ 丙이 토지에 무단으로 건물을 신축한 경우, 지상권자 乙은 丙에게 건물철거를 청구할 수 있다.
> ㉡ 토지를 丙이 불법점유하고 있는 경우, 乙은 지상권 침해를 이유로 丙에게 임료 상당의 손해배상을 청구할 수 있다.
> ㉢ 乙의 피담보채권이 변제로 소멸하더라도 지상권은 소멸하지 않는다.

① ㉠   ② ㉡   ③ ㉢

④ ㉠, ㉡   ⑤ ㉠, ㉡, ㉢

Point
07
상중하
분묘기지권

분묘기지권에 관한 설명으로 **틀린** 것은? (다툼이 있으면 판례에 따름)   21. 감평사 수정

① 분묘기지권을 시효로 취득한 경우, 분묘기지권자는 토지소유자가 분묘기지에 관한 지료를 청구하면 그 청구한 날부터 지료를 지급할 의무가 있다.

② 장사 등에 관한 법률이 시행된 후 설치된 분묘에 대해서는 더 이상 시효취득이 인정되지 않는다.

③ 분묘기지권의 시효취득을 인정하는 종전의 관습법은 법적 규범으로서의 효력을 상실하였다.

④ 분묘기지권이 인정되는 분묘를 다른 곳에 이장하면 그 분묘기지권은 소멸한다.

⑤ 분묘가 일시적으로 멸실되어도 유골이 존재하여 분묘의 원상회복이 가능하다면 분묘기지권은 존속한다.

08

상중하
분묘기지권

분묘기지권에 관한 설명으로 옳은 것을 모두 고른 것은? (다툼이 있으면 판례에 따름)

22. 변리사

PART
02

㉠ 시효로 분묘기지권을 취득한 사람은 토지소유자가 분묘기지권에 관한 지료를 청구하면 그 청구한 날부터의 지료를 지급할 의무가 있다.

㉡ 자기 소유 토지에 분묘를 설치한 사람이 그 토지를 양도하면서 분묘를 이장하겠다는 특약을 하지 않음으로써 분묘기지권을 취득한 경우, 특별한 사정이 없는 한 분묘기지권자는 분묘기지권이 성립한 때부터 토지소유자에게 지료를 지급할 의무가 있다.

㉢ 자기 소유의 토지 위에 분묘를 설치한 후 토지의 소유권이 경매 등으로 타인에게 이전되면서 분묘기지권을 취득한 자가, 판결에 따라 분묘기지권에 관한 지료의 액수가 정해졌음에도 판결확정 후 책임 있는 사유로 상당한 기간 동안 지료의 지급을 지체하여 지체된 지료가 판결확정 전후에 걸쳐 2년분 이상이 되는 경우에는 새로운 토지소유자는 분묘기지권자에 대하여 분묘기지권의 소멸을 청구할 수 있다.

① ㉠ ② ㉡
③ ㉠, ㉡ ④ ㉡, ㉢
⑤ ㉠, ㉡, ㉢

09

복습문제

상중하
지상권

지상권에 관한 설명으로 옳은 것은? (다툼이 있으면 판례에 따름)

23. 감평사

① 건물의 소유를 목적으로 하는 지상권의 양도는 토지소유자의 동의를 요한다.
② 지료합의가 없는 지상권 설정계약은 무효이다.
③ 수목의 소유를 목적으로 하는 지상권의 최단존속기간은 10년이다.
④ 지상권이 설정된 토지의 소유자는 그 지상권자의 승낙 없이 그 토지 위에 구분지상권을 설정할 수 있다.
⑤ 「장사 등에 관한 법률」 시행 이전에 설치된 분묘에 관한 분묘기지권의 시효취득은 법적 규범으로 유지되고 있다.

제2절 | 법정지상권

대표유형

1. 법정지상권에 관한 다음 기술 중 틀린 것은? (다툼이 있으면 판례에 의함)

① 대지와 건물이 동일한 소유자에 속한 경우에, 건물에 전세권을 설정한 때에는 그 대지소유권의 특별승계인은 전세권설정자에 대하여 지상권을 설정한 것으로 본다.

② 나대지에 1번 저당권을 설정한 후 건물이 신축되었고 그 후에 설정된 2번 저당권이 실행된 경우, 법정지상권은 발생할 수 없다.

③ 토지에 저당권이 설정될 당시 토지소유자에 의하여 그 지상에 건물을 건축 중이었던 경우에도 성립될 수 있다.

④ 乙이 甲으로부터 甲소유 토지와 지상의 미등기 건물을 매수하여 토지에 대해서만 소유권이전등기를 받은 후 토지에 설정된 저당권이 실행되어 토지와 건물의 소유자가 다르게 된 경우, 법정지상권이 발생한다.

⑤ 동일인 소유의 토지와 건물에 관하여 공동저당권이 설정된 후 건물이 철거된 후 신축된 경우에는 특별한 사정이 없는 한 토지 경매로 소유자가 달라지더라도 법정지상권이 성립될 수 없다.

해설 ④ 토지에 저당권이 설정될 당시에 토지와 건물의 소유자가 다른 경우이므로, 乙은 법정지상권을 취득할 수 없다. **Ⓐ** 정답 ④

2. 관습법상 법정지상권에 관한 다음 설명 중 틀린 것은? (다툼이 있으면 판례에 의함)

17. 감평사 변형

① 관습법상 법정지상권이 성립하려면 토지와 건물이 처분될 당시에 동일인의 소유에 속하였어야 한다.

② 강제경매에 있어 관습법상 법정지상권이 인정되기 위해서는 매각대금 완납시를 기준으로 해서 토지와 그 지상건물이 동일인의 소유에 속하여야 한다.

③ 관습법상 법정지상권은 당사자 간의 특약으로 배제할 수 있다.

④ 건물소유자가 토지소유자와 사이에 건물의 소유를 목적으로 하는 토지임대차계약을 체결한 경우에는 관습법상 법정지상권을 포기한 것으로 본다.

⑤ 토지와 건물의 소유자가 토지만을 타인에게 증여한 후 구 건물을 철거하고 다시 신축하기로 합의한 경우, 관습법상 법정지상권을 포기한 것으로 볼 수 없다.

해설 ② 강제경매의 경우, 관습법상 법정지상권이 성립하는가 하는 문제에 있어서는 그 매수인이 소유권을 취득하는 매각대금의 완납시가 아니라 그 압류의 효력이 발생하는 때를 기준으로 토지와 그 지상건물이 동일인에 속하였는지를 판단하여야 한다. **Ⓐ** 정답 ②

Point
10
상중하
법정지상권

법정지상권에 대한 설명으로 틀린 것은? (다툼이 있으면 판례에 의함)   19. 감평사 변형

① 저당목적물인 토지에 대하여 법정지상권을 배제하는 저당권설정 당사자 사이의 약정은 효력이 없다.

② 건물이 무허가 건물이거나 미등기 건물인 경우에는 법정지상권은 발생할 수 없다.

③ 미등기건물을 그 대지와 함께 매수한 사람이 그 대지에 관하여만 소유권이전등기를 넘겨받고 건물에 대하여는 그 등기를 이전받지 못하고 있다가 대지에 설정된 저당권의 실행으로 대지가 경매되어 다른 사람의 소유로 된 경우에는 법정지상권이 성립될 여지가 없다.

④ 토지에 저당권을 설정할 당시 토지의 지상에 건물이 존재하고 있었고 그 양자가 동일 소유자에게 속하였다가 그 후 저당권의 실행으로 토지가 낙찰되기 전에 건물이 제3자에게 양도된 경우 건물을 양수한 제3자는 법정지상권을 취득한다.

⑤ 건물의 소유자는 건물과 법정지상권 중 어느 하나만을 처분하는 것도 가능하다.

11
상중하
법정지상권
종합

법정지상권 또는 관습법상 법정지상권에 관한 설명 중 틀린 것은? (다툼이 있는 경우 판례에 의함)
11. 법무사

① 동일인 소유의 건물이 있는 토지에만 저당권을 설정한 후 그 건물을 철거하고 다시 신축한 경우, 저당권의 실행으로 소유자가 달라지게 되면 법정지상권이 발생한다.

② 근저당권이 설정된 나대지 소유자가 근저당권자의 동의를 얻어 그 지상에 건물을 신축하였다가 그 근저당권의 실행에 의하여 토지만이 제3자에게 낙찰된 경우 건물소유자는 낙찰자에 대하여 법정지상권을 취득한다.

③ 무허가 또는 미등기건물을 소유하기 위한 관습법상의 법정지상권도 성립할 수 있다.

④ 법정지상권의 경우 당사자 사이에 지료에 관한 협의가 있었다거나 법원에 의하여 지료가 결정되었다는 아무런 입증이 없다면, 법정지상권자가 지료를 지급하지 않았다고 하더라도 지료지급을 지체한 것으로는 볼 수 없다.

⑤ 관습법상의 법정지상권은 이를 취득할 당시의 토지소유자나 이로부터 소유권을 전득한 제3자에게 대하여도 등기 없이 위 지상권을 주장할 수 있다.

12
상중하

법정지상권
종합

甲에게 법정지상권 또는 관습법상 법정지상권이 인정되는 경우를 모두 고른 것은? (다툼이 있으면 판례에 따름)

> ㉠ 저당권이 설정된 토지 위에 甲이 건물을 신축한 후, 토지의 경매로 인하여 乙이 토지소유권을 취득하게 된 경우
> ㉡ 乙 소유의 토지 위에 甲과 乙이 건물을 공유하면서 토지에만 저당권을 설정하였다가, 그 실행을 위한 경매로 丙이 토지소유권을 취득한 경우
> ㉢ 甲이 乙로부터 乙 소유의 미등기건물과 그 대지를 함께 매수하고 대지에 관해서만 소유권이전등기를 한 후, 건물에 대한 등기 전 설정된 저당권에 의해 대지가 경매되어 丙이 토지소유권을 취득한 경우

① ㉠   ② ㉡   ③ ㉠, ㉢
④ ㉡, ㉢   ⑤ ㉠, ㉡, ㉢

13
상중하

관습법상
법정지상권

관습법상 법정지상권이 성립되지 **않는** 경우를 모두 고른 것은? (다툼이 있으면 판례에 따름)

21. 변리사

> ㉠ 환지처분으로 인하여 토지와 그 지상건물의 소유자가 달라진 경우
> ㉡ 미등기 건물을 그 대지와 함께 양수한 사람이 그 대지에 관하여서만 소유권이전등기를 넘겨받고 건물에 대하여는 그 등기를 이전받지 못하고 있는 상태에서 그 대지가 강제경매되어 소유자가 달라진 경우
> ㉢ 공유토지 위에 신축한 건물을 단독 소유하던 토지공유자 1인이 자신의 토지지분만을 양도하여 건물과 토지의 소유자가 달라진 경우
> ㉣ 토지를 매수하여 소유권이전등기를 마친 매수인이 그 지상에 건물을 신축한 후 그 토지의 소유권이전등기가 원인무효로 밝혀져 말소됨으로써 건물과 토지의 소유자가 달라진 경우

① ㉠, ㉡   ② ㉡, ㉣   ③ ㉠, ㉡, ㉢
④ ㉡, ㉢, ㉣   ⑤ ㉠, ㉡, ㉢, ㉣

14

참중하

법정지상권과
관습법상
법정지상권

법정지상권 및 관습법상의 법정지상권에 대한 설명 중 틀린 것은? (다툼이 있으면 판례에 의함)

① 甲소유의 토지에 설정된 저당권이 실행된 경우, 저당권설정 전부터 乙이 건물을 소유하고 있었다면 乙은 법정지상권을 취득할 수 없다.

② 甲소유의 토지와 건물 중 건물만 乙에게 신탁한 후 토지에 저당권이 설정된 경우, 토지경매로 소유자가 달라지면 법정지상권이 발생하지 않는다.

③ 乙이 甲소유 토지와 건물을 매수하여 토지에 대해서만 이전등기를 받은 경우, 관습법상 법정지상권은 발생하지 않는다.

④ 공유지상에 공유자 1인이 건물을 소유하고 있다가 공유지의 분할로 대지와 건물의 소유자가 달라진 경우, 건물소유자는 관습법상 법정지상권을 취득할 수 있다.

⑤ 토지공유자의 한 사람이 다른 공유자의 지분의 과반수의 동의를 얻어 건물을 건축한 후 토지와 건물의 소유자가 달라진 경우, 관습법상 법정지상권이 발생할 수 있다.

15

상중하

법정지상권

법정지상권이 발생한 경우에 관한 설명 중 틀린 것은?

① 법정지상권자는 건물과 법정지상권을 분리하여 각각 처분할 수 있다.

② 법정지상권자는 그에 관한 등기 없이도 토지소유권을 취득한 선의의 제3자에게 지상권을 주장할 수 있다.

③ 법정지상권이 발생한 건물이 양도된 경우, 건물양수인은 지상권 등기 없이도 토지소유자에게 직접 지상권을 주장할 수 있다.

④ 법정지상권이 있는 건물이 경락된 경우, 법정지상권은 등기 없이도 경락인에게 이전된다.

⑤ 법정지상권의 지료가 판결에 의해 정해진 경우, 지체된 지료가 판결확정의 전후에 걸쳐 2년분 이상일 경우에도 토지소유자는 지상권의 소멸을 청구할 수 있다.

16

상중하

관습법상
법정지상권

甲은 X토지와 그 지상에 Y건물을 소유하고 있으며, 그 중에서 Y건물을 乙에게 매도하고 乙명의로 소유권이전등기를 마쳐주었다. 그 후 丙은 乙의 채권자가 신청한 강제경매에 의해 Y건물의 소유권을 취득하였다. 乙과 丙의 각 소유권취득에는 건물을 철거한다는 등의 조건이 없다. 이에 관한 설명으로 틀린 것은? (다툼이 있으면 판례에 따름) 20. 주택사

① 丙은 등기 없이 甲에게 관습법상 법정지상권을 주장할 수 있다.

② 甲은 丙에 대하여 Y건물의 철거 및 X토지의 인도를 청구할 수 없다.

③ 丙은 Y건물을 개축한 때에도 甲에게 관습법상 법정지상권을 주장할 수 있다.

④ 甲은 법정지상권에 관한 지료가 결정되지 않았더라도 乙이나 丙의 2년 이상의 지료지급 지체를 이유로 지상권소멸을 청구할 수 있다.

⑤ 만일 丙이 관습법상 법정지상권을 등기하지 않고 Y건물만을 丁에게 양도한 경우, 丁은 甲에게 관습법상 법정지상권을 주장할 수 없다.

17
상**중**하
법정지상권

2020. 10. 1. 甲 소유의 X토지와 그 지상에 있는 Y건물에 설정된 저당권의 실행으로 X토지는 乙이 경락받았고, Y건물은 丙이 경락받았다. X토지 및 Y건물에는 매각에 따른 소유권이전등기만 되었으며, X토지에 대한 법정지상권 등기는 현재까지 경료되지 않았다. 2021. 1. 15. 乙은 X토지를 丁에게 양도하고 丁명의로 소유권이전등기를 하였고, 2021. 2. 10. 丙은 자신이 가진 X토지에 대한 권리와 Y건물에 대한 소유권을 戊에게 매도하는 계약을 체결하고 Y건물에 대한 소유권이전등기를 하였다. 이에 관한 설명으로 옳은 것은? (다툼이 있으면 판례에 따름)   21. 변리사

① 2020. 10. 1. 당시 丙은 X토지에 대하여 법정지상권 등기를 하지 않았기 때문에, 丙은 X토지에 대한 법정지상권을 취득하지 못한다.

② 2020. 10. 1. 당시 丙이 법정지상권을 취득하였더라도 본인의 의사와 무관하게 취득한 것이므로, 지료를 지급할 필요가 없다.

③ 2021. 1. 16. 丙은 X토지에 대한 법정지상권을 丁에게 주장할 수 있다.

④ 2021. 2. 10. 戊는 법정지상권 등기 없이도, X토지에 대하여 법정지상권을 취득한다.

⑤ 2021. 2. 27. 현재 丁은 戊에 대하여 Y건물의 철거를 청구할 수 있다.

복습문제
18
상**중**하
종합문제

지상권에 관한 설명으로 틀린 것은? (다툼이 있으면 판례에 따름)   21. 주택사

① 지료연체를 이유로 한 지상권 소멸청구에 의해 지상권이 소멸한 경우, 지상권자는 지상물에 대한 매수청구권을 행사할 수 없다.

② 나대지(裸垈地)에 저당권을 설정하면서 그 대지의 담보가치를 유지하기 위해 무상의 지상권을 설정하고 채무자로 하여금 그 대지를 사용하도록 한 경우, 제3자가 그 대지를 무단으로 점유·사용한 것만으로는 특별한 사정이 없는 한 지상권자는 그 제3자에게 지상권침해를 이유로 손해배상을 청구할 수 없다.

③ 지상권자는 지상권을 유보한 채 지상물 소유권만을 양도할 수 있고, 지상물 소유권을 유보한 채 지상권만을 양도할 수도 있다.

④ 담보가등기가 마쳐진 나대지(裸垈地)에 그 소유자가 건물을 신축한 후 그 가등기에 기한 본등기가 경료되어 대지와 건물의 소유자가 달라진 경우, 특별한 사정이 없는 한 관습법상 법정지상권이 성립된다.

⑤ 법정지상권을 취득한 건물소유자가 법정지상권의 설정등기를 경료함이 없이 건물을 양도하는 경우, 특별한 사정이 없는 한 토지소유자는 건물의 양수인을 상대로 건물의 철거를 청구할 수 없다.

복습문제

19

[삼]중하
종합문제

지상권에 관한 설명으로 틀린 것은? (다툼이 있으면 판례에 따름)   23. 주택사

① 지상권의 설정은 처분행위이므로 토지소유자가 아니어서 처분권한이 없는 자는 지상권
   설정계약을 체결할 수 없다.

② 분묘기지권을 시효로 취득한 자는 토지소유자가 지료를 청구한 날로부터 지료지급의무
   가 있다.

③ 토지와 건물을 함께 매도하였으나 토지에 대해서만 소유권이전등기가 이루어진 경우, 매
   도인인 건물소유자를 위한 관습법상의 법정지상권은 인정되지 않는다.

④ 동일인 소유에 속하는 토지와 건물이 매매를 이유로 그 소유자를 달리하게 된 경우, 건물
   의 소유를 위하여 토지에 임대차계약을 체결하였다면 관습법상의 법정지상권은 인정되
   지 않는다.

⑤ 나대지(裸垈地)에 저당권을 설정하면서 그 대지의 담보가치를 유지하기 위해 무상의 지
   상권이 설정된 경우, 피담보채권이 시효로 소멸하면 지상권도 소멸한다.

복습문제

20

[삼]중하
종합문제

지상권에 관한 설명으로 틀린 것을 모두 고른 것은? (다툼이 있으면 판례에 따름)   23. 변리사

┌───┐
│ ㉠ 자기 소유 토지에 분묘를 설치한 甲이 그 토지를 乙에게 양도하면서 분묘 이장의 특약을   │
│   하지 않음으로써 분묘기지권을 취득한 경우, 특별한 사정이 없는 한 甲은 분묘기지권이   │
│   성립한 때가 아니라 지료청구를 받은 날부터 지료지급의무가 있다.   │
│ ㉡ 지상권자 甲의 지료 지급 연체가 토지소유권의 양도 전후에 걸쳐 이루어진 경우 토지양   │
│   수인 乙에 대한 연체기간이 2년이 되지 않는다면 乙은 지상권소멸청구를 할 수 없다.   │
│ ㉢ 甲 소유의 대지와 건물이 모두 乙에게 매도되었으나 대지에 관해서만 소유권이전등기가   │
│   경료된 경우에 甲과 乙 사이에 관습법상의 법정지상권이 인정된다.   │
│ ㉣ 건물 소유자 甲과 토지 소유자 乙 사이에 건물의 소유를 목적으로 하는 토지 임대차계약   │
│   을 체결한 경우에도 관습법상의 법정지상권이 인정된다.   │
└───┘

① ㉠, ㉡   ② ㉠, ㉢   ③ ㉢, ㉣

④ ㉠, ㉢, ㉣   ⑤ ㉡, ㉢, ㉣

복습문제

21

상중하
법정지상권

민법 제366조의 법정지상권에 관한 설명으로 옳은 것을 모두 고른 것은? (다툼이 있으면 판례에 따름)

22. 감평사

㉠ 미등기건물의 소유를 위해서도 법정지상권이 성립할 수 있다.

㉡ 당사자 사이에 지료에 관하여 협의한 사실이나 법원에 의하여 지료가 결정된 사실이 없다면, 법정지상권자가 지료를 지급하지 않았다고 하더라도 지료 지급을 지체한 것으로 볼 수 없다.

㉢ 건물 소유를 위한 법정지상권을 취득한 사람으로부터 경매에 의해 건물소유권을 이전받은 매수인은 특별한 사정이 없는 한 건물의 매수취득과 함께 위 지상권도 당연히 취득한다.

---

① ㉠
② ㉡
③ ㉠, ㉢
④ ㉡, ㉢
⑤ ㉠, ㉡, ㉢

복습문제

22

상중하
관습법상
법정지상권

관습법상의 법정지상권에 관한 설명으로 틀린 것은? (다툼이 있으면 판례에 따름)   22. 감평사

① 토지 또는 그 지상 건물의 소유권이 강제경매절차로 인하여 매수인에게 이전된 경우, 매수인의 매각대금 완납시를 기준으로 토지와 그 지상 건물이 동일인 소유에 속하였는지 여부를 판단하여야 한다.

② 관습법상의 법정지상권이 성립하였으나 건물 소유자가 토지 소유자와 건물의 소유를 목적으로 하는 토지 임대차계약을 체결한 경우, 그 관습법상의 법정지상권은 포기된 것으로 보아야 한다.

③ 관습법상의 법정지상권은 이를 취득할 당시의 토지소유자로부터 토지소유권을 취득한 제3자에게 등기없이 주장될 수 있다.

④ 관습법상의 법정지상권이 성립한 후에 건물이 증축된 경우, 그 법정지상권의 범위는 구 건물을 기준으로 그 유지·사용을 위하여 일반적으로 필요한 범위 내의 대지 부분에 한정된다.

⑤ 관습법상의 법정지상권 발생을 배제하는 특약의 존재에 관한 주장·증명책임은 그 특약의 존재를 주장하는 측에 있다.

제3절 | 지역권

대표유형

1. 지역권에 관한 다음 설명 중 틀린 것은?

① 토지의 일부를 위하여 지역권을 설정할 수 없다.

② 취득시효의 대상이 되는 것은 계속되고 표현된 지역권에 한한다.

③ 지역권은 요역지와 분리하여 이를 양도하거나 저당권의 목적으로 할 수 있다.

④ 지역권자에게 방해제거청구권과 방해예방청구권은 인정되지만, 반환청구권은 인정되지 않는다.

⑤ 요역지가 수인의 공유인 경우, 그 1인에 대한 지역권 취득시효의 중단은 시효중단의 효력이 없다.

해설 ③ 지역권은 요역지와 분리하여 이를 양도하거나 다른 권리의 목적으로 하지 못한다.　　　**A** 정답 ③

2. 지역권에 관한 설명으로 틀린 것은? (다툼이 있으면 판례에 따름)　　22. 감평사

① 통행지역권의 점유취득시효는 승역지 위에 도로를 설치하여 늘 사용하는 객관적 상태를 전제로 한다.

② 요역지의 공유자 중 1인이 지역권을 취득한 때에는 다른 공유자도 이를 취득한다.

③ 요역지의 공유자 중 1인에 의한 지역권소멸시효의 중단은 다른 공유자에게는 효력이 없다.

④ 점유로 인한 지역권취득기간의 중단은 지역권을 행사하는 모든 공유자에 대한 사유가 아니면 그 효력이 없다.

⑤ 통행지역권을 시효취득한 요역지 소유자는 특별한 사정이 없는 한 승역지에 대한 도로 설치 및 사용에 의하여 승역지 소유자가 입은 손해를 보상하여야 한다.

해설 ③ 요역지가 수인의 공유인 경우에 그 1인에 의한 지역권소멸시효의 중단 또는 정지는 다른 공유자를 위하여 효력이 있다(제296조).　　　**A** 정답 ③

23

상중하
지역권

지역권에 관한 설명으로 틀린 것은? (다툼이 있으면 판례에 따름)　　17. 감평사

① 1필의 토지 일부를 승역지로 하여 지역권을 설정할 수 있다.

② 요역지가 공유인 경우 요역지의 공유자 1인이 지역권을 취득하면 다른 공유자도 이를 취득한다.

③ 지역권은 요역지와 분리하여 양도하지 못한다.

④ 토지의 불법점유자는 통행지역권의 시효취득을 주장할 수 없다.

⑤ 다른 특별한 사정이 없다면 통행지역권을 시효취득한 자는 승역지 소유자가 입은 손해를 보상하지 않아도 된다.

24 지역권에 관한 설명으로 옳은 것은? (다툼이 있으면 판례에 따름) 20. 감평사

상중하
지역권

① 지역권은 점유를 요건으로 하는 물권이다.

② 지역권은 독립하여 양도·처분할 수 있는 물권이다.

③ 통행지역권은 지료의 약정을 성립요건으로 한다.

④ 통행지역권의 시효취득을 위하여 지역권이 계속되고 표현되면 충분하고 승역지 위에 통로를 개설할 필요는 없다.

⑤ 통행지역권을 시효취득한 요역지소유자는, 특별한 사정이 없으면 승역지의 사용으로 그 소유자가 입은 손해를 보상하여야 한다.

Point
25 지역권에 관한 다음 설명 중 틀린 것은?

상중하
지역권

① 요역지공유자 중 1인은 자신의 지분만에 대해서 지역권을 소멸시킬 수 있다.

② 지역권은 별도의 지역권이전등기 없이도 요역지소유권의 이전에 따라 함께 이전된다.

③ 소유권에 기한 소유물반환청구권에 관한 규정은 지역권에 준용되지 않는다.

④ 요역지의 전세권자는 특별한 사정이 없으면 지역권을 행사할 수 있다.

⑤ 요역지가 수인의 공유인 경우에 그 1인에 의한 지역권 소멸시효의 중단은 다른 공유자를 위하여 효력이 있다.

26 지역권에 관한 설명으로 **틀린** 것은?　　　16. 감평사

지역권

① 민법상 지역권의 존속기간은 최장 30년이지만 갱신할 수 있고, 이를 등기하여 제3자에 대항할 수 있다.

② 요역지와 승역지는 반드시 서로 인접할 필요가 없다.

③ 공유자의 1인이 지역권을 취득하는 때에는 다른 공유자도 이를 취득한다.

④ 지역권설정등기는 승역지의 등기부 을구에 기재된다.

⑤ 통행지역권을 주장하는 사람은 통행으로 편익을 얻는 요역지가 있음을 주장·증명하여야 한다.

27 지역권에 관한 설명으로 **틀린** 것은? (다툼이 있으면 판례에 따름)　　　23. 감평사

지역권

① 지역권은 요역지의 사용가치를 높이기 위해 승역지를 이용하는 것을 내용으로 하는 물권이다.

② 요역지와 승역지는 서로 인접한 토지가 아니어도 된다.

③ 요역지 공유자 중 1인에 대한 지역권 소멸시효의 정지는 다른 공유자를 위하여도 그 효력이 있다.

④ 지역권자는 승역지의 점유침탈이 있는 경우, 지역권에 기하여 승역지 반환청구권을 행사할 수 있다.

⑤ 지역권은 계속되고 표현된 것에 한하여 시효취득할 수 있다.

제4절 전세권

대표유형

1. 전세권에 관한 설명으로 틀린 것은?   19. 감평사

① 전세권은 저당권의 목적이 될 수 있다.

② 전세권자와 인지(隣地)소유자 사이에도 상린관계에 관한 규정이 준용된다.

③ 전세권자는 필요비 및 유익비의 상환을 청구할 수 있다.

④ 전세권의 존속기간은 10년을 넘지 못한다.

⑤ 전세금의 지급이 전세권의 성립요소이기는 하지만, 기존의 채권으로 전세금의 지급에 갈음할 수 있다.

해설 ③ 전세권자는 목적부동산에 지출한 필요비의 상환을 청구하지 못한다.   **A** 정답 ③

2. 전세권에 관한 설명으로 옳은 것은? (다툼이 있으면 판례에 따름)   21. 감평사

① 전세권이 성립한 후 목적물의 소유권이 이전되더라도 전세금반환채무가 당연히 신소유자에게 이전되는 것은 아니다.

② 전세권의 존속기간이 시작되기 전에 마친 전세권설정등기는 특별한 사정이 없는 한 그 기간이 시작되기 전에는 무효이다.

③ 전세권을 설정하는 때에는 전세금이 반드시 현실적으로 수수되어야 한다.

④ 건물의 일부에 전세권이 설정된 경우 전세권의 목적물이 아닌 나머지 부분에 대해서도 경매를 신청할 수 있다.

⑤ 전세권자가 통상의 필요비를 지출한 경우 그 비용의 상환을 청구하지 못한다.

해설 ① 전세권이 성립한 후 목적물의 소유권이 이전되는 경우, 전세금반환의무는 신소유자에게 승계되므로 구 소유자의 전세금반환의무는 소멸한다.
② 전세권이 용익물권적인 성격과 담보물권적인 성격을 모두 갖추고 있는 점에 비추어 전세권 존속기간이 시작되기 전에 마친 전세권설정등기도 특별한 사정이 없는 한 유효한 것으로 추정된다(대결 2018.1.25, 2017마1093).
③ 전세금을 현실적으로 수수하여야 하는 것은 아니고, 기존의 채권으로 전세금의 지급에 갈음할 수 있다.
④ 건물의 일부에 전세권이 설정된 경우, 전세권의 목적물이 아닌 나머지 부분에 대해서는 경매를 신청할 수 없다.
A 정답 ⑤

28 전세권에 관한 설명으로 틀린 것은? (다툼이 있으면 판례에 따름) 22. 변리사

상**중**하
전세권

① 전세권은 1필의 토지 중 일부에 대해서도 설정할 수 있다.

② 전세권 존속기간이 시작되기 전에 마친 전세권설정등기는 특별한 사정이 없는 한 무효로 추정된다.

③ 전세금이 현실적으로 수수되지 않은 경우에도 기존의 채권으로 전세금의 지급을 갈음할 수 있다.

④ 전세권 존속기간의 만료의 경우, 합의에 의하여 전세권설정계약을 갱신할 수 있으나 그 기간은 갱신한 날로부터 10년을 넘을 수 없다.

⑤ 전세권설정계약의 당사자가 전세권의 존속기간을 약정하지 않은 경우, 각 당사자는 언제든지 상대방에 대하여 전세권의 소멸을 통고할 수 있다.

29 전세권에 관한 설명으로 옳은 것은? (다툼이 있으면 판례에 따름) 20. 감평사

상**중**하
전세권

① 목적물의 인도는 전세권의 성립요건이다.

② 전세권이 존속하는 중에 전세권자는 전세권을 그대로 둔 채 전세금반환채권만을 확정적으로 양도하지 못한다.

③ 전세목적물이 처분된 때에도 전세권을 설정한 양도인이 전세권관계에서 생기는 권리·의무의 주체이다.

④ 전세권은 전세권설정등기의 말소등기 없이 전세기간의 만료로 당연히 소멸하지만, 전세권저당권이 설정된 때에는 그렇지 않다.

⑤ 전세권저당권이 설정된 경우, 제3자의 압류 등 다른 사정이 없으면 전세권이 기간만료로 소멸한 때에 전세권설정자는 저당권자에게 전세금을 지급하여야 한다.

30 전세권에 관한 설명으로 틀린 것은? (다툼이 있으면 판례에 따름) 22. 주택사

상**중**하
전세권

① 전세권이 갱신 없이 그 존속기간이 만료되면 전세권의 용익물권적 권능은 전세권설정등기의 말소 없이도 당연히 소멸한다.

② 전세권이 존속하는 동안은 전세권을 존속시키기로 하면서 전세금반환채권만을 전세권과 분리하여 확정적으로 양도하는 것은 허용되지 않는다.

③ 토지임차인의 건물 기타 공작물의 매수청구권에 관한 민법 제643조의 규정은 토지의 전세권에도 유추적용될 수 있다.

④ 전세권이 성립한 후 그 소멸 전에 전세목적물의 소유권이 이전된 경우, 목적물의 구(舊)소유자는 전세권이 소멸하는 때에 전세권자에 대하여 전세금반환의무를 부담한다.

⑤ 대지와 건물이 동일한 소유자에 속한 경우에 건물에 전세권을 설정한 때에는 그 대지소유권의 특별승계인은 전세권설정자에 대하여 지상권을 설정한 것으로 본다.

Point 31 상중하 전세권   23. 감평사

전세권에 관한 설명으로 옳은 것은? (다툼이 있으면 판례에 따름)

① 건물 일부의 전세권자는 나머지 건물 부분에 대해서도 경매신청권이 있다.
② 전세권 설정계약의 당사자는 전세권의 사용·수익권을 배제하고 채권담보만을 위한 전세권을 설정할 수 있다.
③ 전세권설정시 전세금 지급은 전세권 성립의 요소이다.
④ 전세권자는 특별한 사정이 없는 한 전세권의 존속기간 내에서 전세목적물을 타인에게 전전세 할 수 없다.
⑤ 전세권이 소멸된 경우, 전세권자의 전세목적물의 인도는 전세금의 반환보다 선이행되어야 한다.

32 상중하 전세권을 목적으로 하는 저당권   21. 감평사

전세권을 목적으로 하는 저당권에 관한 설명으로 틀린 것은? (다툼이 있으면 판례에 따름)

① 저당권설정자는 저당권자의 동의없이 전세권을 소멸하게 하는 행위를 하지 못한다.
② 전세권의 존속기간이 만료된 경우 저당권자는 전세권 자체에 대해 저당권을 실행할 수 있다.
③ 전세권의 존속기간이 만료되면 저당권자는 전세금반환채권에 대하여 물상대위할 수 있다.
④ 전세금반환채권은 저당권의 목적물이 아니다.
⑤ 전세권이 기간만료로 소멸한 경우 전세권설정자는 원칙적으로 전세권자에 대하여만 전세금 반환의무를 부담한다.

33 상중하 전세권   21. 변리사

전세권에 관한 설명으로 틀린 것은? (다툼이 있으면 판례에 따름)

① 타인의 토지에 있는 건물에 설정한 전세권의 효력은 그 건물의 소유를 목적으로 한 토지임차권에도 미친다.
② 대지와 건물이 동일한 소유자에게 속한 경우에 건물에 전세권을 설정한 때에는 그 대지소유권의 특별승계인은 전세권설정자에 대하여 지상권을 설정한 것으로 본다.
③ 전세권이 법정갱신된 경우, 전세권자는 등기 없이도 그 목적물을 취득한 제3자에 대하여 갱신된 권리를 주장할 수 있다.
④ 전세권에 저당권을 설정한 경우, 전세기간이 만료되더라도 전세권의 저당권자는 전세권 자체에 대하여 저당권을 실행하여 전세금을 배당받을 수 있다.
⑤ 토지전세권의 존속기간을 15년으로 약정한 경우에 그 존속기간은 10년으로 단축되지만, 당사자는 존속기간 만료시에 갱신한 날로부터 10년을 넘지 않는 기간으로 전세권을 갱신할 수 있다.

34
상중하
전세권

전세권에 관한 설명으로 **틀린** 것은? (다툼이 있으면 판례에 따름) 22. 감평사

① 타인의 토지에 있는 건물에 전세권을 설정한 때에는 전세권의 효력은 그 건물의 소유를 목적으로 한 지상권에 미친다.

② 건물전세권설정자가 건물의 존립을 위한 토지사용권을 가지지 못하여 그가 토지소유자의 건물철거 등 청구에 대항할 수 없는 경우, 전세권자는 토지소유자의 권리행사에 대항할 수 없다.

③ 지상권을 가지는 건물소유자가 그 건물에 전세권을 설정하였으나 그가 2년 이상의 지료를 지급하지 아니하였음을 이유로 지상권설정자가 지상권의 소멸을 청구한 경우, 전세권자의 동의가 없다면 지상권은 소멸하지 않는다.

④ 대지와 건물의 동일한 소유자에 속한 경우에 건물에 전세권을 설정한 때에는 그 대지소유권의 특별승계인은 전세권설정자에 대하여 지상권을 설정한 것으로 본다.

⑤ 건물에 대한 전세권의 존속기간을 1년 미만으로 정한 때에는 이를 1년으로 한다.

35
상중하
전세권

甲은 자신 소유의 X건물에 대하여 乙과 전세금 1억원으로 하는 전세권설정계약을 체결하고 乙명의로 전세권설정등기를 마쳐 주었다. 이에 관한 설명으로 옳은 것은? (다툼이 있으면 판례에 따름) 22. 변리사

① 甲이 X건물의 소유를 목적으로 한 지상권을 가지고 있던 경우, 그 지상권에는 乙의 전세권의 효력이 미치지 않는다.

② X건물의 대지도 甲의 소유인 경우, 대지소유권의 특별승계인 丙은 乙에 대하여 지상권을 설정한 것으로 본다.

③ 乙은 전세권 존속 중에 원칙적으로 甲의 동의 없이는 자신의 전세권을 제3자에게 양도할 수 없다.

④ 甲이 전세권 존속 중 X건물의 소유권을 丁에게 양도한 경우, 특별한 사정이 없는 한 乙에 대한 전세금반환의무는 丁이 부담한다.

⑤ 甲에게 X건물의 소유를 위한 토지사용권이 없어 토지소유자가 X건물의 철거를 청구하는 경우, 乙은 자신의 전세권으로 그 철거청구에 대항할 수 있다.

Point

36
상중하
전세권

甲은 乙에게 자신의 토지에 전세권을 설정해 주고, 丙은 乙의 전세권 위에 저당권을 취득하였다. 그 후 전세권은 존속기간의 만료로 종료되었다. 다음 설명 중 **틀린** 것은? (다툼이 있으면 판례에 의함)

① 甲이 乙에게 기간만료 전 6월부터 1월까지 사이에 아무런 통지를 하지 않은 경우에도 법정갱신이 되지 않는다.

② 丙은 자신의 우선변제권을 행사하기 위하여 전세권 자체에 대해 저당권을 실행할 수 없다.

③ 丙은 乙의 전세금반환채권을 압류하여 전세금반환채권으로부터 우선변제를 받을 수 없다.

④ 乙이 이미 목적물을 반환하였다 하더라도 등기말소에 필요한 서류를 제공하지 않았다면, 甲은 전세금의 반환을 거절할 수 있다.

⑤ ④의 경우 특별한 사정이 없는 한 甲은 전세금에 대한 이자 상당액을 부당이득반환할 의무는 없다.

37
상중하
전세권

甲은 乙 소유의 X주택 일부(A부분)에 전세금 1억원, 존속기간 2년으로 하는 전세권설정등기를 마쳤다. 이에 관한 설명으로 옳은 것은? (다툼이 있으면 판례에 따름)　　19. 변리사

① 甲은 전세권 존속 중에는 장래에 그 전세권이 소멸하는 경우에 전세금반환채권이 발생하는 것을 조건으로 그 장래의 조건부 채권을 양도할 수 없다.

② 乙이 甲에게 전세금의 반환을 지체한 경우, 甲은 X주택의 A부분이 아니라 전부에 대하여 경매를 청구할 수 있다.

③ 경매절차에서 X주택이 매각된 경우, 甲은 X주택의 전부에 대하여 후순위권리자보다 전세금을 우선 변제받을 수 없다.

④ 甲의 채권자 丙이 甲의 전세권에 저당권을 취득한 경우, 전세권의 존속기간이 만료되더라도 丙은 전세권 자체에 대하여 저당권을 실행할 수 있다.

⑤ 甲의 전세권이 존속하는 동안에 乙이 X주택을 丁에게 매도하고 丁명의로 소유권이전 등기를 마쳐준 경우, 乙은 전세금반환의무를 면하게 된다.

38 전세권에 관한 설명으로 옳은 것은? (다툼이 있으면 판례에 따름)　17. 감평사

① 전세권자의 책임 없는 사유로 전세권의 목적물 전부가 멸실된 때에도 전세권자는 손해배상책임이 있다.
② 건물에 대한 전세권이 법정갱신되는 경우, 그 존속기간은 2년으로 본다.
③ 전세권의 존속기간이 만료되면 전세권의 용익물권적 권능은 전세권설정등기의 말소 없이도 당연히 소멸한다.
④ 전세권설정자는 특약이 없는 한 목적물의 현상을 유지하고 그 통상의 관리에 속한 수선을 해야 한다.
⑤ 전세권을 목적으로 저당권을 설정한 자는 저당권자의 동의 없이 전세권설정자와 합의하여 전세권을 소멸시킬 수 있다.

39 전세권에 관한 설명으로 틀린 것은? (다툼이 있으면 판례에 따름)　22. 감평사

① 전세금의 지급은 전세권 성립의 요소이다.
② 기존 채권으로 전세금의 지급을 갈음할 수 있다.
③ 농경지를 전세권의 목적으로 할 수 있다.
④ 전세금이 경제사정의 변동으로 인하여 상당하지 아니하게 된 때에는 당사자는 장래에 대하여 그 증감을 청구할 수 있다.
⑤ 전세권의 목적물의 전부 또는 일부가 전세권자에 책임 있는 사유로 멸실된 경우, 전세권설정자는 전세권이 소멸된 후 전세금으로써 손해의 배상에 충당할 수 있다.

제1절 | 유치권

대표유형

1. 유치권에 관한 설명으로 틀린 것은? (다툼이 있으면 판례에 따름)   20. 감평사

① 수급인은 특별한 사정이 없으면 그의 비용과 노력으로 완공한 건물에 유치권을 가지지 못한다.

② 물건의 소유자는 그 물건을 점유하는 제3자가 비용을 지출할 때에 점유권원이 없음을 알았거나 중대한 과실로 몰랐음을 증명하여 비용상환청구권에 기한 유치권의 주장을 배척할 수 있다.

③ 채권과 물건 사이에 견련관계가 있더라도, 그 채무불이행으로 인한 손해배상채권과 그 물건 사이의 견련관계는 인정되지 않는다.

④ 저당권의 실행으로 부동산에 경매개시결정의 기입등기가 이루어지기 전에 유치권을 취득한 사람은 경매절차의 매수인에게 이를 행사할 수 있다.

⑤ 토지 등 그 성질상 다른 부분과 쉽게 분할할 수 있는 물건의 경우, 그 일부를 목적으로 하는 유치권이 성립할 수 있다.

해설 ③ 채권과 물건 사이에 견련관계가 있는 경우에는 그 채무불이행으로 인한 손해배상채권과 그 물건 사이의 견련관계도 인정된다(대판 1976.9.28, 76다582).

Ⓐ 정답 ③

2. 민사유치권에 관한 설명으로 옳은 것은? (다툼이 있으면 판례에 따름)   22. 변리사

① 채무자가 자신의 소유물을 직접점유하고 채권자가 이를 통해 간접점유하는 방법으로는 유치권이 성립되지 않는다.

② 부동산 매도인이 매매대금을 다 지급받지 못하고 매수인에게 부동산 소유권을 이전해 준 경우, 특별한 사정이 없는 한 매도인은 매매대금채권을 피담보채권으로 하여 자신이 점유하는 부동산의 유치권을 주장할 수 있다.

③ 유치물이 분할가능한 경우, 유치권자가 피담보채권의 일부를 변제받았다면 유치물 전부에 대하여 유치권을 행사할 수 없다.

④ 임차인이 임대인에 대하여 권리금반환청구권을 가지는 경우, 이를 피담보채권으로 하는 임차목적물에 대한 유치권을 행사할 수 있다.

⑤ 유치권배제특약이 있는 경우, 유치권이 발생하지 않으나 이는 유치권배제특약을 한 당사자 사이에서만 주장할 수 있다.

해설 ② 매매대금채권을 피담보채권으로 매수인을 상대로 유치권을 주장할 수 없다(대결 2012.1.12, 2011마 2380).
③ 유치권에도 불가분성이 인정되므로, 유치권자가 피담보채권의 일부를 변제받았더라도 유치물 전부에 대하여 유치권을 행사할 수 있다.
④ 임대인과 임차인 사이에 건물명도시 권리금을 반환하기로 하는 약정이 있었다 하더라도 권리금채권을 가지고 건물에 대한 유치권을 행사할 수 없다(대판 1994.10.14, 93다62119).
⑤ 유치권은 법정담보물권이기는 하나 채권자의 이익보호를 위한 채권담보의 수단에 불과하므로 이를 포기하는 특약은 유효하고, 유치권을 사전에 포기한 경우 다른 법정요건이 모두 충족되더라도 유치권이 발생하지 않는 것과 마찬가지로 유치권을 사후에 포기한 경우 곧바로 유치권은 소멸한다. 그리고 유치권 포기로 인한 유치권의 소멸은 유치권 포기의 의사표시의 상대방뿐 아니라 그 이외의 사람도 주장할 수 있다(대판 2016.5.12, 2014다52087).

ⓐ 정답 ①

---

01 민법상 유치권에 관한 설명으로 **틀린** 것은? (다툼이 있으면 판례에 따름) 　22. 주택사

상**중**하
유치권

① 채권자가 채무자를 직접점유자로 하여 유치물을 간접점유하는 경우, 그 유치물에 대한 유치권은 성립하지 않는다.
② 타인의 물건에 대한 점유가 불법행위로 인한 경우, 그 물건에 대한 유치권은 성립하지 않는다.
③ 유치권배제특약에 따른 효력은 특약의 상대방만 주장할 수 있다.
④ 유치권배제특약에는 조건을 붙일 수 있다.
⑤ 유치권의 행사는 피담보채권의 소멸시효의 진행에 영향을 미치지 않는다.

02 유치권에 관한 설명으로 **틀린** 것은? (다툼이 있으면 판례에 따름) 　21. 주택사

상**중**하
유치권

① 유치권에는 물상대위성이 인정되지 않는다.
② 분할이 가능한 토지의 일부에도 유치권이 성립할 수 있다.
③ 피담보채권의 양도와 목적물의 인도가 있으면 유치권은 이전된다.
④ 유치권자는 채권의 변제를 받기 위해 유치물을 경매할 수 있다.
⑤ 유치부동산에 대하여 법원이 간이변제충당을 허가한 경우, 그 부동산에 대한 등기를 하여야 소유권이 이전된다.

03 유치권의 피담보채권이 될 수 있는 민법상 권리를 모두 고른 것은? (다툼이 있으면 판례에 따름)

상중하
유치권

19. 감평사

> ㉠ 점유자의 비용상환청구권
> ㉡ 임차인의 보증금반환채권
> ㉢ 수급인의 공사대금채권
> ㉣ 매도인의 매매대금채권

① ㉠, ㉡   ② ㉠, ㉢   ③ ㉠, ㉣

④ ㉡, ㉢   ⑤ ㉢, ㉣

04 유치권에 관한 설명으로 틀린 것은? (다툼이 있으면 판례에 따름)

상중하
유치권

16. 감평사

① 임차인의 임차보증금반환청구권은 임차건물에 관하여 생긴 채권이라 할 수 없다.

② 유치권의 발생을 배제하는 특약은 유효하다.

③ 피담보채권이 변제기에 이르지 아니하면 유치권을 행사할 수 없다.

④ 유치권자는 유치물의 과실을 수취하여 다른 채권보다 우선하여 그 채권의 변제에 충당할 수 있다.

⑤ 점유를 침탈당한 유치권자가 점유 회수의 소를 제기하면 유치권을 보유하는 것으로 간주된다.

05 유치권에 관한 설명으로 틀린 것은? (다툼이 있으면 판례에 따름)

상중하
유치권

21. 감평사

① 건물의 임차인이 임대인에게 지급한 임차보증금반환채권은 그 건물에 관하여 생긴 채권이 아니다.

② 임대인이 건물시설을 하지 않아 임차인이 건물을 임차목적대로 사용하지 못하였음을 이유로 하는 손해배상청구권은 그 건물에 관하여 생긴 채권이다.

③ 수급인의 재료와 노력으로 건축되었고 독립한 건물에 해당되는 기성부분에 대하여는 특별한 사정이 없는 한 수급인은 유치권을 가질 수 없다.

④ 채권자가 채무자를 직접점유자로 하여 간접점유하는 경우에는 유치권이 성립하지 않는다.

⑤ 유치권자가 점유침탈로 유치물의 점유를 상실한 경우, 유치권은 원칙적으로 소멸한다.

Point

06

상중하
유치권

민사유치권에 관한 설명으로 틀린 것은? (다툼이 있으면 판례에 따름) 23. 주택사

① 유치권은 약정담보물권이므로 당사자의 약정으로 그 성립을 배제할 수 있다.

② 유치권의 불가분성은 그 목적물이 분할가능하거나 수개의 물건인 경우에도 적용된다.

③ 유치물의 소유권자는 채무자가 아니더라도 상당한 담보를 제공하고 유치권의 소멸을 청구할 수 있다.

④ 신축건물의 소유권이 수급인에게 인정되는 경우, 그 공사대금의 지급을 담보하기 위한 유치권은 성립하지 않는다.

⑤ 부동산 매도인은 매수인의 매매대금 지급을 담보하기 위하여 매매목적물에 대해 유치권을 행사할 수 없다.

07

상중하
유치권

유치권에 관한 설명으로 옳은 것은? (다툼이 있으면 판례에 따름) 17. 감평사

① 목적물에 대한 점유를 취득한 후 그 목적물에 관한 채권이 성립한 경우 유치권은 인정되지 않는다.

② 유치물이 분할 가능한 경우, 채무자가 피담보채무의 일부를 변제하면 그 범위에서 유치권은 일부 소멸한다.

③ 유치권자가 유치물을 점유함으로써 유치권을 행사하고 있는 동안에는 피담보채권의 소멸시효는 진행되지 않는다.

④ 유치권자는 특별한 사정이 없는 한 법원에 청구하지 않고 유치물로 직접 변제에 충당할 수 있다.

⑤ 공사업자 乙에게 건축자재를 납품한 甲은 그 매매대금채권에 기하여 건축주 丙의 건물에 대하여 유치권을 행사할 수 없다.

Point

08

상중하
유치권

유치권에 관한 설명으로 옳은 것은? (다툼이 있으면 판례에 따름) 19. 변리사 변형

① 채권자가 채무자의 직접점유를 통하여 간접점유하는 경우에는 유치권은 성립하지 않는다.

② 유치권자는 채권의 변제를 받기 위하여 유치물을 경매할 수 있고, 매각대금에서 후순위권리자보다 우선변제를 받을 수 있다.

③ 수급인이 자신의 노력과 재료를 들여 신축한 건물에 대한 소유권을 원시취득한 경우, 수급인은 공사대금을 지급받을 때까지 유치권을 행사할 수 있다.

④ 유치권자와 유치물의 소유자 사이에 유치권을 포기하기로 특약한 경우, 제3자는 특약의 효력을 주장할 수 없다.

⑤ 공사대금채권에 기하여 유치권을 행사하는 자가 스스로 보존에 필요한 범위 내에서 유치물인 주택에 거주하며 사용하는 경우에도 소유자는 유치권의 소멸을 청구할 수 있다.

09 유치권에 관한 설명으로 옳은 것은? (다툼이 있으면 판례에 따름)　　　　15. 감평사

상중하
유치권

① 채권자가 불법으로 점유를 취득한 경우에도 유치권이 성립한다.

② 채권자가 유치권을 행사하면 채권의 소멸시효는 중단된다.

③ 건물임차인은 권리금반환청구권에 기하여 임차건물에 대하여 유치권을 주장할 수 없다.

④ 유치권에는 우선변제적 효력이 없으므로, 유치권자는 채권의 변제를 받기 위하여 유치물을 경매할 수 없다.

⑤ 유치권을 행사하는 자가 유치물의 보존에 필요한 범위 내에서 유치물인 주택에 거주하며 사용하였다면, 특별한 사정이 없는 한 차임에 상당한 이득을 소유자에게 반환할 의무가 없다.

10 유치권에 관한 설명으로 틀린 것은? (다툼이 있으면 판례에 따름)　　　　23. 감평사

상중하
유치권

① 유치물의 소유자가 변동된 후 유치권자가 유치물에 관하여 새로이 유익비를 지급하여 가격증가가 현존하는 경우, 유치권자는 그 유익비를 피보전채권으로 하여서도 유치권을 행사할 수 있다.

② 다세대주택의 창호공사를 완성한 하수급인이 공사대금채권 잔액을 변제받기 위하여 그 중 한 세대를 점유하는 유치권의 행사는 인정되지 않는다.

③ 수급인의 재료와 노력으로 건물을 신축한 경우, 특별한 사정이 없는 한 그 건물에 대한 수급인의 유치권은 인정되지 않는다.

④ 유치권의 목적이 될 수 있는 것은 동산, 부동산 그리고 유가증권이다.

⑤ 유치권자가 유치물에 대한 보존행위로서 목적물을 사용하는 것은 적법하다.

Point
11 유치권에 관한 설명 중 틀린 것은? (다툼이 있으면 판례에 의함)

상중하
유치권

① 임대차종료시 원상복구약정을 한 경우, 임차인은 건물에 지출한 유익비에 대해서 유치권을 주장할 수 없다.

② 유치물의 경매로 유치권이 경락인에게 인수되더라도, 유치권자는 경락인에 대하여 변제를 청구할 수는 없다.

③ 토지에 근저당권이 설정된 후에 유치권을 취득한 자는 토지가 경매된 경우에도 경락인에게 유치권으로 대항할 수 있다.

④ 수급인이 경매개시결정의 기입등기 전에 채무자로부터 건물의 점유를 이전받았다면, 경매개시결정의 기입등기 후에 공사대금채권을 취득한 경우에도, 수급인은 유치권을 경락인에게 주장할 수 있다.

⑤ 유치권의 불가분성은 그 목적물이 분할가능하거나 수개의 물건인 경우에도 인정된다.

12 유치권에 관한 설명으로 옳은 것은? (다툼이 있으면 판례에 따름) _{21. 변리사}

상중하
유치권

① 유치권자는 유치물의 과실(果實)이 금전인 경우, 이를 수취하여 다른 채권보다 먼저 유치권으로 담보된 채권의 변제에 충당할 수 있다.
② 유치권자가 유치물의 보존에 필요한 사용을 한 경우에는 특별한 사정이 없는 한, 차임 상당의 이득을 소유자에게 반환할 의무가 없다.
③ 건물공사대금의 채권자가 그 건물에 대하여 유치권을 행사하는 동안에는 그 공사대금채권의 소멸시효가 진행하지 않는다.
④ 임대인과 임차인 사이에 임대차 종료에 따른 건물명도시에 권리금을 반환하기로 약정한 경우, 임차인은 권리금반환청구권을 가지고 건물에 대한 유치권을 행사할 수 있다.
⑤ 유치권자가 경매개시결정등기 전에 부동산에 관하여 유치권을 취득하였더라도 그 취득에 앞서 저당권설정등기가 먼저 되어 있었다면, 경매절차의 매수인에게 자기의 유치권으로 대항할 수 없다.

13 민사유치권자 甲에 관한 설명으로 틀린 것은? (다툼이 있으면 판례에 따름) _{22. 감평사}

상중하
유치권

① 甲이 수취한 유치물의 과실은 먼저 피담보채권의 원본에 충당하고 그 잉여가 있으면 이자에 충당한다.
② 甲은 피담보채권의 변제를 받기 위하여 유치물을 경매할 수 있다.
③ 甲이 유치권을 행사하더라도 피담보채권의 소멸시효의 진행에는 영향을 미치지 않는다.
④ 甲은 채무자의 승낙이 없더라도 유치물의 보존에 필요한 사용은 할 수 있다.
⑤ 甲은 피담보채권 전부의 변제를 받을 때까지 유치물 전부에 대하여 그 권리를 행사할 수 있다.

14 민사유치권에 관한 설명으로 옳은 것은? (다툼이 있으면 판례에 따름) _{22. 감평사}

상중하
유치권

① 유치권 배제 특약이 있더라도 다른 법정요건이 모두 충족되면 유치권이 성립한다.
② 채무자는 상당한 담보를 제공하고 유치권의 소멸을 청구할 수 있다.
③ 원칙적으로 유치권은 채권자 자신 소유 물건에 대해서도 성립한다.
④ 채권자가 채무자를 직접점유자로 하여 간접점유하는 경우, 채권자의 점유는 유치권의 요건으로서 점유에 해당한다.
⑤ 채권자의 점유가 불법행위로 인한 경우에도 유치권이 성립한다.

15 유치권

민사유치권에 관한 설명으로 옳은 것은? (다툼이 있으면 판례에 따름) 23. 변리사

① 채무자는 상당한 담보를 제공하고 유치권의 소멸을 청구할 수 있는데, 유치물 가액이 피담보채권액보다 적을 경우에는 피담보채권액에 해당하는 담보를 제공하여야 한다.

② 유치권자가 유치물에 대한 점유를 빼앗긴 경우에도 점유물반환청구권을 보유하고 있다면 점유를 회복하기 전에도 유치권이 인정된다.

③ 유치권의 존속 중에 유치물의 소유권이 제3자에게 양도된 경우에는 유치권자는 그 제3자에 대하여 유치권을 행사할 수 없다.

④ 유익비상환청구권을 담보하기 위하여 유치권을 행사하고 있는 경우에도, 법원이 유익비상환청구에 대하여 상당한 상환기간을 허락하면 유치권이 소멸한다.

⑤ 수급인은 도급계약에 따라 자신의 재료와 노력으로 건축된 자기 소유의 건물에 대해서도 도급인으로부터 공사대금을 지급받을 때까지 유치권을 가진다.

16 공사대금과 유치권

乙은 甲소유의 X건물에 관한 공사대금채권을 근거로 X건물을 점유하면서 유치권을 주장하고 있다. 한편 이 건물에 대하여 저당권을 설정받았던 丙이 경매를 신청하여 丁이 경락받았다. 다음 설명 중 옳은 것은? (각 지문은 독립적이며, 다툼이 있으면 판례에 의함)

① 乙이 X건물에 대하여 적법한 유치권을 취득한 경우, 乙은 경락대금에서 우선변제를 받을 수 있다.

② 乙이 丁에 대하여 유치권을 행사할 수 있는 경우에는 乙은 丁에게 공사대금의 지급을 청구할 수 있다.

③ 乙이 경매개시결정 기입등기 이전부터 X건물을 점유하고 있었다면, 그 이후에 공사대금채권을 취득하더라도 乙은 丁에게 유치권으로 대항할 수 있다.

④ 경매개시결정 기입등기 이후에 乙이 甲으로부터 점유를 취득하였더라도 乙은 丁에게 유치권으로 대항할 수 있다.

⑤ 유치권을 취득하기 위한 乙의 점유는 직접점유이든 간접점유이든 관계가 없으나, 乙이 직접점유자인 甲으로부터 간접점유를 취득한 경우에는 乙은 유치권을 행사할 수 없다.

17 甲은 乙소유의 X주택에 관하여 공사대금채권을 가진 자로서 그 주택에 거주하며 점유·사용하고 있다. 이에 관한 설명으로 옳은 것을 모두 고른 것은? (각 지문은 독립적이며, 다툼이 있으면 판례에 따름)

22. 변리사

상중하
공사대금과
유치권

> ⊙ X주택의 존재와 점유가 대지소유권자에게 불법행위가 되는 경우에도 X주택에 대한 甲의 유치권이 인정되면 甲은 자신의 유치권으로 대지소유권자에게 대항할 수 있다.
> ⓒ X주택에 경매개시결정의 기입등기가 경료되어 압류의 효력이 발생한 후 甲의 X주택의 점유를 乙로부터 이전받은 경우, 甲은 그 경매절차의 매수인에게 유치권을 주장할 수 없다.
> ⓒ 甲이 X주택을 자신의 유치권 행사로 점유·사용하더라도, 이를 이유로는 甲의 乙에 대한 공사대금채권의 소멸시효가 중단되지 않는다.
> ⓔ 甲이 자신의 유치권에 기하여 X주택에 거주하던 중 乙의 허락없이 X주택을 제3자에게 임대하고 임차보증금을 수령하였다면, 甲은 乙에 대하여 임차보증금 상당액을 부당이득으로 반환하여야 한다.

① ⊙, ⓒ
② ⓒ, ⓒ
③ ⓒ, ⓔ
④ ⊙, ⓒ, ⓔ
⑤ ⓒ, ⓒ, ⓔ

제2절 | 저당권

대표유형

1. 저당권에 관한 설명 중 틀린 것은?

① 제3자의 명의로 경료된 저당권등기는 무효임이 원칙이다.

② ①의 경우, 채무자, 채권자, 제3자 간의 합의에 따라 제3자에게 실질적으로 채권이 귀속되었다고 볼 수 있는 사정이 있는 경우에는 저당권등기는 유효이다.

③ 저당권설정자는 채무자에 한하지 않고 제3자도 될 수 있다.

④ 피담보채권은 저당권설정 당시 반드시 금전채권일 필요가 없다.

⑤ 저당목적물이 매매된 경우, 저당권자는 그 매매대금에 대하여 물상대위할 수 있다.

해설 ⑤ 저당목적물이 매매된 경우, 그 매매대금에 대하여는 저당권자가 물상대위할 수 없다.

Ⓐ 정답 ⑤

2. 저당권에 관한 설명으로 틀린 것은? (다툼이 있으면 판례에 따름)   22. 감평사

① 저당권은 그 담보한 채권과 분리하여 타인에게 양도하거나 다른 채권의 담보로 하지 못한다.

② 저당물의 소유권을 취득한 제3자는 그 저당물에 관한 저당권 실행의 경매절차에서 경매인이 될 수 있다.

③ 특별한 사정이 없는 한 건물에 대한 저당권의 효력은 그 건물에 종된 권리인 건물의 소유를 목적으로 하는 지상권에도 미친다.

④ 전세권을 목적으로 한 저당권이 설정된 후 전세권이 존속기간 만료로 소멸된 경우, 저당권자는 전세금반환채권에 대하여 물상대위권을 행사할 수 있다.

⑤ 저당목적물의 변형물인 물건에 대하여 이미 제3자가 압류하여 그 물건이 특정된 경우에도 저당권자는 스스로 이를 압류하여야 물상대위권을 행사할 수 있다.

해설 ⑤ 저당목적물의 변형물인 금전 기타 물건에 대하여 이미 제3자가 압류하여 그 금전 기타 물건이 특정된 이상 저당권자는 스스로 이를 압류하지 않고서도 물상대위권을 행사할 수 있다.

Ⓐ 정답 ⑤

18 **저당권의 객체가 될 수 없는 것은?**   23. 주택사

상중**하**
저당권의
객체

① 광업권   ② 지상권

③ 지역권   ④ 전세권

⑤ 등기된 입목

19 다음 중 물상대위에 관한 설명으로 틀린 것은?

상중**하**
물상대위

① 유치권자의 과실 없이 유치물이 소실된 경우, 유치권은 소유자의 화재보험금청구권 위에 미치지 않는다.

② 전세권을 목적으로 저당권이 설정된 후 전세권이 소멸한 경우, 저당권자는 전세금반환채권을 압류하여 물상대위할 수 있다.

③ 저당권이 설정된 토지가 공익사업을 위한 토지 등의 취득 및 보상에 관한 법률에 따라 협의취득된 경우, 저당권자는 그 보상금에 대하여 물상대위권을 행사할 수 없다.

④ 저당권설정자에게 대위할 물건이 인도된 후에 저당권자가 그 물건을 압류한 경우에도 물상대위권을 행사할 수 있다.

⑤ 저당목적물의 변형물인 금전 기타 물건에 대하여 이미 제3자가 압류하여 그 금전 기타 물건이 특정된 이상 저당권자는 스스로 이를 압류하지 않고서도 물상대위권을 행사할 수 있다.

20 저당권에 관한 설명으로 틀린 것은? (다툼이 있으면 판례에 따름)   21. 감평사

상중**하**
저당권

① 저당부동산에 대한 압류 후에는 저당권설정자의 저당부동산에 관한 차임채권에도 저당권의 효력이 미친다.

② 저당목적물의 변형물에 대하여 이미 제3자가 압류하였더라도 저당권자가 스스로 이를 압류하지 않으면 물상대위권을 행사할 수 없다.

③ 저당권은 그 담보한 채권과 분리하여 타인에게 양도하거나 다른 채권의 담보로 하지 못한다.

④ 저당권의 효력은 원칙적으로 저당부동산에 부합된 물건에 미친다.

⑤ 저당부동산에 대하여 지상권을 취득한 제3자는 저당권자에게 그 부동산으로 담보된 채권을 변제하고 저당권의 소멸을 청구할 수 있다.

Point

21
상중하

저당권의
효력이 미치는
목적물의 범위

저당권의 효력이 미치는 범위 등에 관한 설명으로 틀린 것은? (다툼이 있으면 판례에 따름)

15. 변리사

① 저당권설정행위에서 저당권의 효력은 종물에 미치지 않는다고 약정한 경우, 이를 등기하여야 제3자에게 대항할 수 있다.

② 건물의 증축부분이 기존 건물에 부합하여 기존 건물과 분리하여서는 별개의 독립물로서 효용을 갖지 못하는 경우, 기존 건물에 대한 저당권은 부합된 증축부분에도 그 효력이 미친다.

③ 지상권자가 축조하여 소유하고 있는 건물에는 토지저당권의 효력이 미치지 않는다.

④ 저당부동산에 대한 압류가 있기 전에 저당권설정자가 그 부동산으로부터 수취한 과실에도 저당권의 효력이 미친다.

⑤ 건물 소유를 목적으로 한 토지임차인이 그 토지 위에 소유하는 건물에 저당권을 설정한 때에는, 저당권의 효력은 토지의 임차권에도 미친다.

22
상중하

저당권의
효력이 미치는
목적물의 범위

저당권의 효력이 미치는 범위에 관한 설명으로 틀린 것은? (다툼이 있으면 판례에 의함)

① 저당권이 설정된 후에 설치된 종물에도 원칙적으로 저당권의 효력이 미친다.

② 구분소유권의 목적인 집합건물의 전유부분에 관한 저당권은 대지사용권 및 공용부분의 지분에도 그 효력이 미친다.

③ 기존건물에 부합된 증축부분이 경매목적물로 평가되지 않은 경우에도, 경락인은 그 증축부분의 소유권을 취득한다.

④ 토지임차인이 식재한 수목에 대해서는 토지에 설정되어 있는 저당권의 효력이 미치지 않는다.

⑤ 저당권자가 물상대위권을 행사하지 아니한 경우, 저당목적물의 변형물로부터 이득을 얻은 다른 채권자에 대하여 부당이득반환을 청구할 수 있다.

23

상중하

저당권의
효력이 미치는
목적물의 범위

민법상 저당권의 효력이 미치는 목적물의 범위에 관한 설명으로 **틀린** 것은? (다툼이 있으면 판례에 따름) 23. 변리사

① 경매절차의 매수인이 증축부분의 소유권을 취득하기 위해서는 부합된 증축부분이 기존 건물에 대한 경매절차에서 경매목적물로 평가되어야 한다.

② 건물의 증축부분이 저당목적물인 기존의 건물에 부합한 경우에는 특별한 사정이 없는 한 저당권의 효력이 증축부분에도 미친다.

③ 어떤 물건이 저당권이 설정된 후에 저당목적물의 종물이 된 경우에도 그 종물에 대하여 저당권의 효력이 미친다.

④ 건물의 소유를 목적으로 하여 토지를 임차한 사람이 그 건물에 저당권을 설정한 때에는, 저당권의 효력은 그 건물의 소유를 목적으로 한 토지임차권에도 미친다.

⑤ 특별한 사정이 없는 한 저당목적물인 건물에 대한 저당권자의 압류가 있으면 저당권설정자의 건물임차인에 대한 차임채권에 저당권의 효력이 미친다.

24

상중하

저당권

저당권에 관한 설명으로 옳은 것을 모두 고른 것은? (다툼이 있으면 판례에 따름) 19. 감평사

> ㉠ 저당권이 설정된 건물이 증축된 경우에 기존 건물에 대한 저당권은 법률에 특별한 규정 또는 설정행위에서 다른 약정이 없다면, 증축되어 부합된 건물 부분에 대해서도 그 효력이 미친다.
>
> ㉡ 저당부동산의 교환가치를 하락시키는 행위가 있더라도 저당권자는 저당권에 기한 방해배제청구권을 행사할 수 없다.
>
> ㉢ 저당물의 제3취득자는 그 부동산의 개량을 위한 유익비를 지출하여 가치의 증가가 현존하더라도, 그 비용을 저당물의 매각대금에서 우선적으로 상환 받을 수 없다.
>
> ㉣ 채권자 아닌 타인의 명의로 저당권이 설정되었다면, 피담보채권의 실질적 귀속주체가 누구인지를 불문하고 그 효력이 인정되지 않는다.

① ㉠ ② ㉢ ③ ㉠, ㉢

④ ㉡, ㉣ ⑤ ㉠, ㉢, ㉣

복습문제

25

상중하
저당권

저당권에 관한 설명으로 틀린 것은? (다툼이 있으면 판례에 따름)   23. 감평사

① 채권자와 제3자가 불가분적 채권자의 관계에 있다고 볼 수 있는 경우에는 그 제3자 명의의 저당권등기도 유효하다.

② 근저당권설정자가 적법하게 기본계약을 해지하면 피담보채권은 확정된다.

③ 무효인 저당권등기의 유용은 그 유용의 합의 전에 등기상 이해관계가 있는 제3자가 없어야 한다.

④ 저당부동산의 제3취득자는 부동산의 개량을 위해 지출한 유익비를 그 부동산의 경매대가에서 우선 변제할 수 없다.

⑤ 저당권자가 저당부동산을 압류한 이후에는 저당권설정자의 저당부동산의 관한 차임채권에도 저당권의 효력이 미친다.

26

상중하
저당권

저당권에 관한 설명으로 틀린 것은? (다툼이 있으면 판례에 따름)   15. 감평사

① 저당권설정자는 현재 저당부동산의 소유자가 아니라면 피담보채무가 소멸하더라도 저당권의 말소를 청구할 수 없다.

② 저당권은 경매에서의 매각으로 인하여 소멸한다.

③ 저당권은 피담보채권과 분리하여 타인에게 양도하거나 다른 채권의 담보로 하지 못한다.

④ 저당권자가 물상대위를 통하여 우선변제를 받기 위해서는 저당권설정자가 받을 가치 변형물을 그 지급 또는 인도 전에 압류하여야 한다.

⑤ 저당권자가 물상대위권을 행사하지 아니한 경우, 저당목적물의 변형물로부터 이득을 얻은 다른 채권자에 대하여 부당이득반환을 청구할 수 없다.

27
상중하
일괄경매청구권

민법 제365조의 일괄경매청구권에 관한 설명으로 옳은 것을 모두 고른 것은? (다툼이 있으면 판례에 따름) 22. 감평사

ㄱ 토지에 저당권을 설정한 후 그 설정자가 그 토지에 건물을 축조하여 저당권자가 토지와 함께 그 건물에 대하여도 경매를 청구하는 경우, 저당권자는 그 건물의 경매대가에 대해서도 우선변제를 받을 권리가 있다.

ㄴ 저당권설정자로부터 저당토지에 대한 용익권을 설정받은 자가 그 토지에 건물을 축조한 후 저당권설정자가 그 건물의 소유권을 취득한 경우, 저당권자는 토지와 건물을 일괄하여 경매를 청구할 수 있다.

ㄷ 토지에 저당권을 설정한 후 그 설정자가 그 토지에 축조한 건물의 소유권이 제3자에게 이전된 경우, 저당권자는 토지와 건물을 일괄하여 경매를 청구할 수 없다.

① ㄱ   ② ㄴ   ③ ㄷ
④ ㄴ, ㄷ   ⑤ ㄱ, ㄴ, ㄷ

28
상중하
일괄경매청구권

乙 명의의 저당권이 설정되어 있는 甲 소유의 X토지 위에 Y건물이 신축된 후, 乙의 저당권이 실행된 경우에 관한 설명으로 옳은 것을 모두 고른 것은? (다툼이 있으면 판례에 따름) 23. 감평사

ㄱ 甲이 Y건물을 신축한 경우, 乙은 Y건물에 대한 경매도 함께 신청할 수 있으나 Y건물의 경매대가에서 우선변제를 받을 수는 없다.

ㄴ Y건물을 甲이 건축하였으나 경매 당시 제3자 소유로 된 경우, 乙은 Y건물에 대한 경매도 함께 신청할 수 있다.

ㄷ Y건물이 X토지의 지상권자인 丙에 의해 건축되었다가 甲이 Y건물의 소유권을 취득하였다면 乙은 Y건물에 대한 경매도 함께 신청할 수 있다.

① ㄴ   ② ㄱ, ㄴ   ③ ㄱ, ㄷ
④ ㄴ, ㄷ   ⑤ ㄱ, ㄴ, ㄷ

29
상중하
저당권

저당권에 관한 설명으로 옳은 것을 모두 고른 것은? (다툼이 있으면 판례에 따름)

23. 주택사 변형

> ㉠ 근저당권을 설정한 이후 피담보채권이 확정되기 전에 근저당권설정자와 근저당권자의 합의로 채무자를 추가할 경우에는 특별한 사정이 없는 한, 이해관계인의 승낙을 받아야 한다.
> ㉡ 저당부동산의 제3취득자는 저당권설정자의 의사에 반하여 피담보채무를 변제하고 저당권의 소멸을 청구할 수는 없다.
> ㉢ 저당권설정자로부터 저당토지에 대해 용익권을 설정받은 자가 그 지상에 건물을 신축한 후 저당권설정자가 그 건물의 소유권을 취득한 경우, 저당권자는 토지와 건물에 대해 일괄경매를 청구할 수 있다.

① ㉠   ② ㉡   ③ ㉢
④ ㉠, ㉢   ⑤ ㉠, ㉡, ㉢

Point
30
상중하
저당권과
용익물권의
관계

하나의 부동산에 설정된 저당권과 용익물권의 관계에 관한 설명으로 틀린 것은? (다툼이 있으면 판례에 의함)

① 1번 저당권이 설정된 후 지상권이 설정되고 그 후 2번 저당권이 설정된 경우, 2번 저당권 실행으로 목적물이 매각되더라도 지상권은 소멸하지 않는다.
② 지상권이 저당권보다 먼저 설정된 경우, 저당권 실행으로 토지가 매각되더라도 지상권은 소멸하지 않는다.
③ 전세권이 저당권보다 후에 설정된 경우, 전세권자가 목적물에 지출한 유익비는 저당목적물의 매각대금에서 우선상환을 받을 수 있다.
④ 지상권이 저당권보다 후에 설정된 경우, 지상권자는 저당권자에게 채무자를 대위해서 변제하고 저당권의 소멸을 청구할 수 있다.
⑤ 전세권이 저당권보다 먼저 설정된 경우, 저당권 실행시 전세권자가 배당요구를 하면 전세권은 목적물의 매각으로 소멸한다.

제3절 근저당권

대표유형

1. 근저당권에 관한 설명으로 틀린 것은? 11. 감평사

① 근저당권의 목적물이 양도된 후 피담보채무가 소멸한 경우, 근저당권설정자는 근저당권설정등기의 말소를 청구할 수 있다.

② 채권최고액은 저당목적물로부터 우선변제를 받을 수 있는 한도액을 의미한다.

③ 근저당권자가 피담보채무의 불이행을 이유로 경매신청을 한 때에는 매수인이 매각대금을 완납한 때에 피담보채권은 확정된다.

④ 근저당권의 피담보채권이 확정되기 전에 발생한 원본채권에 관하여 확정 후에 발생하는 이자나 지연손해금 채권은 채권최고액의 범위 내에서 근저당권에 의하여 담보된다.

⑤ 확정된 피담보채권액이 채권최고액을 초과한 경우, 물상보증인은 채권최고액을 변제하고 근저당권설정등기의 말소를 청구할 수 있다.

해설 ③ 근저당권자가 경매신청을 한 경우에는 경매신청시에 근저당권의 피담보채권액이 확정된다.

ⓐ 정답 ③

2. 근저당권에 관한 설명으로 옳은 것은? (다툼이 있으면 판례에 따름) 22. 변리사

① 근저당권의 물상보증인은 확정된 채무액이 채권최고액을 초과하더라도 특별한 사정이 없는 한 채권최고액만을 변제하고 근저당권설정등기의 말소청구를 할 수 있다.

② 근저당권에 존속기간이나 결산기의 정함이 없는 경우, 근저당권설정자는 근저당권자에 대한 해지의 의사표시로써 피담보채권을 확정시킬 수 없다.

③ 후순위 근저당권자가 경매를 신청한 경우, 선순위 근저당권의 피담보채권은 후순위 근저당권자의 경매신청시에 확정된다.

④ 근저당권의 피담보채권 확정 전에 발생한 원본채권에 관하여 확정 후에 발생하는 이자나 지연손해금 채권은 채권최고액의 범위 내일지라도 근저당권에 의하여 담보되지 않는다.

⑤ 근저당권의 피담보채권이 확정되기 전에 채권의 일부가 대위변제된 경우, 근저당권의 일부이전의 부기등기 여부와 관계없이 근저당권은 대위변제자에게 법률상 당연히 이전된다.

해설 ② 존속기간이나 결산기의 정함이 없는 때에는 근저당권설정자는 근저당권자를 상대로 언제든지 해지의 의사표시를 함으로써 피담보채무를 확정시킬 수 있다(대판 2002.5.24, 2002다7176).
③ 후순위 근저당권자가 경매를 신청한 경우 선순위 근저당권의 피담보채권은 경락인이 경락대금을 완납한 때에 확정된다(대판 1999.9.21, 99다26085).
④ 근저당권자의 경매신청 등의 사유로 인하여 근저당권의 피담보채권이 확정되었을 경우, 확정 이후에 새로운 거래관계에서 발생한 원본채권은 그 근저당권에 의하여 담보되지 아니하지만, 확정 전에 발생한 원본채권에 관하여 확정 후에 발생하는 이자나 지연손해금 채권은 채권최고액의 범위 내에서 근저당권에 의하여 여전히 담보되는 것이다(대판 2007.4.26, 2005다38300).
⑤ 근저당권의 피담보채권이 확정되기 전에 그 채권의 일부를 양도하거나 대위변제한 경우, 근저당권이 양수인이나 대위변제자에게 이전할 여지는 없다(대판 2002.7.26, 2001다53929).

ⓐ 정답 ①

31 근저당권에 관한 다음 설명 중 틀린 것은?

상중하
근저당권

① 근저당권설정등기에는 근저당권이라는 취지와 채권최고액을 명시하여야 한다.

② 피담보채권이 확정되기 전에 채권이 일시적으로 소멸하더라도 근저당권은 소멸하지 않는다.

③ 채권최고액에 이자는 당연히 포함되나, 근저당권의 실행비용은 포함되지 않는다.

④ 근저당권자가 피담보채무의 불이행을 이유로 경매신청한 후에 새로운 거래관계에서 발생한 원본채권은 그 근저당권에 의해 담보되지 않는다.

⑤ 근저당권자가 경매신청을 한 경우, 경매개시결정이 있은 후라도 경매신청이 취하되면 채무확정의 효과는 번복된다.

Point
32 근저당권에 관한 설명으로 옳은 것은? (다툼이 있으면 판례에 따름) 16. 감평사

상중하
근저당권

① 근저당권의 피담보채무가 확정되기 이전에는 채무자를 변경할 수 없다.

② 근저당권의 확정 전에 발생한 원본채권으로부터 그 확정 후에 발생하는 이자는 채권최고액의 범위 내에서 여전히 담보된다.

③ 선순위근저당권자가 경매를 신청하는 경우, 후순위근저당권의 피담보채권의 확정시기는 경매개시결정시이다.

④ 근저당권의 존속 중에 피담보채권이나 기본계약과 분리하여 근저당권만을 양도할 수도 있다.

⑤ 채권의 총액이 채권최고액을 초과하는 경우, 채무자 겸 근저당권설정자는 근저당권의 확정 전이라도 채권최고액을 변제하고 근저당권의 말소를 청구할 수 있다.

33 근저당권에 관한 설명으로 옳은 것만을 모두 고른 것은? (다툼이 있으면 판례에 따름) 17. 감평사

상중하
근저당권

㉠ 피담보채무의 확정 전 채무자가 변경된 경우, 변경 후의 채무자에 대한 채권만이 당해 근저당권에 의하여 담보된다.

㉡ 근저당권의 존속기간이나 결산기의 정함이 없는 경우, 근저당권설정자는 근저당권자를 상대로 언제든지 해지의 의사표시를 함으로써 피담보채무를 확정시킬 수 있다.

㉢ 근저당권자가 피담보채무의 불이행을 이유로 경매신청을 한 경우, 경매신청시에 근저당권이 확정된다.

㉣ 선순위 근저당권의 확정된 피담보채권액이 채권최고액을 초과하는 경우, 후순위 근저당권자가 선순위 근저당권의 채권최고액을 변제하더라도 선순위 근저당권의 소멸을 청구할 수 없다.

① ㉠, ㉡　　　　② ㉡, ㉢　　　　③ ㉡, ㉣

④ ㉠, ㉢, ㉣　　　⑤ ㉠, ㉡, ㉢, ㉣

34

상**중**하
근저당권

근저당권에 관한 설명으로 **틀린** 것은? (다툼이 있으면 판례에 따름)   19. 감평사

① 근저당권의 피담보채무는 원칙적으로 당사자가 약정한 존속기간이나 결산기가 도래한 때에 확정된다.

② 장래에 발생할 특정의 조건부채권을 피담보채권으로 하는 근저당권의 설정은 허용되지 않는다.

③ 근저당부동산의 제3취득자는 피담보채무가 확정된 이후에 채권최고액의 범위 내에서 그 확정된 피담보채무를 변제하고 근저당권의 소멸을 청구할 수 있다.

④ 근저당권자가 피담보채무의 불이행을 이유로 경매신청을 하여 경매 신청시에 근저당채무액이 확정된 경우, 경매개시 결정 후 경매신청이 취소되더라도 채무확정의 효과가 번복되지 않는다.

⑤ 채권최고액은 반드시 등기되어야 하지만, 근저당권의 존속기간은 필요적 등기사항이 아니다.

35

상중하
근저당권
사례

甲은 乙로부터 돈을 빌리면서 자기 소유의 X토지에 1번 근저당권(채권최고액 5억원)을 설정해 주었고, 甲은 다시 丙으로부터 돈을 빌리면서 X토지에 2번 근저당권(채권최고액 3억원)을 설정해 주었다. 이에 관한 설명으로 **옳은** 것은? (다툼이 있으면 판례에 따름)   20. 변리사

① 丙이 경매를 신청한 때에는 경매신청시에 乙의 피담보채권이 확정된다.

② 乙이 경매를 신청하여 피담보채권의 원본채권이 4억원으로 확정되었더라도 이 4억원에 대한 확정 후 발생한 이자 1천만원은 근저당권에 의해 담보된다.

③ 丙의 근저당권의 존속기간을 정하지 않은 경우, 甲이 근저당권설정계약을 해지하더라도 근저당권으로 담보되는 丙의 피담보채무는 확정되지 않는다.

④ 결산기에 확정된 乙의 채권이 6억원인 경우, 甲은 5억원만 변제하면 乙의 근저당권의 소멸을 청구할 수 있다.

⑤ 丁이 X토지를 매수하여 소유권을 취득한 경우, 丙의 확정된 피담보채권이 4억원이면 丁은 4억원을 변제하지 않는 한 丙의 근저당권의 소멸을 청구할 수 없다.

36
⬛ 상⬛중하
근저당권과
제3취득자
사례

甲이 乙소유의 X부동산을 양수하여 소유권이전등기를 마쳤는데, 소유권이전 당시 X부동산에는 乙을 채무자로 하여 채권자 丙의 제1순위 근저당권과 丁의 제2순위 근저당권이 설정되어 있었다. 다음 중 틀린 것은?

① 甲은 X부동산의 경매절차에서 경락인이 될 수 있다.

② 丙의 확정된 채권액이 최고액을 초과하는 경우, 甲은 최고액만을 변제하고 丙의 근저당권의 소멸을 청구할 수 있다.

③ ②의 경우, 만약 甲이 X부동산을 양수하면서 丙의 근저당권에 대한 피담보채무를 면책적으로 인수한 경우라면, 甲은 확정된 채권액을 변제해야 丙의 근저당권의 소멸을 청구할 수 있다.

④ 丙의 확정된 채권액이 최고액을 초과하는 경우, 丁은 제3취득자의 지위에서 최고액만을 변제하고 丙의 근저당권의 소멸을 청구할 수 있다.

⑤ 甲이 X부동산에 필요비와 유익비를 지출한 경우, 甲은 X부동산의 경락대금으로부터 우선상환을 받을 수 있다.

37
⬛ 상⬛중⬛하
근저당권

근저당권에 관한 설명으로 틀린 것은? (다툼이 있으면 판례에 따름) 22. 감평사

① 근저당권의 존속기간이나 결산기를 정한 경우, 원칙적으로 결산기가 도래하거나 존속기간이 만료한 때에 그 피담보채무가 확정된다.

② 근저당권의 존속기간이나 결산기를 정하지 않고 피담보채권의 확정방법에 관한 다른 약정이 없는 경우, 근저당권설정자는 근저당권자를 상대로 언제든지 계약 해지의 의사표시를 하여 피담보채무를 확정시킬 수 있다.

③ 근저당권자가 피담보채무의 불이행을 이유로 경매신청을 한 경우, 경매신청시에 근저당권의 피담보채권액이 확정된다.

④ 후순위 근저당권자가 경매를 신청한 경우, 선순위 근저당권의 피담보채권은 매수인이 매각대금을 완납한 때에 확정된다.

⑤ 공동근저당권자가 저당목적 부동산 중 일부 부동산에 대하여 제3자가 신청한 경매절차에 소극적으로 참가하여 우선배당을 받은 경우, 특별한 사정이 없는 한 나머지 저당목적 부동산에 관한 근저당권의 피담보채권도 확정된다.

복습문제 38 상중하 근저당권

근저당권에 관한 설명으로 틀린 것은? (다툼이 있으면 판례에 따름)   23. 변리사

① 결산기에 확정된 채권액이 채권최고액을 넘는 경우, 채무자 겸 근저당권설정자는 최고액을 임의로 변제하더라도 근저당권설정등기의 말소를 청구할 수 없다.

② 공동근저당권자가 X건물과 Y건물에 대하여 공동저당을 설정한 후, 제3자가 신청한 X건물에 대한 경매절차에 참가하여 배당을 받으면, Y건물에 대한 피담보채권도 확정된다.

③ 공동근저당권자가 후순위근저당권자에 의하여 개시된 경매절차에서 피담보채권의 일부를 배당받은 경우, 우선변제 받은 금액에 관하여는 다시 공동근저당권자로서 우선변제권을 행사할 수 없다.

④ 원본의 이행기일을 경과한 후 발생하는 지연손해금 중 1년이 지난 기간에 대한 지연손해금도 근저당권의 채권최고액 한도에서 전액 담보된다.

⑤ 근저당권의 피담보채권인 원본채권이 확정된 후에 발생하는 이자나 지연손해금 채권은 그 근저당권의 채권최고액의 범위에서 여전히 담보된다.

제4절 공동저당

대표유형

甲은 乙에 대한 2억원의 채권을 담보하기 위하여 乙 소유 X토지와 Y건물에 대하여 각각 1번 공동저당권을 취득하였다. 그 후 丙은 乙에 대한 1억 6천만원의 채권을 담보하기 위하여 X에 대하여 2번 저당권을, 丁은 乙에 대한 7천만원의 채권을 담보하기 위하여 Y에 대하여 2번 저당권을 취득하였다. 그 후 丙이 경매를 신청하여 X가 3억원에 매각되어 배당이 완료되었고, 다시 丁이 경매를 신청하여 Y가 1억원에 매각되었다. 丁이 Y의 매각대금에서 배당받을 수 있는 금액은? (단, 경매비용·이자 등은 고려하지 않으며, 다툼이 있으면 판례에 따름)

21. 감평사

① 0원 ② 3,500만원 ③ 4,000만원

④ 5,000만원 ⑤ 7,000만원

해설 ④ Y의 경락대금 1억원에서 丙이 甲을 대위해서 5천만원을 배당받으므로, 丁이 Y의 매각대금에서 배당받을 수 있는 금액은 5천만원이다.

A 정답 ④

39

상중하

동시배당

A는 1억 8천만원을 피담보채권으로 하여 채무자 소유의 X부동산(시가 1억 2천만원), Y부동산(시가 8,000만원), Z부동산(시가 4,000만원) 위에 공동으로 1번 저당권을 설정받았다. 한편 X부동산 위에는 B(채권 5,000만원), Y부동산에는 C(채권 4,000만원), Z부동산에는 D(채권 3,000만원)가 각각 2번 저당권을 설정받았다. 이 경우 시가대로 매각(경락)되고 동시배당이 된다면, A, B, C, D의 배당액은? (단, 경매비용 등 기타사항은 고려하지 않음)

번호	A	B	C	D
①	1억 4천만원	5천만원	4천만원	1천만원
②	1억 8천만원	4천만원	2천만원	0원
③	1억 2천만원	5천만원	4천만원	3천만원
④	1억 8천만원	3천만원	2천만원	1천만원
⑤	1억 8천만원	2천 500만원	2천만원	1천 500만원

40
상중하
동시배당

甲은 乙에 대한 3억원의 채권을 담보하기 위하여 乙소유의 X토지와 Y건물에 각각 1번 공동저당권을 취득하고, 丙은 X토지에 피담보채권 2억 4천만원의 2번 저당권을, 丁은 Y건물에 피담보채권 1억 6천만원의 2번 저당권을 취득하였다. X토지와 Y건물이 모두 경매되어 X토지의 경매대가 4억원과 Y건물의 경매대가 2억원이 동시에 배당되는 경우, 丁이 Y건물의 경매대가에서 배당받을 수 있는 금액은? (경매비용이나 이자 등은 고려하지 않음)

① 0원
② 4천만원
③ 6천만원
④ 1억원
⑤ 1억 6천만원

41
상중하
이시배당

채권자 甲이 채무자 乙에 대한 1억원의 채권을 담보하기 위해 물상보증인 丙소유의 X부동산(가액 1억 2,000만원), 丁소유의 Y부동산(가액 8,000만원)에 각각 1번 저당권을 취득하고, A가 8,000만원의 채권으로 X부동산에, B가 6,000만원의 채권으로 Y부동산에 각각 2번 저당권을 취득하였다. 甲이 X부동산에 대하여 먼저 담보권실행을 위한 경매를 하여 매각대금 1억 2,000만원이 배당순위에 따라 甲과 A에게 배당되었다. 이 경우 A가 Y부동산의 매각대금(8,000만원)에서 배당받을 수 있는 금액은? (단, 실행비용 · 이자 등은 고려하지 않고, 다툼이 있으면 판례에 따름)

19. 변리사

① 0원
② 2,000만원
③ 4,000만원
④ 6,000만원
⑤ 8,000만원

42
상중하
공동근저당

甲은 乙에게 1억원을 대출해주고, 乙소유의 X토지와 Y토지에 관하여 채권최고액 1억 2,000만원으로 하는 1순위 공동근저당권을 취득하였다. 그 후 甲은 丙이 신청한 X토지의 경매절차에서 8,000만원을 우선변제받았다. 이후 丁이 신청한 경매절차에서 Y토지가 2억원에 매각되었고, 甲의 채권은 원리금과 지연이자 등을 포함하여 경매신청 당시는 5,000만원, 매각대금 완납시는 5,500만원이다. 甲이 Y토지의 매각대금에서 우선 배당받을 수 있는 금액은? (다툼이 있으면 판례에 따름)

① 2,000만원
② 4,000만원
③ 5,000만원
④ 5,500만원
⑤ 6,000만원

甲은 乙에 대한 자신의 채권을 담보하기 위하여 乙의 토지 X(시가 3,000만원), 丙의 토지 Y(시가 2,000만원), 丁의 토지 Z(시가 1,000만원)에 대하여 각각 1번 근저당권(채권최고액 3,000만원)을 설정하였다. X토지에 대하여는 2번 근저당권(채권최고액 2,000만원)이 존재한다. 그런데 甲은 X토지만을 경매하여 전액을 선순위자로 배당받아갔다. 이 경우 X토지의 2번 저당권자는 얼마의 범위에서 Y토지에 대해 甲을 대위하여 저당권을 행사할 수 있는가? (다툼이 있으면 판례에 의함)

① 500만원

② 1,000만원

③ 0원(대위할 수 없다)

④ 2,000만원

⑤ 1,500만원

甲은 채무자 乙의 X토지와 제3자 丙의 Y토지에 대하여 피담보채권 5천만원의 1번 공동저당권을, 丁은 X토지에 乙에 대한 피담보채권 2천만원의 2번 저당권을, 戊는 Y토지에 丙에 대한 피담보채권 3천만원의 2번 저당권을 취득하였다. Y토지가 경매되어 배당금액 5천만원 전액이 甲에게 배당된 후 X토지 매각대금 중 4천만원이 배당되는 경우, 戊가 X토지 매각대금에서 배당받을 수 있는 금액은? (다툼이 있으면 판례에 의함)

① 0원

② 1천만원

③ 2천만원

④ 3천만원

⑤ 4천만원

45

상**중**하

공동저당과
물상보증인

甲은 乙에게 1억 5천만원을 빌려주고, 이 금전채권을 담보하기 위해 乙소유의 X부동산(시가 2억원), 丙소유의 Y부동산(시가 1억원) 위에 각각 1순위의 저당권을 취득하였다. 그런데 乙이 채무를 이행하지 않아 甲의 저당권 실행으로 X부동산은 1억 2천만원, Y부동산은 8천만원에 동시에 매각(경락)되었다. 甲은 X와 Y부동산의 매각대금으로부터 각각 얼마씩 배당받을 수 있는가? (단, 실행비용 등은 고려하지 않으며, 다툼이 있으면 판례에 의함)

① X부동산 : 7,500만원, Y부동산 : 7,500만원

② X부동산 : 9,000만원, Y부동산 : 6,000만원

③ X부동산 : 9,500만원, Y부동산 : 5,500만원

④ X부동산 : 1억원, Y부동산 : 5,000만원

⑤ X부동산 : 1억 2,000만원, Y부동산 : 3,000만원

Point
46

심중하

공동저당과
물상보증인

甲은 乙에 대한 1억 5천만원의 채권을 담보하기 위하여 乙소유의 X토지와 丙소유의 Y토지에 대하여 저당권을 설정받았다. 그 후 X토지에는 丁이, Y토지에는 戊가 각 2순위 저당권을 설정받았다. 다음 설명 중 틀린 것은?

① X토지와 Y토지가 각 1억원과 2억원에 경매된 경우에 동시배당이 행해지면, 甲은 X토지로부터 1억원, Y토지로부터 5천만원을 각각 배당받게 된다.

② 甲이 Y토지에 대해서만 저당권을 실행하여 채권 전액을 만족받은 경우, 戊는 甲을 대위하여 X토지에 대한 저당권을 행사할 수 있다.

③ 甲이 Y토지에 대해서만 저당권을 실행하여 채권 전액을 만족받은 경우, 乙은 甲에게 피담보채무가 소멸되었음을 이유로 X토지의 저당권등기말소를 청구할 수 없다.

④ 甲이 X토지에 대하여 저당권을 실행하면 甲은 丁보다 우선배당을 받는다.

⑤ 甲이 X토지에 대해 저당권을 실행하여 채권의 우선변제를 받은 경우, 丁은 甲을 대위하여 Y토지에 대한 저당권을 행사할 수 있다.

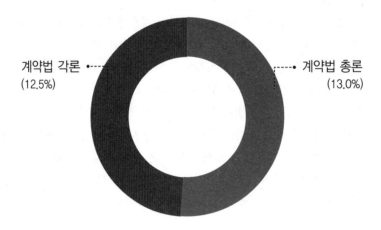

계약법 각론 •┄┄┄
(12.5%)

┄┄• 계약법 총론
(13.0%)

▌ 최근 5개년 출제경향 분석

계약법은 임의규정이 많이 존재한다. 14개의 전형계약 중 매매, 교환, 임대차가 시험범위에 속하는
데, 청약과 승낙에 의한 계약의 성립, 쌍무계약의 효력(동시이행항변권, 위험부담), 계약의 해제와 해
지, 매매, 임대차에서 가장 높은 출제율을 보이고 있다.

계약법

제1절 **계약의 성립**

대표유형

1. 계약의 유형에 관한 설명으로 틀린 것은?

① 쌍무계약은 유상계약이다.

② 매매계약은 쌍무계약이다.

③ 교환계약은 요물계약이다.

④ 증여계약은 무상계약이다.

⑤ 임대차계약은 유상계약이다.

▶해설 ③ 교환계약은 낙성계약이다.   Ⓐ 정답 ③

2. 계약의 성립에 관한 설명으로 틀린 것은?   21. 주택사

① 승낙기간이 정해진 경우에 승낙의 통지가 그 기간 내에 도달하지 않으면 특별한 사정이 없는 한 계약은 성립하지 않는다.

② 격지자 간의 계약은 승낙의 통지가 도달한 때에 성립한다.

③ 청약이 상대방에게 도달하여 그 효력이 발생하면 청약자는 임의로 이를 철회하지 못한다.

④ 청약자의 의사표시에 의하여 승낙의 통지가 필요 없는 경우, 계약은 승낙의 의사표시로 인정되는 사실이 있는 때에 성립한다.

⑤ 당사자 간에 동일한 내용의 청약이 상호 교차된 경우에는 양청약이 상대방에게 도달한 때에 계약이 성립한다.

▶해설 ② 격지자 간의 계약은 승낙의 통지를 발송한 때에 성립한다.   Ⓐ 정답 ②

복습문제

01

상중하

계약의 유형

다음 중 요물계약에 해당하는 경우는?

① 매매계약   ② 교환계약

③ 증여계약   ④ 임대차계약

⑤ 계약금계약

02 계약의 성립에 관한 설명으로 **틀린** 것은? 15. 노무사

상중**하**
계약의 성립

① 승낙자가 청약에 대해 그 일부만을 승낙할 경우 그 청약을 거절하고 새로운 청약을 한 것으로 본다.
② 청약자는 연착된 승낙을 새로운 청약으로 보아 그에 대하여 승낙함으로써 계약을 성립시킬 수 있다.
③ 승낙기간을 정한 계약의 청약은 청약자가 그 기간 내에 승낙의 통지를 받지 못한 때에는 그 효력을 잃는다.
④ 당사자 간에 동일한 내용의 청약이 상호교차된 경우에 양 청약이 상대방에게 도달한 때에 계약이 성립한다.
⑤ 격지자 간의 계약은 승낙의 통지가 상대방에게 도달한 때에 성립한다.

03 청약과 승낙에 관한 설명으로 **옳은** 것은? 16. 노무사 변형

상중**하**
계약의 성립

① 청약과 승낙의 의사표시는 특정인에 대해서만 가능하다.
② 승낙자가 청약에 변경을 가하지 않고 조건만을 붙여 승낙한 경우에는 계약이 성립된다.
③ 청약자는 청약이 상대방에게 도달하기 전에는 임의로 이를 철회할 수 있다.
④ 당사자 간에 동일한 내용의 청약이 상호교차된 경우에는 양 청약의 통지가 상대방에게 발송된 때에 계약이 성립한다.
⑤ 청약자가 청약에 "일정 기간 내에 이의를 제기하지 않으면 승낙한 것으로 본다."는 뜻을 표시한 경우, 이의 없이 그 기간이 지나면 당연히 그 계약은 성립한다.

04 계약의 성립에 관한 설명으로 **틀린** 것은? (다툼이 있으면 판례에 따름) 23. 노무사

상중**하**
계약의 성립

① 청약자가 청약의 의사표시를 발송한 후 상대방에게 도달 전에 사망한 경우, 그 청약은 효력을 상실한다.
② 명예퇴직의 신청이 근로계약에 대한 합의해지의 청약에 해당하는 경우, 이에 대한 사용자의 승낙으로 근로계약이 합의해지되기 전에는 근로자가 임의로 그 청약의 의사표시를 철회할 수 있다.
③ 승낙기간을 정하지 않은 청약은 청약자가 상당한 기간 내에 승낙의 통지를 받지 못한 때에는 그 효력을 잃는다.
④ 당사자 사이에 동일한 내용의 청약이 상호 교차된 경우에는 양 청약이 상대방에게 도달한 때에 계약이 성립한다.
⑤ 매도인이 매수인에게 매매계약의 합의해제를 청약한 경우, 매수인이 그 청약에 대하여 조건을 가하여 승낙한 때에는 그 합의해제의 청약은 거절된 것으로 본다.

05 계약의 성립에 관한 설명으로 **틀린** 것은? (다툼이 있으면 판례에 따름)　　　22. 노무사
상중**하**
계약의 성립

① 청약은 상대방이 있는 의사표시이지만, 상대방은 청약 당시에 특정되어 있지 않아도 된다.

② 관습에 의하여 승낙의 통지가 필요하지 않은 경우에 계약은 승낙의 의사표시로 인정되는 사실이 있는 때에 성립한다.

③ 청약이 상대방에게 발송된 후 도달하기 전에 발생한 청약자의 사망은 그 청약의 효력에 영향을 미치지 아니한다.

④ 승낙자가 승낙기간을 도과한 후 승낙을 발송한 경우에 이를 수신한 청약자가 승낙의 연착을 통지하지 아니하면 그 승낙은 연착되지 아니한 것으로 본다.

⑤ 교차청약에 의한 격지자간 계약은 양청약이 상대방에게 모두 도달한 때에 성립한다.

06 甲은 2020. 2. 1. 자기 소유 중고자동차를 1,000만원에 매수할 것을 乙에게 청약하는 내용의
상중하
계약의 성립 편지를 발송하였다. 이에 관한 설명으로 **틀린** 것은?　　　20. 노무사

① 甲의 편지가 2020. 2. 5. 乙에게 도달하였다면 甲은 위 청약을 임의로 철회하지 못한다.

② 甲의 편지가 2020. 2. 5. 乙에게 도달하였다면 그 사이 甲이 사망하였더라도 위 청약은 유효하다.

③ 乙이 위 중고자동차를 900만원에 매수하겠다고 회신하였다면 乙은 甲의 청약을 거절하고 새로운 청약을 한 것이다.

④ 甲의 편지를 2020. 2. 5. 乙이 수령하였더라도 乙이 미성년자라면 甲은 원칙적으로 위 청약의 효력발생을 주장할 수 없다.

⑤ 乙이 위 청약을 승낙하는 편지를 2020. 2. 10. 발송하여 甲에게 2020. 2. 15. 도달하였다면 甲과 乙 간의 계약성립일은 2020. 2. 15.이다.

07
상중하
계약의 성립

甲이 乙에게 물건을 매도하겠다는 뜻과 승낙의 기간을 5월 30일로 하는 내용의 서면을 발송하여 乙에게 도달하였다. 다음 설명 중 옳은 것은?

① 甲이 "5월 30일까지 승낙 여부의 회답이 없으면, 계약은 체결된 것으로 본다."라는 내용을 붙여 청약을 한 경우, 乙이 승낙기간 내에 회답을 발하지 않으면 계약이 성립한다.

② 乙이 5월 25일에 승낙통지를 발송하여 5월 27일에 도달한 경우, 계약은 5월 27일에 성립한다.

③ 5월 29일에 발송한 乙의 승낙통지가 5월 31일에 도달한 경우, 甲이 승낙을 하더라도 계약은 성립하지 않는다.

④ 乙이 5월 20일에 승낙통지를 발송하여 5월 31일에 도달한 경우, 甲이 乙에게 연착통지를 하지 않은 경우, 5월 20일에 계약은 성립된 것으로 본다.

⑤ 甲의 서면이 乙에게 도달하기 전에 甲이 사망한 경우, 乙이 甲의 단독 상속인 丙에게 승낙통지를 발송하여 5월 30일에 도달하더라도 乙과 丙 사이에 계약은 성립하지 않는다.

08
상중하
계약의 성립

甲은 2018. 9. 10. 乙에게 자신이 사용하던 X컴퓨터를 50만원에 매각하겠다는 의사표시와 2018. 9. 25.까지 구매여부를 알려 달라는 내용의 편지를 발송하였고, 그 편지는 2018. 9. 13. 乙에게 도달하였다. 이에 乙이 2018. 9. 17. X컴퓨터를 50만원에 매수하겠다는 승낙의 편지를 甲에게 발송하였다. 이에 관한 설명으로 옳은 것은?　　　　　　　　　19. 변리사

① 甲은 乙이 발송한 편지를 2018. 9. 19. 받았는데, 甲이 2018. 9. 24. 개봉하여 읽었다면 매매계약은 2018. 9. 24. 성립한다.

② 乙이 승낙의 의사표시를 하였으므로, 乙이 발송한 편지를 甲이 2018. 9. 25.까지 받지 못하였더라도 매매계약은 성립한다.

③ 甲은 乙이 발송한 편지를 2018. 9. 20. 받았다면, 매매계약은 그 때부터 성립하고 효력이 발생한다.

④ 乙이 발송한 편지가 2018. 9. 26. 甲에게 도달하였고 甲이 2018. 9. 27. 연착의 통지를 한 경우, 매매계약은 성립하지 않는다.

⑤ 乙이 2018. 9. 17. 매수하겠다는 편지를 발송하기 전까지 특별한 사정이 없는 한 甲은 乙에 대하여 매각의 의사표시를 철회할 수 있다.

복습문제

09

상중하

계약의 성립

甲중공업 회사는 乙건설 회사에게 신형 굴착기를 1억원에 매입할 것을 청약하면서 10월 31일까지 승낙 여부를 알려줄 것을 내용으로 하는 서신을 보냈다. 이에 乙회사는 자신에게 부과되는 모든 제세공과금은 甲회사의 부담으로 할 것을 조건으로 승낙하는 답신을 10월 30일에 발송하였고, 그것이 11월 1일에 甲회사에 도달하였다. 다음 중 설명 중 옳은 것은?

① 11월 1일에 乙회사가 승낙한 내용대로 계약이 성립한다.

② 10월 31일에 甲회사가 청약한 내용대로 계약이 성립한다.

③ 10월 30일에 乙회사가 승낙한 내용대로 계약이 성립한다.

④ 乙의 승낙에 대하여 甲이 11월 2일에 다시 승낙서를 발송하고 그것이 乙에게 11월 4일에 도달하면 11월 2일에 계약이 성립한다.

⑤ 乙회사가 승낙한 내용대로 10월 30일에 계약이 성립하지만 그 계약의 효력은 11월 1일에 발생한다.

복습문제

10

상중하

계약의 성립

甲은 자신이 소유하고 있는 컴퓨터를 乙에게 100만원에 팔기로 생각하고 4월 1일 이러한 뜻을 담은 편지를 발송하였는데, 이는 4월 5일에 도착하였다. 한편 평소부터 甲의 컴퓨터를 소유하고 싶었던 乙은 甲의 편지의 발송사실을 모른 상태에서 역시 100만원에 팔 것을 요청하는 편지를 4월 3일 甲에게 발송하였는데, 이는 4월 7일 甲에게 도착하였다. 甲과 乙의 계약은 어떻게 되는가?

① 4월 3일에 계약이 성립한다.

② 4월 5일에 계약이 성립한다.

③ 4월 3일에 계약은 성립하나, 4월 7일에 효력이 발생한다.

④ 4월 7일에 계약이 성립한다.

⑤ 청약에 대한 승낙이 없으므로 계약은 성립하지 않는다.

제2절 | 민법상 불능

대표유형

1. 甲과 乙은 甲소유의 A건물에 대하여 매매계약을 체결하였다. 다음 설명 중 틀린 것은?

① 계약체결 전에 A건물이 이미 멸실된 경우, 甲이 그 멸실 사실을 과실로 몰랐더라도 乙 역시 그 멸실 사실을 과실로 몰랐다면, 乙은 甲에게 신뢰이익배상을 청구할 수 없다.

② 계약체결 후 甲의 귀책사유로 A건물이 멸실되었다면, 乙은 甲에게 매매계약을 즉시 해제하고, 손해배상을 청구할 수 있다.

③ 계약체결 후 甲과 乙 쌍방 귀책사유 없이 A건물이 멸실되었다면, 乙은 甲에게 이미 지급한 계약금의 반환을 청구할 수 없다.

④ 계약체결 후 乙의 귀책사유로 A건물이 멸실되었다면, 甲은 乙에게 매매대금의 지급을 청구할 수 있다.

⑤ ④의 경우, 甲은 자기의 채무를 면함으로써 얻은 이익이 있다면, 그 이익은 乙에게 상환해야 한다.

해설 ③ 계약체결 후 甲과 乙 쌍방 모두 귀책사유 없이 A건물이 멸실되었다면, 乙은 甲에 대하여 매매대금을 지급할 의무가 없으므로, 乙은 甲에 대하여 이미 지급한 계약금의 반환을 청구할 수 있다. **A** 정답 ③

2. 쌍무계약상 채무이행이 불능인 경우에 관한 설명으로 틀린 것은? 20. 주택사

① 계약이 원시적 · 객관적 전부불능인 경우, 그 계약은 무효이다.

② 채무자의 책임 있는 사유로 후발적 이행불능이 된 경우, 채권자는 최고 없이 계약을 해제할 수 있다.

③ 채무자의 책임 있는 사유로 후발적 불능이 발생한 경우, 채권자는 그로 인해 발생한 손해의 배상을 청구할 수 있다.

④ 채권자의 수령지체 중에 당사자 쌍방의 책임 없는 사유로 채무자의 이행이 불능이 된 경우, 채무자는 채권자에게 이행을 청구할 수 있다.

⑤ 채권자가 이행불능을 이유로 계약을 해제한 경우, 그는 이행불능으로 인한 손해의 배상을 청구할 수 없다.

해설 ⑤ 해제는 손해배상청구에 영향을 미치지 않으므로, 채권자가 이행불능을 이유로 계약을 해제한 경우에도 이행불능으로 인한 손해배상을 청구할 수 있다. **A** 정답 ⑤

11 甲은 그 소유의 X주택을 乙에게 매도하기로 약정하였는데, 인도와 소유권이전등기를 마치기 전에
상중**하** X주택이 소실되었다. 이에 관한 설명으로 **틀린** 것은? (다툼이 있으면 판례에 따름)   21. 주택사
후발적 불능

① X주택이 불가항력으로 소실된 경우, 甲은 乙에게 대금지급을 청구할 수 없다.

② X주택이 甲의 과실로 소실된 경우, 乙은 甲에게 이행불능에 따른 손해배상을 청구할 수
있다.

③ X주택이 乙의 과실로 소실된 경우, 甲은 乙에게 대금지급을 청구할 수 있다.

④ 乙의 수령지체 중에 X주택이 甲과 乙에게 책임 없는 사유로 소실된 경우, 甲은 乙에게
대금지급을 청구할 수 없다.

⑤ 乙이 이미 대금을 지급하였는데 X주택이 불가항력으로 소실된 경우, 乙은 甲에게 부당
이득을 이유로 대금의 반환을 청구할 수 있다.

12 위험부담에 관한 설명으로 **틀린** 것은? (다툼이 있으면 판례에 따름)
상중**하**
후발적 불능 ① 편무계약의 경우에는 원칙적으로 위험부담의 법리가 적용되지 않는다.

② 계약당사자는 위험부담에 관하여 민법 규정과 달리 정할 수 있다.

③ 채무자의 책임 있는 사유로 후발적 불능이 발생한 경우, 채무자위험부담의 법리가 적용
된다.

④ 채권자의 책임 있는 사유로 후발적 불능이 된 경우, 채무자는 채권자에게 이행을 청구할
수 있다.

⑤ 당사자 일방이 대상청구권을 행사하려면 상대방에 대하여 반대급부를 이행할 의무가 있다.

13 甲과 乙은 乙소유의 주택에 대한 매매계약을 체결한 후 중도금을 지급하고, 잔금은 소유권이전과
상**중**하 동시에 이행하기로 약정하였다. 다음 내용 중 **틀린** 것은?
후발적 불능
① 이행기 전에 낙뢰에 의해 주택이 소실된 경우, 甲이 대가위험을 부담한다.

② 매매계약체결 후 乙소유의 주택에 가압류 집행이 된 경우, 甲은 乙의 계약위반을 이유로
즉시 해제할 수는 없다.

③ 甲의 과실에 의하여 주택이 소실된 경우, 乙은 甲에게 잔금지급을 청구할 수 있다.

④ 乙의 과실에 의하여 주택이 소실된 경우, 甲은 즉시 계약을 해제할 수 있다.

⑤ 甲이 수령을 지체하던 중에 불가항력으로 주택이 소실된 경우, 乙은 甲에게 잔금지급을
청구할 수 있다.

14 甲은 자기소유 토지를 乙에게 매도하였으나 계약체결 후 그 토지 전부가 수용되어 소유권이전이 불가능하게 되었다. 틀린 것은?

상중하
수 용

① 乙은 甲에게 계약체결상의 과실책임을 물을 수는 없다.

② 乙은 이행불능을 이유로 甲과의 계약을 해제할 수 없다.

③ 乙은 甲에게 채무불이행을 이유로 손해배상을 청구할 수 없다.

④ 乙은 특별한 사정이 없는 한 甲에게 매매대금을 지급할 의무가 없다.

⑤ 甲이 수용보상금청구권을 취득한 경우, 乙은 甲에게 매매대금을 지급하면서 수용보상금 청구권의 양도를 청구할 수 없다.

15 이행불능에 관한 설명으로 틀린 것은? (다툼이 있으면 판례에 따름) 15. 변리사

상중하
이행불능

① 동시이행의 관계에 있는 쌍방의 채무 중 어느 한 채무가 이행불능이 됨으로 인하여 발생한 손해배상채무도 여전히 다른 채무와 동시이행의 관계에 있다.

② 매매목적물에 관하여 매도인의 다른 채권자가 강제경매를 신청하여 그 절차가 진행 중이라는 사유만으로 매도인의 채무가 이행불능이 되는 것은 아니다.

③ 甲이 자신의 토지를 乙에게 매도하는 계약을 체결한 후 그 토지가 수용된 경우, 乙이 대상청구권을 행사하면 甲의 수용보상금청구권 자체가 乙에게 귀속한다.

④ 甲과 乙사이에 토지 교환계약이 체결된 후 甲이 그 소유 교환목적 토지에 대하여 친구 丙과의 명의신탁약정에 따라 丙에게 소유권이전등기를 해 준 경우, 특별한 사정이 없는 한 甲의 소유권이전등기의무가 이행불능이 되는 것은 아니다.

⑤ 甲이 자신의 토지를 乙에게 매도한 후 그 토지를 丙에게 채무담보를 위하여 소유권이전등기를 해 준 경우, 甲이 채무를 변제할 자력이 없으면 甲의 乙에 대한 소유권이전등기의무는 특별한 사정이 없는 한 이행불능이 된다.

16
상**중**하
이행불능

이행불능에 관한 설명으로 틀린 것은? (다툼이 있으면 판례에 따름)　　　19. 변리사

① 증여계약의 대상인 권리가 타인에게 귀속되어 있다는 이유만으로 증여자의 계약에 따른 이행이 불능이라고 할 수는 없다.

② 매매목적물인 부동산이 가압류되었다는 사유만으로 매도인의 이행불능을 이유로 매매계약을 해제할 수는 없다.

③ 부동산의 소유권이전등기의무자가 그 부동산에 제3자 명의로 가등기를 마쳐주면, 부동산의 처분권한 상실로 소유권이전등기의무가 이행불능이 된다.

④ 매수인의 잔대금지급의무가 소유권이전등기의무와 동시이행관계에 있더라도, 소유권이전등기의무의 이행불능을 이유로 매수인이 매매계약을 해제하기 위해서는 매수인이 대금지급의무의 이행제공을 할 필요가 없다.

⑤ 임대인에게 임대목적물에 대한 소유권이 없는 경우, 임차인이 진실한 소유자로부터 목적물의 반환청구를 받는 등의 이유로 임차인이 이를 사용·수익할 수가 없게 되면 임대인의 채무는 이행불능이 된다.

17
상**중**하
종합문제

계약의 성립에 관한 설명으로 틀린 것은? (다툼이 있으면 판례에 따름)　　　21. 변리사

① 계약의 당사자가 누구인지는 계약에 관여한 당사자의 의사해석 문제로서, 당사자들의 의사가 일치하는 경우에는 그 의사에 따라 계약의 당사자를 확정해야 한다.

② 임대차계약에서 보증금의 지급약정이 있는 경우, 보증금의 수수는 임대차계약의 성립요건이 아니다.

③ 계약이 의사의 불합치로 성립하지 아니한 경우, 그로 인하여 손해를 입은 당사자는 상대방에 대하여 민법 제535조(계약체결상의 과실)를 유추적용하여 손해배상을 청구할 수 있다.

④ 매매계약체결 당시 목적물과 대금이 구체적으로 확정되지 않았더라도, 이행기 전까지 구체적으로 확정될 수 있는 방법과 기준이 정해져 있다면 계약의 성립을 인정할 수 있다.

⑤ 청약자의 의사표시나 관습에 의해 승낙의 통지가 필요하지 않은 경우, 계약은 승낙의 의사표시로 인정되는 사실이 있는 때에 성립한다.

18
상중하
종합문제

계약에 관한 설명으로 옳은 것을 모두 고른 것은? (다툼이 있으면 판례에 따름) 20. 변리사

> ㉠ 승낙기간을 정하지 아니한 계약의 청약을 한 자가 상당한 기간 내에 승낙의 통지를 받은 때에는 계약이 성립한다.
> ㉡ 관습에 의하여 승낙의 의사표시가 필요하지 아니한 경우, 계약의 성립시기는 청약자가 승낙의 의사표시로 인정되는 사실을 알게 된 때이다.
> ㉢ 어느 일방이 교섭단계에서 계약이 확실하게 체결되리라는 정당한 신뢰를 부여하여 상대방이 그 신뢰에 따라 행동하였음에도 상당한 이유 없이 계약의 체결을 거부하여 손해를 입혔다면 불법행위를 구성할 수 있다.
> ㉣ 목적이 불능인 계약을 체결할 때에 그 불능을 알 수 있었을 자는 상대방이 그 불능을 알 수 있었더라도 이행이익을 넘지 않은 한도에서 상대방에게 신뢰이익을 배상하여야 한다.

① ㉠, ㉡   ② ㉠, ㉢   ③ ㉡, ㉣
④ ㉠, ㉢, ㉣   ⑤ ㉡, ㉢, ㉣

복습문제
19
상중하
이행불능

이행불능에 관한 설명으로 틀린 것은? (다툼이 있으면 판례에 따름) 21. 변리사

① 토지거래허가구역 내의 토지에 관하여 허가를 조건으로 매매계약을 체결한 경우, 그 허가 전에는 거래계약상의 채무를 이행할 수 없게 되더라도 그에 따른 손해배상책임을 지지 않는다.

② 쌍무계약에서 당사자 일방이 부담하는 채무의 일부만이 채무자의 책임 있는 사유로 이행할 수 없게 된 경우, 이행가능한 나머지 부분만의 이행으로 계약목적을 달성할 수 없다면 채무의 이행은 전부가 불능이라고 보아야 한다.

③ 민법상 임대차에서 목적물을 사용·수익하게 할 임대인의 의무는 임대인이 임대차목적물의 소유권을 상실한 것만으로 이행불능이 된다.

④ 매매목적물에 관하여 매도인의 다른 채권자가 강제경매를 신청하여 그 절차가 진행 중에 있다는 사유만으로 매도인의 채무가 이행불능이 되는 것은 아니다.

⑤ 쌍무계약에서 당사자 일방의 급부뿐만 아니라 상대방의 반대급부도 전부 이행불능이 된 경우, 특별한 사정이 없는 한 당사자 일방은 상대방에게 대상청구를 할 수 없다.

복습문제
20
상중하
후발적 불능

甲이 乙에게 자신의 건물을 매도하는 계약을 체결한 후 소유권이전 및 인도 전에 화재가 발생하여 건물이 전소되었다. 다음 설명 중 **틀린** 것은?

① 甲의 과실로 인하여 화재가 발생한 경우, 乙은 甲과의 계약을 즉시 해제할 수 있다.

② 양 당사자의 책임 없는 사유로 화재가 발생한 경우, 甲은 乙에게 매매대금을 청구할 수 없다.

③ ②의 경우, 이미 지급한 계약금이 있다면 甲은 乙에게 계약금을 반환해야 한다.

④ 乙의 채권자지체 중에 양 당사자의 책임 없는 사유로 화재가 발생한 경우, 甲은 乙에게 매매대금을 청구할 수 있다.

⑤ ④의 경우 채권자지체 중이었으므로 甲은 자기의 채무를 면함으로써 얻은 이익을 乙에게 상환할 필요가 없다.

복습문제
21
상중하
후발적 불능

A와 B가 B소유의 단독주택에 대한 매매계약을 체결한 후 매수인 A가 매매대금 전액을 지급하였으나, 당해 주택이 인도되기 전에 전부 소실하여 그 이행이 불가능하게 되었다. 아래의 내용 중 **틀린** 것은?

① 낙뢰에 의해 소실한 경우에는 A가 대가위험을 부담하게 된다.

② B의 과실에 의하여 소실한 경우에는 A는 즉시 계약을 해제할 수 있다.

③ 제3자 C의 방화에 의하여 소실한 경우, A는 B에 대하여 선이행한 매매대금의 반환을 청구할 수 있다.

④ 위험부담에 관한 민법규정은 임의규정이므로 당사자의 특약에 의하여 위험부담의 관계를 별도로 정할 수 있다.

⑤ A의 귀책사유로 전소한 경우에는 A는 선이행한 매매대금의 반환을 청구할 수 없다.

제3절 동시이행의 항변권

대표유형

乙은 제3자의 가압류등기가 있는 甲소유의 부동산을 甲으로부터 매수하였다. 다음 설명 중 틀린 것은? (다툼이 있으면 판례에 의함)

① 甲의 소유권이전등기의무 및 가압류등기의 말소의무와 乙의 대금지급의무는 특별한 사정이 없는 한 동시이행관계에 있다.

② 甲에 대한 乙의 대여금채권이 있는 경우, 甲은 동시이행항변권이 있는 잔금채권을 가지고 상계할 수 없다.

③ 甲의 소유권이전기일이 도래한 경우, 甲의 이행제공이 없는 한 乙은 명시적으로 동시이행항변권을 행사하지 않더라도 지체책임을 지지 않는다.

④ 甲이 이행제공을 함으로써 乙이 수령지체에 빠진 경우, 후에 甲이 재차 이행제공 없이 乙에게 대금지급을 청구하더라도 乙은 동시이행항변권을 행사할 수 없다.

⑤ 乙이 선이행의무인 중도금지급의무를 이행하지 않고 있던 중 甲의 이행기가 도래한 경우, 乙은 중도금의 지급에 관하여 甲에 대하여 동시이행항변권을 행사할 수 있다.

해설 ④ 쌍무계약의 당사자 일방이 먼저 한 번 현실의 제공을 하고 상대방을 수령지체에 빠지게 하였다 하더라도 그 이행의 제공이 계속되지 않는 한, 과거에 이행의 제공이 있었다는 사실만으로 상대방이 가지는 동시이행의 항변권이 소멸하는 것은 아니다(대판 1999.7.9, 98다13754). **④ 정답 ④**

22
[상중하]
동시이행
항변권

매도인 甲과 매수인 乙은 X토지를 1억원에 매매하기로 합의하였고, 乙은 甲에 대하여 1억원의 대여금채권을 가지고 있다. 다음 설명 중 옳은 것은?

① 甲은 동시이행항변권이 있는 매매대금채권을 가지고 乙의 대여금채권과 상계할 수 있다.

② 乙이 동시이행항변권을 가지는 경우에도 이행기에 채무를 이행하지 않으면 이행지체에 빠진다.

③ 甲의 소유권이전의무와 동시이행관계에 있는 매매대금채권에 관하여 甲의 채권자 丙이 압류 및 추심명령을 받은 경우, 乙은 丙에게 동시이행항변권을 행사할 수 있다.

④ 甲이 乙을 상대로 대금지급청구의 소를 제기하였고 이에 대하여 乙이 동시이행항변권을 주장하면 법원은 원고 패소를 선고하여야 한다.

⑤ 만일 甲이 소유권이전에 관하여 선이행의무를 부담하는 경우, 乙의 변제기가 도래하더라도 甲은 동시이행항변권을 행사할 수 없다.

23
상중하
동시이행
항변권

임대인 甲은 임차인 乙에게 임대차기간의 만료와 동시에 임대주택의 명도를 요구하고 있다. 다음 중 틀린 것은?

① 甲이 보증금채무를 제공하지 않는 한, 乙은 주택의 명도를 거절할 수 있다.

② 甲이 보증금채무를 제공하였음에도 乙이 주택을 명도하지 않은 경우, 甲이 그 후 보증금 채무의 제공 없이 명도를 청구하면 乙은 동시이행항변권을 행사할 수 있다.

③ 甲이 乙을 상대로 주택명도의 소를 제기한 경우, 乙이 동시이행항변권을 주장하지 않으면 법원이 직권으로 고려할 사항이 아니다.

④ 乙이 동시이행항변권에 기하여 주택을 사용·수익하는 경우, 甲은 乙에게 불법점유를 이유로 손해배상책임을 물을 수 없다.

⑤ 乙이 동시이행항변권에 기하여 주택을 사용·수익하는 경우, 그로 인하여 얻은 이익을 甲에게 부당이득으로 반환할 의무는 없다.

24
상중하
동시이행의
항변권

동시이행의 항변권에 관한 설명으로 옳은 것은? (다툼이 있으면 판례에 따름)   19. 변리사

① 근저당권 실행을 위한 경매가 무효로 된 경우, 매수인의 채무자에 대한 소유권이전등기 말소의무와 근저당권자의 매수인에 대한 배당금반환의무는 동시이행관계에 있다.

② 동시이행관계에 있는 쌍방의 채무 중 어느 한 채무가 이행불능이 됨으로 인하여 발생한 손해배상채무는 다른 채무와 동시이행관계에 있지 않다.

③ 가압류등기가 있는 부동산 매매계약의 경우, 특별한 사정이 없는 한 매도인의 가압류 등기의 말소의무는 매수인의 대금지급의무와 동시이행관계에 있지 않다.

④ 쌍방의 채무가 동시이행관계에 있는 경우, 상대방 채무의 이행제공이 없더라도 채무자가 이행기에 채무를 이행하지 않으면 이행지체의 책임을 진다.

⑤ 부동산 매매계약에서 매수인이 부가가치세를 부담하기로 약정한 경우, 특별한 사정이 없는 한 부가가치세를 포함한 매매대금 전부와 부동산 소유권이전등기의무가 동시이행 관계에 있다.

25

상중하
동시이행의
항변권

동시이행의 항변권에 관한 설명으로 **틀린** 것은? (다툼이 있으면 판례에 따름) 21. 변리사 · 노무사

① 부동산 매매계약에서 매수인이 부가가치세를 부담하기로 약정한 경우, 특별한 사정이 없는 한 부가가치세를 포함한 매매대금 전부와 부동산의 소유권이전등기의무는 동시이행관계에 있다.

② 선이행의무자가 이행을 지체하는 동안 상대방의 채무가 이행기에 도래한 경우, 특별한 사정이 없는 한 양 당사자의 의무는 동시이행관계에 있다.

③ 구분소유적 공유관계가 전부 해소된 경우, 공유지분권자 상호간의 지분이전등기의무는 동시이행관계에 있다.

④ 동시이행항변권에 따른 이행지체책임 면제의 효력은 그 항변권을 행사 · 원용하여야 발생한다.

⑤ 동시이행의 관계에 있는 쌍방의 채무 중 어느 한 채무가 이행불능이 됨으로 인하여 발생한 손해배상채무도 여전히 다른 채무와 동시이행관계에 있다.

26

상중하
동시이행관계

동시이행의 항변권에 관한 판례의 내용으로서 **틀린** 것은?

① 특별한 사정이 없는 한 주된 급부만이 동시이행관계에 있다.

② 당사자 쌍방이 각각 별개의 약정으로 상대방에 대하여 채무를 지게 된 경우에는 동시이행을 하기로 특약한 사실이 없다면 동시이행항변권이 발생할 수 없다.

③ 부동산 매도인이 동시이행항변권을 가지는 경우에는 이행거절 의사를 구체적으로 밝히지 않았더라도 동시이행항변권으로 인해 이행지체책임이 발생하지 않는다.

④ 당사자 일방의 책임 있는 사유로 채무이행이 불능으로 되어 그 채무가 손해배상채무로 바뀌게 되면 동시이행관계는 소멸한다.

⑤ 후이행의무자의 채무이행이 현저히 곤란한 경우에는 비록 후이행의무자의 채무변제기가 도래하지 않았다 하더라도 선이행의무자는 동시이행항변권을 행사할 수 있다.

27

상중하
동시이행의
관계

동시이행의 관계에 있는 것을 모두 고른 것은? (다툼이 있으면 판례에 따름)   21. 주택사

> ㉠ 가압류등기가 있는 부동산매매에서 매도인의 소유권이전등기의무 및 가압류등기의 말소
> 의무와 매수인의 대금지급의무
> ㉡ 주택임대인과 임차인 사이의 임대차보증금 반환의무와 임차권등기명령에 의해 마쳐진
> 임차권등기의 말소의무
> ㉢ 채권담보의 목적으로 마쳐진 가등기의 말소의무와 피담보채무의 변제의무

① ㉠   ② ㉢   ③ ㉠, ㉡
④ ㉡, ㉢   ⑤ ㉠, ㉡, ㉢

Point

28

상중하
동시이행관계

다음 중 대법원 판례상 동시이행의 관계가 인정되는 것은?

① 토지거래허가구역에서 매도인의 토지거래허가 신청절차 협력의무와 매수인의 매매대금
지급의무
② 상가임대차계약 종료에 따른 임차인의 임차목적물 반환의무와 임대인의 권리금 회수 방
해로 인한 손해배상의무
③ 저당권이 설정된 부동산의 매매계약에서 소유권이전등기의무 및 저당권등기말소의무와
대금지급의무
④ 근저당권 실행을 위한 경매가 무효가 된 경우 낙찰자의 채무자에 대한 소유권이전등기
말소의무와 근저당권자의 낙찰자에 대한 배당금반환의무
⑤ 임대인의 임대차보증금의 반환의무와 임차권등기명령에 의해 경료된 임차인의 임차권
등기말소의무

29

상중하
동시이행관계

동시이행관계가 인정되는 것만으로 바르게 짝지어진 것은? (다툼이 있으면 판례에 의함)

> ㉠ 계약이 무효·취소된 경우의 양 당사자의 부당이득반환의무
> ㉡ 특정채무의 담보를 위하여 경료된 채권자명의의 소유권이전등기의 말소청구와 피담보채
> 무의 변제
> ㉢ 임대차계약을 체결하면서 임대차보증금을 전세금으로 하는 전세권설정등기를 경료한 경
> 우, 임대차종료시 임대인의 보증금반환의무와 임차인의 전세권말소등기의무
> ㉣ 귀속청산의 경우, 가등기담보권자의 청산금지급의무와 채무자의 소유권이전등기의무

① ㉠, ㉡   ② ㉡, ㉢   ③ ㉠, ㉢
④ ㉠, ㉢, ㉣   ⑤ ㉠, ㉡, ㉢, ㉣

복습문제

30

상중하

동시이행관계

동시이행관계가 인정되는 것을 모두 고른 것은? (특별한 사정이 없고, 다툼이 있으면 판례에 따름)

23. 변리사

> ㉠ 매매계약상 매도인의 소유권이전의무가 이행불능이 되어 생긴 손해배상채무와 매수인의
> 대금지급의무
> ㉡ 매매계약상 매도인의 소유권이전의무와 매수인의 대금지급의무 중 어느 하나를 선이행
> 의무로 약정한 경우, 각 의무의 이행기가 모두 지난 후의 쌍방의 의무
> ㉢ 근저당권 실행을 위한 경매가 무효로 되어 근저당권자가 채무자인 소유자를 대위하여 낙
> 찰자에 대한 소유권이전등기말소청구권을 행사하는 경우, 낙찰자의 소유권이전등기말소
> 의무와 근저당권자의 배당금반환의무

① ㉠

② ㉡

③ ㉠, ㉡

④ ㉡, ㉢

⑤ ㉠, ㉡, ㉢

복습문제

31

상중하

동시이행
항변권

甲소유 토지의 매수인 乙이 중도금을 그 이행기에 지급하지 않고 있다. 소유권이전은 잔금지급과 동시에 하기로 하였다. 다음 중 틀린 것은?

① 甲이 이행최고와 함께 정한 상당한 기간 내에 乙이 중도금을 지급하지 않으면 甲은 계약을 해제할 수 있다.
② 甲이 잔금지급일에 이행을 제공하면 乙은 중도금, 중도금 미지급에 따른 지연이자 및 잔금을 지급해야 한다.
③ 甲이 잔금지급일에 이행을 제공하지 않더라도 乙은 잔금지급일 이후의 중도금에 대한 지연이자를 지급할 의무가 있다.
④ 甲의 잔금채권에 관하여 甲의 채권자 丙이 압류 및 추심명령을 받은 경우에도 乙은 丙에 대하여 동시이행항변권을 행사할 수 있다.
⑤ 甲에 대한 乙의 대여금채권이 있는 경우, 甲은 동시이행항변권이 있는 잔금채권을 가지고 상계할 수 없다.

제4절 제3자를 위한 계약

대표유형

제3자를 위한 계약에 관한 설명으로 옳은 것을 모두 고른 것은? (다툼이 있으면 판례에 따름)

19. 노무사

⊙ 계약체결 당시에 수익자가 특정되어 있지 않으면 제3자를 위한 계약은 성립할 수 없다.
ⓒ 계약 당사자가 제3자에 대하여 가진 채권에 관하여 그 채무를 면제하는 계약도 제3자를 위한 계약에 준하는 것으로 유효하다.
ⓒ 낙약자는 요약자와 수익자 사이의 법률관계에 기한 항변으로 수익자에게 대항하지 못한다.
ⓒ 낙약자가 채무를 불이행하는 경우 수익자는 낙약자의 채무불이행을 이유로 계약을 해제할 수 있다.

① ㉠, ㉡   ② ㉡, ㉢
③ ㉢, ㉣   ④ ㉠, ㉡, ㉣
⑤ ㉡, ㉢, ㉣

해설 ㉠ 제3자는 계약 당시 반드시 현존하지 않아도 된다.
㉣ 제3자(수익자)는 계약당사자가 아니므로 해제권이나 취소권을 행사할 수는 없다.   Ⓐ 정답 ②

32
상중하
제3자를
위한 계약

제3자를 위한 계약에 관한 설명으로 틀린 것은? (다툼이 있으면 판례에 의함)

① 제3자를 위한 계약에서 제3자의 수익의 의사표시는 계약의 성립요건이 아니다.
② 제3자가 하는 수익의 의사표시의 상대방은 낙약자이다.
③ 낙약자는 기본관계에 기한 항변으로 제3자에게 대항할 수 없다.
④ 제3자는 낙약자의 채무불이행을 이유로 그 계약을 해제할 수 없다.
⑤ 제3자가 수익의 의사표시를 한 후, 요약자와 낙약자는 계약을 합의로 해제할 수 없다.

Point

33

상중하

제3자를 위한
계약 사례

금전소비대차계약에 기하여 丙에게 2억원을 지급해야 하는 甲은 자기소유의 X토지를 2억원에 매수한 乙과 합의하여, 乙이 그 매매대금을 丙에게 지급하기로 하였다. 다음 설명 중 **틀린** 것은? (다툼이 있으면 판례에 의함)

① 丙이 수익의 의사표시를 한 후 甲이 乙에게 X토지의 소유권이전등기를 해 주지 않으면 乙은 丙에 대하여 2억원의 지급을 거절할 수 있다.

② 丙이 수익의 의사표시를 한 후 乙이 甲과 丙 사이의 계약이 무효라는 사실을 알았다면 丙의 지급요구를 거절할 수 있다.

③ 甲과 乙이 丙의 권리를 변경·소멸시킬 수 있음을 미리 유보한 경우에는 丙의 수익의 의사표시 후에도 丙의 권리를 변경·소멸시킬 수 있다.

④ 乙은 丙에 대하여 상당한 기간을 정하여 2억원의 향수 여부의 확답을 최고할 수 있으며, 그 기간 내에 확답을 받지 못하면 丙이 거절한 것으로 본다.

⑤ 乙의 丙에 대한 대금지급채무의 불이행을 이유로 甲이 매매계약을 해제하기 위해 丙의 동의를 얻을 필요는 없다.

34

상중하

제3자를
위한 계약

甲은 자신 소유의 X노트북을 乙에게 매도하면서 그 대금은 乙이 甲의 채권자 丙에게 직접 지급하기로 하는 제3자를 위한 계약을 체결하였고, 丙은 乙에게 수익의 의사를 표시하였다. 이에 관한 설명으로 **틀린** 것은? (다툼이 있으면 판례에 따름)   21. 변리사

① 甲과 乙이 미리 매매계약에서 丙의 권리를 변경·소멸할 수 있음을 유보한 경우, 이러한 약정은 丙에 대해서도 효력이 있다.

② 甲은 丙의 동의가 없는 한 乙의 채무불이행을 이유로 계약을 해제할 수 없다.

③ 제3자를 위한 계약의 체결 원인이 된 甲과 丙 사이의 법률관계가 취소된 경우, 특별한 사정이 없는 한 乙은 丙에게 대금지급을 거절할 수 없다.

④ 乙의 채무불이행을 이유로 甲이 계약을 해제한 경우, 丙은 乙에게 자기가 입은 손해에 대한 배상을 청구할 수 있다.

⑤ 甲과 乙의 매매계약이 취소된 경우, 乙이 丙에게 이미 매매대금을 지급하였다고 하더라도 특별한 사정이 없는 한 乙은 丙을 상대로 부당이득반환청구를 할 수 없다.

35
상**중**하
제3자를
위한 계약

甲은 자기소유의 가옥을 乙에게 매도하면서 자신의 丙에 대한 차용금채무를 변제하기 위하여 매매대금 1억원을 丙에게 지급하도록 乙과 약정하였다. 그 후 丙은 그 수익의 의사표시를 하였다. 다음 설명 중 **틀린** 것은?

① 甲과 乙은 합의를 통해 원칙적으로 丙의 권리를 변경할 수 없다.

② 甲과 丙 사이의 채권관계가 소멸하더라도 甲과 乙 사이의 계약은 유효하다.

③ 甲, 乙 사이의 매매계약이 허위표시로서 무효인 경우, 甲은 그 무효를 이유로 선의인 丙에게도 대항할 수 있다.

④ 甲이 乙에게 소유권이전의 이행제공을 하지 않으면, 乙은 丙에 대하여 1억원의 지급을 거절할 수 있다.

⑤ 甲의 채무불이행으로 乙이 매매계약을 해제한 경우, 乙은 이미 지급한 대금의 반환을 丙에게 청구할 수 있다.

36
상**중**하
제3자를
위한 계약

제3자를 위한 계약에 관한 설명으로 옳은 것은? (다툼이 있으면 판례에 따름)   22. 노무사

① 채무자와 인수인 사이에 체결되는 중첩적 채무인수계약은 제3자를 위한 계약이 아니다.

② 제3자를 위한 도급계약에서 수익의 의사표시를 한 제3자가 그 계약에 따라 완성된 목적물의 하자로 인해 손해를 입은 경우, 특별한 사정이 없는 한 낙약자는 그 제3자에게 해당 손해를 배상할 의무가 있다.

③ 요약자와 낙약자의 합의에 따라 제3자의 권리를 소멸시킬 수 있음을 미리 유보하였더라도 제3자에게 그 권리가 확정적으로 귀속되었다면 요약자와 낙약자는 제3자의 권리를 소멸시키지 못한다.

④ 제3자가 수익의 의사표시를 한 후에는 요약자는 원칙적으로 낙약자에 대하여 제3자에게 급부를 이행할 것을 요구할 수 있는 권리를 갖지 못한다.

⑤ 제3자가 수익의 의사표시를 한 경우, 특별한 사정이 없는 한 요약자는 낙약자의 채무불이행을 이유로 제3자의 동의 없이 계약을 해제할 수 없다.

37

상중하

제3자를
위한 계약

제3자를 위한 계약에 관한 설명으로 틀린 것은? (다툼이 있으면 판례에 따름)   23. 변리사

① 요약자는 원칙적으로 제3자의 권리와 별도로 낙약자에 대하여 제3자에게 급부를 이행할 것을 요구할 수 있는 권리를 가진다.

② 제3자가 수익의 의사표시를 한 경우, 계약의 당사자가 제3자의 권리를 임의로 변경·소멸시키는 행위를 하더라도 특별한 사정이 없는 한 제3자에 대하여 효력이 없다.

③ 요역자와 수익자 사이의 법률관계(대가관계)의 효력 상실을 이유로 요약자는 낙약자와 요약자 사이의 법률관계(기본관계)상 낙약자에게 부담하는 채무의 이행을 거절할 수 있다.

④ 채무자와 인수인 사이의 계약으로 체결되는 중첩적 채무인수의 경우, 채권자의 수익의 의사표시는 그 계약의 성립요건 또는 효력발생요건이 아니다.

⑤ 낙약자와 요약자 사이의 계약(기본관계)이 무효가 된 경우, 낙약자는 특별한 사정이 없는 한 제3자를 상대로 그가 제3자에게 한 급부를 부당이득으로 반환 청구할 수 없다.

38

복습문제

상중하

제3자를
위한 계약

甲은 乙에게 자신의 아파트를 매도하면서 매매대금은 乙이 직접 甲의 채권자인 丙에게 지급하기로 약정하였다. 丙의 수익의 의사표시 이후의 법률관계에 관한 설명으로 옳은 것을 모두 고른 것은? (다툼이 있으면 판례에 의함)

> ㉠ 甲과 乙이 매매대금을 감액하기로 합의하였더라도 그 효력은 丙에게 미치지 아니한다.
> ㉡ 甲이 乙의 사기를 이유로 매매계약을 취소한 경우, 丙이 이러한 사실을 몰랐다면 丙에게 대항할 수 없다.
> ㉢ 丙이 乙에 대하여 매매대금의 지급을 청구한 경우, 乙은 甲이 아직 위 토지의 소유권을 이전하여 주지 않았음을 이유로 매매대금의 지급을 거절할 수는 없다.
> ㉣ 乙이 丙에 대한 대금지급의무를 지체하더라도 이를 이유로 丙이 매매계약을 해제할 수 없다.

① ㉠, ㉡   ② ㉡, ㉢
③ ㉢, ㉣   ④ ㉠, ㉣
⑤ ㉡, ㉣

복습문제
39
상중하
제3자를 위한
계약 사례

甲은 乙에게 자신의 토지를 1억원에 매도하는 매매계약을 체결하면서, 甲의 丙에 대한 채무 1억원이 있으므로 乙이 丙에게 매매대금 1억원을 지급하기로 하였다. 이에 대한 설명으로 옳은 것은?
(다툼이 있으면 판례에 의함)

① 甲의 채무불이행으로 乙이 매매계약을 해제한 경우, 乙은 이미 지급한 대금의 반환을 丙에게 청구할 수 없다.

② 甲과 丙 사이의 법률관계가 존재하지 않거나 효력을 상실하였다면 乙은 丙에게 항변권을 행사할 수 있다.

③ 甲과 乙의 매매계약이 허위표시로서 무효가 되더라도 丙이 선의인 경우에는 丙에게 무효를 주장하지 못한다.

④ 乙의 채무불이행으로 甲이 매매계약을 해제한 경우, 수익의 의사표시를 한 丙은 乙에게 자기가 입은 손해배상을 청구하지 못한다.

⑤ 乙의 사기를 이유로 甲이 매매계약을 취소하기 위해서는 수익의 의사표시를 한 丙의 동의를 받아야 한다.

복습문제
40
상중하
계약
종합문제

계약에 관한 설명으로 틀린 것은? (다툼이 있으면 판례에 의함)   14. 노무사

① 계약금계약은 금전 기타 유가물의 교부를 요건으로 하는 요물계약이다.

② 승낙자가 청약에 변경을 가하여 승낙한 경우, 그 청약의 거절과 동시에 새로 청약한 것으로 본다.

③ 당사자 사이에 같은 내용의 청약이 서로 교차된 경우, 두 청약이 모두 도달하여야 계약이 성립한다.

④ 계약체결이 좌절되더라도 어쩔 수 없다고 생각하고 지출한 비용은 계약교섭의 부당한 중도파기로 인한 손해에 포함되지 않는다.

⑤ 제3자를 위한 계약은 요약자와 낙약자의 합의 이외에 제3자의 수익의 의사표시가 있어야 성립한다.

제5절 계약의 해제, 해지

대표유형

계약해제에 관한 설명으로 **틀린** 것은? (다툼이 있으면 판례에 따름)   19. 노무사 변형

① 약정해제권 행사의 경우, 특별한 사정이 없는 한 그 해제의 효과로서 손해배상청구는 할 수 없다.

② 해제로 인해 소멸되는 계약상의 채권을 해제 이전에 양수한 자는 해제시 보호받는 제3자에 해당하지 않는다.

③ 이행지체로 계약이 해제된 경우, 원상회복의무의 이행으로 반환할 금전에는 그 받은 날로부터 이자를 가하여야 한다.

④ 이행거절로 인한 계약해제의 경우, 해제권자는 상대방에게 최고 및 동시이행관계에 있는 자기채무의 이행을 제공할 필요가 없다.

⑤ 채무자의 책임 없는 사유로 채무의 이행이 불능하게 된 경우에도 채권자는 계약을 해제할 수 있다.

▶**해설** ⑤ 채무자의 책임 없는 사유로 이행불능이 된 경우에는 위험부담의 문제이므로, 채권자는 계약을 해제할 수 없다.   Ⓐ 정답 ⑤

41
상⊜하
계약의 해제

계약의 해제에 관한 다음 설명 중 틀린 것은? (다툼이 있으면 판례에 의함)

① 이행지체의 경우에는 상당한 기간을 정해서 최고한 후라야만 해제할 수 있다.

② 정기행위를 지체한 경우에는 최고할 필요 없이 해제할 수 있다.

③ 이행불능을 이유로 계약을 해제함에 있어서는 상대방은 최고할 필요도 없고, 이행기를 기다릴 필요도 없이 해제할 수 있다.

④ 채무자가 미리 이행거절의사를 명백히 표시한 경우에는 그 후 이행거절의사가 적법하게 철회된 경우에도 상대방은 최고할 필요 없이 해제할 수 있다.

⑤ 채무를 불이행한 채무자는 해제로 인한 원상회복의무를 모두 이행한 경우에도 별도의 손해배상책임을 부담한다.

42

상중하
계약의 해제

계약해제에 관한 설명 중 틀린 것은?

① 이행지체의 경우, 최고기간을 정하지 않고 한 경우에도 최고의 효력은 발생한다.

② 매도인의 소유권이전등기의무의 이행불능을 이유로 매수인이 매매계약을 해제함에 있어서 잔금을 제공할 필요가 없다.

③ 매수인이 잔대금지급기일까지 그 대금을 지급하지 못하면 그 계약이 자동적으로 해제된다는 취지의 약정이 있는 경우, 매도인의 이행제공이 있어야 자동해제된다.

④ 부동산 매매계약이 해제된 경우, 매도인은 대금반환과 동시이행관계에 있는 소유권이전등기말소에 필요한 제반 서류를 제공받기 전에도 대금에 대한 이자를 지급할 의무가 있다.

⑤ 계약의 상대방이 수인인 경우, 계약의 해제는 그 1인에 대하여 하더라도 효력이 있다.

Point
43

상중하
계약의 해제

계약의 해제에 관한 설명으로 틀린 것은? (다툼이 있으면 판례에 따름)   22. 노무사

① 당사자는 합의로 계약을 해제할 수 있다.

② 채권자가 채무액을 현저히 초과하는 금액의 지급을 최고하고, 이 금액을 지급하지 않으면 수령하지 않을 것이 분명한 경우에 이 최고에 터잡은 채권자의 해제는 무효이다.

③ 계약체결에 관한 대리권만을 수여받은 대리인은 계약체결 후 그 계약을 해제할 수 없다.

④ 하나의 계약에서 일방이 수인(數人)인 경우에 상대방은 그 수인 모두에게 해제의 의사표시를 하여야 한다.

⑤ 매도인의 책임 있는 사유로 이행불능이 되어 매수인이 계약을 해제한 경우의 손해배상은 해제시 목적물의 시가를 기준으로 그 손해를 산정한다.

44

상중하
합의해제

계약의 합의해제에 관한 설명으로 틀린 것은? (다툼이 있으면 판례에 따름)   22. 주택사

① 일부 이행된 계약의 묵시적 합의해제가 인정되기 위해서는 그 원상회복에 관하여도 의사가 일치되어야 한다.

② 당사자 일방이 합의해제에 따른 원상회복 및 손해배상의 범위에 관한 조건을 제시한 경우, 그 조건에 관한 합의까지 이루어져야 합의해제가 성립한다.

③ 계약이 합의해제된 경우, 원칙적으로 채무불이행에 따른 손해배상을 청구할 수 있다.

④ 계약의 해제에 관한 민법 제543조 이하의 규정은 합의해제에는 원칙적으로 적용되지 않는다.

⑤ 매매계약이 합의해제된 경우, 원칙적으로 매수인에게 이전되었던 매매목적물의 소유권은 당연히 매도인에게 복귀한다.

45
상**중**하
합의해제

계약의 합의해제에 관한 설명으로 **틀린** 것은? (다툼이 있으면 판례에 따름)   19. 변리사

① 계약이 합의해제된 경우, 특별한 사정이 없는 한 채무불이행으로 인한 손해배상청구는 할 수 없다.

② 매도인이 매수인에게 매매계약의 합의해제를 청약하였더라도 매수인이 그 청약에 대하여 조건을 붙여 승낙한 경우, 매도인의 청약은 실효된다.

③ 계약이 일부이행된 경우, 그 원상회복에 관하여 의사가 일치되지 않아도 계약의 묵시적 합의해제가 인정될 수 있다.

④ 매매계약을 합의해제한 후 그 합의해제를 무효화시키고, 해제된 매매계약을 부활시키는 약정은 가능하다.

⑤ 당사자 사이에 약정이 없는 이상 합의해제로 인하여 반환할 금전에 그 받은 날로부터 이자를 붙여서 반환할 의무는 없다.

Point
46
상**중**하
합의해제

부동산 매매계약의 합의해제(해제계약)에 관한 설명으로 옳은 것은? (다툼이 있으면 판례에 따름)
18. 노무사

① 합의해제는 당사자 쌍방의 묵시적 합의로 성립할 수 없다.

② 합의해제시에 손해배상에 관한 특약 등을 하지 않았더라도 매도인은 채무불이행으로 인한 손해배상을 청구할 수 있다.

③ 합의해제의 소급효는 해제 전에 매매목적물에 대하여 저당권을 취득한 제3자에게 영향을 미친다.

④ 합의해제에 따른 매도인의 원상회복청구권은 소유권에 기한 물권적 청구권으로서 소멸시효의 대상이 되지 않는다.

⑤ 다른 약정이 없으면 합의해제로 인하여 반환할 금전에 그 받은 날로부터 이자를 가산하여야 할 의무가 있다.

47

상중하
해제

계약의 해제에 관한 설명으로 **틀린** 것은? (다툼이 있으면 판례에 따름)　　　20. 주택사

① 해제의 의사표시에는 원칙적으로 조건과 기한을 붙이지 못한다.

② 계약의 해제로 인한 원상회복청구권의 소멸시효는 해제한 때부터 진행한다.

③ 해제로 인한 원상회복의무는 부당이득반환의무의 성질을 가지고, 그 반환의무의 범위는 선의·악의를 불문하고 특단의 사유가 없는 한 받은 이익 전부이다.

④ 합의해제의 경우, 손해배상에 대한 특약 등의 사정이 없더라도 채무불이행으로 인한 손해배상을 청구할 수 있다.

⑤ 매도인은 매매계약에 의하여 채무자의 책임재산이 된 부동산을 계약해제 전에 가압류한 채권자에 대하여 해제의 소급효로 대항할 수 없다.

48

상중하
해제와 해지

계약의 해제와 해지에 관한 설명으로 옳은 것은? (다툼이 있으면 판례에 따름)　　　23. 주택사

① 해지의 의사표시는 도달되더라도 철회할 수 있으나 해제의 의사표시는 철회할 수 없다.

② 채무불이행을 원인으로 계약을 해제하면 그와 별도로 손해배상을 청구하지 못한다.

③ 당사자의 일방이 2인인 경우, 특별한 사정이 없는 한 그 중 1인이 해제권이 소멸하더라도 다른 당사자의 해제권은 소멸하지 않는다.

④ 당사자 사이에 별도의 약정이 없는 한 합의해지로 인하여 반환할 금전에는 그 받은 날로부터의 이자를 더하여 지급할 의무가 없다.

⑤ 소유권이전등기의 이행불능을 이유로 매매계약을 해제하기 위해서는 그와 동시이행관계에 있는 잔대금지급의무의 이행제공이 필요하다.

Point

49

상중하
제3자 보호

민법 제548조 제1항 단서의 계약해제의 소급효로부터 보호받는 제3자에 해당하지 **않는** 자는?
(다툼이 있으면 판례에 따름)　　　23. 노무사

① X토지에 대한 매매계약이 해제되기 전에 매수인으로부터 X토지를 매수하여 소유권을 취득한 자

② X토지에 대한 매매계약이 해제되기 전에 매수인의 X토지에 저당권을 취득한 자

③ X토지에 대한 매매계약의 해제로 X토지의 소유권을 상실하게 된 매수인으로부터 해제 이전에 X토지를 임차하여 임차권등기를 마친 자

④ X토지에 대한 매매계약이 해제되기 전에 매수인과 매매예약 체결 후 그에 기한 소유권이전등기청구권 보전을 위한 가등기를 마친 자

⑤ X토지에 대한 매매계약이 해제되기 전에 매수인으로부터 X토지에 대한 소유권이전등기청구권을 양도받은 자

Point
50
상중하
제3자 보호

계약해제의 소급효로부터 보호될 수 있는 제3자에 해당하는 자는? (다툼이 있으면 판례에 의함)

① 계약해제 전, 해제대상인 계약상의 채권 자체를 압류한 채권자

② 계약해제 전, 매수인 명의로 이전등기된 부동산을 다시 매수하였으나 소유권이전등기를 하지 않은 매수인

③ 계약해제 전, 매수인 명의로 이전등기된 부동산을 다시 매수하여 소유권이전청구권보전을 위한 가등기를 한 매수인

④ 토지 매매계약이 해제된 경우, 토지매수인으로부터 그 토지 위에 신축된 건물을 매수한 자

⑤ 계약이 해제된 후 매수인으로부터 해제된 사실을 알고 매수하고 소유권이전등기를 경료한 전득자

복습문제
51
상중하
제3자 보호

계약해제의 소급효로부터 보호될 수 있는 제3자에 해당하는 자로 바르게 짝지어진 것은?

> ㉠ 계약이 해제되기 이전에 계약상의 채권을 양수하여 이를 피보전권리로 하여 처분금지가 처분결정을 받은 자
> ㉡ 소유권이전등기를 한 매수인으로부터 계약이 해제되기 전에 주택을 임차한 후 대항요건을 갖춘 임차인
> ㉢ 계약이 해제된 후 매수인의 소유권이전등기가 말소되기 전에 해제된 사실을 모르고 부동산을 압류한 채권자
> ㉣ 미등기 무허가건물에 관한 매매계약이 해제되기 전에 매수인으로부터 무허가건물을 다시 매수하고 무허가건물관리대장에 소유자로 등재된 자

① ㉠, ㉡   ② ㉡, ㉢   ③ ㉡, ㉣
④ ㉢, ㉣   ⑤ ㉠, ㉢

Point
52
상중하
계약의 해제

계약해제에 관한 설명 중 틀린 것은?

① 매매계약의 해제로 인하여 양 당사자가 부담하는 원상회복의무는 동시이행의 관계에 있다.

② 계약이 적법하게 해제된 후에도 착오를 원인으로 그 계약을 취소할 수 있다.

③ 토지거래허가를 요하는 계약의 당사자는 토지거래허가신청절차에 협력할 의무를 부담하지만, 협력의무불이행을 이유로 그 계약을 일방적으로 해제할 수 없다.

④ 계약당사자가 약정해제권을 유보했더라도 법정해제권은 발생할 수 있다.

⑤ 계약이 해제된 후 매수인으로부터 제3자가 매수하고 등기를 경료한 경우, 제3자는 선의라 하더라도 소유권을 취득할 수 없다.

53
상<u>중</u>하
해제 사례

甲과 乙은 甲 소유의 X토지에 대하여 매매계약을 체결하였다. 이에 관한 설명으로 틀린 것은?
(다툼이 있으면 판례에 따름)　　　　　　　　　　　　　　　　　　　21. 변리사 · 노무사

① 계약이 해제된 경우, 금전을 수령한 甲은 해제한 날부터 이자를 가산하여 乙에게 반환하여야 한다.

② 甲이 乙의 채무불이행을 이유로 매매계약을 해제한 후에도 乙은 착오를 이유로 매매계약을 취소할 수 있다.

③ 乙 명의로 소유권이전등기가 경료된 X토지에 대하여 乙의 채권자 丙이 가압류 집행을 마쳐둔 경우, 甲은 丙에 대하여 乙의 채무불이행을 이유로 한 해제의 소급효를 주장할 수 없다.

④ 乙이 중도금을 약정된 기일에 지급하지 않으면 최고 없이 계약은 자동적으로 해제되는 것으로 약정한 경우, 특별한 사정이 없는 한 그 불이행이 있으면 계약은 자동적으로 해제된다.

⑤ 甲의 귀책사유로 인한 이행지체를 이유로 계약을 해제한 乙이 계약이 존속함을 전제로 甲에게 계약상 의무이행을 구하는 경우, 甲은 그 이행을 거절할 수 있다.

54
상<u>중</u>하
해제 사례

甲은 2020년 1월 29일에 그 소유 토지를 乙에게 10억원에 매도하는 계약을 체결하면서 계약금은 1억원으로 하고, 2020년 2월 29일에 중도금 4억원을 지급받음과 동시에 소유권이전등기를 넘겨주고, 잔금은 2020년 3월 29일까지 지급받기로 하였다. 이에 관한 설명으로 옳은 것을 모두 고른 것은? (다툼이 있으면 판례에 따름)　　　　　　　　　　　　20. 변리사

> ㉠ 乙이 약정대로 중도금까지 지급하고 소유권이전등기를 경료하였으나, 2020년 3월 29일에 잔금을 지급하지 않은 경우, 甲은 즉시 계약을 해제할 수 있다.
>
> ㉡ 등기를 취득한 乙이 2020년 4월 16일에 丙에게 매도하고 이전등기를 해준 뒤, 甲이 乙의 채무불이행을 이유로 적법하게 계약을 해제한 경우, 丙이 乙과의 계약 당시 乙의 채무불이행 사실을 알았더라도 甲은 丙 명의 등기의 말소를 청구할 수 없다.
>
> ㉢ 乙이 등기를 취득한 후 甲이 2020년 4월 25일에 乙의 채무불이행을 이유로 적법하게 계약을 해제하였으나 乙 명의의 등기를 말소하기 전에 丙 명의의 저당권등기가 이루어진 경우, 丙이 계약해제 사실을 몰랐다면 甲은 丙 명의 등기의 말소를 청구할 수 없다.

① ㉠　　　　　　　　　　② ㉢　　　　　　　　　　③ ㉠, ㉡

④ ㉡, ㉢　　　　　　　　⑤ ㉠, ㉡, ㉢

55

신중하

계약해제의
효과

甲은 乙에게 중도금만 받은 상태에서 자신의 건물을 매도하고 건물인도 및 이전등기를 해주었다. 그 후 乙의 채무불이행을 이유로 甲이 해제한 경우, 다음 설명 중 틀린 것을 모두 고른 것은? (다툼이 있으면 판례에 따름)

> ㉠ 甲이 매매계약을 해제하였으므로 乙명의의 소유권이전등기가 말소되지 않더라도 甲은 건물의 소유권을 회복한다.
>
> ㉡ 甲은 중도금반환과 서로 동시이행관계에 있는 乙의 이행제공이 없더라도 대금을 받은 날로부터 이자를 지급할 의무가 있다.
>
> ㉢ 해제되기 전에 甲의 乙에 대한 매매잔대금채권을 압류한 丙은 매매계약이 해제되더라도 乙에게 채권을 행사할 수 있다.

① ㉠   ② ㉡   ③ ㉢

④ ㉠, ㉡   ⑤ ㉡, ㉢

Chapter 02 | 계약법 각론

제1절 | **계약금**

대표유형

해약금에 의하여 계약을 해제하는 경우에 관한 설명으로 틀린 것은? (다툼이 있으면 판례에 따름)

19. 변리사 수정

① 계약금의 일부만 지급된 경우, 수령자는 실제 지급된 계약금의 배액을 상환하고 계약을 해제할 수 없다.
② 계약당사자 일방이 채무의 이행기 전에 이미 채무의 이행에 착수하였다면 특별한 사정이 없는 한 계약당사자는 해제권을 행사할 수 없다.
③ 계약당사자가 계약금에 기한 해제권을 배제하기로 하는 약정을 하였다면, 각 당사자는 해제권을 행사할 수 없다.
④ 계약금을 수령한 매도인이 매수인에 대하여 해제권을 행사하기 위해서는 수령한 계약금의 배액의 이행제공을 하여야 하며 매수인이 수령을 거부하는 경우, 이를 공탁하여야 한다.
⑤ 토지거래허가구역 내의 토지에 관한 매매계약의 당사자가 토지거래허가신청절차의 협력의무를 이행하여 관할관청으로부터 거래허가를 받았더라도, 그러한 사정만으로는 아직 이행의 착수가 있다고 볼 수 없다.

해설 ④ 매도인이 해약금에 의한 해제를 하려면 계약금의 배액을 제공하면 족하고, 상대방이 이를 수령하지 아니한다고 하여 이를 공탁할 필요는 없다. **A** 정답 ④

01 **계약금에 관한 설명으로 옳은 것은?** (다툼이 있으면 판례에 따름)   22. 변리사
상중하
계약금
① 계약금을 수령한 매도인이 계약금의 배액을 상환하고 계약을 해제하려는 경우, 매수인이 이를 수령하지 않으면 공탁하여야 해제의 효력이 발생한다.

② 매수인이 자신이 지급한 계약금을 포기하고 계약을 해제하기 전에, 매도인이 매수인에 대하여 매매계약의 이행을 최고하고 매매잔대금의 지급을 구하는 소송을 제기하였다면 이는 이행에 착수한 것으로 보아야 한다.

③ 토지거래허가구역 내의 토지에 관하여 매매계약을 체결하고 계약금만 주고받은 상태에서 토지거래허가를 받은 경우, 매도인은 자신이 수령한 계약금의 배액을 상환하여 매매계약을 해제할 수 있다.

④ 당사자 일방의 귀책사유로 인한 법정해제권을 행사하는 경우, 특별한 사정이 없는 한 계약금은 위약금으로서 상대방에게 귀속된다.

⑤ 계약당사자가 계약금에 기한 해제권을 배제하기로 하는 약정을 하더라도, 각 당사자는 계약금에 기한 해제권을 행사할 수 있다.

02 **甲은 乙에게 자신의 토지를 1억원에 매도하는 매매계약을 체결하면서 계약금으로 1,000만원을 받았다. 다음 설명 중 옳은 것은?**   10. 변리사
상중하
계약금
① 乙이 아직 이행에 착수하기 전이라면, 甲은 수령한 계약금 1,000만원을 乙에게 제공하고 乙과의 매매계약을 해제할 수 있다.

② 매매 목적 토지가 토지거래허가구역 내의 토지이기 때문에 甲이 관할 관청의 허가를 받았다면, 이행에 착수한 것으로서, 그 후 乙은 계약금을 포기하고 甲과의 매매계약을 해제할 수 없다.

③ 乙이 甲의 동의 하에 중도금 지급을 위하여 은행도어음을 교부한 경우라면 甲은 계약금의 배액을 제공하고 乙과의 매매계약을 해제할 수 있다.

④ 甲이 乙에게 매매계약의 이행을 최고하고 매매 잔대금의 지급을 구하는 소송을 제기한 것만으로도 이행에 착수한 것이므로, 乙은 계약금을 포기하고 해제할 수 없다.

⑤ 甲이 매매계약의 이행에 전혀 착수하지 않았더라도 乙이 중도금을 지급하였다면, 乙은 계약금을 포기하고 甲과의 매매계약을 해제할 수 없다.

03

상중하

계약금

甲은 자기 소유 주택을 乙에게 매도하고 계약금을 받았다. 그리고 1개월 후 중도금, 3개월 후 잔금을 지급받고, 잔금지급과 동시에 이전등기를 해 주기로 하였다. 이에 관한 설명으로 **틀린** 것은? (다툼이 있으면 판례에 따름) 　　　　　　　　　　　　15. 변리사

① 계약금은 이를 위약금으로 하기로 하는 특약이 없는 이상 손해배상액의 예정액으로서의 성질을 갖는 것이 아니다.

② 甲이 해제권을 행사하는 경우, 甲이 계약금의 배액을 乙에게 제공하기 전이라도 해제의 의사표시가 乙에게 도달한 때 해제의 효과가 발생한다.

③ 乙이 중도금을 지급한 경우, 甲이 매매계약의 이행에 착수한 바가 없더라도 乙은 계약금을 포기하고 매매계약을 해제할 수 없다.

④ 乙이 중도금 지급기일을 지키지 않자 甲이 상당한 기간을 정해 최고하였음에도 그 기간 내에 지급하지 않은 경우, 甲은 채무불이행을 이유로 계약을 해제하고 손해배상을 청구할 수 있다.

⑤ 乙의 채무불이행을 이유로 계약이 해제되는 경우, 특약이 없는 이상 甲은 채무불이행으로 입은 실제 손해만을 배상받을 수 있을 뿐, 계약금이 위약금으로 甲에게 귀속되는 것은 아니다.

04

상중하

계약금

계약금에 관한 다음 내용 중 **틀린** 것은? (다툼이 있으면 판례에 의함)

① 매수인은 특별한 사정이 없는 한 이행기 전에 이행에 착수할 수 있다.

② 해약금에 의한 해제를 한 경우, 원상회복의무는 발생할 여지가 없다.

③ 토지거래허가를 받지 않아 유동적 무효인 상태에 있다고 하더라도 해약금약정에 기한 해제권의 행사는 가능하다.

④ 매매계약 당시 매수인이 중도금 일부의 지급에 갈음하여 매도인에게 제3자에 대한 대여금채권을 양도하기로 약정하고, 그 자리에 제3자도 참석한 경우, 매도인은 해약금에 의한 해제권을 행사할 수 없다.

⑤ 임차인의 채무불이행시 위약금약정을 했다면, 임대인이 계약을 위반할 경우에 관하여는 아무런 합의가 없었더라도, 임대인의 채무불이행이 있는 경우 임차인은 위약금약정에 따라 계약금 배액을 청구할 수 있다.

복습문제 05 상중하 계약금

甲은 乙 소유의 X토지를 3억원에 매수하면서 계약금으로 3천만원을 乙에게 지급하기로 약정하고, 그 즉시 계약금 전액을 乙의 계좌로 입금하였다. 이에 관한 설명으로 틀린 것은? (다툼이 있으면 판례에 따름) 22. 주택사

① 甲과 乙의 계약금계약은 요물계약이다.

② 甲과 乙 사이에 다른 약정이 없는 한 계약금은 해약금의 성질을 갖는다.

③ 乙에게 지급된 계약금은 특약이 없는 한 손해배상액의 예정으로 볼 수 없다.

④ 만약 X토지가 토지거래허가구역 내의 토지이고 甲과 乙이 이행에 착수하기 전에 관할관청으로부터 토지거래허가를 받았다면, 甲은 3천만원을 포기하고 매매계약을 해제할 수 있다.

⑤ 乙이 甲에게 6천만원을 상환하고 매매계약을 해제하려는 경우, 甲이 6천만원을 수령하지 않은 때에는 乙은 이를 공탁해야 유효하게 해제할 수 있다.

복습문제 06 상중하 계약금

甲은 乙과 자신의 토지를 1억원에 매매계약을 체결하면서 계약금으로 1,000만원을 받기로 약정하였다. 다음 중 틀린 것은?

① 乙이 계약금 중 500만원을 우선 지급한 경우, 甲은 乙에게 1,000만원을 상환하고 해제할 수 있다.

② 乙이 1,000만원을 완납한 후 중도금지급기일 전에 중도금을 지급한 경우, 특별한 사정이 없는 한 甲은 2,000만원을 乙에게 제공하고 해제할 수 없다.

③ 매매목적 토지가 토지거래허가구역 내의 토지이기 때문에 甲과 乙이 토지거래허가를 받았다 하더라도, 이행에 착수한 것으로 볼 수 없다.

④ 甲이 乙에 대하여 매매대금지급을 구하는 소송을 제기한 것만으로는 이행에 착수하였다고 볼 수 없다.

⑤ 乙이 1,000만원을 완납한 후 乙의 귀책사유로 인해 매매계약이 해제된 경우, 위약금특약이 없는 한 甲은 계약금을 몰취할 수 없다.

제2절 | 매 매

대표유형

매매에 관한 설명 중 옳은 것은?

① 타인의 물건이나 권리는 매매의 목적으로 할 수 없다.

② 매매목적물의 반대급부는 금전에 한하지 않고 금전적 가치평가가 가능한 것이면 된다.

③ 매매계약이 성립함과 동시에 목적물로부터 생긴 과실은 매수인에게 속한다.

④ 매매목적물을 인도하기 전에 매수인이 매매대금을 모두 지급하였더라도 그 이후의 과실수취권은 매도인에게 있다.

⑤ 원칙적으로 매매계약에 있어서 채무의 이행비용은 채무자의 부담이고, 계약체결비용은 계약당사자 쌍방이 균분하여 부담한다.

▶**해설** ① 타인의 물건이나 권리라 하더라도 매매의 목적으로 할 수 있다.

② 매매대금은 반드시 금전이라야 한다.

③ 매매계약이 성립함과 동시에 목적물로부터 생긴 과실은 매도인에게 속한다.

④ 매매목적물을 인도하기 전에 매수인이 매매대금을 모두 지급한 경우, 그 이후의 과실수취권은 매수인에게 있다.

Ⓐ 정답 ⑤

07 매매에서 과실의 귀속과 대금의 이자 등에 관한 설명으로 옳은 것을 모두 고른 것은? (대금지급과 목적물인도는 동시이행관계에 있고, 다툼이 있으면 판례에 따름)   제34회

상중하
매 매

┌───┐
│ ㉠ 매매계약 후 목적물이 인도되지 않더라도 매수인이 대금을 완제한 때에는 그 시점 이후 │
│   목적물로부터 생긴 과실은 매수인에게 귀속된다.   │
│ ㉡ 매수인이 대금지급을 거절할 정당한 사유가 있는 경우, 매수인은 목적물을 미리 인도받 │
│   더라도 대금 이자의 지급의무가 없다.   │
│ ㉢ 매매계약이 취소된 경우, 선의의 점유자인 매수인의 과실취득권이 인정되는 이상 선의의 │
│   매도인도 지급받은 대금의 운용이익 내지 법정이자를 반환할 의무가 없다.   │
└───┘

① ㉠   ② ㉡   ③ ㉠, ㉢

④ ㉡, ㉢   ⑤ ㉠, ㉡, ㉢

08

상중하
매매계약의
효력

매매계약에 관한 설명으로 옳은 것은? (다툼이 있으면 판례에 따름) 23. 노무사

① 매매목적물과 대금은 반드시 계약 체결 당시에 구체적으로 특정할 필요는 없고, 이를 나중에라도 구체적으로 특정할 수 있는 방법과 기준이 정해져 있으면 매매계약은 성립한다.

② 매도인이 매수인에게 현존하는 타인 소유의 물건을 매도하기로 약정한 경우, 그 매매계약은 원시적 불능에 해당하여 효력이 없다.

③ 매매예약완결권은 당사자 사이에 다른 약정이 없는 한 10년 내에 이를 행사하지 않으면 시효로 소멸한다.

④ 매도인과 매수인이 해제권을 유보하기 위해 계약금을 교부하기로 합의한 후 매수인이 약정한 계약금의 일부만 지급한 경우, 매도인은 실제 지급받은 금원의 배액을 상환하고 매매계약을 해제할 수 있다.

⑤ 매매계약에 관한 비용은 다른 약정이 없으면 매수인이 부담한다.

09

상중하
매 매

매매의 일방예약 또는 매매계약에 관한 설명으로 틀린 것은? (다툼이 있으면 판례에 따름)
23. 변리사

① 예약완결권을 재판상 행사하는 경우, 소장 부본이 제척기간 내에 상대방에게 송달되어야만 제척기간 내에 행사한 것으로 본다.

② 당사자들이 약정한 예약완결권의 행사기간은 그 매매예약이 성립한 때부터 10년을 초과하더라도 무방하다.

③ 매매예약 성립 후 당사자일방의 매매예약 완결권의 행사 전에 상대방의 매매목적물이 멸실된 경우, 매매예약 완결의 의사표시가 있더라도 매매의 효력이 생기지 않는다.

④ 계약이행의 착수가 있기 전에 매도인이 해약금에 의한 해제를 하려면, 계약금의 배액을 상환하거나 적어도 이행제공 상태에 두어야 한다.

⑤ 매수인이 매매목적물을 대금지급 전에 인도받았다면 대금지급의무와 소유권이전등기의무가 동시이행관계에 있더라도 매매대금에 대한 이자를 지급할 의무가 있다.

10 매매의 일방예약에 관한 설명으로 틀린 것은? (다툼이 있으면 판례에 따름)　　　제34회

상중하
매매예약

① 일방예약이 성립하려면 본계약인 매매계약의 요소가 되는 내용이 확정되어 있거나 확정할 수 있어야 한다.

② 예약완결권의 행사기간 도과 전에 예약완결권자가 예약 목적물인 부동산을 인도받은 경우, 그 기간이 도과되더라도 예약완결권은 소멸되지 않는다.

③ 예약완결권은 당사자 사이에 행사기간을 약정한 때에는 그 기간 내에 행사해야 한다.

④ 상가에 관하여 매매예약이 성립한 이후 법령상의 제한에 의해 일시적으로 분양이 금지되었다가 다시 허용된 경우, 그 예약완결권 행사는 이행불능이라 할 수 없다.

⑤ 예약완결권 행사의 의사표시를 담은 소장 부본의 송달로써 예약완결권을 재판상 행사하는 경우, 그 행사가 유효하기 위해서는 그 소장 부본이 제척기간 내에 상대방에게 송달되어야 한다.

11 甲은 그 소유의 X부동산에 관하여 乙과 매매의 일방예약을 체결하면서 예약완결권은 乙이 가지고 20년 내에 행사하기로 약정하였다. 이에 관한 설명으로 옳은 것은? (다툼이 있으면 판례에 따름)　　　제33회

상중하
매매예약

① 乙이 예약체결시로부터 1년 뒤에 예약완결권을 행사한 경우, 매매는 예약체결시로 소급하여 그 효력이 발생한다.

② 乙의 예약완결권은 형성권에 속하므로 甲과의 약정에도 불구하고 그 행사기간은 10년으로 단축된다.

③ 乙이 가진 예약완결권은 재산권이므로 특별한 사정이 없는 한 타인에게 양도할 수 있다.

④ 乙이 예약완결권을 행사기간 내에 행사하였는지에 관해 甲의 주장이 없다면 법원은 이를 고려할 수 없다.

⑤ 乙이 예약완결권을 행사하더라도 甲의 승낙이 있어야 비로소 매매계약은 그 효력이 발생한다.

제3절 | 매도인의 담보책임

대표유형

甲이 200평의 토지를 乙에게 매도하는 계약을 체결하였다. 다음 설명 중 틀린 것은?

① 토지 전부가 丙의 소유이고 甲이 乙에게 이전할 수 없는 경우, 악의인 乙은 계약을 해제할 수 없다.

② 토지의 20평이 丙의 소유이고 甲이 이를 乙에게 이전할 수 없는 경우, 악의인 乙은 대금 감액을 청구할 수 있다.

③ 수량을 지정하여 매매하였으나 토지를 측량해 본 결과 180평인 경우, 악의인 乙은 대금 감액을 청구할 수 없다.

④ 토지 위에 설정된 지상권으로 인하여 乙이 계약의 목적을 달성할 수 없는 경우, 乙은 선의인 경우에 한하여 계약을 해제할 수 있다.

⑤ 토지 위에 설정된 저당권의 실행으로 乙이 그 토지의 소유권을 취득할 수 없게 된 경우, 악의인 乙은 계약의 해제뿐만 아니라 손해배상도 청구할 수 있다.

해설 ① 전부타인권리매매의 경우, 악의의 매수인도 계약을 해제할 수 있다. **Ⓐ 정답** ①

12
상중**하**
대금감액청구권

매도인의 담보책임의 내용으로 대금감액청구권이 민법상 명시적으로 인정되는 자는?

① 권리의 전부가 타인에게 속한 경우 선의의 매수인

② 권리의 일부가 타인에게 속한 경우 악의의 매수인

③ 수량 부족·일부멸실의 경우 악의의 매수인

④ 매매의 목적물이 전세권의 목적이 된 경우 선의의 매수인

⑤ 특정물에 물건의 하자가 있는 경우 악의의 매수인

13
상**중**하
담보책임

다음 중 담보책임으로 악의의 매수인에게 해제권이 인정되는 경우는?

① 매매목적인 권리의 전부가 타인에게 속한 경우

② 매매목적인 권리의 일부가 타인에게 속한 경우

③ 계약목적물의 일부가 계약 당시 이미 멸실된 경우

④ 매매목적물에 이미 유치권이 존재하는 경우

⑤ 매매목적물에 하자가 있는 경우

14 다음 중 담보책임으로 악의의 매수인에게 손해배상청구권이 인정되는 경우는?

상중**하**
담보책임

① 매매목적인 소유권의 전부가 계약당사자가 아닌 제3자에게 속한 경우
② 매매목적인 소유권의 일부가 계약당사자가 아닌 제3자에게 속한 경우
③ 수량을 지정해서 매매하였으나 수량이 부족한 경우
④ 토지 1필을 매매하기로 하였는데, 이미 대항력이 있는 임차권이 존재하는 경우
⑤ 계약 당시 제3자 명의로 가등기가 경료되어 있었는데, 그 후 본등기의 경료로 매수인이 소유권을 상실한 경우

Point
15 다음 중 매수인의 선의·무과실을 요건으로 하는 매도인의 담보책임은?

상**중**하
하자담보책임

① 목적물의 전부가 타인의 권리에 속한 경우
② 목적물의 일부가 타인의 권리에 속한 경우
③ 법령상 제한으로 계약목적을 달성할 수 없는 경우
④ 수량지정매매에서 목적물의 수량이 부족한 경우
⑤ 목적물에 설정된 저당권의 실행으로 소유권을 잃는 경우

16 매도인의 담보책임에 관한 설명으로 틀린 것은? (다툼이 있으면 판례에 따름)   18. 노무사

상**중**하
담보책임

① 경매절차에서 취득한 물건에 하자가 있는 경우, 그에 대하여 담보책임을 물을 수 없다.
② 수량을 지정한 매매의 목적물이 부족한 경우, 악의의 매수인은 대금감액을 청구할 수 있다.
③ 매매의 목적인 권리의 전부가 타인에게 속한 경우, 매도인이 그 권리를 취득하여 매수인에게 이전할 수 없는 때에는 악의의 매수인은 매매계약을 해제할 수 있다.
④ 건축을 목적으로 매매된 토지에 대하여 건축 허가를 받을 수 없어 건축이 불가능한 경우 등과 같은 법률적 제한 내지 장애는 매매목적물의 하자에 해당한다.
⑤ 매매의 목적인 부동산에 설정된 저당권의 행사로 인하여 매수인이 그 소유권을 취득할 수 없게 된 경우, 악의의 매수인은 계약을 해제할 수 있다.

17
상중하
전부타인의
권리매매

甲은 乙소유 건물을 丙에게 매도하였으나, 그 소유권을 취득하여 丙에게 이전할 수 없게 되었다. 이에 관한 설명으로 옳은 것은? (다툼이 있으면 판례에 따름) 　　15. 변리사

① 丙이 계약을 해제하려면 계약체결일로부터 1년 내에 행사하여야 한다.

② 계약체결 당시 丙이 악의인 경우에도 丙은 계약을 해제할 수 있다.

③ 甲이 선의였다면, 甲과 丙의 계약은 원시적 불능으로서 무효이다.

④ 甲의 귀책사유로 건물이 소실되었더라도, 丙은 채무불이행에 의하여 계약을 해제하고 손해배상을 청구할 수는 없다.

⑤ 丙이 甲의 기망에 의하여 乙의 건물을 甲소유로 알고 매수의 의사표시를 한 경우, 丙은 乙의 건물인 줄 알았더라면 매수하지 아니하였을 때에도 사기를 이유로 그 의사표시를 취소할 수 없다.

18
상중하
일부타인의
권리매매

甲이 乙에게 X토지 1천m²를 10억원에 매도하였는데, 그 중 200m²가 丙소유에 속하였고 이를 乙에게 이전할 수 없게 되었으며 乙은 이러한 사실을 모르고 있었다. 이에 관한 설명으로 옳은 것을 모두 고른 것은? (다툼이 있으면 판례에 따름) 　　21. 주택사

> ㉠ 乙은 X토지 중에서 그 200m²의 비율에 따라 대금감액을 청구할 수 있다.
> ㉡ 乙은 잔존한 800m² 부분만이면 X토지를 매수하지 아니하였을 때에는 계약전부를 해제할 수 있다.
> ㉢ 乙은 대금감액청구와 함께 손해배상청구도 할 수 있다.
> ㉣ 乙은 단순히 그 200m² 부분이 丙에게 속한 사실을 안 날로부터 1년 내에 손해배상청구권을 행사하여야 한다.

① ㉠, ㉡　　　　　　② ㉡, ㉢　　　　　　③ ㉢, ㉣

④ ㉠, ㉡, ㉢　　　　⑤ ㉡, ㉢, ㉣

Point
19
상중하
수량 부족

甲과 乙은 甲소유의 토지 1필지를 200평이라고 생각하고 수량지정매매계약을 체결하였는데, 처음부터 30평이 부족한 것으로 판명되었다. 이에 대한 설명 중 틀린 것을 모두 고른 것은? (다툼이 있으면 판례에 의함)

> ㉠ 악의인 乙은 甲에게 대금감액청구권을 행사할 수 없다.
> ㉡ 선의인 乙은 甲에게 대금감액과 손해배상을 청구할 수 있다.
> ㉢ 선의인 乙은 계약한 날로부터 1년 내에 담보책임상의 권리를 행사하여야 한다.

① ㉠　　　　　　　② ㉡　　　　　　　③ ㉢

④ ㉠, ㉡　　　　　⑤ ㉡, ㉢

Point
20
상중하
매도인의
담보책임

매도인의 담보책임에 관한 설명으로 틀린 것은? (다툼이 있으면 판례에 의함)

① 매매목적인 권리 전부가 타인에게 속한 경우, 매수인은 선의인 경우에 한하여 손해배상을 청구할 수 있다.

② 매매목적인 권리 전부가 타인에게 속한 경우, 손해배상은 이행이익배상이 원칙이다.

③ 계약 당시 제3자 명의로 가압류등기가 경료되어 있었는데, 그 후 경매로 매수인이 소유권을 상실한 경우라면 매수인은 악의라도 계약을 해제하고 손해를 배상받을 수 있다.

④ 매매목적인 권리 일부가 타인에게 속한 경우, 선의의 매수인은 안 날로부터 1년 내에 권리를 행사해야 한다.

⑤ 건축목적으로 경락받은 토지가 관련법령상 건축허가를 받을 수 없는 경우, 경락인은 선의·무과실이라면 담보책임을 물을 수 있다.

21
상중하
경매에 있어서
담보책임

甲은 경매절차에서 저당목적물인 乙소유의 X토지를 매각받고, 그 소유권이전등기가 경료되었다. 다음 중 틀린 것은?

① 甲은 X토지의 물건의 하자를 이유로 담보책임을 물을 수 없음이 원칙이다.

② X토지에 대해 법령상의 제한으로 건물 신축이 불가능하면 이는 물건의 하자에 해당한다.

③ 경매절차가 무효인 경우, 甲은 乙에게 담보책임으로 손해배상을 청구할 수 있다.

④ 담보책임이 인정되는 경우, 甲은 乙이 자력이 없는 경우에 한하여 배당채권자에게 배당금의 반환을 청구할 수 있다.

⑤ 乙이 권리의 하자를 알고 고지하지 않았다면 甲은 乙에게 손해배상을 청구할 수 있다.

22
상중하
매도인의
담보책임

매도인의 담보책임에 관한 설명으로 틀린 것은? (다툼이 있으면 판례에 따름)   21. 변리사

① 수량지정매매에 해당하는 부동산매매계약에서 실제면적이 계약면적에 미달하는 경우, 매수인은 대금감액청구권의 행사와 별도로 부당이득반환청구도 할 수 있다.

② 타인의 권리를 매매한 자가 그 권리를 이전할 수 없게 된 경우, 매도인은 선의의 매수인에 대하여 불능 당시의 시가를 표준으로 이행이익을 배상할 의무가 있다.

③ 매매계약 내용의 중요부분에 착오가 있는 경우, 매수인은 매도인의 하자담보책임이 성립하는지와 상관없이 착오를 이유로 그 매매계약을 취소할 수 있다.

④ 매수인이 하자의 발생과 확대에 잘못이 있는 경우, 법원은 매도인의 손해배상액을 산정함에 있어 매수인의 과실을 직권으로 참작하여 그 범위를 정해야 한다.

⑤ 저당권이 설정된 부동산의 매수인이 저당권의 행사로 그 소유권을 취득할 수 없는 경우, 악의의 매수인이라도 특별한 사정이 없는 한 계약을 해제할 수 있다.

23 상중하
하자담보책임

민법상 특정물 매도인의 하자담보책임에 관한 설명으로 틀린 것은? (다툼이 있으면 판례에 따름)

20. 노무사

① 매도인의 고의·과실은 하자담보책임의 성립요건이 아니다.

② 악의의 매수인에 대해서 매도인은 하자담보책임을 지지 않는다.

③ 매매 목적물인 서화(書畵)가 위작으로 밝혀진 경우, 매도인의 담보책임이 발생하면 매수인은 착오를 이유로는 매매계약을 취소할 수 없다.

④ 경매목적물에 물건의 하자가 있는 경우 하자담보책임이 발생하지 않는다.

⑤ 목적물에 하자가 있더라도 계약의 목적을 달성할 수 있는 경우에는 매수인에게 해제권이 인정되지 않는다.

24 상중하
종합문제

매매에 관한 설명으로 옳은 것을 모두 고른 것은? (다툼이 있으면 판례에 따름)

21. 노무사

㉠ 당사자가 매매예약완결권의 행사기간을 약정하지 않은 경우, 완결권은 예약이 성립한 때로부터 10년 내에 행사되어야 하고, 그 기간을 지난 때에는 제척기간의 경과로 인하여 소멸한다.

㉡ 목적물이 일정한 면적을 가지고 있다는 데 주안을 두고 대금도 면적을 기준으로 정하여지는 아파트 분양계약은 특별한 사정이 없는 한 수량지정매매에 해당한다.

㉢ 건축목적으로 매매된 토지에 대하여 건축허가를 받을 수 없어 건축이 불가능한 경우, 이와 같은 법률적 제한 내지 장애는 권리의 하자에 해당한다.

㉣ 특정물매매에서 매도인의 하자담보책임이 성립하는 경우, 매수인은 매매계약 내용의 중요부분에 착오가 있더라도 이를 취소할 수 없다.

① ㉠, ㉡

② ㉠, ㉣

③ ㉡, ㉢

④ ㉠, ㉢, ㉣

⑤ ㉡, ㉢, ㉣

복습문제
25
상중하
매도인의
담보책임

매도인의 담보책임에 관한 설명으로 옳은 것을 모두 고른 것은? (다툼이 있으면 판례에 따름)

23. 주택사

> ㉠ 변제기에 이르지 않은 채권의 매도인이 채무자의 자력을 담보한 경우, 변제기의 자력을 담보한 것으로 추정한다.
> ㉡ 매매의 목적 부동산에 설정된 저당권 행사로 매수인이 그 소유권을 취득할 수 없는 경우, 저당권 설정 사실에 관하여 악의의 매수인은 그 입은 손해의 배상을 청구할 수 없다.
> ㉢ 매매의 목적이 된 권리가 타인에게 속하여 매도인이 그 권리를 취득한 후 매수인에게 이전할 수 없는 때에는 매수인이 계약 당시 그 권리가 매도인에게 속하지 아니함을 알았더라도 손해배상을 청구할 수 있다.

① ㉠   ② ㉡   ③ ㉢
④ ㉠, ㉡   ⑤ ㉡, ㉢

제4절 | 환매 및 교환

대표유형

환매에 관한 다음의 설명 중 틀린 것은?

① 환매특약은 매매계약의 성립과 반드시 동시에 하여야 한다.
② 특약이 없는 한 매도인이 환매권을 행사하기 위해서는 매매대금에 대한 이자를 매수인에게 지급해야 한다.
③ 부동산에 대하여 환매기간을 약정하지 아니한 경우, 그 기간은 5년으로 본다.
④ 환매기간을 정한 경우에는 당사자 간의 합의로 연장할 수 없다.
⑤ 부동산에 관한 환매특약은 등기한 경우에 한하여 제3자에게 대항할 수 있다.

해설 ② 특약이 없는 한 환매목적물의 과실과 대금의 이자는 상계한 것으로 보기 때문에 매도인이 환매권을 행사하기 위해서 매매대금에 대한 이자를 매수인에게 지급할 의무는 없다.   **Ⓐ 정답 ②**

26
상중하
환 매

부동산의 환매에 관한 설명으로 틀린 것은? (다툼이 있으면 판례에 따름)

제33회

① 환매특약은 매매계약과 동시에 이루어져야 한다.
② 매매계약이 취소되어 효력을 상실하면 그에 부수하는 환매특약도 효력을 상실한다.
③ 환매시 목적물의 과실과 대금의 이자는 특별한 약정이 없으면 이를 상계한 것으로 본다.
④ 환매기간을 정하지 않은 경우, 그 기간은 5년으로 한다.
⑤ 환매기간을 정한 경우, 환매권의 행사로 발생한 소유권이전등기청구권은 특별한 사정이 없는 한 그 환매기간 내에 행사하지 않으면 소멸한다.

27

상중하

환매

부동산매매에서 환매특약을 한 경우에 관한 설명으로 **틀린** 것은? (다툼이 있으면 판례에 따름)

제30회

① 매매등기와 환매특약등기가 경료된 이후, 그 부동산 매수인은 그로부터 다시 매수한 제3자에 대하여 환매특약의 등기사실을 들어 소유권이전등기절차 이행을 거절할 수 없다.

② 환매기간을 정한 때에는 다시 이를 연장하지 못한다.

③ 매도인이 환매기간 내에 환매의 의사표시를 하면 그는 그 환매에 의한 권리취득의 등기를 하지 않아도 그 부동산을 가압류 집행한 자에 대하여 권리취득을 주장할 수 있다.

④ 환매기간에 관한 별도의 약정이 없으면 그 기간은 5년이다.

⑤ 환매특약은 매매계약과 동시에 하여야 한다.

28

상중하

환매

甲은 자기 소유 X토지를 3억원에 乙에게 매도하면서 동시에 환매할 권리를 보유하기로 약정하고 乙이 X토지에 대한 소유권이전등기를 마쳤다. 이에 관한 설명으로 **틀린** 것은? (다툼이 있으면 판례에 따름)

제32회

① 특별한 약정이 없는 한, 甲은 환매기간 내에 그가 수령한 3억원과 乙이 부담한 매매비용을 반환하고 X토지를 환매할 수 있다.

② 甲과 乙이 환매기간을 정하지 아니한 경우 그 기간은 5년으로 한다.

③ 환매등기는 乙 명의의 소유권이전등기에 대한 부기등기의 형식으로 한다.

④ 만일 甲의 환매등기 후 丙이 乙로부터 X토지를 매수하였다면, 乙은 환매등기를 이유로 丙의 X토지에 대한 소유권이전등기청구를 거절할 수 있다.

⑤ 만일 甲의 환매등기 후 丁이 X토지에 乙에 대한 채권을 담보하기 위하여 저당권을 설정하였다면, 甲이 적법하게 환매권을 행사하여 X토지의 소유권이전등기를 마친 경우 丁의 저당권은 소멸한다.

29

상중하

교환

교환에 관한 다음 설명 중 **틀린** 것은?

① 교환물의 가격이 균등하지 않은 때에는 그 차액을 보충하기 위하여 일방 당사자가 일정액의 금전을 보충지급할 것을 약정할 수 있다.

② 위 ①의 보충금에 관해서는 매매대금에 관한 규정이 준용된다.

③ 교환계약은 당사자 쌍방이 금전 이외의 재산권을 서로 이전할 것을 약정함으로써 성립하는 계약이다.

④ 교환계약은 매매에 관한 규정이 일반적으로 준용된다.

⑤ 교환계약은 쌍무·유상·불요식의 계약이며, 급부를 현실적으로 이행하여야 성립하는 요물계약이다.

30 부동산의 교환계약에 관한 설명으로 옳은 것을 모두 고른 것은? 제32회

상중하
교 환

> ⊙ 유상·쌍무계약이다.
> ⓒ 일방이 금전의 보충지급을 약정한 경우 그 금전에 대하여는 매매대금에 관한 규정을 준용한다.
> ⓒ 다른 약정이 없는 한 각 당사자는 목적물의 하자에 대해 담보책임을 부담한다.
> ② 당사자가 자기 소유 목적물의 시가를 묵비하여 상대방에게 고지하지 않은 경우, 특별한 사정이 없는 한 상대방의 의사결정에 불법적인 간섭을 한 것이다.

① ⊙, ⓒ   ② ⓒ, ②

③ ⊙, ⓒ, ⓒ   ④ ⓒ, ⓒ, ②

⑤ ⊙, ⓒ, ⓒ, ②

복습문제
31 민법상 환매에 관한 설명으로 **틀린** 것은? 제34회

상중하
환 매

① 환매권은 양도할 수 없는 일신전속권이다.
② 매매계약이 무효이면 환매특약도 무효이다.
③ 환매기간을 정한 경우에는 그 기간을 다시 연장하지 못한다.
④ 환매특약등기는 매수인의 권리취득의 등기에 부기하는 방식으로 한다.
⑤ 환매특약은 매매계약과 동시에 해야 한다.

제5절 임대차

대표유형

임차인의 권리에 관한 다음 설명 중 **틀린** 것은?

① 유익비상환청구권은 임대차종료시에 행사할 수 있다.

② 일시사용하기 위한 임대차의 경우에도 임차인의 비용상환청구권은 인정된다.

③ 임차인의 채무불이행을 이유로 임대차가 해지된 경우에도 임차인은 임대인의 동의를 받아 부속한 물건에 대해서는 매수청구를 할 수 있다.

④ 기간의 약정이 없는 토지임대차에서 임대인이 해지통고를 한 경우, 임차인은 갱신청구 없이 곧바로 지상물매수청구를 할 수 있다.

⑤ 임대차종료 전 지상물 일체를 포기하기로 하는 임대인과 임차인의 약정은 특별한 사정이 없는 한 무효이다.

해설 ③ 임차인의 채무불이행을 이유로 임대차가 해지된 경우에는 임차인은 부속물매수청구를 할 수 없다.

Ⓐ 정답 ③

32

상중하

비용상환청구권

비용상환청구권에 대한 다음의 기술 중 **틀린** 것은?

① 임대인에게 수선의무가 있으므로 임차인은 존속 중에도 임대인에 대하여 필요비청구가 가능하다.

② 유익비상환청구는 임대차종료시 가액의 증가가 현존한 경우에 한하여 지출금액 또는 증가액을 임대인의 선택에 따라 할 수 있다.

③ 필요비 및 유익비의 상환청구권은 임대인이 목적물을 반환받은 날로부터 6개월 내에 행사하여야 한다.

④ 원상복구를 하기로 약정한 경우, 임차인의 유익비상환청구권을 포기하기로 특약한 것으로 본다.

⑤ 임대인에게 수선의무가 있으므로, 임차인의 필요비상환청구권을 포기하기로 한 약정은 임차인에게 불리하므로 무효이다.

33 임차인의 부속물매수청구권에 관한 설명 중 **틀린** 것은? (다툼이 있으면 판례에 의함)

상중하
부속물매수
청구권

① 매수청구의 대상이 되는 부속물은 건물임차인이 임대인의 동의를 얻어 부속하거나 임대인으로부터 매수한 것이어야 한다.

② 임대인의 동의를 얻어 부속된 물건이 오로지 임차인의 특수목적에 사용하기 위하여 부속된 것인 경우에도 부속물매수청구권을 행사할 수 있다.

③ 매수청구권의 객체인 부속물은 독립된 물건으로 존재하여야 하고, 임차목적물의 구성부분으로 되지 않을 것을 요한다.

④ 임대차계약이 임차인의 채무불이행을 이유로 해지된 경우에는 부속물매수청구권을 행사할 수 없다.

⑤ 차임이 시가보다 파격적으로 저렴한 경우, 부속물매수청구권을 포기하기로 한 약정은 유효이다.

Point 34 토지임차인의 지상물매수청구권에 관한 설명으로 **옳은** 것은? (다툼이 있으면 판례에 의함)

상중하
지상물매수
청구권

① 행정관청의 허가를 받지 않은 무허가 건물도 지상물매수청구권의 대상이 될 수 있다.

② 지상물의 경제적 가치 유무나 임대인에 대한 효용 여부는 매수청구권의 행사요건이다.

③ 매수청구권의 대상이 되는 지상물은 임대인의 동의를 얻어 신축한 것에 한한다.

④ 임차인 소유의 건물이 임대토지와 제3자 소유의 토지 위에 걸쳐서 건립된 경우, 임차인은 건물 전체에 대하여 매수청구를 할 수 있다.

⑤ 건물 소유를 목적으로 한 토지임차인은 건물등기가 되어 있더라도 토지임차권이 등기되어 있지 않는 한 토지양수인에게 매수청구권을 행사할 수 없다.

35
상중하
지상물매수
청구권

甲은 건물을 신축할 목적으로 乙로부터 토지를 임차하면서, 임대차 종료시 건물 기타 지상시설 일체를 대가 없이 포기하고, 만약 지상건물을 철거하지 아니할 경우에는 그 소유권을 乙에게 이전하기로 약정하였다. 임대차가 기간만료로 종료되자 乙은 甲을 상대로 토지인도 및 건물철거 청구소송을 제기하였다. 이에 관한 설명으로 **틀린** 것은? (다툼이 있으면 판례에 따름) 15. 변리사

① 임대차 종료시 대가 없이 건물 기타 지상시설 일체를 포기하겠다는 약정은 특별한 사정이 없는 한 甲에게 불리한 것이어서 무효이다.

② 甲의 채무불이행을 이유로 계약이 해지된 경우에도 甲은 건물매수청구권을 행사할 수 있다.

③ 甲이 그 지상건물에 대하여 적법하게 매수청구권을 행사하더라도 지상건물의 점유·사용을 통하여 그 부지를 계속하여 점유·사용하는 한, 부지의 임료 상당액을 부당이득으로서 반환할 의무가 있다.

④ 건물철거소송 과정에서 甲이 건물매수청구권을 행사할 수 있었는데도 이를 행사하지 않았고, 甲의 패소판결이 확정되었더라도, 건물철거가 집행되기 전이라면 건물매수청구권을 행사할 수 있다.

⑤ 만약 임대차의 존속기간을 정하지 않은 경우, 乙의 해지통고에 의하여 임대차가 종료되었더라도 甲은 갱신청구 없이 건물매수청구권을 행사할 수 있다.

Point
36
상중하
지상물매수
청구권

乙은 건물을 소유할 목적으로 甲소유의 토지를 임차하여 그 지상에 건물을 신축하고 보존등기를 하였다. 다음 설명 중 옳은 것을 모두 고른 것은? (다툼이 있으면 판례에 의함)

⊙ 乙이 적법한 건물매수청구권을 행사하면 甲의 승낙 없이도 건물에 대한 매매계약이 성립한다.

⊙ 임대차종료 후 甲이 토지를 丙에게 양도한 경우, 토지임차권등기를 하지 않았다면 乙은 丙에게 건물매수청구를 할 수 없다.

⊙ 乙소유의 건물이 丙소유의 토지 위에 걸쳐서 건립된 경우, 甲소유의 토지 위에 있는 건물 부분 중 구분소유의 객체가 될 수 있는 부분에 한하여 乙은 甲에게 건물매수청구를 할 수 있다.

⊙ 근저당권이 설정된 건물에 관해서 乙이 건물매수청구권을 행사한 경우, 그 건물의 시가 상당액에서 근저당권의 피담보채권액을 공제한 금액이 매매대금이 된다.

① ㄱ, ㄴ   ② ㄱ, ㄷ   ③ ㄴ, ㄹ

④ ㄱ, ㄴ, ㄷ   ⑤ ㄴ, ㄷ, ㄹ

37 임대차에 관한 설명으로 옳은 것은? (다툼이 있으면 판례에 따름)

상중하
임대차

① 토지 내지 건물의 임차인에게 부속물매수청구권이 인정된다.
② 유익비상환청구권은 임대인이 목적물을 반환받은 날로부터 1년 내에 행사하여야 한다.
③ 연체차임액이 1기의 차임액에 이르면 건물임대인이 차임연체로 해지할 수 있다는 약정은 무효이다.
④ 경제사정변동에 따른 임대인의 차임증액청구에 대해 법원이 차임증액을 결정한 경우, 그 결정 다음날부터 지연손해금이 발생한다.
⑤ 임대차 종료 후 보증금이 반환되지 않고 있는 한, 임차인의 목적물에 대한 점유는 적법점유이므로 임차인이 목적물을 계속하여 사용·수익하더라도 부당이득 반환의무는 발생하지 않는다.

38 임대차에 관한 다음의 설명 중 틀린 것은?

상중하
임대차

① 토지임대차가 법정갱신된 경우, 존속기간은 정함이 없는 것으로 본다.
② 임대차계약에서 보증금을 지급하였다는 사실에 대한 증명책임은 임차인이 부담한다.
③ 임차인은 임대차존속 중 그 보증금으로써 연체차임에 충당할 것을 임대인에게 주장할 수 없다.
④ 차임증액금지 특약은 유효이지만 차임감액금지의 특약은 무효이다.
⑤ 차임증감청구권에 관한 규정은 일시사용을 위한 임대차의 경우에도 적용된다.

39 임대차에 관한 설명으로 틀린 것은?   16. 노무사

상중하
임대차

① 일시사용을 위한 임대차가 명백한 경우, 임차인에게 부속물매수청구권이 인정되지 않는다.
② 임차물에 대하여 권리를 주장하는 자가 있고 임대인이 그 사실을 모르고 있는 경우, 임차인은 지체 없이 임대인에게 이를 통지하여야 한다.
③ 토지임대차의 기간의 약정이 없는 경우, 원칙적으로 각 당사자는 언제든지 임대차계약의 해지를 통고할 수 있다.
④ 다른 약정이 없는 한, 임대인의 행위가 임대물의 보존에 필요한 행위라도 임차인은 이를 거절할 수 있다.
⑤ 부동산임차인은 당사자 사이에 반대약정이 없으면 임대인에 대하여 그 임대차등기절차에 협력할 것을 청구할 수 있다.

40 민법상 임대차계약에 관한 설명으로 **틀린** 것은? (다툼이 있으면 판례에 따름) 제34회

상중하
임대차

① 임대인이 목적물을 임대할 권한이 없어도 임대차계약은 유효하게 성립한다.

② 임차기간을 영구로 정한 임대차약정은 특별한 사정이 없는 한 허용된다.

③ 임차인은 특별한 사정이 없는 한 자신이 지출한 임차물의 보존에 관한 필요비 금액의 한도에서 차임의 지급을 거절할 수 있다.

④ 임대차가 묵시의 갱신이 된 경우, 전임대차에 대해 제3자가 제공한 담보는 원칙적으로 소멸하지 않는다.

⑤ 임대차 종료로 인한 임차인의 원상회복의무에는 임대인이 임대 당시의 부동산 용도에 맞게 다시 사용할 수 있도록 협력할 의무까지 포함된다.

41 乙이 甲 소유의 주택을 2년간 임차하는 계약을 甲과 체결하여 그 주택에 거주하는 경우에 관한 설명으로 **틀린** 것은? (다툼이 있으면 판례에 따름) 19. 노무사

상중하
임대차 사례

① 특별한 사정이 없는 한 甲은 乙의 안전을 배려하거나 도난을 방지할 보호의무를 부담하지 않는다.

② 甲의 귀책사유로 임대차계약이 해지된 경우, 원칙적으로 乙은 원상회복의무를 부담하지 않는다.

③ 임대차계약 존속 중 주택에 사소한 파손이 생긴 경우, 乙의 사용·수익을 방해할 정도가 아니라면 특별한 사정이 없는 한 甲은 수선의무를 부담하지 않는다.

④ 원인불명의 화재로 주택이 소실된 경우 乙이 이행불능으로 인한 손해배상책임을 면하려면 그 주택의 보존에 관하여 선량한 관리자의 주의의무를 다하였음을 증명하여야 한다.

⑤ 乙이 주택의 사용·편익을 위하여 甲의 동의를 얻어 주택에 부속한 물건이 있는 경우, 특별한 사정이 없는 한 임대차 종료시에 甲에 대하여 그 부속물의 매수를 청구할 수 있다.

Point
42 건물임차인 乙이 임대인 甲의 동의를 얻어 丙에게 전대하였다. 다음 중 **틀린** 것은?

상중하
무단전대

① 丙의 과실로 건물이 멸실·훼손된 경우, 乙은 甲에 대하여 그 책임을 면하지 못한다.

② 丙이 전대차계약에서 정한 차임지급기일 전에 차임을 乙에게 지급한 경우에는 이로써 甲에게 대항할 수 없다.

③ 甲과 乙의 합의해지로 임대차계약이 종료된 경우, 丙의 전차권은 소멸한다.

④ 丙이 甲의 동의를 얻어 부속한 물건이 있는 때에는 전대차종료시에 甲에 대하여 부속물 매수청구를 할 수 있다.

⑤ 임대차와 전대차가 모두 종료한 경우, 丙이 甲에게 직접 건물을 반환하면 乙에 대한 건물 반환의무를 면한다.

Point
43
상중하
무단전대

토지임차인 乙이 임대인 甲의 동의를 얻지 않고 丙에게 토지를 전대하였다. 이 경우에 관한 설명으로 **틀린** 것은?

① 乙, 丙 간의 전대계약은 유효하다.
② 甲은 乙에 대하여 차임을 청구할 수 있다.
③ 甲은 丙에 대하여 방해제거청구를 할 수 있다.
④ 甲이 임대차계약을 해지한 경우, 乙은 지상물매수청구권을 행사할 수 없다.
⑤ 甲은 임대차계약을 해지하지 않고, 丙에 대하여 불법점유를 이유로 차임 상당액의 손해배상을 청구할 수 있다.

44
상중하
무단전대

乙은 건물의 소유를 목적으로 甲 소유의 X토지를 임차한 후, 甲의 동의 없이 이를 丙에게 전대하였다. 이에 관한 설명으로 옳은 것은? (다툼이 있으면 판례에 따름)   19. 변리사

① 甲은 丙에게 X토지의 반환을 청구할 수 없다.
② 甲은 乙에 대한 임대차계약상의 차임청구권을 상실한다.
③ 甲과 乙 사이의 임대차계약은 무단전대를 이유로 甲의 해지의 의사표시가 없더라도 해지의 효력이 발생한다.
④ 임대차 및 전대차기간 만료시에 丙이 신축한 건물이 X토지에 현존하고 甲이 임대차 계약의 갱신을 거절한 경우, 丙은 甲에게 건물매수를 청구할 수 없다.
⑤ 甲과 乙 사이의 임대차계약이 존속하더라도 甲은 X토지의 불법점유를 이유로 丙에게 차임상당의 부당이득반환을 청구할 수 있다.

45
상중하
임차권의 양도
및 전대

임차권의 양도 및 전대에 관한 설명으로서 **틀린** 것을 모두 고른 것은?

> ㉠ 임대인의 동의 없는 양도의 경우, 무단양도계약은 무효이다.
> ㉡ 건물임차인은 건물의 소부분에 대해서는 임대인의 동의 없이 제3자에게 사용하게 할 수 있다.
> ㉢ 임대인의 동의가 있는 전대의 경우, 임대차관계가 기간만료나 채무불이행 등으로 소멸하면 전차권도 소멸함이 원칙이다.
> ㉣ 임대인의 동의가 있는 양도의 경우, 임차인의 연체차임채무와 의무위반에 따른 손해배상채무는 별다른 특약이 없는 한 양수인에게 이전된다.

① ㉠, ㉢   ② ㉡, ㉢   ③ ㉡, ㉣
④ ㉠, ㉣   ⑤ ㉢, ㉣

복습문제
46
상**중**하
토지임대차
사례

乙은 건물 소유를 목적으로 甲 소유 X토지를 10년간 월차임 2백만원에 임차한 후, X토지에 Y건물을 신축하여 자신의 명의로 보존등기를 마쳤다. 이에 관한 설명으로 틀린 것은? 22. 주택사

① 甲은 다른 약정이 없는 한 임대기간 중 X토지를 사용, 수익에 필요한 상태로 유지할 의무를 부담한다.

② X토지에 대한 임차권등기를 하지 않았다면 특별한 사정이 없는 한 乙은 X토지에 대한 임차권으로 제3자에게 대항하지 못한다.

③ 甲이 X토지의 보존을 위한 행위를 하는 경우, 乙은 특별한 사정이 없는 한 이를 거절하지 못한다.

④ 乙이 6백만원의 차임을 연체하고 있는 경우에 甲은 임대차계약을 해지할 수 있다.

⑤ 甲이 변제기를 경과한 후 최후 2년의 차임채권에 의하여 Y건물을 압류한 때에는 저당권과 동일한 효력이 있다.

복습문제
47
상**중**하
토지임대차
사례

건물 소유를 목적으로 X토지에 대하여 임대인 甲과 임차인 乙 사이에 적법한 임대차계약이 체결되었다. 이에 관한 설명으로 틀린 것은? (다툼이 있으면 판례에 따름) 23. 노무사

① 甲과 乙 사이에 체결된 임대차계약에 임대차기간에 관한 약정이 없는 때에는 甲은 언제든지 계약해지의 통고를 할 수 있다.

② 乙이 甲의 동의 없이 X토지를 전대한 경우, 甲은 원칙적으로 乙과의 임대차 계약을 해지할 수 있다.

③ X토지의 일부가 乙의 과실 없이 멸실되어 사용·수익할 수 없게 된 경우, 乙은 그 부분의 비율에 의한 차임의 감액을 청구할 수 있다.

④ 토지임차인에게 인정되는 지상물매수청구권은 乙이 X토지 위에 甲의 동의를 얻어 신축한 건물에 한해 인정된다.

⑤ 甲이 변제기를 경과한 최후 2년의 차임채권에 의하여 그 지상에 있는 乙 소유의 건물을 압류한 때에는 저당권과 동일한 효력이 있다.

복습문제
48
상중하
임대차

임대차에 관한 설명으로 옳은 것은? (다툼이 있으면 판례에 따름)   17. 노무사

① 연체차임은 임대차계약 종료 전에 별도의 의사표시 없이 임대차보증금에서 당연히 공제된다.

② 건물임대차의 존속기간은 20년을 넘지 못한다.

③ 임대인이 수선의무를 이행함으로써 목적물의 사용·수익에 지장이 초래된 경우 임차인은 그 지장의 한도 내에서 차임지급을 거절할 수 있다.

④ 임대인이 임대목적물에 대한 소유권 기타 이를 임대할 권한이 없는 경우 임대차계약은 유효하게 성립하지 않는다.

⑤ 임차인이 임대인의 동의 없이 임차권을 양도한 경우 임대인은 임대차계약을 해지할 수 없다.

복습문제
49
상중하
임대차

임대차에 관한 설명으로 옳은 것은? (다툼이 있으면 판례에 따름)   18. 노무사

① 토지임차인이 지상물만을 타인에게 양도하더라도 임대차가 종료하면 그 임차인이 매수청구권을 행사할 수 있다.

② 건물임차인이 임대인의 동의 없이 건물의 소부분을 전대한 경우, 임대인은 임대차계약을 해지할 수 있다.

③ 임차인의 채무불이행으로 임대차계약이 해지된 경우, 임차인은 부속물매수청구권을 행사할 수 있다.

④ 임대인은 보증금반환채권에 대한 전부명령이 송달된 후에 발생한 연체차임을 보증금에서 공제할 수 없다.

⑤ 건물소유를 위한 토지임대차의 경우, 임차인의 차임 연체액이 2기의 차임액에 이른 때에는 임대인은 계약을 해지할 수 있다.

복습문제
50
상중하
무단전대

임차인이 임대인의 동의 없이 목적물을 전대한 경우의 법률관계에 관한 다음 설명 중 틀린 것은?

① 임대인은 임대차계약을 해지할 수 있다.

② 임차인의 전대행위가 임대인에 대한 배신행위가 아니라고 인정되는 특별한 사정이 있는 때에는 임대차계약을 해지할 수 없다.

③ 임차인과 전차인 사이의 전대차계약은 임대인의 동의 여부와는 관계없이 유효하다.

④ 임대인은 임대차계약을 해지하지 않고 전차인에 대하여 불법점유를 이유로 차임 상당액의 손해배상을 청구할 수 있다.

⑤ 임대인은 임대차계약을 해지하고 전차인에 대하여 소유권에 기한 물권적 청구권을 행사할 수 있다.

51 임대차에서 임차인을 보호하기 위한 편면적 강행규정이 <u>아닌</u> 것은?

상중하
편면적
강행규정

① 비용상환청구권　　　　　　② 차임감액청구권

③ 계약갱신청구권　　　　　　④ 부속물매수청구권

⑤ 지상물매수청구권

52 다음 중 일시사용을 위한 임대차에도 적용되는 것은?

상중하
일시사용
임대차

① 차임증감청구권　　　　　　② 비용상환청구권

③ 부속물매수청구권　　　　　④ 계약갱신청구권

⑤ 지상물매수청구권

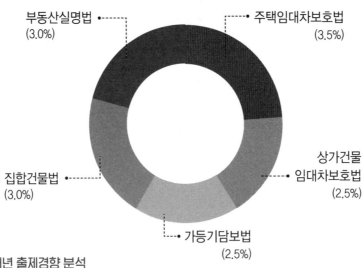

▋ 최근 5개년 출제경향 분석

이 편에서는 이미 출제된 기출문제를 법조문과 비교하면서 학습하는 것이 가장 좋은 학습방법이다. 주택임대차보호법에서는 대항력, 보증금의 회수, 소액보증금에 대한 내용을 잘 분석해야 하며, 상가 건물 임대차보호법에 대한 이해도 수반되어야 한다. 특히 주택임대차보호법과 상가건물 임대차보호 법의 유사점과 차이점을 정확히 파악해야 하는 것이 중요하다. 가등기담보법에서는 물권법의 저당권 에 관한 내용과 연관하여 학습하는 것이 좋고, 집합건물법에서는 공용부분에 관한 법률관계와 대지 사용권, 관리단과 관리인, 관리단집회 부분을 중심으로 대비해야 한다. 최근에는 부동산실명법에서 도 문제가 출제되고 있으므로 이전형 명의신탁, 중간생략형 명의신탁, 계약명의신탁의 효력을 중심 으로 정리해야 할 것이다.

PART
04

민사특별법

주택임대차보호법

대표유형

주택임대차보호법에 관한 설명 중 **틀린** 것은?

① 임차인이 주택인도와 주민등록을 마친 때에는 그 다음 날부터 대항력이 인정된다.
② 보증금의 우선변제권이 인정되기 위해서는 대항력 및 확정일자를 갖춰야 한다.
③ 임차인이 임차주택에 대해 보증금반환청구소송의 확정판결에 기한 경매를 신청한 경우, 반대의무의 이행을 집행개시요건으로 하지 않는다.
④ 임차인이 소액보증금 중 일정액을 최우선하여 변제받기 위해서는 주택에 대한 경매신청등기 전까지 대항력 및 확정일자를 갖추어야 한다.
⑤ 임차권등기명령에 의한 임차권등기가 된 주택을 그 등기 후에 임차한 임차인에게는 소액보증금 중 일정액에 대한 최우선변제권이 인정되지 않는다.

해설 ④ 소액보증금 중 일정액을 최우선하여 변제받기 위해서는 주택에 대한 경매신청등기 전까지 대항력을 갖추어야 한다. 이 경우 확정일자는 요건이 아니다. **A** 정답 ④

01
상중하
주택임대차
보호법

주택임대차보호법에 관한 설명 중 **틀린** 것은?

① 일시사용을 위한 임대차인 것이 명백한 경우에는 동법이 적용되지 않는다.
② 미등기 무허가 건물에 대해서도 주거용으로 임대차한 경우에는 동법이 적용된다.
③ 다가구용 단독주택의 임대차에서는 전입신고를 할 때 지번만 기재하고 호수의 표시가 없어도 대항력을 취득할 수 있다.
④ 임차주택의 경매시 임차인이 환가대금으로부터 보증금을 수령하기 위해서는 임차주택을 경락인에게 인도하여야 한다.
⑤ 저당권이 설정된 주택을 임차하여 대항력을 갖춘 이상, 후순위저당권이 실행되더라도 매수인이 된 자에게 대항할 수 있다.

02 주택임대차보호법에 관한 설명 중 틀린 것은?

상중하
법정갱신

① 기간약정이 없는 경우, 기간은 2년으로 본다.
② 기간을 1년으로 약정한 경우, 임대인은 1년을 주장할 수 없다.
③ 법정갱신된 경우, 임대인은 언제든지 해지통고를 할 수 있다.
④ 임차인이 2기의 차임액에 달하도록 차임을 연체한 경우에는 법정갱신은 인정되지 않는다.
⑤ 임대차가 종료한 경우에도 임차인이 보증금을 반환받을 때까지는 임대차관계는 존속하는 것으로 본다.

Point
03 주택임대차에 관한 설명으로 틀린 것은?

상중하
법정갱신

① 법정갱신된 경우, 임대차의 존속기간은 2년으로 본다.
② ①의 경우, 임차인이 해지통고를 하면 임대인이 그 통고를 받은 날로부터 1월이 경과하면 해지의 효력이 발생한다.
③ 임대차계약의 주된 목적이 주택을 사용·수익하려는 것이 아니고, 실제로는 소액임차인으로 보호받아 채권의 회수를 목적으로 한 것이라면 소액임차인으로서 보호할 수 없다.
④ 임대차종료 후 보증금을 반환받지 못한 임차인은 임차주택의 소재지를 관할하는 법원에 임차권등기명령을 신청할 수 있다.
⑤ 임대인의 임대차보증금의 반환의무와 임차권등기명령에 의해 경료된 임차인의 임차권등기말소의무는 동시이행관계가 아니다.

Point
04 주택임대차에 관한 설명으로 틀린 것은?

상중하
대항력

① 동거하는 임차인의 배우자나 자녀의 주민등록도 적법한 주민등록에 해당한다.
② 임대인의 동의 하에 전대한 경우, 전차인이 주택을 인도받고 간접점유자인 임차인의 이름으로 주민등록이 되어 있다면 임차인은 제3자에 대하여 대항력을 갖는다.
③ 주택임차인이 대항력을 갖춘 후에 주택의 소유권이 이전된 경우에는, 임차인은 임대차 종료시 현 소유자에게만 보증금반환을 청구할 수 있다.
④ 대항력을 갖춘 임차인이 그 주택에 관한 저당권설정 후 임대인과 합의로 보증금을 증액한 경우, 경락인에 대하여 보증금의 증액부분에 대하여 대항할 수 없다.
⑤ 임차인이 대항력을 취득한 후 저당권이 설정된 경우에는 임차인이 일시퇴거하였다가 다시 전입하더라도 경매시 경락인에게 대항할 수 없다.

PART
04

Point

05
상중하
대항력

乙은 甲소유 주택을 임차하면서 보증금을 지급하고 대항요건을 갖췄다. 다음 설명 중 틀린 것은?

① 乙이 甲소유 주택을 양수하여 소유권을 취득한 경우, 乙의 보증금반환채권은 혼동으로 소멸한다.

② 주택이 경매되는 경우, 乙은 확정일자가 있어야 경락대금에서 보증금의 우선변제를 받을 수 있다.

③ 주택이 경매되는 경우, 대항력 발생 이전에 주택에 저당권이 설정되어 있었다면 乙은 경락인에게 대항할 수 없다.

④ 丙이 甲으로부터 주택을 양수하여 소유권을 취득한 경우, 임대차종료시 乙은 丙에 대하여만 보증금의 반환을 청구할 수 있다.

⑤ ④의 경우, 丙이 乙에게 보증금을 반환하면 丙은 甲에게 부당이득반환을 청구할 수 있다.

06
상중하
대항력

주택임차인 乙이 보증금을 지급하고 대항요건을 갖춘 후 임대인 甲이 그 주택의 소유권을 丙에게 양도하였다. 이에 관한 설명으로 틀린 것은? (다툼이 있으면 판례에 따름)   제31회

① 甲은 특별한 사정이 없는 한 보증금반환의무를 면한다.

② 임차주택 양도 전 발생한 연체차임채권은 특별한 사정이 없는 한 丙에게 승계되지 않는다.

③ 임차주택 양도 전 보증금반환채권이 가압류된 경우, 丙은 제3채무자의 지위를 승계한다.

④ 丙이 乙에게 보증금을 반환하더라도 특별한 사정이 없는 한 甲에게 부당이득반환을 청구할 수 없다.

⑤ 만약 甲이 채권담보를 목적으로 임차주택을 丙에게 양도한 경우, 甲은 특별한 사정이 없는 한 보증금반환의무를 면한다.

07
상중하
주택임대차
사례

甲소유의 주택을 乙이 보증금을 지급하고 임차한 경우, 다음 설명 중 틀린 것은?

① 乙의 주민등록의 신고는 행정청에 도달한 때가 아니라 행정청이 수리한 때 효력이 발생한다.

② 乙이 전세권설정등기를 한 경우, 전세권설정계약서에 첨부된 등기필증의 접수인을 임대차계약서의 확정일자로 볼 수 있다.

③ ②의 경우, 乙이 임차인의 지위에서 경매법원에 배당요구를 하였다면 전세권에 관해서도 함께 배당요구를 한 것으로 본다.

④ 甲의 동의를 얻어 乙이 丙에게 전대하여 점유하는 경우, 丙이 주민등록을 하면 간접점유자인 乙은 대항력을 취득한다.

⑤ ④의 경우, 乙이 주택의 소유권을 취득하면 丙은 乙명의로 소유권이전등기가 경료된 즉시 대항력을 취득한다.

08 주택임대차보호법상의 주택임대차에 관한 설명으로 틀린 것은?

상중하
주택임대차

① 대항력 있는 주택임대차가 기간만료로 종료된 상태에서 임차주택이 양도되더라도 임차인은 이 사실을 안 때로부터 상당한 기간 내에 이의를 제기함으로써, 승계되는 임대차관계의 구속에서 벗어날 수 있다.

② 임차인이 가족과 함께 임차주택의 점유를 계속하면서 가족의 주민등록은 그대로 둔 채 임차인의 주민등록만 일시적으로 옮긴 경우 대항력을 상실하지 않는다.

③ 다가구용 단독주택 일부의 임차인이 대항력을 취득하였다면, 후에 건축물 대장상으로 다가구용 단독주택이 다세대 주택으로 변경되었다는 사정만으로는 이미 취득한 대항력을 상실하지 않는다.

④ 임차인이 지위를 강화하고자 별도로 전세권 설정등기를 마친 후 주택임대차보호법상의 대항요건을 상실한 경우, 주택임대차보호법상의 대항력을 상실한다.

⑤ 우선변제권을 행사할 수 있는 주택임차인으로부터 임차권과 분리된 임차보증금반환채권만을 양수한 채권양수인도 우선변제권을 행사할 수 있다.

09 주택임대차보호법에 관한 다음의 설명 중 틀린 것은?

상중하
우선변제권

① 확정일자를 갖춘 임대차계약서에 아파트의 명칭과 동·호수의 기재를 누락했더라도 우선변제권은 인정될 수 있다.

② 우선변제권이 있는 임차인이 배당요구를 하지 아니하여 후순위권리자에게 먼저 배당된 경우, 임차인은 그에게 부당이득반환을 청구할 수 있다.

③ 대지에 관한 저당권설정 후 지상건물이 신축된 경우에는 소액임차인은 대지의 매각대금에서 우선변제를 받을 수 없다.

④ 자신의 주택을 매도하면서 동시에 임차하는 경우, 매도인의 임차인으로서의 대항력은 매수인 명의의 소유권이전등기가 마쳐진 다음 날로부터 효력이 생긴다.

⑤ 저당권자의 저당권설정등기의 일자가 임차인의 주택인도·주민등록 전입의 일자와 같은 경우에는 경매시 임차권의 대항력은 인정되지 않는다.

Point
10
상중하
임차권
등기명령

甲은 乙소유의 X주택에 관하여 乙과 보증금 3억원으로 하는 임대차계약을 체결하고 2018. 3. 5. 대항요건과 확정일자를 갖추었다. 丙은 2018. 5. 6. X주택에 관하여 저당권을 취득하였고, 甲은 2020. 3. 9. X주택에 임차권등기명령의 집행에 따른 임차권등기를 마쳤다. 이에 관한 설명으로 **틀린** 것은? (다툼이 있으면 판례에 따름)

① 甲은 임차권등기의 비용을 乙에게 청구할 수 있다.

② 甲이 2020. 3. 10. 다른 곳으로 이사한 경우에도 대항력과 우선변제권이 유지된다.

③ 乙의 임차보증금반환의무와 甲의 임차권등기말소의무는 동시이행관계에 있지 않다.

④ 경매가 2020. 6. 9. 개시되어 X주택이 매각된 경우, 甲은 배당요구를 하지 않아도 丙보다 우선변제를 받을 수 있다.

⑤ 만약 2020. 4. 5. 丁이 X주택을 보증금 1억원에 임차하여 대항요건을 갖춘 다음 X주택이 경매된 경우, 丁은 매각대금에서 甲보다 소액보증금 중 일정액을 우선해서 변제받을 수 있다.

11
상중하
임차권
등기명령

甲은 2023. 1. 5. 乙로부터 그 소유의 X주택을 보증금 2억원, 월 임료 50만원, 기간은 계약일로부터 1년으로 정하여 임차하는 내용의 계약을 체결하고 당일 乙에게 보증금을 지급함과 동시에 X주택을 인도받아 주민등록을 마치고 확정일자를 받았다. 다음 중 주택임대차보호법의 적용에 관한 설명으로 **틀린** 것은? (다툼이 있으면 판례에 따름)   제34회

① 甲은 2023. 1. 6. 오전 영시부터 대항력을 취득한다.

② 제3자에 의해 2023. 5. 9. 경매가 개시되어 X주택이 매각된 경우, 甲은 경매절차에서 배당요구를 하지 않아도 보증금에 대해 우선변제를 받을 수 있다.

③ 乙이 X주택을 丙에게 매도하고 소유권이전등기를 마친 경우, 乙은 특별한 사정이 없는 한 보증금반환의무를 면한다.

④ 甲이 2기의 차임액에 달하는 차임을 연체하면 묵시적 갱신이 인정되지 않는다.

⑤ 묵시적 갱신이 된 경우, 갱신된 임대차 계약의 존속기간은 2년이다.

Point 12
상중하

주택임차인의
대항력과
우선변제권

甲은 乙을 채권자로 하는 소액의 저당권이 설정된 戊의 아파트를 3년 기한으로 임차하여 거주하고 있는 중에 戊가 다시 丙으로부터 금전을 대출받고 저당권을 설정하여 주었다. 甲은 이사 오면서 즉시 주민등록 전입신고를 하였으나, 확정일자는 丙의 저당권설정등기 이후에 받았다. 다음 중 옳은 것으로 짝지어진 것은?

> ㉠ 丙의 저당권 실행에 의한 경우에 경락대금에서 甲은 보증금에 관하여 丙 다음의 후순위로 배당받는다.
> ㉡ 丙의 저당권 실행에 의한 경우에 경락대금에서 甲이 보증금에 관하여 배당받지 못한 때에는 경락인에 대하여 임차권으로 대항할 수 있다.
> ㉢ 甲은 戊가 반대하더라도 戊의 乙에 대한 채무를 변제할 수 있다.

① ㉠
② ㉡, ㉢
③ ㉠, ㉢
④ ㉢
⑤ ㉠, ㉡, ㉢

Point 13
상중하

주택임차인의
대항력과
우선변제권

甲은 乙에 대한 1억원의 채권을 담보하기 위해 乙 소유의 X주택에 저당권설정등기를 마쳤다. 그 후 丙은 2017. 10. 1. X주택을 보증금 2억원에 임차하여 인도받고, 전입신고를 마친 후 2019. 2. 16. 현재까지 살고 있다. 2018. 1. 10. 丁이 乙에 대한 8,000만원의 채권으로 X주택을 가압류 하였고, 2018. 4. 10. 戊는 乙에 대한 1억원의 채권을 담보하기 위해 X주택에 저당권설정등기를 마쳤다. 2019. 2. 16. X주택은 戊의 저당권실행을 위한 경매로 A에게 매각되었으며, 배당할 금액은 2억 5,000만원이다. 이에 관한 설명으로 옳은 것은? (다툼이 있으면 판례에 따름) 19. 변리사

① A는 임대인 乙의 지위를 승계한 것으로 본다.
② 저당권자는 가압류채권자에 우선하므로, 戊는 丁에 우선하여 변제받을 수 있다.
③ 경매로 인해 丙의 임차권은 소멸하기 때문에 丙은 A에게 주택을 인도하여야 한다.
④ 丙이 임대차계약서상에 확정일자를 받았다면, 丙은 甲에 우선하여 보증금 전액에 대해 우선변제를 받을 수 있다.
⑤ 丙이 적법하게 배당요구를 하였다면 배당받을 수 있었던 금액이 丙의 적법한 배당요구가 없어서 丁과 戊에게 배당된 경우, 丙은 丁과 戊에게 부당이득반환을 청구할 수 있다.

14
소액보증금
최우선변제

甲소유의 대지 위에 있는 甲의 주택을 임차한 乙은 주택임대차보호법상 보증금 중 일정액을 최우선변제받을 수 있는 소액임차인이다. 다음 중 틀린 것은? (다툼이 있으면 판례에 의함)

① 주택의 경매절차에서 乙이 다른 채권자에 우선하여 변제받으려면 집행법원에 배당요구 종기일 이전에 배당을 요구하여야 한다.

② 대지에 저당권이 설정된 후 주택이 신축된 경우라면 乙은 저당권에 기한 대지의 경매절차에서 최우선변제를 주장할 수 없다.

③ 대지에 저당권을 설정할 당시 주택이 미등기인 채 이미 존재하였다면, 乙은 저당권에 기한 대지의 경매절차에서 최우선변제를 주장할 수 있다.

④ 주택과 대지가 함께 경매된 경우에도, 乙은 대지의 매각대금에서 최우선변제를 받을 수 있다.

⑤ 甲이 대지만을 丙에게 매도한 뒤 그 대지가 경매되는 경우, 乙은 대지의 매각대금에서 최우선변제를 받을 수 없다.

15 **주택임대차에 관한 설명으로 틀린 것은?**
주택임대차
종합

① 임대인이 차임증액을 청구하는 경우, 약정한 차임의 20분의 1(5%)을 초과할 수 없다.

② 임차인은 계약갱신요구권을 2회에 한하여 행사할 수 있으며, 이 경우 갱신되는 임대차의 존속기간은 2년으로 본다.

③ 임차권자가 상속권자 없이 사망한 경우 그 주택에서 가정공동생활을 하던 사실상의 혼인관계에 있는 자는 임차인의 권리와 의무를 승계한다.

④ 임차인이 사망 당시 상속권자가 그 주택에서 가정공동생활을 하지 아니한 때에는 그 주택에서 가장공동생활을 하던 사실상의 혼인관계에 있는 자와 2촌 이내의 친족이 공동으로 임차인의 권리와 의무를 승계한다.

⑤ 승계인이 임차권의 승계를 원하지 않을 경우 임차인의 사망 후 1개월 이내에 임대인에 대하여 반대의사를 표시함으로써 승계를 거부할 수 있다.

16
상중**하**
계약갱신요구권

주택임대인은 주택임차인이 임대차기간이 끝나기 (㉠) 전부터 (㉡) 전까지의 기간에 계약갱신을 요구할 경우 정당한 사유 없이 거절하지 못한다. (   )에 들어갈 것은?

① ㉠: 6개월, ㉡: 1개월

② ㉠: 6개월, ㉡: 2개월

③ ㉠: 6개월, ㉡: 3개월

④ ㉠: 1년, ㉡: 6개월

⑤ ㉠: 1년, ㉡: 3개월

17
상**중**하
계약갱신요구권

주택임대차보호법상 임차인의 계약갱신요구권에 관한 설명으로 옳은 것을 모두 고른 것은?

㉠ 임차인의 계약갱신요구권에 의해 갱신된 경우, 임대인과 임차인은 해지통고를 할 수 없다.
㉡ 임차인이 임차한 주택의 전부 또는 일부를 경과실로 파손한 경우, 임대인은 계약갱신요구를 거절할 수 있다.
㉢ 서로 합의하여 임대인이 임차인에게 상당한 보상을 제공한 경우, 임대인은 계약갱신요구를 거절할 수 있다.

① ㉠

② ㉡

③ ㉢

④ ㉠, ㉡

⑤ ㉠, ㉡, ㉢

상가건물 임대차보호법

대표유형

상가건물 임대차보호법에 관한 설명 중 틀린 것은?

① 사업자등록의 대상이 아닌 건물에 대해서는 동법이 적용되지 않는다.

② 임차인의 차임연체액이 2기의 차임액에 달하는 때에는 임대인은 계약을 해지할 수 있다.

③ 차임 또는 보증금의 증액청구는 청구 당시의 차임 또는 보증금의 100분의 5의 금액을 초과하지 못한다.

④ 기간의 정함이 없거나 기간을 1년 미만으로 정한 임대차는 그 기간을 1년으로 본다.

⑤ 일시사용을 위한 임대차임이 명백한 경우에는 동법을 적용하지 않는다.

해설 ② 임차인의 차임연체액이 3기의 차임액에 달하는 때에는 임대인은 계약을 해지할 수 있다. **A** 정답 ②

---

01 상가건물 임대차보호법이 적용되는 상가건물의 임대차에 관한 설명 중 옳은 것은?

상중하
상가임대차

① 임차인이 대항력을 갖추기 위해서는 임대차계약서상의 확정일자를 받아야 한다.

② 법정갱신된 경우, 존속기간은 2년으로 본다.

③ 상가건물의 인도와 사업자등록의 요건을 구비한 임차인이 폐업신고를 하였다가 다시 같은 상호 및 등록번호로 사업자등록을 하였다면, 처음의 대항력이 그대로 유지된다.

④ 동법의 적용을 받는 임차인이 임차건물에 대해 보증금반환청구소송의 확정판결에 기한 경매를 신청한 경우에 반대의무의 이행을 집행개시요건으로 하지 아니한다.

⑤ 권리금 회수의 방해로 인한 임차인의 임대인에 대한 손해배상청구권은 그 방해가 있은 날로부터 3년 이내에 행사하지 않으면 시효의 완성으로 소멸한다.

Point

02

상<del>중</del>하

상가임대차
사례

乙은 甲소유의 서울에 소재하는 X상가건물을 보증금 4억원, 월차임 150만원에 임차하여 인도받은 후 부가가치세법 등에 의한 사업자등록을 구비하고 확정일자도 받았다. 다음 중 옳은 것은? (다툼이 있으면 판례에 의함)

① 乙은 임대차가 종료되기 전이라도 임차권등기명령을 신청할 수 있다.

② 임차건물의 소재지와 임대인의 주소지가 다른 경우에는 임대인의 주소지를 관할하는 지방법원에 임차권등기명령을 신청하여야 한다.

③ 乙이 X건물의 일부를 경과실로 파손한 경우, 甲은 乙의 계약갱신요구를 거절할 수 없다.

④ 乙은 최초의 임대차기간을 포함한 전체 임대차기간이 10년을 초과한 경우에도 계약갱신을 요구할 권리가 있다.

⑤ 乙이 X건물의 환가대금에서 후순위 권리자보다 보증금을 우선변제받기 위해서는 사업자등록이 경매개시결정시까지 존속하면 된다.

03

상<del>중</del>하

환산보증금을
초과하는
상가임대차 사례

乙은 2019. 5. 10. 서울에 소재하는 甲소유의 X상가건물을 甲으로부터 보증금 6억원, 월차임 400만원에 임차하여 상가건물 임대차보호법상의 대항요건을 갖추고 영업하고 있다. 다음 설명 중 틀린 것은?

① 甲과 乙이 임대차기간을 6개월로 정한 경우, 甲은 그 기간이 유효함을 주장할 수 있다.

② X건물이 경매로 매각된 경우, 乙은 특별한 사정이 없는 한 보증금에 대해 일반채권자보다 우선하여 변제받을 수 없다.

③ 최초의 임대차기간을 포함한 전체 임대차기간이 10년을 초과하지 아니하는 범위에서 乙은 계약갱신요구권을 행사할 수 있다.

④ 임대차종료 후 보증금이 반환되지 않은 경우, 乙은 X건물의 소재지 관할법원에 임차권등기명령을 신청할 수 있다.

⑤ 乙은 권리금의 회수기회보호규정에 의해 권리금의 보호를 받을 수 있다.

04
상중하
환산보증금을
초과하는
상가임대차 사례

세종특별자치시에 소재하는 甲 소유의 X상가건물의 1층 점포를 乙이 분식점을 하려고 甲으로부터 2023. 2. 16. 보증금 6억원, 차임 월 100만원에 임차하였고 임차권 등기는 되지 않았다. 이에 관한 설명으로 옳은 것을 모두 고른 것은?

> ⊙ 乙이 점포를 인도받은 날에 사업자등록을 신청한 경우, 그 다음 날부터 임차권의 대항력이 생긴다.
> ⓒ 위 계약에는 확정일자 부여 등에 대해 규정하고 있는 상가건물 임대차보호법 제4조의 규정이 적용된다.
> ⓒ 乙은 감염병의 예방 및 관리에 관한 법률 제49조 제1항 제2호에 따른 집합 제한 또는 금지조치를 총 3개월 이상 받음으로써 발생한 경제사정의 중대한 변동으로 폐업한 경우에는 임대차계약을 해지할 수 있다.

① ⓒ   ② ⓒ   ③ ⊙, ⓒ

④ ⊙, ⓒ   ⑤ ⊙, ⓒ, ⓒ

05
상중하
환산보증금을
초과하는
상가임대차 사례

乙은 식당을 운영하기 위해 2023. 5. 1. 甲으로부터 그 소유의 서울특별시 소재 X상가건물을 보증금 10억원, 월 임료 100만원, 기간은 정함이 없는 것으로 하여 임차하는 상가임대차계약을 체결하였다. 상가건물 임대차보호법상 乙의 주장이 인정되는 것을 모두 고른 것은? (다툼이 있으면 판례에 따름)

제34회

> ⊙ X상가건물을 인도받고 사업자등록을 마친 乙이 대항력을 주장하는 경우
> ⓒ 乙이 甲에게 1년의 존속기간을 주장하는 경우
> ⓒ 乙이 甲에게 계약갱신요구권을 주장하는 경우

① ⊙   ② ⓒ   ③ ⊙, ⓒ

④ ⓒ, ⓒ   ⑤ ⊙, ⓒ, ⓒ

06 상가건물 임대차보호법상 권리금에 관한 설명으로 **틀린** 것은? (다툼이 있으면 판례에 따름)

상중하
권리금

① 임대인이 정당한 사유 없이 신규임차인과 계약을 체결하지 않겠다고 확정적으로 표시하였다면 이는 권리금회수를 방해하는 행위로 볼 수 있다.

② 임대인이 더 이상 상가를 임대하지 않겠다는 태도를 보이고 있는 경우에는 임차인이 신규임차인과 권리금계약을 체결한 사실이 없더라도 임차인은 권리금회수 방해를 이유로 손해배상을 청구할 수 있다.

③ 상가임대차계약 종료에 따른 임차인의 임차목적물 반환의무와 임대인의 권리금회수 방해로 인한 손해배상의무는 동시이행관계에 있지 않다.

④ 임차인이 임차한 건물의 전부 또는 일부를 중대한 과실로 파손한 경우에는 임대인은 임차인의 권리금회수의 기회를 보장할 필요가 없다.

⑤ 최초의 임대차기간을 포함한 전체 임대차기간이 10년을 초과하여 임차인이 계약갱신요구권을 행사할 수 없는 경우에는 임대인은 임차인의 권리금 회수기회를 보호할 의무가 없다.

07 다음 중 상가건물 임대차보호법상 계약갱신요구권에 관한 설명 중 **틀린** 것은?

복습문제

상중하
계약갱신
요구권

① 임대인은 임차인이 임대차기간만료 전 6월부터 1월까지 사이에 행하는 계약갱신요구에 대하여 정당한 사유 없이 이를 거절하지 못한다.

② 다만, 임차인이 3기의 차임액에 달하도록 차임을 연체한 사실이 있는 경우에는 계약갱신요구를 거절할 수 있다.

③ 임차인의 계약갱신요구권은 최초의 임대차기간을 제외한 전체 임대차기간이 10년을 초과하지 않는 범위 내에서만 행사할 수 있다.

④ 갱신되는 임대차는 전 임대차와 동일한 조건으로 다시 계약된 것으로 본다. 다만, 차임과 보증금은 증감할 수 있다.

⑤ 일정한 경우 전차인도 임차인을 대위하여 임대인에게 계약갱신요구권을 행사할 수 있다.

복습문제 08 상중하 계약갱신 요구권

다음 중 상가건물 임대차보호법상 계약갱신요구권에 관한 설명 중 틀린 것은?

① 임대인은 임차인이 임대차기간만료 전 6월부터 1월까지 사이에 행하는 계약갱신요구에 대하여 정당한 사유 없이 이를 거절하지 못한다.

② 임차인이 3기의 차임액에 달하도록 차임을 연체한 사실이 있는 경우에는 계약갱신요구를 거절할 수 있다.

③ 임차인이 임차한 건물의 전부 또는 일부를 경과실로 파손한 경우에는 계약갱신요구를 거절할 수 없다.

④ 임차인의 계약갱신요구권은 최초의 임대차기간을 포함한 전체 임대차기간이 10년을 초과하지 않는 범위 내에서만 행사할 수 있다.

⑤ ④에서 '최초의 임대차기간'이라 함은 위 법시행 이후에 갱신된 계약기간만을 의미하고, 법시행 이전에 체결된 기간은 포함되지 않는다.

복습문제 09 상중하 권리금

상가건물 임대차보호법상 권리금에 관한 설명으로 틀린 것은?

① 임대인은 임대차기간이 끝나기 6개월 전부터 임대차종료시까지 특별한 사정이 없는 한 권리금계약에 따라 임차인이 주선한 신규임차인이 되려는 자로부터 권리금을 지급받는 것을 방해하여서는 아니된다.

② 임차인이 권리금을 지급받는 것을 임대인이 방해하여 임차인에게 손해를 발생하게 한 때에는 임대인은 그 손해를 배상할 책임이 있다.

③ ②의 경우, 그 손해배상액은 신규임차인이 임차인에게 지급하기로 한 권리금과 임대차 종료 당시의 권리금 중 높은 금액을 넘지 못한다.

④ 임차인이 임대인에게 손해배상을 청구할 권리는 임대차가 종료한 날부터 3년 이내에 행사하지 아니하면 시효의 완성으로 소멸한다.

⑤ 임대인에게 임차인의 계약갱신요구를 거절할 정당한 사유가 있는 경우에는 권리금회수를 방해하는 행위에 해당하지 않는다.

가등기담보 등에 관한 법률

대표유형

가등기담보 등에 관한 법률에 관한 설명 중 틀린 것은? (다툼이 있으면 판례에 의함)

① 가등기담보의 주된 목적이 공사대금채권의 확보에 있는 경우에는 동법은 적용되지 않는다.

② 대물변제예약 당시의 담보물 가액이 차용액 및 이에 붙인 이자의 합산액에 미치지 못하는 경우에는 실행통지를 할 필요가 없다.

③ 실행통지 당시 담보물의 평가액이 피담보채권액에 미달하는 경우에는 가등기담보권자는 실행통지를 할 필요가 없다.

④ 귀속청산의 경우, 후순위 저당권자는 청산기간 내에 한하여 자신의 채권의 변제기가 도래하기 전이라도 목적부동산에 대해 경매청구를 할 수 있다.

⑤ 양도담보권자가 담보목적 부동산에 대하여 청산절차를 거치지 아니한 채 제3자에게 부동산 소유권을 이전한 경우, 선의의 제3자는 소유권을 확정적으로 취득한다.

해설 ③ 실행통지 당시 담보물의 평가액이 피담보채권액에 미달하는 경우(청산금이 없는 경우)에도 가등기담보권자는 실행통지를 하여야 한다.　　　　　　　　　　　　　　　　　　　　　　　　　　　**A** 정답 ③

Point
01
상중하
적용요건과
실행방법

가등기담보 등에 관한 법률에 관한 설명 중 틀린 것은? (다툼이 있으면 판례에 의함)

① 매매대금의 지급을 담보하기 위하여 가등기를 한 경우에는 「가등기담보 등에 관한 법률」은 적용되지 않는다.

② 청산절차를 거치지 않은 담보가등기에 기한 본등기는 원칙적으로 무효이다.

③ 채권자가 나름대로 평가한 청산금액이 객관적인 청산금평가액에 미달하더라도 담보권 실행통지로서 효력이 있다.

④ 청산금은 목적물 가액에서 피담보채권액을 공제한 차액이며, 이때 선순위 저당권자의 피담보채권액도 합산해서 공제한다.

⑤ 청산기간이 경과된 후 청산금을 지급한 경우에도 본등기를 하기 전에는 가등기담보권자는 과실수취권을 취득하지 못한다.

Point
02
상중하
가등기담보 등에
관한 법률

가등기담보 등에 관한 법률에 관한 설명으로 틀린 것을 모두 고른 것은? (다툼이 있으면 판례에 의함)

> ㉠ 실행통지의 상대방이 수인인 경우, 반드시 그 전원에 대하여 실행통지를 하야야 효력이 발생한다.
>
> ㉡ 청산금이 없는 귀속청산의 경우, 가등기담보권자는 변제기가 도래하면 즉시 가등기에 기하여 본등기를 청구할 수 있다.
>
> ㉢ 청산금의 평가액을 통지한 채권자는 그가 통지한 청산금의 금액에 관하여 다툴 수 없다.
>
> ㉣ 청산금이 없는 귀속청산의 경우, 청산기간이 경과된 후에는 본등기를 하기 전이라도 가등기담보권자는 소유권을 취득한다.

① ㉠, ㉡   ② ㉡, ㉢   ③ ㉠, ㉢
④ ㉢, ㉣   ⑤ ㉡, ㉣

03
상중하
가등기담보

가등기담보 등에 관한 법률상 가등기담보권의 실행에 관한 설명으로 옳은 것은? (다툼이 있으면 판례에 따름)

23. 변리사

① 가등기담보권자가 목적물의 소유권을 취득하려면 담보설정 당시 목적물의 평가액과 피담보채권액의 범위를 밝혀야 한다.

② 가등기담보권자의 청산금 지급채무와 가등기담보권설정자의 소유권이전등기 및 인도채무는 동시이행관계에 있다.

③ 목적부동산의 평가액이 채권액에 미달하여 청산금이 없다고 인정되는 때에는 그 뜻을 채무자에게 통지할 필요가 없다.

④ 채권자가 담보목적부동산에 관하여 이미 소유권이전등기를 마친 경우에는 청산금을 채무자에게 지급하지 않더라도 담보목적부동산의 소유권을 취득한다.

⑤ 채권자가 평가한 청산금의 액수가 정당하게 평가된 청산금의 액수에 미치지 못하는 경우에는 담보권 실행통지로서의 효력이 없다.

04

상중하
가등기담보

가등기담보 등에 관한 설명으로 틀린 것은? (다툼이 있으면 판례에 따름)   15. 변리사

① 채권자가 담보권을 실행하여 담보목적 부동산의 소유권을 취득하기 위해서는 그 채권의 변제기 후에 청산금의 평가액을 채무자 등에게 통지하고, 그 통지가 채무자 등에게 도달한 날부터 2개월이 지나야 한다.

② 담보권 실행의 통지시 담보목적 부동산의 평가액이 채권액에 미달하여 청산금이 없다고 인정되는 때에는 그 뜻을 통지하여야 한다.

③ 채권자는 담보목적 부동산에 관하여 이미 소유권이전등기를 마친 경우에는 청산기간이 지난 후 청산금을 채무자 등에게 지급한 때에 담보목적 부동산의 소유권을 취득한다.

④ 가등기담보권자인 채권자가 청산기간이 경과하기 전에 채무자에게 청산금을 지급한 경우, 후순위권리자에게 대항할 수 있다.

⑤ 담보가등기를 마친 부동산에 대하여 강제경매 등이 행하여진 경우, 담보가등기권리는 그 부동산의 매각에 의하여 소멸한다.

05

상중하
가등기담보

가등기담보 등에 관한 법률상 가등기담보에 대한 설명으로 옳은 것은? (다툼이 있으면 판례에 따름)   17. 감평사

① 후순위권리자는 청산기간 동안에는 담보목적부동산의 경매를 청구할 수 없다.

② 채무자는 청산기간이 지나기 전이라도 후순위권리자에 대한 통지 후 청산금에 관한 권리를 제3자에게 양도하면 이로써 후순위권리자에게 대항할 수 있다.

③ 담보목적물에 대한 사용·수익권은 채무자에게 지급되어야 할 청산금이 있더라도 그 지급 없이 청산기간이 지나면 채권자에게 귀속된다.

④ 담보가등기를 마친 부동산이 강제경매를 통해 매각되어도, 담보가등기권리는 피담보채권액 전부를 변제받지 않으면 소멸하지 않는다.

⑤ 담보가등기를 마친 부동산에 대하여 강제경매가 개시된 경우, 담보가등기를 마친 때를 기준으로 담보가등기권리자의 순위가 결정된다.

PART

04

Point
06 甲소유의 건물에 乙명의로 가등기담보권이 설정된 후 丙명의로 저당권이 설정된 경우, 다음 설명
상**중**하 중 **틀린** 것은?
가등기담보

① 乙이 甲에게 실행통지는 하였으나 丙에게는 통지를 하지 아니한 경우에도, 甲은 이를 이유로 담보권의 실행을 거부할 수 없다.

② 乙이 귀속청산을 하는 경우, 丙은 청산기간 내라 하더라도 자신의 채권의 변제기가 도래한 경우에 한하여 건물의 경매를 청구할 수 있다.

③ 청산절차를 거치지 않고 乙이 경료한 소유권이전등기는 무효지만 나중에 청산절차를 마치면 그때부터 유효한 등기가 된다.

④ 청산기간이 경과된 후 甲에게 청산금을 지급한 乙은 본등기를 해야 소유권을 취득한다.

⑤ 청산기간이 경과된 후라도 甲은 정당하게 평가된 청산금을 지급받을 때까지는 乙에게 자신의 채무를 변제하고 가등기의 말소를 청구할 수 있다.

07 甲은 乙에 대한 1억원의 대여금채권을 담보하기 위해 乙 소유의 부동산(가액 3억원)에 가등기를
상**중**하 마쳤고, 그 후 丙이 그 부동산에 저당권설정등기를 마쳤다. 이에 관한 설명으로 옳은 것은? (다툼
가등기담보 이 있으면 판례에 따름) 19. 변리사

① 甲이 담보권실행을 통지할 때에 청산금이 없더라도 2개월의 청산기간이 지나기 전에는 가등기에 기한 본등기를 청구할 수 없다.

② 甲이 담보권실행을 통하여 우선변제 받게 되는 이자나 지연배상금 등 피담보채권의 범위는 청산금 지급 당시를 기준으로 확정된다.

③ 甲이 담보권실행을 통지하고 2개월의 청산기간이 지난 경우, 청산금의 지급이 없더라도 乙은 대여금을 변제하고 가등기말소를 청구할 수는 없다.

④ 甲이 주관적으로 평가한 청산금의 액수가 정당하게 평가된 청산금의 액수에 미치지 못하면 담보권실행 통지는 효력이 없다.

⑤ 甲이 담보권실행을 위해 통지하여야 할 청산금의 평가액은 통지 당시의 목적부동산 가액에서 그 당시의 목적부동산에 존재하는 모든 피담보채권액을 공제한 차액이다.

08 양도담보에 관한 설명으로 틀린 것은? (다툼이 있으면 판례에 따름) 21. 변리사 변형
상중하
양도담보
① 양도담보권에도 물상대위성이 인정된다.
② 주택을 채권담보의 목적으로 양도한 경우, 양도담보권자가 그 주택을 사용·수익하기로 하는 약정이 없는 이상 주택에 대한 임대권한은 양도담보 설정자에게 있다.
③ 채무자가 피담보채무의 이행지체에 빠진 경우, 양도담보권자는 채무자로부터 적법하게 목적 부동산의 점유를 이전받은 제3자에 대하여 직접 소유권에 기한 인도청구를 할 수 있다.
④ 양도담보권의 목적인 주된 동산에 다른 동산이 부합되어 부합된 동산에 관한 권리를 상실하는 손해를 입은 사람은 양도담보권자를 상대로 그로 인한 보상을 청구할 수 없다.
⑤ 양도담보권자가 청산절차를 이행하지 아니한 채 제3자에게 처분하여 소유권이전등기를 한 경우, 선의의 제3자는 소유권을 취득한다.

Point
09 甲이 乙로부터 융자를 받을 수 있도록 하기 위하여 丙이 자신의 소유 건물을 乙에게 양도담보하고
상중하 乙 앞으로 소유권이전등기를 하였다. 다음 중 틀린 것은?
양도담보
① 乙이 귀속청산을 하기 위해서는 甲과 丙 모두에게 실행통지를 해야 한다.
② 乙은 건물의 화재로 丙이 취득한 화재보험금청구권에 대하여 물상대위권을 행사할 수 있다.
③ 乙은 담보권실행으로서 丙으로부터 임차하여 건물을 점유하고 있는 丁에게 그 인도를 청구할 수 있다.
④ 丁이 건물을 불법으로 점유하고 있는 경우, 乙은 丁을 상대로 차임 상당의 손해배상을 청구할 수 있다.
⑤ 甲의 乙에 대한 채무의 변제기 전에 乙이 丁에게 양도한 경우, 丁이 선의인 경우에는 丁은 완전한 소유권을 취득한다.

복습문제

10

상**중**하

가등기담보 등에
관한 법률

다음 중 가등기담보 등에 관한 법률이 적용되는 경우는? (다툼이 있으면 판례에 의함)

① 1억원을 차용하면서 시가 2억원 상당의 부동산에 대해 대물변제의 예약을 하고 가등기 한 경우

② 1억원의 토지매매대금의 지급담보와 그 불이행의 경우의 제재를 위해 2억원 상당의 부동산에 가등기한 경우

③ 1천만원을 차용하면서 2천만원 상당의 고려청자를 양도담보로 제공한 경우

④ 1억원을 차용하면서 3천만원 상당의 부동산을 양도담보로 제공한 경우

⑤ 3억원을 차용하면서 이미 2억원의 채무에 대한 저당권이 설정된 4억원 상당의 부동산에 가등기한 경우

복습문제

11

상**중**하

가등기담보

甲은 乙에 대한 1억원의 대여금채권을 담보하기 위해 乙 소유의 부동산(가액 3억원)에 가등기를 마쳤고, 그 후 丙이 그 부동산에 저당권설정등기를 마쳤다. 이에 관한 설명으로 옳은 것을 모두 고른 것은? (다툼이 있으면 판례에 따름)

> ㉠ 甲이 담보권실행을 통지할 때에 청산금이 없더라도 2개월의 청산기간이 지나기 전에는 가등기에 기한 본등기를 청구할 수 없다.
> ㉡ 청산금의 평가액을 통지한 甲은 그가 통지한 청산금의 금액에 관하여 다툴 수 있다.
> ㉢ 甲이 담보권실행을 통지하고 2개월의 청산기간이 지난 경우, 청산금의 지급이 없더라도 乙은 대여금을 변제하고 가등기말소를 청구할 수는 없다.
> ㉣ 甲이 주관적으로 평가한 청산금의 액수가 정당하게 평가된 청산금의 액수에 미치지 못하면 담보권실행 통지는 효력이 없다.

① ㉠ ② ㉠, ㉡ ③ ㉡, ㉢

④ ㉢, ㉣ ⑤ ㉠, ㉡, ㉣

복습문제

12

상**중**하

가등기담보 등에
관한 법률

가등기담보 등에 관한 법률에 대한 설명으로 틀린 것은?

① 청산절차를 거치지 아니하고 가등기담보권자가 경료한 소유권이전등기는 원칙적으로 무효이다.

② ①의 경우, 청산금미지급으로 본등기가 무효로 되었다면, 그 후 청산절차를 마치더라도 유효한 등기가 될 수 없다.

③ 청산금이 없다고 인정되는 경우에도 채권자는 그 뜻을 통지하여야 한다.

④ 양도담보권자가 담보목적 부동산에 대하여 동법 소정의 청산절차를 거치지 아니한 채 소유권을 이전한 경우, 선의의 제3자는 소유권을 확정적으로 취득한다.

⑤ 부동산을 채권담보의 목적으로 양도한 경우, 특별한 사정이 없는 한 목적물에 대한 사용·수익권은 담보권설정자에게 있다.

부동산 실권리자명의 등기에 관한 법률

대표유형

1. 부동산 실권리자명의 등기에 관한 법률상 명의신탁에 대한 설명으로 틀린 것은? (다툼이 있으면 판례에 따름) 17. 감평사

① 무효인 명의신탁등기가 행하여진 후 신탁자와 수탁자가 혼인한 경우, 조세포탈 등의 목적이 없더라도 그 명의신탁등기는 유효로 인정될 수 없다.

② 채무변제를 담보하기 위해 채권자 명의로 부동산에 관한 소유권이전등기를 하기로 하는 약정은 명의신탁약정에 해당하지 않는다.

③ 무효인 명의신탁약정에 기하여 타인 명의의 등기가 마쳐졌다는 이유만으로 그것이 당연히 불법원인급여에 해당한다고 볼 수 없다.

④ 조세포탈 등의 목적 없이 종교단체 명의로 그 산하조직이 보유한 부동산의 소유권을 등기한 경우, 그 단체와 조직 간의 명의신탁약정은 유효하다.

⑤ 신탁자는 명의신탁약정의 무효로서 수탁자로부터 소유권이전등기를 받은 제3자에게 그의 선의·악의 여부를 불문하고 대항하지 못한다.

▶해설 ① 명의신탁등기가 부동산 실권리자명의 등기에 관한 법률에 따라 무효가 된 후 신탁자와 수탁자가 혼인하여 그 등기명의자가 배우자로 된 경우, 위법한 목적이 없는 한 그 명의신탁등기는 당사자가 혼인한 때로부터 유효하게 된다(대판 2002.10.25, 2002다23840). **Ⓐ 정답 ①**

2. 부동산 실권리자명의 등기에 관한 법률상 명의신탁에 관한 설명으로 옳은 것은? (다툼이 있으면 판례에 따름) 21. 감평사

① 투기 및 탈세 등의 방지라는 법의 목적상 명의신탁은 그 자체로 선량한 풍속 기타 사회질서에 위반된다.

② 명의신탁이 무효인 경우, 신탁자와 수탁자가 혼인하면 명의신탁약정이 체결된 때로부터 위 명의신탁은 유효하게 된다.

③ 부동산 명의신탁약정의 무효는 수탁자로부터 그 부동산을 취득한 악의의 제3자에게 대항할 수 있다.

④ 농지법에 따른 제한을 피하기 위하여 명의신탁을 한 경우에도 그에 따른 수탁자 명의의 소유권이전등기가 불법원인급여라고 할 수 없다.

⑤ 조세포탈 등의 목적 없이 종교단체장의 명의로 그 종교단체 보유 부동산의 소유권을 등기한 경우, 그 단체와 단체장 간의 명의신탁약정은 유효하다.

01
상중하
명의신탁

부동산 실권리자명의 등기에 관한 법률에 대한 설명으로 옳은 것은? (다툼이 있으면 판례에 따름)
23. 감평사

① 명의신탁자에게 법률효과를 직접 귀속시킬 의도의 매매계약을 체결한 사정이 인정되더라도, 부동산매매계약서에 명의수탁자가 매수인으로 기재되어 있다면 계약명의신탁으로 보아야 한다.

② 부동산소유권 또는 그 공유지분은 명의신탁 대상이 되지만, 용익물권은 명의신탁의 대상이 될 수 없다.

③ 탈법적 목적이 없는 종중재산의 명의신탁에 있어서 종중은 명의신탁재산에 대한 불법점유자 내지 불법등기명의자에 대하여 직접 그 인도 또는 등기말소를 청구할 수 있다.

④ 탈법적 목적이 없더라도 사실혼 배우자의 명의신탁은 무효이다.

⑤ 계약당사자인 매수인이 명의수탁자라는 사정을 매도인이 알지 못하였더라도, 매매로 인한 물권변동은 무효이다.

02
상중하
명의신탁

명의신탁에 관한 설명으로 틀린 것은? (다툼이 있으면 판례에 따름)
20. 감평사 변형

① 양자간 명의신탁이 무효인 경우, 신탁자는 수탁자에게 부당이득반환을 원인으로 등기말소를 청구할 수 없다.

② 계약 상대방이 명의수탁자임을 알면서 체결한 매매계약의 효력으로 소유권이전등기를 받은 사람은 소유권을 취득한다.

③ 부부 사이에 유효하게 성립한 명의신탁은 배우자 일방의 사망으로 잔존배우자와 사망한 배우자의 상속인에게 효력을 잃는다.

④ 부동산경매절차에서 명의신탁관계가 성립한 경우, 경매목적물의 소유자가 명의신탁사실을 알았더라도 수탁자는 유효하게 소유권을 취득한다.

⑤ 부동산경매절차에서 명의신탁관계가 성립한 경우, 신탁자의 지시에 따라 수탁자가 부동산의 처분대금을 반환하기로 한 약정은 무효이다.

Point
03
상중하
양자간
명의신탁

甲종중이 법령상의 제한을 회피할 목적 없이 그 소유의 토지를 종원 乙에게 명의신탁하였다. 이 사안에 관한 다음 설명 중 **틀린** 것은? (다툼이 있으면 판례에 의함)

① 甲의 승낙을 얻어 丙이 토지에 공작물을 설치한 경우, 乙은 丙에게 공작물의 철거를 청구할 수 없다.

② 토지를 丙이 침해하는 경우, 甲은 직접 丙에게 토지에 대한 침해의 배제를 청구할 수 있다.

③ 토지에 대하여 丙명의로 무효등기가 경료된 경우, 甲은 丙에 대하여 진정명의회복을 원인으로 한 소유권이전등기를 청구할 수 없다.

④ 甲이 명의신탁을 해지하면 말소등기 없이도 당연히 소유권은 甲에게 복귀한다.

⑤ 甲이 명의신탁을 해지하고 소유권에 기하여 乙에게 행사하는 등기청구권은 소멸시효에 걸리지 않는다.

04
상중하
양자간
명의신탁

甲은 농지법상 처분명령을 회피하기 위하여 친구인 乙과 2020. 3. 19. 양자간 명의신탁약정을 체결하였다. 이에 따라 乙은 甲으로부터 甲 소유 X토지의 소유권이전등기를 넘겨받았다. 이에 관한 설명으로 **틀린** 것은? (다툼이 있으면 판례에 따름)   22. 변리사

① 甲은 乙을 상대로 진정명의 회복을 원인으로 하는 소유권이전등기를 청구할 수 있다.

② 甲은 명의신탁해지를 원인으로 하여 乙을 상대로 소유권이전등기를 청구할 수 없다.

③ 甲이 乙을 상대로 그 등기의 말소를 청구하는 것은 특별한 사정이 없는 한 불법원인급여를 이유로 금지된다.

④ 乙이 제3자에게 X토지를 임의로 처분한 경우, 甲은 그 제3자에게 소유권이전등기의 말소를 청구할 수 없다.

⑤ 乙이 제3자에게 X토지를 임의로 처분한 경우, 형사상 횡령죄의 성립 여부와 관계없이 乙은 甲에 대하여 민사상 불법행위책임을 부담한다.

05
상중하
양자간
명의신탁

甲은 법령상의 제한을 회피하기 위해 2019. 5. 배우자 乙과 명의신탁약정을 하고 자신의 X건물을 乙명의로 소유권이전등기를 마쳤다. 이에 관한 설명으로 **틀린** 것은? (다툼이 있으면 판례에 따름)   제31회

① 甲은 소유권에 의해 乙을 상대로 소유권이전등기의 말소를 청구할 수 있다.

② 甲은 乙에게 명의신탁해지를 원인으로 소유권이전등기를 청구할 수 없다.

③ 乙이 소유권이전등기 후 X건물을 점유하는 경우, 乙의 점유는 타주점유이다.

④ 乙이 丙에게 X건물을 증여하고 소유권이전등기를 해준 경우, 丙은 특별한 사정이 없는 한 소유권을 취득한다.

⑤ 乙이 丙에게 X건물을 적법하게 양도하였다가 다시 소유권을 취득한 경우, 甲은 乙에게 소유물반환을 청구할 수 있다.

Point
06
상중하
중간생략형
명의신탁

甲은 乙소유의 토지를 매입하면서 乙에게 직접 친구 丙 앞으로 등기를 이전하여 줄 것을 부탁하였다. 이 경우의 법률관계에 관한 설명으로 틀린 것은?

① 甲과 丙 사이의 명의신탁약정은 무효이다.

② 乙로부터 丙으로 이전등기가 경료되더라도 토지소유자는 여전히 乙이다.

③ 甲은 소유권을 취득하지 못했으므로 甲은 乙에게 매매대금반환청구를 할 수 있다.

④ 丁이 丙으로부터 위 토지에 저당권설정등기를 경료받은 경우, 丁은 악의라도 저당권을 취득한다.

⑤ 乙로부터 丙으로 이전등기가 경료되더라도 甲은 乙을 대위하여 丙에게 등기말소를 청구할 수 있다.

Point
07
상중하
중간생략형
명의신탁

甲은 乙에게 그의 소유 토지를 매각하고 乙은 대금을 지급하였다. 그 후 乙은 甲에게 등기를 친구 丙명의로 하여 줄 것을 요구하였고, 甲은 丙명의로 소유권이전등기를 경료하였다. 다음 중 옳은 것으로 바르게 짝지어진 것은? (다툼이 있으면 판례에 의함)

> ㉠ 乙은 丙에게 진정명의회복을 원인으로 하는 소유권이전등기를 청구할 수 있다.
> ㉡ 乙과 丙의 명의신탁약정을 매매계약체결시에 甲이 알지 못했다 하더라도 丙명의의 등기는 무효이다.
> ㉢ 丙이 직접 乙에게 소유권이전등기를 경료해 준 경우에는 乙명의의 등기는 유효이다.

① ㉠   ② ㉡   ③ ㉢
④ ㉠, ㉡   ⑤ ㉡, ㉢

08
상중하
중간생략형
명의신탁

乙은 甲으로부터 2023년 1월 5일 甲소유의 X토지를 매수하는 계약을 체결하면서 재산상황을 은폐하기 위하여 X토지에 대한 소유권이전등기를 여자친구 丙명의로 하기로 丙과 명의신탁약정을 하였다. 그 후 甲은 乙의 부탁대로 丙명의로 소유권이전등기를 해 주었다. 다음 설명으로 틀린 것은? (다툼이 있으면 판례에 의함)

① 乙과 丙 사이의 약정은 무효이다.

② X토지에 대한 소유자는 여전히 甲이다.

③ 乙은 丙에 대하여 명의신탁약정을 해지하고 X토지에 대한 소유권이전등기를 청구할 수 없다.

④ 丁이 명의신탁 사실을 알고 丙으로부터 X토지를 매수하고 소유권이전등기를 한 경우, 丁은 원칙적으로 소유권을 취득하지 못한다.

⑤ 乙이 丙과 혼인한 경우, 법령상 제한의 회피를 목적으로 한 것이 아니라면 혼인 후부터 대외적 소유자는 丙이다.

09
상중하
중간생략형
명의신탁

2017년 8월경 甲은 乙소유의 X부동산을 매매대금을 일시에 지급하고 매수하면서 애인인 丙과의 명의신탁약정에 기초하여 乙로부터 丙으로 X부동산에 관한 소유권이전등기를 마쳤다. 이에 관한 설명으로 **틀린** 것은? (다툼이 있으면 판례에 따름) 19. 감평사

① 甲과 丙 사이의 명의신탁약정 및 그에 따른 丙명의의 등기는 무효이다.

② 甲과 丙이 이후 혼인을 하게 된다면, 조세포탈 등이나 법령상의 제한을 회피할 목적이 없는 한, 위 등기는 甲과 丙이 혼인한 때로부터 유효하게 된다.

③ 丙이 X부동산을 임의로 처분하였다 하더라도 특별한 사정이 없는 한, 乙이 丙의 처분행위로 인하여 손해를 입었다고 할 수는 없다.

④ 甲은 乙에 대한 소유권이전등기청구권을 보전하기 위하여 乙을 대위하여 丙명의의 등기말소를 청구할 수 있다.

⑤ 丙으로부터 X부동산을 매수한 丁이 丙의 甲에 대한 배임행위에 적극 가담하였더라도, 丙과 丁 사이의 매매계약은 반사회적인 법률행위에 해당하지 않는다.

10
상중하
계약명의신탁

2020년 5월 신탁자 甲과 그의 친구인 수탁자 乙이 X부동산에 대하여 명의신탁약정을 한 후, 乙이 직접 계약당사자가 되어 丙으로부터 X를 매수하고 소유권이전등기를 마쳤다. 다음 설명으로 **틀린** 것은? (다툼이 있으면 판례에 따름) 21. 감평사

① 甲과 乙 사이의 명의신탁약정은 무효이다.

② 丙이 甲과 乙 사이의 명의신탁약정 사실을 몰랐다면 乙은 X의 소유권을 취득한다.

③ 丙이 甲과 乙 사이의 명의신탁약정 사실을 알았는지 여부는 소유권이전등기가 마쳐진 때를 기준으로 판단하여야 한다.

④ 乙이 X의 소유자가 된 경우 甲으로부터 제공받은 매수자금 상당액을 甲에게 부당이득으로 반환하여야 한다.

⑤ 丙이 甲과 乙 사이의 명의신탁약정 사실을 안 경우에도 乙이 그 사정을 모르는 丁에게 X를 매도하여 소유권이전등기를 마쳤다면 丁은 X의 소유권을 취득한다.

11

甲은 2010년 2월 11일에 조세 포탈의 목적으로 乙과 명의신탁약정을 맺었고, 이에 따라 乙은 甲으로부터 받은 매수자금을 가지고 계약의 당사자로서 丙소유의 부동산을 매수하고 丙으로부터 소유권이전등기를 경료받았다. 이에 관한 설명으로 **틀린** 것은? (다툼이 있으면 판례에 따름)

20. 변리사

① 丙이 계약체결 이후에 甲과 乙의 명의신탁약정 사실을 알게 된 경우, 乙과의 매매계약은 소급적으로 무효가 된다.
② 丙이 甲과 乙의 명의신탁관계를 모른 경우, 그 명의신탁관계는 계약명의신탁에 해당한다.
③ 丙이 甲과 乙의 명의신탁관계를 모르고 있었던 경우, 특별한 사정이 없는 한 乙은 甲으로부터 지급받은 취득세를 甲에게 부당이득으로 반환하여야 한다.
④ 명의신탁약정의 무효로 인하여 乙은 당해 부동산 자체가 아니라 甲으로부터 제공받은 매수자금을 부당이득한 것이다.
⑤ 丙이 계약당시 甲과 乙의 명의신탁관계를 알고 있었던 경우, 丙은 乙에게 매매계약이 무효임을 이유로 乙명의의 등기말소를 구할 수 있다.

Point
12

2014년 丙소유 X토지를 취득하고 싶은 甲은 그 친구 乙과 X토지의 취득에 관한 명의신탁약정을 맺고 乙에게 X토지를 매수하기 위한 자금을 제공하면서 乙명의로 丙과 계약하도록 하였다. 이에 乙은 그 사실을 알지 못하는 丙으로부터 X토지를 매수하여 자기 앞으로 이전등기를 마쳤다. 다음 설명으로 **틀린** 것은? (다툼이 있으면 판례에 따름)

15. 감평사

① 甲과 乙의 명의신탁약정은 무효이다.
② 乙은 甲으로부터 받은 X토지 매수대금을 甲에게 부당이득으로 반환할 의무가 있다.
③ 만약 丙이 명의신탁약정의 존재를 알았다면 X토지에 관한 물권변동은 무효이다.
④ 만약 乙이 완전한 소유권을 취득했음을 전제로 사후적으로 甲과 매수자금반환의무의 이행에 갈음하여 X토지를 양도하기로 약정하고 甲 앞으로 소유권이전등기를 마쳤다면, 그 등기는 원칙적으로 유효하다.
⑤ 만약 甲과 乙의 명의신탁약정 및 乙명의의 등기가 「부동산 실권리자명의 등기에 관한 법률」의 시행 전에 이루어지고, 같은 법 소정의 유예기간 내에 甲 앞으로 등기가 되지 않았다면, 乙은 甲에게 X토지를 부당이득으로 반환할 의무가 없다.

13

상중하

계약명의신탁

2014년 甲은 친구 乙과 계약명의신탁을 약정하였다. 그 사실을 알고 있는 丙은 명의수탁자 乙과의 매매계약에 따라 乙명의로 X토지의 소유권을 이전해 주었다. 다음 설명 중 틀린 것은? (다툼이 있으면 판례에 의함)

① 乙은 X토지에 대한 소유권을 취득하지 못한다.

② 甲은 丙에 대하여 X토지에 대한 소유권이전등기를 청구할 수 없다.

③ 乙이 X토지의 소유권이전등기를 말소하지 않더라도 丙은 乙의 매매대금반환청구를 거절할 수 없다.

④ 乙이 X토지를 丁에게 매도하여 소유권이전등기를 해 준 경우, 丁은 X토지의 소유권을 취득한다.

⑤ ④의 경우, 乙의 행위는 丙의 소유권에 대한 침해행위로서 불법행위에 해당한다.

14

상중하

계약명의신탁

2015년 5월경 명의신탁자 乙과 명의수탁자 丙의 약정에 따라, 丙은 매수인으로서 부동산 매도인 甲과 매매계약을 체결하고 대금을 지급한 후, 자신의 명의로 소유권이전등기를 경료받았다. 이에 관한 설명으로 옳은 것을 모두 고른 것은? (단, 부동산 실권리자명의 등기에 관한 법률 8조(종중, 배우자 및 종교단체에 관한 특례) 등에 해당하는 예외 사유가 없으며, 다툼이 있으면 판례에 따름)

16. 감평사

┌───┐
│ ㉠ 甲이 명의신탁약정을 알지 못한 경우, 乙은 丙에 대하여 소유권이전을 청구할 수 있다.

㉡ 甲이 명의신탁약정을 알고 있었던 경우, 丙은 甲에 대하여 매매대금의 반환을 청구할 수 있다.

㉢ 甲이 명의신탁약정을 알고 있었던 경우, 乙은 甲에 대하여 진정명의회복을 원인으로 한 소유권이전등기를 청구할 수 있다.

㉣ 甲이 명의신탁약정을 알고 있었던 경우, 乙은 甲을 대위하여 丙명의 등기의 말소를 청구함과 동시에 甲에 대하여 매수인의 지위에서 소유권이전등기를 청구할 수 있다.
└───┘

① ㉠

② ㉡

③ ㉡, ㉣

④ ㉢, ㉣

⑤ ㉠, ㉢, ㉣

15
상중하
경매와
계약명의신탁

2019년 부동산경매절차에서 丙소유의 X건물을 취득하려는 甲은 친구 乙과 명의신탁약정을 맺고 乙명의로 매각허가결정을 받아 자신의 비용으로 매각대금을 완납하였다. 그 후 乙명의로 X건물의 소유권이전등기가 마쳐졌다. 다음 설명 중 틀린 것은?

① 甲은 乙에 대하여 X건물의 소유권이전을 청구할 수 없다.

② 甲의 지시에 따라 乙이 X건물을 매각한 후 그 처분대금을 甲에게 반환하기로 한 약정은 무효이다.

③ 甲은 乙에 대하여 매수자금 상당의 부당이득반환을 청구할 수 있다.

④ 丙이 甲과 乙 사이의 명의신탁약정이 있다는 사실을 알았다면 乙은 X건물의 소유권을 취득하지 못한다.

⑤ 甲이 X건물을 丁에게 매도하는 계약은 유효이다.

16
상중하
구분소유적
공유관계

甲과 乙은 구분소유하기로 약정하고 1필지의 토지를 공동으로 매수하였는데, 분필등기를 하지 않고 공유지분등기를 하였다. 다음 설명 중 틀린 것은?

① 甲은 乙에 대하여 공유관계를 원인으로 한 공유물분할을 청구할 수는 없다.

② 丙이 토지를 무단으로 점유하고 있는 경우, 甲은 丙에게 전체 토지에 대하여 침해의 배제를 구할 수는 없다.

③ 토지 전부에 대한 丙의 불법행위가 있는 경우, 甲은 자신의 지분에 대응한 비율의 한도에서만 손해배상을 청구할 수 있다.

④ 甲이 乙의 토지부분에 건물을 신축한 경우, 관습법상 법정지상권은 성립될 여지가 없다.

⑤ 甲이 자기소유의 토지부분에 건물을 신축한 후, 乙이 강제경매로 대지에 관한 甲의 지분을 모두 취득한 경우, 관습법상 법정지상권이 발생한다.

복습문제
17
상중하
명의신탁

부동산 실권리자명의 등기에 관한 법률에 대한 설명으로 틀린 것은?

① 수탁자와 거래한 제3자는 선의·악의를 불문하고 소유권을 취득한다.

② 제3자가 수탁자의 배임행위에 적극 가담한 경우에는 사회질서위반으로서 무효이다.

③ 양자간 명의신탁에서 탈세를 목적으로 명의신탁제도를 악용했다면 신탁자는 수탁자에게 소유권이전등기말소를 청구할 수 없다.

④ 부동산 실권리자명의 등기에 관한 법률상 허용되는 명의신탁에서의 '배우자'에는 사실혼 관계에 있는 배우자는 포함되지 아니한다.

⑤ 명의신탁자는 무효인 명의신탁약정의 해지를 원인으로 하는 소유권이전등기를 청구할 수 없다.

복습문제 18 상중하 명의신탁

乙은 甲으로부터 2016년 1월 5일 甲소유의 X토지를 매수하는 계약을 체결하면서 재산상황을 은폐하기 위하여 X토지에 대한 소유권이전등기를 여자친구 丙명의로 하기로 丙과 명의신탁약정을 하였다. 그 후 甲은 乙의 부탁대로 丙명의로 소유권이전등기를 해 주었다. 다음 설명으로 틀린 것은?

① 乙과 丙 사이의 명의신탁약정은 무효이다.

② X토지에 대한 소유자는 여전히 甲이다.

③ 乙은 丙에 대하여 진정명의회복을 원인으로 소유권이전등기를 청구할 수 있다.

④ 乙은 甲에 대하여 이미 지급한 매매대금의 반환을 청구할 수 없다.

⑤ 乙이 丙과 혼인한 경우, 법령상 제한의 회피를 목적으로 한 것이 아니라면 혼인 후부터 대외적 소유자는 丙이다.

복습문제 19 상중하 계약명의신탁

2023년 10월 24일 甲은 乙과 乙명의로 丙의 부동산을 매수한 뒤 甲의 요청이 있으면 매수부동산의 소유권을 甲에게 이전시켜 주기로 합의한 다음, 매수자금 2억원을 乙에게 지급하였다. 乙은 그 돈으로 丙의 부동산을 매수한 뒤 丙으로부터 소유권이전등기를 경료받았다. 다음 설명 중 틀린 것은? (다툼이 있으면 판례에 의함)

① 丙이 선의인 경우, 甲과 乙 간의 명의신탁약정은 무효이다.

② 丙이 악의인 경우, 乙과 丙 간의 매매계약은 무효이다.

③ 丙이 선의인 경우, 乙은 甲에게 매매대금 2억원을 반환할 의무가 있다.

④ 丙이 선의인 경우, 乙이 대물변제로서 부동산의 소유권을 甲에게 이전해 주었다면 甲은 소유권을 취득할 수 있다.

⑤ 丙이 악의인 경우, 乙이 丁에게 부동산을 매도하고 소유권이전등기를 하면 丁은 소유권을 취득할 수 없다.

복습문제 20 상중하 계약명의신탁

2023년 1월 5일 甲은 친구 乙과 명의신탁약정을 한 후, 乙을 내세워 두 사람 사이에 명의신탁약정이 있다는 사실을 모르는 丙으로부터 토지를 매수하면서(매수자금은 甲이 제공) 乙명의로 소유권이전등기를 마쳤다. 나아가 甲은 乙과 통모하여 형식상 임대차계약서를 작성하여 위 토지의 임차인인 것처럼 가장하여 지금까지 그 토지를 점유·사용하여 왔다. 다음 설명으로 틀린 것은? (다툼이 있으면 판례에 의함)

① 甲과 乙 사이의 명의신탁약정은 무효이다.

② 乙은 토지의 소유권을 취득한다.

③ 甲은 乙에게 토지의 매수자금 상당액을 부당이득으로 반환청구할 수 있다.

④ 乙이 대물변제로서 토지의 소유권을 甲에게 이전해 주었다면 甲은 소유권을 취득할 수 있다.

⑤ 甲은 乙로부터 부당이득을 반환받을 때까지 위 토지에 대하여 유치권을 행사할 수 있다.

Chapter 05

집합건물의 소유 및 관리에 관한 법률

대표유형

집합건물의 소유 및 관리에 관한 법률에 관한 설명으로 틀린 것은? (다툼이 있으면 판례에 따름)

① 집합건축물대장에 등록되지 않더라도 구분소유가 성립할 수 있다.

② 공용부분의 사용과 비용부담은 전유부분의 지분비율에 따른다.

③ 집합건물의 공용부분은 시효취득의 대상이 될 수 없다.

④ 관리인은 구분소유자가 아니더라도 무방하다.

⑤ 구분소유자는 규약 또는 공정증서로써 달리 정하지 않는 한 그가 가지는 전유부분과 분리하여 대지사용권을 처분할 수 없다.

해설 ② 공용부분은 전유부분의 지분비율에 따라 사용하는 것이 아니라 그 용도에 따라 사용한다.

ⓐ 정답 ②

01

삼중**하**
공용부분

건물의 구분소유 및 집합건물 등에 관한 설명으로 틀린 것은? (다툼이 있으면 판례에 따름)

16. 감평사

① 공용부분을 전유부분으로 변경하기 위하여는 구조상으로나 이용상으로 다른 전유부분과 독립되어 있어야 한다.

② 구분소유자 중 일부가 복도, 계단과 같은 공용부분의 일부를 아무런 권원 없이 점유·사용하는 경우, 특별한 사정이 없는 한 다른 구분소유자들에게 임료 상당의 손해가 발생한 것으로 볼 수 없다.

③ 대지에 대한 지상권도 대지사용권이 될 수 있다.

④ 집합건물의 관리단은 구분소유자 전원을 구성원으로 하며, 별도의 설립행위가 필요하지 않다.

⑤ 구분건물이 물리적으로 완성되기 전이라도 건축허가신청 등을 통하여 구분의사가 객관적으로 표시되면 구분행위의 존재를 인정할 수 있다.

02 집합건물의 소유 및 관리에 관한 법률상 공용부분에 관한 설명으로 **틀린** 것은? (다툼이 있으면
상**중**하
판례에 따름)   17. 감평사
공용부분

① 공용부분은 취득시효에 의한 소유권 취득의 대상이 되지 않는다.

② 구조상의 공용부분에 관한 물권의 득실변경은 별도로 등기를 하여야 한다.

③ 공용부분 관리비에 대한 연체료는 특별한 사정이 없는 한 특별승계인에게 승계되는 공
용부분 관리비에 포함되지 않는다.

④ 관리인 선임 여부와 관계없이 공유자인 구분소유자가 단독으로 공용부분에 대한 보존행
위를 할 수 있다.

⑤ 어느 부분이 공용부분인지 전유부분인지는 구분소유자들 사이에 다른 합의가 없는 한
그 건물의 구조에 따른 객관적인 용도에 의하여 결정된다.

03 집합건물의 대지사용권에 대한 설명으로서 **틀린** 것은? (다툼이 있으면 판례에 의함)
상**중**하
대지사용권

① 특별한 사정이 없는 한 대지사용권을 전유부분과 분리하여 처분할 수는 없으며, 이를 위
반한 대지사용권의 처분은 법원의 강제경매절차에 의한 것이라 하더라도 무효이다.

② 구분건물의 전유부분만에 관하여 설정된 저당권이나 압류 등의 효력은 특별한 사정이
없는 한 그 대지사용권에도 미친다.

③ 전유부분에 대하여 설정된 전세권은 전세권설정등기가 건물부분만에 관한 것이라는 취
지의 부기등기가 경료되어 있더라도 대지사용권에 대하여도 미친다.

④ 전유부분만에 관하여 설정된 저당권에 의한 임의경매절차에서, 경락인은 전유부분을 낙
찰받음에 따라 대지사용권도 함께 취득한다.

⑤ ④의 경우, 당초의 수분양자가 분양대금을 완납하지 않았다면 경락인이 대지사용권을 취
득할 수 없다.

Point
04
상중하
체납된 관리비의
승계

집합건물의 소유 및 관리에 관한 법률에 관한 설명으로 틀린 것은? (다툼이 있으면 판례에 의함)

① 구분소유자는 그가 가지는 전유부분과 분리하여 공용부분에 대한 지분을 처분할 수 없고, 규약으로 달리 정할 수도 없다.

② 일부의 구분소유자만이 공용하도록 제공되는 것임이 명백한 공용부분은 그들 구분소유자의 공유에 속한다.

③ 아파트의 전 입주자가 체납한 관리비는 공용부분에 관한 관리비에 한해서는 그 특별승계인에게 승계되지만, 다만 그 연체료는 승계되지 않는다.

④ ③의 경우, 그 승계로 인하여 종전 구분소유자는 연체료를 제외한 체납관리비에 대해서는 그 의무를 면한다.

⑤ 규약 및 관리단집회의 결의는 구분소유자의 특별승계인에 대하여도 효력이 있다.

Point
05
상중하
전유부분이
공유인 경우

집합건물의 소유 및 관리에 관한 법률에 관한 설명으로 틀린 것은? (다툼이 있으면 판례에 의함)

① 관리단은 반드시 있어야 하지만, 관리인은 구분소유자가 10인 이상이 아니면 반드시 선임하여야 하는 것은 아니다.

② 관리단집회는 구분소유자 전원의 동의가 있는 경우 소집절차를 생략할 수 있다.

③ 전유부분의 공유자는 서로 협의하여 공유자 중 1인을 관리단집회에서 의결권을 행사할 자로 정하여야 한다.

④ 전유부분의 공유자들 간에 지분이 동등하여 의결권 행사자를 정하지 못할 경우에는 그 전유부분의 공유자는 의결권을 행사할 수 없다.

⑤ 관리단집회 결의나 다른 구분소유자의 동의 없이 구분소유자 1인이 공용부분을 독점적으로 점유·사용하는 경우, 다른 구분소유자는 공용부분의 보존행위로서 그 인도를 청구할 수 있다.

06
상중하
담보책임의
존속기간

집합건물의 소유 및 관리에 관한 법률의 내용으로 틀린 것은?

① 구분소유자 전원의 동의로 소집된 관리단집회는 소집절차에서 통지되지 않은 사항에 대해서도 결의할 수 있다.

② 관리단은 관리비 징수에 관한 관리단 규약 등이 존재하지 않더라도 적어도 공용부분에 대한 관리비는 이를 그 부담의무자인 구분소유자에게 청구할 수 있다.

③ 분양자는 원칙적으로 전유부분을 양수한 구분소유자에 대하여 담보책임을 져야 한다.

④ 전유부분에 관한 담보책임의 존속기간은 사용승인일부터 기산한다.

⑤ 공유자가 공용부분에 관하여 다른 공유자에 대하여 가지는 채권은 그 특별승계인에 대하여도 행사할 수 있다.

Point

07 집합건물의 소유 및 관리에 관한 법률상 집합건물의 재건축에 관한 설명으로 **틀린** 것은?

상중하
재건축

① 재건축 결의는 구분소유자의 5분의 4 이상 및 의결권의 5분의 4 이상의 결의에 따른다.

② 관광진흥법에 따른 휴양 콘도미니엄업의 운영을 위한 휴양 콘도미니엄의 재건축 결의는 구분소유자의 3분의 2 이상 및 의결권의 3분의 2 이상의 결의에 따른다.

③ 재건축의 결의가 있는 경우 집회를 소집한 자는 지체 없이 그 결의에 찬성하지 않은 구분소유자에 대하여 재건축에의 참가 여부에 대한 회답을 서면으로 촉구하여야 한다.

④ ③의 촉구를 받은 구분소유자가 2월 이내에 회답하지 않은 경우, 그 구분소유자는 재건축에 참가하겠다는 회답을 한 것으로 본다.

⑤ 한 단지 내에 있는 여러 동의 건물을 일괄하여 재건축하려는 경우, 재건축결의는 각각의 건물마다 있어야 한다.

복습문제

08 집합건물의 소유 및 관리에 관한 법률에 관한 설명으로 **틀린** 것은?

상중하
종합

① 각 구분소유자는 공용부분을 그 용도에 따라 사용할 수 있다.

② 각 구분소유자의 지분은 그가 가지는 전유부분의 면적비율에 따른다.

③ 구분소유자는 그가 가지는 전유부분과 분리하여 공용부분에 대한 지분을 처분할 수 없다.

④ 구분소유자는 규약으로 달리 정한 때에도 대지사용권을 전유부분과 분리하여 처분할 수 없다.

⑤ 전유부분의 소유권을 경매로 상실한 자가 장래 취득할 대지지분을 전유부분의 소유권을 취득한 경락인이 아닌 제3자에게 분리처분한 행위는 무효이다.

복습문제

09 집합건물의 소유 및 관리에 관한 법률에 관한 설명으로 **옳은** 것은? (다툼이 있으면 판례에 의함)

상중하
종합

① 공용부분은 공유자 전원에게 공동으로 귀속되므로 일부 구분소유자에게만 귀속될 수는 없다.

② 특별한 사정이 없는 한 대지사용권을 전유부분과 분리하여 처분할 수는 없으며, 이를 위반한 대지사용권의 처분은 법원의 강제경매절차에 의한 것이라 하더라도 무효이다.

③ 전유부분을 제3자가 경락받은 경우, 당초의 수분양자가 분양대금을 완납하지 않았다면 경락인은 대지사용권을 취득하지 못한다.

④ 전유부분의 소유권을 경매로 상실한 자는 그 이후에 취득한 대지지분을 경락인이 아닌 제3자에게 분리처분하여도 이를 무효라고 할 수는 없다.

⑤ 법정공용부분과 규약상의 공용부분은 공용부분이라는 취지를 등기하여야 한다.

10 **집합건물의 소유 및 관리에 관한 법률에 관한 설명으로 틀린 것은?** (다툼이 있으면 판례에 의함)

① 건물을 구분건물로 하겠다는 구분의사가 객관적으로 표시된 경우에도 구분건물로서 등기부에 등기되지 않았다면 구분소유는 성립할 수 없다.

② 체납된 관리비가 특별승계인에게 승계된다고 하여 이전 구분소유권자들의 채무가 면책되는 것은 아니다.

③ 재건축결의에 찬성하지 않는 구분소유자에 대한 촉구는 반드시 서면으로 해야 한다.

④ 공용부분에 관한 담보책임의 존속기간은 사용검사일 또는 사용승인일부터 기산한다.

⑤ 관리단집회 결의나 다른 구분소유자의 동의 없이 구분소유자 1인이 공용부분을 독점적으로 점유·사용하는 경우, 다른 구분소유자는 공용부분의 보존행위로서 그 인도를 청구할 수는 없다.

11 **집합건물의 소유 및 관리에 관한 법률의 설명으로 틀린 것은?**

① 규약 및 관리단집회의 결의는 구분소유자의 특별승계인에 대하여도 효력이 있다.

② 구분소유건물의 공용부분에 관한 물권의 득실변경은 등기가 필요하지 않다.

③ 관리인은 구분소유자가 아니더라도 무방하다.

④ 관광진흥법에 따른 휴양 콘도미니엄업의 운영을 위한 휴양 콘도미니엄의 재건축 결의는 구분소유자의 3분의 2 이상 및 의결권의 3분의 2 이상의 결의에 따른다.

⑤ 재건축 결의 후 재건축 참가 여부를 서면으로 촉구받은 재건축반대자가 법정기간 내에 회답하지 않으면 재건축에 참가하겠다는 회답을 한 것으로 본다.

MEMO

부록

제34회 기출문제

01 다음 중 연결이 **잘못된** 것은? (다툼이 있으면 판례에 따름)

① 임차인의 필요비상환청구권 - 형성권

② 지명채권의 양도 - 준물권행위

③ 부동산 매매에 의한 소유권 취득 - 특정승계

④ 부동산 점유취득시효완성으로 인한 소유권 취득 - 원시취득

⑤ 무권대리에서 추인 여부에 대한 확답의 최고 - 의사의 통지

02 甲으로부터 甲 소유 X토지의 매도 대리권을 수여받은 乙은 甲을 대리하여 丙과 X토지에 대한 매매계약을 체결하였다. 다음 설명 중 **틀린** 것은? (다툼이 있으면 판례에 따름)

① 乙은 특별한 사정이 없는 한 매매잔금의 수령 권한을 가진다.

② 丙의 채무불이행이 있는 경우, 특별한 사정이 없는 한 乙은 매매계약을 해제할 수 없다.

③ 매매계약의 해제로 인한 원상회복의무는 甲과 丙이 부담한다.

④ 丙이 매매계약을 해제한 경우, 丙은 乙에게 채무불이행으로 인한 손해배상을 청구할 수 없다.

⑤ 乙이 자기의 이익을 위하여 배임적 대리행위를 하였고 丙도 이를 안 경우, 乙의 대리행위는 甲에게 효력을 미친다.

03 불공정한 법률행위에 관한 설명으로 옳은 것은? (다툼이 있으면 판례에 따름)

① 불공정한 법률행위에도 무효행위의 전환에 관한 법리가 적용될 수 있다.

② 경락대금과 목적물의 시가에 현저한 차이가 있는 경우에도 불공정한 법률행위가 성립할 수 있다.

③ 급부와 반대급부 사이에 현저한 불균형이 있는 경우, 원칙적으로 그 불균형 부분에 한하여 무효가 된다.

④ 대리인에 의한 법률행위에서 궁박과 무경험은 대리인을 기준으로 판단한다.

⑤ 계약의 피해당사자가 급박한 곤궁 상태에 있었다면 그 상대방에게 폭리행위의 악의가 없었더라도 불공정한 법률행위는 성립한다.

04 복대리에 관한 설명으로 **틀린** 것은? (특별한 사정은 없으며, 다툼이 있으면 판례에 따름)

① 복대리인은 행위능력자임을 요하지 않는다.

② 복대리인은 본인에 대하여 대리인과 동일한 권리의무가 있다.

③ 법정대리인은 그 책임으로 복대리인을 선임할 수 있다.

④ 대리인의 능력에 따라 사업의 성공여부가 결정되는 사무에 대해 대리권을 수여받은 자는 본인의 묵시적 승낙으로도 복대리인을 선임할 수 있다.

⑤ 대리인이 대리권 소멸 후 선임한 복대리인과 상대방 사이의 법률행위에도 민법 제129조의 표현대리가 성립할 수 있다.

05 통정허위표시를 기초로 새로운 법률상 이해관계를 맺은 제3자에 해당하는 자를 모두 고른 것은? (다툼이 있으면 판례에 따름)

> ㉠ 파산선고를 받은 가장채권자의 파산관재인
> ㉡ 가장채무를 보증하고 그 보증채무를 이행하여 구상권을 취득한 보증인
> ㉢ 차주와 통정하여 가장소비대차계약을 체결한 금융기관으로부터 그 계약을 인수한 자

① ㉠

② ㉢

③ ㉠, ㉡

④ ㉡, ㉢

⑤ ㉠, ㉡, ㉢

06 무권대리인 乙이 甲을 대리하여 甲 소유의 X토지를 丙에게 매도하는 계약을 체결하였다. 다음 설명 중 옳은 것은? (다툼이 있으면 판례에 따름)

① 위 매매계약이 체결된 후에 甲이 X토지를 丁에게 매도하고 소유권이전등기를 마쳤다면, 甲이 乙의 대리행위를 추인하더라도 丁은 유효하게 그 소유권을 취득한다.

② 乙이 甲을 단독상속한 경우, 특별한 사정이 없는 한 乙은 본인의 지위에서 추인을 거절할 수 있다.

③ 甲의 단독상속인 戊는 丙에 대해 위 매매계약을 추인할 수 없다.

④ 丙은 乙과 매매계약을 체결할 당시 乙에게 대리권이 없음을 안 경우에도 甲의 추인이 있을 때까지 그 매매계약을 철회할 수 있다.

⑤ 甲이 乙의 대리행위에 대하여 추인을 거절하면, 乙이 미성년자라도 丙은 乙에 대해 손해배상을 청구할 수 있다.

07 반사회질서의 법률행위에 해당하지 않는 것을 모두 고른 것은? (다툼이 있으면 판례에 따름)

> ㉠ 2023년 체결된 형사사건에 관한 성공보수약정
> ㉡ 반사회적 행위에 의해 조성된 비자금을 소극적으로 은닉하기 위해 체결한 임치약정
> ㉢ 산모가 우연한 사고로 인한 태아의 상해에 대비하기 위해 자신을 보험수익자로, 태아를 피보험자로 하여 체결한 상해보험계약

① ㉠
② ㉢
③ ㉠, ㉡
④ ㉡, ㉢
⑤ ㉠, ㉡, ㉢

08 甲은 허가받을 것을 전제로 토지거래허가구역 내 자신의 토지에 대해 乙과 매매계약을 체결하였다. 다음 설명 중 옳은 것을 모두 고른 것은? (다툼이 있으며 판례에 따름)

> ㉠ 甲은 특별한 사정이 없는 한 乙의 매매대금 이행제공이 있을 때까지 허가신청절차 협력의무의 이행을 거절할 수 있다.
> ㉡ 乙이 계약금 전액을 지급한 후, 당사자의 일방이 이행에 착수하기 전이라면 특별한 사정이 없는 한 甲은 계약금의 배액을 상환하고 계약을 해제할 수 있다.
> ㉢ 일정기간 내 허가를 받기로 약정한 경우, 특별한 사정이 없는 한 그 허가를 받지 못하고 약정기간이 경과하였다는 사정만으로도 매매계약은 확정적 무효가 된다.

① ㉠
② ㉡
③ ㉠, ㉢
④ ㉡, ㉢
⑤ ㉠, ㉡, ㉢

09 법률행위의 부관에 관한 설명으로 틀린 것은? (다툼이 있으면 판례에 따름)

① 조건이 선량한 풍속 기타 사회질서에 위반한 경우, 그 조건만 무효이고 법률행위는 유효하다.
② 법률행위에 조건이 붙어 있는지 여부는 조건의 존재를 주장하는 자에게 증명책임이 있다.
③ 기한은 특별한 사정이 없는 한 채무자의 이익을 위한 것으로 추정한다.
④ 조건부 법률행위에서 기성조건이 해제조건이면 그 법률행위는 무효이다.
⑤ 종기(終期) 있는 법률행위는 기한이 도래한 때로부터 그 효력을 잃는다.

10 법률행위의 무효와 추인에 관한 설명으로 옳은 것을 모두 고른 것은? (다툼이 있으며 판례에 따름)

㉠ 무효인 법률행위의 추인은 무효원인이 소멸된 후 본인이 무효임을 알고 추인해야 그 효력이 인정된다.

㉡ 무권리자의 처분이 계약으로 이루어진 경우, 권리자가 추인하면 원칙적으로 계약의 효과는 계약체결시에 소급하여 권리자에게 귀속된다.

㉢ 양도금지특약에 위반하여 무효인 채권양도에 대해 양도대상이 된 채권의 채무자가 승낙하면 다른 약정이 없는 한 양도의 효과는 승낙시부터 발생한다.

---

① ㉠

② ㉡

③ ㉠, ㉢

④ ㉡, ㉢

⑤ ㉠, ㉡, ㉢

11 점유자와 회복자의 관계에 관한 설명으로 옳은 것은? (다툼이 있으면 판례에 따름)

① 점유물이 점유자의 책임 있는 사유로 멸실된 경우, 선의의 타주점유자는 이익이 현존하는 한도에서 배상해야 한다.

② 악의의 점유자는 특별한 사정이 없는 한 통상의 필요비를 청구할 수 있다.

③ 점유자의 필요비상환청구에 대해 법원은 회복자의 청구에 의해 상당한 상환기간을 허여할 수 있다.

④ 이행지체로 인해 매매계약이 해제된 경우, 선의의 점유자인 매수인에게 과실취득권이 인정된다.

⑤ 은비(隱秘)에 의한 점유자는 점유물의 과실을 취득한다.

12 민법상 합유에 관한 설명으로 틀린 것은? (특약은 없으며, 다툼이 있으면 판례에 따름)

① 합유자의 권리는 합유물 전부에 미친다.

② 합유자는 합유물의 분할을 청구하지 못한다.

③ 합유자 중 1인이 사망하면 그의 상속인이 합유자의 지위를 승계한다.

④ 합유물의 보존행위는 합유자 각자가 할 수 있다.

⑤ 합유자는 그 전원의 동의 없이 합유지분을 처분하지 못한다.

13 부동산 소유권이전등기청구권에 관한 설명으로 옳은 것은? (다툼이 있으면 판례에 따름)

① 교환으로 인한 이전등기청구권은 물권적 청구권이다.

② 점유취득시효 완성으로 인한 이전등기청구권의 양도는 특별한 사정이 없는 한 양도인의 채무자에 대한 통지만으로는 대항력이 생기지 않는다.

③ 매수인이 부동산을 인도받아 사용·수익하고 있는 이상 매수인의 이전등기청구권은 시효로 소멸하지 않는다.

④ 점유취득시효 완성으로 인한 이전등기청구권은 점유가 계속되더라도 시효로 소멸한다.

⑤ 매매로 인한 이전등기청구권의 양도는 특별한 사정이 없는 한 양도인의 채무자에 대한 통지만으로 대항력이 생긴다.

14 물권적 청구권에 관한 설명으로 틀린 것은? (다툼이 있으면 판례에 따름)

① 저당권자는 목적물에서 임의로 분리, 반출된 물건을 자신에게 반환할 것을 청구할 수 있다.

② 진정명의회복을 원인으로 한 소유권이전등기청구권의 법적 성질은 소유권에 기한 방해배제청구권이다.

③ 소유자는 소유권을 방해하는 자에 대해 민법 제214조에 기해 방해배제비용을 청구할 수 없다.

④ 미등기 무허가건물의 양수인은 소유권에 기한 방해배제청구권을 행사할 수 없다.

⑤ 소유권에 기한 방해배제청구권은 현재 계속되고 있는 방해원인의 제거를 내용으로 한다.

15 부동산 점유취득시효에 관한 설명으로 옳은 것은? (다툼이 있으면 판례에 따름)

① 국유재산 중 일반재산이 시효완성 후 행정재산으로 되더라도 시효완성을 원인으로 한 소유권이전등기를 청구할 수 있다.

② 시효완성 당시의 소유권보존등기가 무효라면 그 등기명의인은 원칙적으로 시효완성을 원인으로 한 소유권이전등기청구의 상대방이 될 수 없다.

③ 시효완성 후 점유자 명의로 소유권이전등기가 경료되기 전에 부동산 소유명의자는 점유자에 대해 점유로 인한 부당이득반환청구를 할 수 있다.

④ 미등기부동산에 대한 시효가 완성된 경우, 점유자는 등기 없이도 소유권을 취득한다.

⑤ 시효완성 전에 부동산이 압류되면 시효는 중단된다.

16 민법 제187조(등기를 요하지 아니하는 부동산물권취득)에 관한 설명으로 틀린 것은? (다툼이 있으면 판례에 따름)

① 상속인은 상속 부동산의 소유권을 등기 없이 취득한다.
② 민법 제187조 소정의 판결은 형성판결을 의미한다.
③ 부동산 강제경매에서 매수인이 매각 목적인 권리를 취득하는 시기는 매각대금 완납시이다.
④ 부동산소유권이전을 내용으로 하는 화해조서에 기한 소유권취득에는 등기를 요하지 않는다.
⑤ 신축에 의한 건물소유권취득에는 소유권보존등기를 요하지 않는다.

17 물권에 관한 설명으로 옳은 것은? (다툼이 있으면 판례에 따름)

① 물건 이외의 재산권은 물권의 객체가 될 수 없다.
② 물권은 「부동산등기규칙」에 의해 창설될 수 있다.
③ 구분소유의 목적이 되는 건물의 등기부상 표시에서 전유부분의 면적 표시가 잘못된 경우, 그 잘못 표시된 면적만큼의 소유권보존등기를 말소할 수 없다.
④ 1필의 토지의 일부를 객체로 하여 지상권을 설정할 수 없다.
⑤ 기술적인 착오로 지적도의 경계선이 실제 경계선과 다르게 작성된 경우, 토지의 경계는 지적도의 경계선에 의해 확정된다.

18 전세권에 관한 설명으로 옳은 것은? (다툼이 있으면 판례에 따름)

① 전세권설정자의 목적물 인도는 전세권의 성립요건이다.
② 타인의 토지에 있는 건물에 전세권을 설정한 경우, 전세권의 효력은 그 건물의 소유를 목적으로 한 지상권에 미친다.
③ 전세권의 사용·수익 권능을 배제하고 채권담보만을 위해 전세권을 설정하는 것은 허용된다.
④ 전세권설정자는 특별한 사정이 없는 한 목적물의 현상을 유지하고 그 통상의 관리에 속한 수선을 해야 한다.
⑤ 건물전세권이 법정갱신된 경우, 전세권자는 이를 등기해야 제3자에게 대항할 수 있다.

19 乙은 甲과의 지상권설정계약으로 甲 소유의 X토지에 지상권을 취득한 후, 그 지상에 Y건물을 완성하여 소유권을 취득하였다. 다음 설명 중 옳은 것을 모두 고른 것은? (다툼이 있으면 판례에 따름)

> ㉠ 乙은 지상권을 유보한 채 Y건물 소유권만을 제3자에게 양도할 수 있다.
> ㉡ 乙은 Y건물 소유권을 유보한 채 지상권만을 제3자에게 양도할 수 있다.
> ㉢ 지료지급약정이 있음에도 乙이 3년분의 지료를 미지급한 경우, 甲은 지상권 소멸을 청구할 수 있다.

① ㉠

② ㉢

③ ㉠, ㉡

④ ㉡, ㉢

⑤ ㉠, ㉡, ㉢

20 지역권에 관한 설명으로 **틀린** 것은? (다툼이 있으면 판례에 따름)

① 지역권은 요역지와 분리하여 양도할 수 없다.

② 공유자 중 1인이 지역권을 취득한 때에는 다른 공유자도 이를 취득한다.

③ 통행지역권을 주장하는 자는 통행으로 편익을 얻는 요역지가 있음을 주장·증명해야 한다.

④ 요역지의 불법점유자도 통행지역권을 시효취득할 수 있다.

⑤ 지역권은 계속되고 표현된 것에 한하여 시효취득할 수 있다.

21 甲은 乙에게 1억원을 대여하면서 乙 소유의 Y건물에 저당권을 취득하였다. 다음 설명 중 옳은 것을 모두 고른 것은? (다툼이 있으면 판례에 따름)

> ㉠ 乙이 甲에게 피담보채권 전부를 변제한 경우, 甲의 저당권은 말소등기를 하지 않아도 소멸한다.
> ㉡ 甲은 Y건물의 소실로 인하여 乙이 취득한 화재보험금청구권에 대하여 물상대위권을 행사할 수 있다.
> ㉢ 甲은 저당권을 피담보채권과 분리하여 제3자에게 양도하지 못한다.

① ㉠

② ㉢

③ ㉠, ㉡

④ ㉡, ㉢

⑤ ㉠, ㉡, ㉢

22 근저당권에 관한 설명으로 **틀린** 것은? (다툼이 있으면 판례에 따름)

① 채권최고액에는 피담보채무의 이자가 산입된다.

② 피담보채무 확정 전에는 채무자를 변경할 수 있다.

③ 근저당권자가 피담보채무의 불이행을 이유로 경매신청을 한 경우, 특별한 사정이 없는 한 피담보채무액은 그 신청시에 확정된다.

④ 물상보증인은 채권최고액을 초과하는 부분의 채권액까지 변제할 의무를 부담한다.

⑤ 특별한 사정이 없는 한, 존속기간이 있는 근저당권은 그 기간이 만료한 때 피담보채무가 확정된다.

23 민법상 유치권에 관한 설명으로 **틀린** 것은? (다툼이 있으면 판례에 따름)

① 유치권자는 유치물에 대한 경매권이 있다.

② 유치권 발생을 배제하는 특약은 무효이다.

③ 건물신축공사를 도급받은 수급인이 사회통념상 독립한 건물이 되지 못한 정착물을 토지에 설치한 상태에서 공사가 중단된 경우, 그 토지에 대해 유치권을 행사할 수 없다.

④ 유치권은 피담보채권의 변제기가 도래하지 않으면 성립할 수 없다.

⑤ 유치권자는 선량한 관리자의 주의로 유치물을 점유해야 한다.

24 저당권에 관한 설명으로 **옳은** 것은? (다툼이 있으면 판례에 따름)

① 전세권은 저당권의 객체가 될 수 없다.

② 저당권 설정은 권리의 이전적 승계에 해당한다.

③ 민법 제365조에 따라 토지와 건물의 일괄경매를 청구한 토지 저당권자는 그 건물의 경매대가에서 우선변제를 받을 수 있다.

④ 건물 건축 개시 전의 나대지에 저당권이 설정될 당시 저당권자가 그 토지 소유자의 건물 건축에 동의한 경우, 저당토지의 임의경매로 인한 법정지상권은 성립하지 않는다.

⑤ 저당물의 소유권을 취득한 제3자는 그 저당물의 보존을 위해 필요비를 지출하더라도 특별한 사정이 없는 한 그 저당물의 경매대가에서 우선상환을 받을 수 없다.

25 민법상 환매에 관한 설명으로 틀린 것은?

① 환매권은 양도할 수 없는 일신전속권이다.

② 매매계약이 무효이면 환매특약도 무효이다.

③ 환매기간을 정한 경우에는 그 기간을 다시 연장하지 못한다.

④ 환매특약등기는 매수인의 권리취득의 등기에 부기하는 방식으로 한다.

⑤ 환매특약은 매매계약과 동시에 해야 한다.

26 甲은 그 소유의 토지를 乙에게 매도하면서 甲의 丙에 대한 채무변제를 위해 乙이 그 대금 전액을 丙에게 지급하기로 하는 제3자를 위한 계약을 乙과 체결하였고, 丙도 乙에 대해 수익의 의사표시를 하였다. 다음 설명 중 틀린 것은? (다툼이 있으면 판례에 따름)

① 乙은 甲과 丙 사이의 채무부존재의 항변으로 丙에게 대항할 수 없다.

② 丙은 乙의 채무불이행을 이유로 甲과 乙 사이의 계약을 해제할 수 없다.

③ 乙이 甲의 채무불이행을 이유로 계약을 해제한 경우, 특별한 사정이 없는 한 乙은 이미 이행한 급부의 반환을 丙에게 청구할 수 있다.

④ 甲이 乙의 채무불이행을 이유로 계약을 해제하면, 丙은 乙에게 채무불이행으로 인해 자신이 입은 손해의 배상을 청구할 수 있다.

⑤ 甲은 丙의 동의 없이도 乙의 채무불이행을 이유로 계약을 해제할 수 있다.

27 甲과 乙은 甲 소유의 X토지에 대하여 매매계약을 체결하였으나 그 후 甲의 채무인 소유권이전등기의무의 이행이 불가능하게 되었다. 다음 설명 중 옳은 것을 모두 고른 것은? (다툼이 있으면 판례에 따름)

> ㉠ 甲의 채무가 쌍방의 귀책사유 없이 불능이 된 경우, 이미 대금을 지급한 乙은 그 대금을 부당이득법리에 따라 반환청구할 수 있다.
>
> ㉡ 甲의 채무가 乙의 귀책사유로 불능이 된 경우, 특별한 사정이 없는 한 甲은 乙에게 대금 지급을 청구할 수 있다.
>
> ㉢ 乙의 수령지체 중에 쌍방의 귀책사유 없이 甲의 채무가 불능이 된 경우, 甲은 乙에게 대금지급을 청구할 수 없다.

① ㉠   ② ㉢

③ ㉠, ㉡   ④ ㉡, ㉢

⑤ ㉠, ㉡, ㉢

28 매매에서 과실의 귀속과 대금의 이자 등에 관한 설명으로 옳은 것을 모두 고른 것은? (대금 지급과 목적물인도는 동시이행관계에 있고, 다툼이 있으면 판례에 따름)

> ㉠ 매매계약 후 목적물이 인도되지 않더라도 매수인이 대금을 완제한 때에는 그 시점 이후 목적물로부터 생긴 과실은 매수인에게 귀속된다.
> ㉡ 매수인이 대금지급을 거절할 정당한 사유가 있는 경우, 매수인은 목적물을 미리 인도받더라도 대금 이자의 지급의무가 없다.
> ㉢ 매매계약이 취소된 경우, 선의의 점유자인 매수인의 과실취득권이 인정되는 이상 선의의 매도인도 지급받은 대금의 운용이익 내지 법정이자를 반환할 의무가 없다.

① ㉠
② ㉡
③ ㉠, ㉢
④ ㉡, ㉢
⑤ ㉠, ㉡, ㉢

29 매매의 일방예약에 관한 설명으로 틀린 것은? (다툼이 있으면 판례에 따름)

① 일방예약이 성립하려면 본계약인 매매계약의 요소가 되는 내용이 확정되어 있거나 확정할 수 있어야 한다.
② 예약완결권의 행사기간 도과 전에 예약완결권자가 예약 목적물인 부동산을 인도받은 경우, 그 기간이 도과되더라도 예약완결권은 소멸되지 않는다.
③ 예약완결권은 당사자 사이에 행사기간을 약정한 때에는 그 기간 내에 행사해야 한다.
④ 상가에 관하여 매매예약이 성립한 이후 법령상의 제한에 의해 일시적으로 분양이 금지되었다가 다시 허용된 경우, 그 예약완결권 행사는 이행불능이라 할 수 없다.
⑤ 예약완결권 행사의 의사표시를 담은 소장 부본의 송달로써 예약완결권을 재판상 행사하는 경우, 그 행사가 유효하기 위해서는 그 소장 부본이 제척기간 내에 상대방에게 송달되어야 한다.

30 민법상 매매계약에 관한 설명으로 틀린 것은? (다툼이 있으면 판례에 따름)

① 매매계약은 낙성·불요식계약이다.
② 타인의 권리도 매매의 목적이 될 수 있다.
③ 매도인의 담보책임 규정은 그 성질이 허용되는 한 교환계약에도 준용된다.
④ 매매계약에 관한 비용은 특약이 없는 한 매수인이 전부 부담한다.
⑤ 경매목적물에 하자가 있는 경우, 매도인은 물건의 하자로 인한 담보책임을 지지 않는다.

31 甲은 2023. 9. 30. 乙에게 자신 소유의 X부동산을 3억원에 매도하되, 계약금 2천만원은 계약 당일, 중도금 2억원은 2023. 10. 30., 잔금 8천만원은 2023. 11. 30.에 지급받기로 하는 매매계약을 체결하고, 乙로부터 계약 당일 계약금 전액을 지급받았다. 다음 설명 중 옳은 것을 모두 고른 것은? (특별한 사정은 없으며, 다툼이 있으면 판례에 따름)

> ㉠ 乙이 2023. 10. 25. 중도금 2억원을 甲에게 지급한 경우, 乙은 2023. 10. 27. 계약금을 포기하더라도 계약을 해제할 수 없다.
>
> ㉡ 乙이 2023. 10. 25. 중도금 2억원을 甲에게 지급한 경우, 甲은 2023. 10. 27. 계약금의 배액을 상환하더라도 계약을 해제할 수 없다.
>
> ㉢ 乙이 계약 당시 중도금 중 1억원의 지급에 갈음하여 자신의 丙에 대한 대여금채권을 甲에게 양도하기로 약정하고 그 자리에 丙도 참석하였다면, 甲은 2023. 10. 27. 계약금의 배액을 상환하더라도 계약을 해제할 수 없다.

① ㉠
② ㉢
③ ㉠, ㉡
④ ㉡, ㉢
⑤ ㉠, ㉡, ㉢

32 민법상 임대차계약에 관한 설명으로 틀린 것은? (다툼이 있으면 판례에 따름)

① 임대인이 목적물을 임대할 권한이 없어도 임대차계약은 유효하게 성립한다.

② 임차기간을 영구로 정한 임대차약정은 특별한 사정이 없는 한 허용된다.

③ 임차인은 특별한 사정이 없는 한 자신이 지출한 임차물의 보존에 관한 필요비 금액의 한도에서 차임의 지급을 거절할 수 있다.

④ 임대차가 묵시의 갱신이 된 경우, 전임대차에 대해 제3자가 제공한 담보는 원칙적으로 소멸하지 않는다.

⑤ 임대차 종료로 인한 임차인의 원상회복의무에는 임대인이 임대 당시의 부동산 용도에 맞게 다시 사용할 수 있도록 협력할 의무까지 포함된다.

33 甲은 건물 소유를 목적으로 乙 소유의 X토지를 임차한 후, 그 지상에 Y건물을 신축하여 소유하고 있다. 위 임대차계약이 종료된 후, 甲이 乙에게 Y건물에 관하여 지상물매수청구권을 행사하는 경우에 관한 설명으로 **틀린** 것은? (다툼이 있으면 판례에 따름)

① 특별한 사정이 없는 한 Y건물이 미등기 무허가건물이라도 매수청구권의 대상이 될 수 있다.

② 임대차기간이 만료되면 甲이 Y건물을 철거하기로 한 약정은 특별한 사정이 없는 한 무효이다.

③ Y건물이 X토지와 제3자 소유의 토지 위에 걸쳐서 건립되었다면, 甲은 Y건물 전체에 대하여 매수청구를 할 수 있다.

④ 甲은 차임연체를 이유로 임대차계약이 해지된 경우, 甲은 매수청구권을 행사할 수 없다.

⑤ 甲이 적법하게 매수청구권을 행사한 후에도, Y건물의 점유·사용을 통하여 X토지를 계속하여 점유·사용하였다면, 甲은 乙에게 X토지 임료 상당액의 부당이득반환의무를 진다.

34 매매계약의 법정해제에 관한 설명으로 옳은 것을 모두 고른 것은? (다툼이 있으면 판례에 따름)

> ㉠ 일방 당사자의 계약위반을 이유로 한 상대방의 계약해제 의사표시에 의해 계약이 해제되었음에도 상대방이 계약이 존속함을 전제로 계약상 의무의 이행을 구하는 경우, 특별한 사정이 없는 한 계약을 위반한 당사자도 당해 계약이 상대방의 해제로 소멸되었음을 들어 그 이행을 거절할 수 있다.
>
> ㉡ 계약해제로 인한 원상회복의 대상에는 매매대금은 물론 이와 관련하여 그 계약의 존속을 전제로 수령한 지연손해금도 포함된다.
>
> ㉢ 과실상계는 계약해제로 인한 원상회복의무의 이행으로서 이미 지급한 급부의 반환을 구하는 경우에는 적용되지 않는다.

① ㉠

② ㉡

③ ㉠, ㉢

④ ㉡, ㉢

⑤ ㉠, ㉡, ㉢

35 집합건물의 소유 및 관리에 관한 법률상 집합건물의 전부공용부분 및 대지사용권에 관한 설명으로 틀린 것은? (특별한 사정은 없으며, 다툼이 있으면 판례에 따름)

① 공용부분은 취득시효에 의한 소유권 취득의 대상이 될 수 없다.

② 각 공유자는 공용부분을 그 용도에 따라 사용할 수 있다.

③ 구조상 공용부분에 관한 물권의 득실변경은 등기가 필요하지 않다.

④ 구분소유자는 규약 또는 공정증서로써 달리 정하지 않는 한 그가 가지는 전유부분과 분리하여 대지사용권을 처분할 수 없다.

⑤ 대지사용권은 전유부분과 일체성을 갖게 된 후 개시된 강제경매절차에 의해 전유부분과 분리되어 처분될 수 있다.

36 가등기담보 등에 관한 법률이 원칙적으로 적용되는 것은? (단, 이자는 고려하지 않으며, 다툼이 있으면 판례에 따름)

① 1억원을 차용하면서 부동산에 관하여 가등기나 소유권이전등기를 하지 않은 경우

② 매매대금채무 1억원의 담보로 2억원 상당의 부동산 소유권이전등기를 한 경우

③ 차용금채무 1억원의 담보로 2억원 상당의 부동산에 대해 대물변제예약을 하고 가등기한 경우

④ 차용금채무 3억원의 담보로 이미 2억원의 다른 채무에 대한 저당권이 설정된 4억원 상당의 부동산에 대해 대물변제예약을 하고 가등기한 경우

⑤ 1억원을 차용하면서 2억원 상당의 그림을 양도담보로 제공한 경우

37 부동산 명의신탁약정과 그에 따른 등기의 무효로 대항할 수 없는 제3자(부동산 실권리자명의 등기에 관한 법률 제4조 제3항)에 대항하는 자를 모두 고른 것은? (다툼이 있으면 판례에 따름)

> ㉠ 명의수탁자의 상속인
> ㉡ 명의신탁된 부동산을 가압류한 명의수탁자의 채권자
> ㉢ 명의신탁자와 명의신탁된 부동산소유권을 취득하기 위한 계약을 맺고 등기명의만을 명의수탁자로부터 경료받은 것과 같은 외관을 갖춘 자
> ㉣ 학교법인이 명의수탁자로서 기본재산에 관한 등기를 마친 경우, 기본재산 처분에 관하여 허가권을 갖는 관할청

① ㉡
② ㉠, ㉢
③ ㉢, ㉣
④ ㉠, ㉡, ㉢
⑤ ㉡, ㉢, ㉣

38 甲은 2023. 1. 5. 乙로부터 그 소유의 X주택을 보증금 2억원, 월 임료 50만원, 기간은 계약일로부터 1년으로 정하여 임차하는 내용의 계약을 체결하고 당일 乙에게 보증금을 지급함과 동시에 X주택을 인도받아 주민등록을 마치고 확정일자를 받았다. 다음 중 주택임대차보호법의 적용에 관한 설명으로 **틀린** 것은? (다툼이 있으면 판례에 따름)

① 甲은 2023. 1. 6. 오전 영시부터 대항력을 취득한다.
② 제3자에 의해 2023. 5. 9. 경매가 개시되어 X주택이 매각된 경우, 甲은 경매절차에서 배당요구를 하지 않아도 보증금에 대해 우선변제를 받을 수 있다.
③ 乙이 X주택을 丙에게 매도하고 소유권이전등기를 마친 경우, 乙은 특별한 사정이 없는 한 보증금반환의무를 면한다.
④ 甲이 2기의 차임액에 달하는 차임을 연체하면 묵시적 갱신이 인정되지 않는다.
⑤ 묵시적 갱신이 된 경우, 갱신된 임대차계약의 존속기간은 2년이다.

39 乙은 식당을 운영하기 위해 2023. 5. 1. 甲으로부터 그 소유의 서울특별시 소재 X상가건물을 보증금 10억원, 월 임료 100만원, 기간은 정함이 없는 것으로 하여 임차하는 상가임대차계약을 체결하였다. 상가건물 임대차보호법상 乙의 주장이 인정되는 것을 모두 고른 것은? (다툼이 있으면 판례에 따름)

> ㉠ X상가건물을 인도받고 사업자등록을 마친 乙이 대항력을 주장하는 경우
> ㉡ 乙이 甲에게 1년의 존속기간을 주장하는 경우
> ㉢ 乙이 甲에게 계약갱신요구권을 주장하는 경우

① ㉠　　　　　　　　　　　　　　② ㉢
③ ㉠, ㉡　　　　　　　　　　　　④ ㉡, ㉢
⑤ ㉠, ㉡, ㉢

40 甲은 법령상 제한을 회피할 목적으로 2023. 5. 1. 배우자 乙과 자신 소유의 X건물에 대해 명의신탁약정을 하고, 甲으로부터 乙 앞으로 소유권이전등기를 마쳤다. 다음 설명 중 **틀린** 것은? (특별한 사정은 없으며, 다툼이 있으면 판례에 따름)

① 甲은 乙을 상대로 진정명의회복을 원인으로 한 소유권이전등기를 청구할 수 있다.
② 甲은 乙을 상대로 부당이득반환을 원인으로 한 소유권이전등기를 청구할 수 있다.
③ 甲은 乙을 상대로 명의신탁해지를 원인으로 한 소유권이전등기를 청구할 수 없다.
④ 乙이 丙에게 X건물을 매도하고 소유권이전등기를 해준 경우, 丙은 소유권을 취득한다.
⑤ 乙이 丙에게 X건물을 매도하고 소유권이전등기를 해준 경우, 乙은 甲에게 불법행위책임을 부담한다.

Answer									
01 ①	02 ⑤	03 ①	04 ④	05 ③	06 ①	07 ④	08 ②	09 ①	10 ⑤
11 ②	12 ③	13 ③	14 ①	15 ②	16 ④	17 ③	18 ②	19 ⑤	20 ④
21 ⑤	22 ④	23 ②	24 ④	25 ①	26 ③	27 ③	28 ⑤	29 ②	30 ④
31 ⑤	32 ④	33 ③	34 ⑤	35 ⑤	36 ③	37 ①	38 ②	39 ①	40 ②

MEMO

방송
시간표

방송대학TV

▶ 기본이론 방송
▶ 문제풀이 방송
▶ 모의고사 방송

※ 본 방송기간 및 방송시간은 사정에
의해 변동될 수 있습니다.

TV방송 편성표

기본이론 방송 (1강 30분, 총 75강)

순서	날짜	요일	과목	순서	날짜	요일	과목
1	1. 15	월	부동산학개론 1강	39	4. 10	수	부동산공시법령 7강
2	1. 16	화	민법·민사특별법 1강	40	4. 15	월	부동산세법 5강
3	1. 17	수	공인중개사법·중개실무 1강	41	4. 16	화	부동산학개론 8강
4	1. 22	월	부동산공법 1강	42	4. 17	수	민법·민사특별법 8강
5	1. 23	화	부동산공시법령 1강	43	4. 22	월	공인중개사법·중개실무 8강
6	1. 24	수	부동산학개론 2강	44	4. 23	화	부동산공법 8강
7	1. 29	월	민법·민사특별법 2강	45	4. 24	수	부동산공시법령 8강
8	1. 30	화	공인중개사법·중개실무 2강	46	4. 29	월	부동산세법 6강
9	1. 31	수	부동산공법 2강	47	4. 30	화	부동산학개론 9강
10	2. 5	월	부동산공시법령 2강	48	5. 1	수	민법·민사특별법 9강
11	2. 6	화	부동산학개론 3강	49	5. 6	월	공인중개사법·중개실무 9강
12	2. 7	수	민법·민사특별법 3강	50	5. 7	화	부동산공법 9강
13	2. 12	월	공인중개사법·중개실무 3강	51	5. 8	수	부동산공시법령 9강
14	2. 13	화	부동산공법 3강	52	5. 13	월	부동산세법 7강
15	2. 14	수	부동산공시법령 3강	53	5. 14	화	부동산학개론 10강
16	2. 19	월	부동산세법 1강	54	5. 15	수	민법·민사특별법 10강
17	2. 20	화	부동산학개론 4강	55	5. 20	월	공인중개사법·중개실무 10강
18	2. 21	수	민법·민사특별법 4강	56	5. 21	화	부동산공법 10강
19	2. 26	월	공인중개사법·중개실무 4강	57	5. 22	수	부동산공시법령 10강
20	2. 27	화	부동산공법 4강	58	5. 27	월	부동산세법 8강
21	2. 28	수	부동산공시법령 4강	59	5. 28	화	부동산학개론 11강
22	3. 4	월	부동산세법 2강	60	5. 29	수	민법·민사특별법 11강
23	3. 5	화	부동산학개론 5강	61	6. 3	월	부동산공법 11강
24	3. 6	수	민법·민사특별법 5강	62	6. 4	화	부동산세법 9강
25	3. 11	월	공인중개사법·중개실무 5강	63	6. 5	수	부동산학개론 12강
26	3. 12	화	부동산공법 5강	64	6. 10	월	민법·민사특별법 12강
27	3. 13	수	부동산공시법령 5강	65	6. 11	화	부동산공법 12강
28	3. 18	월	부동산세법 3강	66	6. 12	수	부동산세법 10강
29	3. 19	화	부동산학개론 6강	67	6. 17	월	부동산학개론 13강
30	3. 20	수	민법·민사특별법 6강	68	6. 18	화	민법·민사특별법 13강
31	3. 25	월	공인중개사법·중개실무 6강	69	6. 19	수	부동산공법 13강
32	3. 26	화	부동산공법 6강	70	6. 24	월	부동산학개론 14강
33	3. 27	수	부동산공시법령 6강	71	6. 25	화	민법·민사특별법 14강
34	4. 1	월	부동산세법 4강	72	6. 26	수	부동산공법 14강
35	4. 2	화	부동산학개론 7강	73	7. 1	월	부동산학개론 15강
36	4. 3	수	민법·민사특별법 7강	74	7. 2	화	민법·민사특별법 15강
37	4. 8	월	공인중개사법·중개실무 7강	75	7. 3	수	부동산공법 15강
38	4. 9	화	부동산공법 7강				

과목별 강의 수

부동산학개론: 15강 / 민법·민사특별법: 15강
공인중개사법·중개실무: 10강 / 부동산공법: 15강 / 부동산공시법령: 10강 / 부동산세법: 10강

TV방송 편성표

문제풀이 방송(1강 30분, 총 21강)

순서	날짜	요일	과목	순서	날짜	요일	과목
1	7. 8	월	부동산학개론 1강	12	7. 31	수	부동산세법 2강
2	7. 9	화	민법·민사특별법 1강	13	8. 5	월	부동산학개론 3강
3	7. 10	수	공인중개사법·중개실무 1강	14	8. 6	화	민법·민사특별법 3강
4	7. 15	월	부동산공법 1강	15	8. 7	수	공인중개사법·중개실무 3강
5	7. 16	화	부동산공시법령 1강	16	8. 12	월	부동산공법 3강
6	7. 17	수	부동산세법 1강	17	8. 13	화	부동산공시법령 3강
7	7. 22	월	부동산학개론 2강	18	8. 14	수	부동산세법 3강
8	7. 23	화	민법·민사특별법 2강	19	8. 19	월	부동산학개론 4강
9	7. 24	수	공인중개사법·중개실무 2강	20	8. 20	화	민법·민사특별법 4강
10	7. 29	월	부동산공법 2강	21	8. 21	수	부동산공법 4강
11	7. 30	화	부동산공시법령 2강				

과목별 강의 수	부동산학개론: 4강 / 민법·민사특별법: 4강 공인중개사법·중개실무: 3강 / 부동산공법: 4강 / 부동산공시법령: 3강 / 부동산세법: 3강

모의고사 방송(1강 30분, 총 18강)

순서	날짜	요일	과목	순서	날짜	요일	과목
1	8. 26	월	부동산학개론 1강	10	9. 16	월	부동산공법 2강
2	8. 27	화	민법·민사특별법 1강	11	9. 17	화	부동산공시법령 2강
3	8. 28	수	공인중개사법·중개실무 1강	12	9. 18	수	부동산세법 2강
4	9. 2	월	부동산공법 1강	13	9. 23	월	부동산학개론 3강
5	9. 3	화	부동산공시법령 1강	14	9. 24	화	민법·민사특별법 3강
6	9. 4	수	부동산세법 1강	15	9. 25	수	공인중개사법·중개실무 3강
7	9. 9	월	부동산학개론 2강	16	9. 30	월	부동산공법 3강
8	9. 10	화	민법·민사특별법 2강	17	10. 1	화	부동산공시법령 3강
9	9. 11	수	공인중개사법·중개실무 2강	18	10. 2	수	부동산세법 3강

과목별 강의 수	부동산학개론: 3강 / 민법·민사특별법: 3강 공인중개사법·중개실무: 3강 / 부동산공법: 3강 / 부동산공시법령: 3강 / 부동산세법: 3강

연구 집필위원

김덕수	김민권	이승현	김화현	민석기
설신재	안우채	백 헌	윤태석	이정환
이강술	고창덕	정동섭	유재헌	

제35회 공인중개사 시험대비 **전면개정판**

2024 박문각 공인중개사

합격예상문제 1차 민법·민사특별법

초판인쇄 | 2024. 4. 1. **초판발행** | 2024. 4. 5. **편저** | 박문각 부동산교육연구소
발행인 | 박 용 **발행처** | (주)박문각출판 **등록** | 2015년 4월 29일 제2015-000104호
주소 | 06654 서울시 서초구 효령로 283 서경 B/D 4층 **팩스** | (02)584-2927
전화 | 교재 주문 (02)6466-7202, 동영상문의 (02)6466-7201

판 권
본 사
소 유

정가 30,000원
ISBN 979-11-6987-921-7 | ISBN 979-11-6987-919-4(1차 세트)

박문각 출판 홈페이지에서
공인중개사 정오표를 활용하세요!

보다 빠르고, 편리하게 법령의 제·개정 내용을 확인하실 수 있습니다.

박문각 공인중개사
정오표의 **장점**

✓ 공인중개사 1회부터 함께한 박문각 공인중개사 전문 교수진의 철저한 제·개정 법령 감수

✓ 과목별 정오표 업데이트 서비스 실시! (해당 연도 시험 전까지)

✓ 박문각 공인중개사 온라인 "교수학습 Q&A"에서 박문각 공인중개사 교수진에게 직접 문의·답변

박문각 공인중개사

2024 합격 로드맵

합격을 향한 가장 확실한 선택

박문각 공인중개사 수험서 시리즈는 공인중개사 합격을 위한 가장 확실한 선택입니다.

01

기초입문 과정

합격을 향해
기초부터 차근차근!

—
기초입문서 총 2권

| 합격설명서 | 민법 판례 | 핵심용어집 | 기출문제해설 |

02

기본이론 과정

기본 개념을
체계적으로 탄탄하게!

—
기본서 총 6권

03

기출문제풀이 과정

기출문제 풀이로
출제경향 체크!

—
핵심기출문제 총 2권
회차별 기출문제집 총 2권
저자기출문제

| 핵심기출문제 |

| 회차별 기출문제집 |

| 저자기출문제 |

제35회 공인중개사 시험대비 **전면개정판**

방송대학TV 무료강의 첫방송 2024. 7. 8(월) 오전 7시

박문각
공인중개사

합격예상문제 **1차**
민법·민사특별법
정답해설집

박문각 부동산교육연구소 편

브랜드만족
1위
박문각

근거자료
후면표기

2024

동영상강의
www.pmg.co.kr

합격까지 박문각
합격 노하우가 다르다!

박문각
공인중개사

성공을 위한 가장 확실한 선택

박문각은 1972년부터의 노하우와 교육에 대한 끊임없는 열정으로 공인중개사 합격의 기준을 제시하며
경매 및 중개실무 연계교육과 합격자 네트워크를 통해 공인중개사 합격자들의 성공을 보장합니다.

01

공인중개사의 시작 박문각

공인중개사 시험이 도입된 제1회부터
제34회 시험까지 수험생들의 합격을
이끌어 온 대한민국 유일의 교육기업입니다.

02

오랜시간 축적된 데이터

1회부터 지금까지 축적된 방대한 데이터로
박문각 공인중개사는 빠른 합격 & 최다
합격률을 자랑합니다.

03

업계 최고&최다 교수진 보유

공인중개사 업계 최다 교수진이
최고의 강의로 수험생 여러분의
합격을 위해 끊임없이 연구하고 있습니다.

04

전국 학원 수 규모 1위

전국 30여 개 학원을 보유하고 있는
박문각 공인중개사는 업계 최대 규모로서
전국 학원 수 규모 1위 입니다.

박문각 공인중개사

제35회 공인중개사 시험대비 **전면개정판**

박문각
공인중개사

합격예상문제 1차
민법·민사특별법
정답해설집

박문각 부동산교육연구소 편

브랜드만족
1위
박문각

근거자료
후면표기

20
24

동영상강의
www.pmg.co.kr

합격까지 박문각
합격 노하우가 다르다!

이 책의 차례

PART
01

민법총칙

PART
02

물권법

PART
03

계약법

PART
04

민사특별법

제1장 **법률행위 총설**

01 ①   02 ⑤   03 ①   04 ④   05 ③   06 ⑤

01 ㉢㉣ 유언, 유증, 재단법인 설립행위, 소유권의 포기는 상대방 없는 단독행위이다.

02 ⑤ 유언, 유증, 재단법인 설립행위, 소유권의 포기는 상대방 없는 단독행위이다.

03 ① 증여는 계약이다.

04 ④ 저당권을 설정하는 것은 설정적 승계에 해당한다.

05 ③ 법률행위가 성립하지 않은 경우에는 무효나 취소의 문제는 발생할 여지가 없다.

06 ⑤ 농지취득자격증명은 농지매매계약에 있어서 효력발생요건이 아니다.

제2장 법률행위의 목적

Answer

01 ⑤	02 ④	03 ④	04 ④	05 ③	06 ①	07 ⑤	08 ⑤	09 ①	10 ④
11 ④	12 ④	13 ⑤	14 ②	15 ③	16 ②	17 ⑤	18 ①	19 ①	20 ①
21 ③	22 ④	23 ⑤	24 ①	25 ③	26 ④	27 ①	28 ③	29 ③	30 ②
31 ②	32 ④	33 ③	34 ①	35 ④	36 ①	37 ③	38 ②		

01 ⑤ ㉠ 채무자의 귀책사유로 이행불능이 된 것이므로, 채무불이행으로 인한 손해배상책임이 발생한다.
㉡ 쌍방 귀책사유 없이 이행불능이 된 것이므로, 위험부담이 문제된다.
㉢ 원시적 불능이므로, 계약체결상의 과실책임이 문제된다.

02 ④ 공인중개사 자격이 없는 자가 우연한 기회에 단 1회 거래행위를 중개한 경우에 중개보수지급 약정은 유효이다.

03 ④ 강행법규에 위반한 자도 스스로 그 약정의 무효를 주장할 수 있다(대판 2004.6.11, 2003다1601).

04 ① 강행법규에 위반한 자도 스스로 그 약정의 무효를 주장할 수 있다(대판 2004.6.11, 2003다1601).
② 형사사건에서의 성공보수약정은 수사·재판의 결과를 금전적인 대가와 결부시킴으로써, 기본적 인권의 옹호와 사회정의의 실현을 사명으로 하는 변호사 직무의 공공성을 저해하고, 의뢰인과 일반 국민의 사법제도에 대한 신뢰를 현저히 떨어뜨릴 위험이 있으므로, 선량한 풍속 기타 사회질서에 위배되는 것으로 평가할 수 있다(대판 2015.7.23, 2015다200111).
③ 중간생략등기합의는 유효이다.
⑤ 강행법규를 위반하여 무효인 계약에 대해서는 표현대리 법리가 적용될 수 없다.

05 ① 강행규정에 위반한 법률행위에 기한 급부는 사회질서위반에 해당하지 않는 한 불법원인급여에 해당하지 않는다.
② 임차인의 비용상환청구권에 관한 규정은 임의규정에 해당한다.
④ 강행규정 위반으로 무효인 법률행위는 무효행위 추인의 대상이 될 수 없다.
⑤ 강행규정에 위반한 자도 스스로 그 약정의 무효를 주장할 수 있다.

06 ① 매매목적물과 대금은 계약체결 당시에 반드시 확정되어 있어야 하는 것은 아니고, 이를 사후에 라도 확정할 수 있는 방법과 기준이 정해져 있으면 족하다.

07 ⑤ 강행규정을 위반하여 무효인 계약에 대해서는 표현대리의 법리는 적용될 여지가 없다.

08 ⑤ 수사기관에서 허위진술을 하는 대가로 한 급부약정은 그 급부의 상당성 여부를 판단할 필요 없이 반사회적 법률행위에 해당한다.

09 ㉠ 수사기관에서 허위진술을 하는 대가로 작성된 각서에 기한 급부의 약정은, 그 급부의 상당성 여부를 판단할 필요 없이 반사회적 질서행위로 무효이다(대판 2001.4.24, 2000다71999).

10 ④ 변호사 아닌 자가 승소 조건의 대가로 소송당사자로부터 소송목적물 일부를 양도받기로 한 약정은 반사회질서의 법률행위에 해당한다.

11 ④ 단지 법률행위의 성립과정에서 강박이라는 불법적 방법이 사용된 데 불과하다면 의사표시의 하자를 이유로 그 효력을 논할 수 있을지언정, 반사회질서의 법률행위로서 무효라고 할 수는 없다(대판 2002.9.10, 2002다21509).

12 ④ 주택매매계약을 체결하면서 매도인으로 하여금 주택의 보유기간이 일정기간 이상이 되게 함으로써 양도소득세를 부과받지 않게 할 목적으로 매매를 원인으로 하는 소유권이전등기는 일정기간 후에 넘겨받기로 한 특약은 사회질서에 위반하지 않는다(대판 1991.5.14, 91다6627).

13 ⑤ 주택매매계약을 체결하면서 매도인으로 하여금 주택의 보유기간이 일정기간 이상이 되게 함으로써 양도소득세를 부과받지 않게 할 목적으로 매매를 원인으로 하는 소유권이전등기는 일정기간 후에 넘겨받기로 한 특약은 사회질서에 위반하지 않는다(대판 1991.5.14, 91다6627).

14 ㉢ 도박자금에 제공할 목적으로 금전을 대여하는 행위는 반사회적 법률행위에 해당하여 무효이다.

15 ③ 민사사건에 관하여 변호사와 체결한 성공보수약정은 반사회적 법률행위에 해당하지 않는다.

16 ② 부첩관계인 부부생활의 종료를 해제조건으로 하는 증여계약은 반사회질서의 법률행위로 무효이다.

17 ⑤ 양도소득세의 일부를 회피할 목적으로 매매계약서에 실제로 거래한 가액을 매매대금으로 기재하지 아니하고 그보다 낮은 금액을 매매대금으로 기재하였다 하여, 그것만으로 그 매매계약이 사회질서에 반하는 법률행위로서 무효로 된다고 할 수는 없다(대판 2007.6.14, 2007다3285).

18 ① 강제집행을 면할 목적으로 부동산에 허위의 근저당권설정등기를 경료하는 행위는 특별한 사정이 없는 한 반사회적 법률행위에 해당되지 않는다(대판 2004.5.28, 2003다70041).

19 ① 민사소송에서의 변호사의 성공보수약정은 유효하다(대판 2013.7.11, 2011다18864).

20 ① 수사기관에서 허위진술을 하는 대가로 작성된 각서에 기한 급부의 약정은, 그 급부의 상당성 여부를 판단할 필요 없이 반사회적 질서행위로 무효이다(대판 2001.4.24, 2000다71999).

21 ③ 강제집행을 면할 목적으로 부동산에 허위의 근저당권설정등기를 경료하는 행위는 특별한 사정이 없는 한 반사회적 법률행위에 해당되지 않는다(대판 2004.5.28, 2003다70041).

22 ④ 부동산 이중매매가 무효인 경우, 사회질서에 위반한 甲은 丙에게 등기말소를 청구할 수 없다. 그러나 乙은 甲을 대위하여 丙을 상대로 소유권이전등기의 말소를 청구할 수 있고, 이에 기초하여 甲을 상대로 자신에게 소유권이전등기를 청구할 수 있다.

23 ⑤ 丙이 甲의 배임 행위에 적극 가담한 이중매매는 반사회질서행위로 무효이므로, 丙으로부터 전득한 丁은 선의이더라도 소유권을 취득하지 못한다.

24 ㉠ 甲은 사회질서에 위반한 자이므로 丙에게 소유권이전등기의 말소를 청구할 수 없다.
㉡ 乙은 자기 앞으로 소유권등기가 되어 있지 않은 자이므로 丙에게 진정명의회복을 원인으로 소유권이전등기청구를 할 수 없다(대판 2003.5.13, 2002다64148).

25 ③ 대리인이 매도인의 배임행위에 적극 가담하여 이루어진 부동산의 이중매매의 경우, 본인인 매수인이 그러한 사정을 몰랐다 하더라도 반사회적 법률행위에 해당한다.

26 ④ 乙은 甲을 대위하여 丙에 대해서 말소등기를 청구할 수 있을 뿐, 직접 말소등기를 청구할 수는 없다.

27 ② 불공정한 법률행위는 당사자가 무효임을 알고 추인한 경우에도 유효로 될 수 없다.
③ 증여와 같은 무상행위는 불공정한 법률행위가 될 수 없다.
④ 경매에 의한 재산권 이전의 경우에는 불공정한 법률행위는 성립할 수 없다.
⑤ 현저하게 대가적 균형을 잃었다는 사실이 입증되더라도 당사자의 궁박·경솔·무경험 등이 추정되는 것은 아니다.

28 ① 불공정한 법률행위도 무효행위의 전환은 인정된다.
② 불공정한 법률행위는 당사자가 무효임을 알고 추인한 경우에도 유효로 될 수 없다.
④ 불공정한 법률행위의 요건을 갖추지 못한 법률행위는 반사회질서행위가 될 수 있다.
⑤ 증여와 같은 무상행위는 불공정한 법률행위가 될 수 없다.

29 ③ 경매에 의한 재산권 이전의 경우에는 불공정한 법률행위는 성립할 수 없다.
② 채권의 포기 등과 같은 대가를 상정할 수 있는 단독행위에도 제104조가 적용될 수 있다(대판 1975.5.13, 75다92).

30 ② 불공정한 법률행위의 무효는 선의의 제3자에게 대항할 수 있다.

31 ② 급부와 반대급부 사이의 '현저한 불균형'은 단순히 시가와의 차액 또는 시가와의 배율로 판단할 수 있는 것은 아니고 구체적·개별적 사안에 있어서 일반인의 사회통념에 따라 결정하여야 한다. 그 판단에 있어서는 피해 당사자의 궁박·경솔·무경험의 정도가 아울러 고려되어야 하고, 당사자의 주관적 가치가 아닌 거래상의 객관적 가치에 의하여야 한다(대판 2010.7.15, 2009다50308).

32 ① 행정기관에 진정서를 제출하여 상대방을 궁지에 빠뜨린 다음 이를 취하하는 조건으로 거액의 급부를 제공받기로 약정한 경우에는 반사회질서의 법률행위에는 해당하지만 불공정한 법률행위에는 해당하지 않는다(대판 2000.2.11, 99다56833).
② 어떠한 법률행위가 불공정한 법률행위에 해당하는지는 법률행위시를 기준으로 판단하여야 한다. 따라서 계약 체결 당시를 기준으로 전체적인 계약 내용에 따른 권리의무관계를 종합적으로 고려한 결과 불공정한 것이 아니라면, 사후에 외부적 환경의 급격한 변화에 따라 계약당사자 일방에게 큰 손실이 발생하고 상대방에게는 그에 상응하는 큰 이익이 발생할 수 있는 구조라고 하여 그 계약이 당연히 불공정한 계약에 해당한다고 말할 수 없다(대판 전합 2013.9.26, 2011다53683).
③ '무경험'이라 함은 일반적인 생활체험의 부족을 의미하는 것으로서 어느 특정영역에 있어서의 경험부족이 아니라 거래일반에 대한 경험부족을 뜻한다(대판 2002.10.22, 2002다38927).
⑤ 매매계약과 같은 쌍무계약이 급부와 반대급부와의 불균형으로 말미암아 민법 제104조에서 정하는 '불공정한 법률행위'에 해당하여 무효라고 한다면, 그 계약으로 인하여 불이익을 입는 당사자로 하여금 위와 같은 불공정성을 소송 등 사법적 구제수단을 통하여 주장하지 못하도록 하는 부제소합의 역시 다른 특별한 사정이 없는 한 무효이다(대판 2010.7.15, 2009다50308).

33 ① 소송사건에 증인으로서 증언에 대한 대가를 약정하였다면, 그 대가의 내용이 통상적으로 용인될 수 있는 수준을 초과하는 경우에는 사회질서에 반하는 법률행위가 되어 효력이 없다(대판 1999.4.13, 98다52483).
② 사회질서에 위반한 사항을 내용으로 하는 법률행위의 무효는 이를 주장할 이익이 있는 자는 누구든지 무효를 주장할 수 있다. 따라서 반사회질서 법률행위를 원인으로 하여 부동산에 관한 소유권이전등기를 마쳤더라도 그 등기는 원인무효로서 말소될 운명에 있으므로 등기명의자가 소유권에 기한 물권적 청구권을 행사하는 경우에, 권리 행사의 상대방은 법률행위의 무효를 항변으로서 주장할 수 있다(대판 2016.3.24, 2015다11281).
④ 경매의 경우에는 불공정한 법률행위는 적용되지 않는다.
⑤ 민사사건에 관한 성공보수금약정은 반사회적 법률행위라고 할 수 없다.

34 ② '궁박'이라 함은 '급박한 곤궁'을 의미하는 것으로서 경제적 원인에 기인할 수도 있고 정신적 또는 심리적 원인에 기인할 수도 있다(대판 2002.10.22, 2002다38927).
③ 대리인에 의하여 법률행위가 이루어진 경우 그 법률행위가 민법 제104조의 불공정한 법률행위에 해당하는지 여부를 판단함에 있어서 경솔과 무경험은 대리인을 기준으로 하여 판단하고, 궁박은 본인의 입장에서 판단하여야 한다(대판 2002.10.22, 2002다38927).

④ 불공정한 법률행위를 주장하는 자는 스스로 궁박, 경솔, 무경험으로 인하였음을 증명하여야 하고, 그 법률행위가 현저하게 공정을 잃었다 하여 곧 그것이 경솔하게 이루어졌다고 추정하거나 궁박한 사정이 인정되는 것이 아니다(대판 1969.7.8, 69다594).

⑤ 매매계약이 약정된 매매대금의 과다로 말미암아 민법 제104조에서 정하는 '불공정한 법률행위'에 해당하여 무효인 경우에도 무효행위의 전환에 관한 민법 제138조가 적용될 수 있다(대판 2010.7.15, 2009다50308).

35 ⓒ 무경험이라 함은 일반적인 생활체험의 부족을 의미하는 것으로서 어느 특정영역에 있어서의 경험부족이 아니라 거래일반에 대한 경험부족을 뜻한다(대판 2009.3.16, 2008다1842).

36 ⓒ 현저한 불균형이 있더라도 피해자의 궁박 등이 추정되지 않는다.
ⓔ 불공정한 법률행위에 해당하는지는 법률행위 당시를 기준으로 판단해야 한다.

37 ③ 표의자가 의욕한 대로 법률효과가 주어지므로 자연적 해석방법에 해당한다.

38 ② 당사자의 의사와 표시가 다른 경우, 표시행위에 따라 법률상 효력을 정한 것이므로 규범적 해석방법에 해당한다.

제3장 의사표시

01 ③	02 ②	03 ②	04 ③	05 ①	06 ②	07 ③	08 ②	09 ⑤	10 ③
11 ⑤	12 ⑤	13 ③	14 ⑤	15 ④	16 ②	17 ①	18 ②	19 ⑤	20 ⑤
21 ④	22 ②	23 ④	24 ③	25 ④	26 ⑤	27 ①	28 ③	29 ②	30 ⑤
31 ①	32 ⑤	33 ①	34 ②	35 ①	36 ⑤	37 ①	38 ⑤	39 ③	40 ②
41 ③	42 ③	43 ②	44 ③	45 ⑤	46 ④	47 ①	48 ②	49 ②	50 ④
51 ④	52 ②	53 ③	54 ③	55 ③	56 ②	57 ①	58 ①		

01 ③ '진의'는 특정한 내용의 의사표시를 하고자 하는 표의자의 생각을 의미하는 것이지, 표의자가 진정으로 마음속에서 바라는 사항을 의미하는 것은 아니다(대판 2003.4.25, 2002다11458).

02 ② 법률상의 장애로 자기명의로 대출받을 수 없는 자를 위하여 대출금채무자로서 명의를 빌려준 자는 특별한 사정이 없는 한 채무부담의사가 있는 것으로 봐야 하므로 그가 행한 대출계약상의 의사표시는 비진의표시라고 할 수 없다.

03 ② 근로자가 사용자의 희망퇴직 권고를 선뜻 받아들일 수 없었다고 할지라도 근로자가 당시의 국내 경제상황, 사용자의 구조조정계획, 희망퇴직의 조건, 퇴직할 경우와 계속 근무할 경우에 있어서의 이해관계 등을 종합적으로 고려하여 심사숙고한 결과 희망퇴직을 하는 것이 최선이라고 판단하여 근로자의 의사에 기하여 희망퇴직원을 제출한 경우, 근로자의 사직의 의사표시는 진의 아닌 의사표시로서 무효라고 할 수 없다(대판 2005.9.9, 2005다34407).

04 ① 비진의표시는 유효임이 원칙이다.
② 대리권 남용의 경우에는 비진의표시에 관한 규정이 유추적용된다.
④ 사인의 공법행위에는 비진의표시에 관한 규정이 준용되지 않는다.
⑤ 乙의 대출약정은 유효임이 원칙이다.

05 ① 제3자는 선의이면 족하고, 무과실이어야 할 필요는 없다.

06 ② 비진의표시는 상대방에게 과실이 있는 경우에는 무효이다.

07 ① 甲과 乙의 증여계약은 유효임이 원칙이다.
② 乙은 선의·무과실로 추정된다.
④ 乙이 과실로 몰랐다면 乙은 토지의 소유권을 취득하지 못한다.
⑤ 丙은 선의라면 토지의 소유권을 취득한다.

08 ② 강제집행을 면할 목적으로 부동산에 허위의 근저당권설정등기를 경료하는 행위는 통정허위표시에 해당하여 무효일 뿐 사회질서에 위반한 법률행위는 아니다.

09 ① 통정허위표시는 사회질서위반에 해당하지 않으므로 허위표시만으로는 불법원인급여에 해당하지 않는다(대판 1994.4.15, 93다61307).
② 대리인이 상대방과 통정 허위표시를 한 경우, 본인은 제3자가 아니므로 본인은 허위표시의 유효를 주장하지 못한다.
③ 가장의 매매계약은 무효이더라도, 은닉행위인 증여는 유효하다.
④ 민법 제108조 제2항에 규정된 통정허위표시에 있어서의 제3자는 그 선의 여부가 문제이지 이에 관한 과실 유무를 따질 것이 아니다(대판 2006.3.10, 2002다1321).

10 ③ 증여가 유효하므로 乙명의의 등기는 유효하며, 이를 취득한 丙은 선의·악의 불문하고 보호된다.

11 ⑤ 丙이 악의인 경우에도 丁은 선의라면 소유권을 취득할 수 있다.

12 ⑤ 제3자의 선의는 추정되므로, 丙은 자신의 선의를 입증할 필요가 없고, 무효를 주장하는 甲이 丙의 악의를 입증하여야 한다.

13 ㉢ 선의인 丙이 소유권을 취득하므로 丙으로부터 전득한 자는 악의인 경우에도 유효하게 소유권을 취득할 수 있다.

14 ⑤ 선의인 丙이 저당권을 취득한 경우에도 X토지의 소유자는 여전히 甲이므로, 甲은 乙에게 진정명의회복을 위한 소유권이전등기를 청구할 수 있다.

15 ㉠ 본인은 새로운 이해관계를 맺은 제3자에 해당하지 않는다.
㉢ 제3자를 위한 계약에서 제3자는 새로운 이해관계를 맺은 제3자에 해당하지 않는다.

16 ② 채권의 가장양도에 있어서 채무자는 새로운 이해관계를 맺은 자가 아니므로 제3자에 해당하지 않는다.

17 ① 채권의 가장양수인으로부터 추심을 위하여 채권을 양수한 자는 제3자에 해당하지 않는다.

18 ② 기존의 후순위 제한물권자는 통정허위표시 당시 이미 존재하고 있던 자이므로 제3자에 해당하지 않는다.

19 ⑤ 가장양도인의 채권자는 허위표시를 기초로 새로운 법률상의 이해관계를 맺은 제3자에 해당하지 않는다.

20 ① 통정한 허위표시에 의하여 외형상 형성된 법률관계로 생긴 채권을 가압류한 경우, 그 가압류권자는 허위표시에 기초하여 새로운 법률상 이해관계를 가지게 되므로 제3자에 해당한다(대판 2004.5.28, 2003다70041).

② 채무자의 법률행위가 통정허위표시인 경우에도 채권자취소권의 대상이 된다(대판 1998.2.27, 97다50985).

③ 통정허위표시가 성립하기 위하여는 의사표시의 진의와 표시가 일치하지 아니하고, 그 불일치에 관하여 상대방과 사이에 합의가 있어야 한다(대판 1998.9.4, 98다17909).

④ 파산관재인의 선의·악의는 파산관재인 개인의 선의·악의를 기준으로 할 수는 없고, 총파산채권자를 기준으로 하여 파산채권자 모두가 악의로 되지 않는 한 파산관재인은 선의의 제3자라고 할 수밖에 없다(대판 2013.4.26, 2013다1952).

21 ④ 보증인이 이행을 한 경우에는 제3자이지만, 이행을 하지 않은 경우에는 제3자에 해당하지 않는다(대판 2000.7.6, 99다51258).

22 ② 허위표시의 당사자는 선의의 제3자에게 과실이 있더라도 의사표시의 무효를 그 제3자에게 주장할 수 없다.

23 ① 법률에 관한 착오라도 그것이 법률행위의 내용의 중요부분에 관한 것인 때에는 취소사유가 될 수 있다.

② 착오에 관한 규정은 임의규정이므로, 당사자의 합의로 착오로 인한 취소규정의 적용을 배제할 수 있다.

③ 중대한 과실 유무에 관한 증명책임은 의사표시의 효력을 주장하려는 상대방에게 있다.

⑤ 표의자가 착오를 이유로 의사표시를 취소하여 상대방이 손해를 입은 경우라도 상대방은 불법행위를 이유로 손해배상을 청구할 수는 없다.

24 ③ 매수인의 중도금 미지급을 이유로 매도인이 계약을 적법하게 해제한 후에도 매수인은 착오를 이유로 그 계약 전체를 취소할 수 있다.

25 ④ 법률에 관한 착오라도 그것이 법률행위의 내용의 중요부분에 관한 것인 때에는 표의자는 그 의사표시를 취소할 수 있다(대판 1981.11.10, 80다2475).

26 ⑤ 표의자에게 중과실이 있다고 하여도 상대방이 표의자의 착오를 알면서 이를 이용한 경우에는, 상대방은 표의자의 중과실을 원용할 수 없고, 표의자는 그 의사표시를 취소할 수 있다(대판 1974.4.23, 74다54).

27 ① 토지매매에 있어서 특별한 사정이 없는 한 매수인이 측량을 통하여 매매목적물이 지적도상의 그것과 정확히 일치하는지 확인하지 않은 경우, 매수인의 중대한 과실은 인정되지 않는다.

28 ③ 동기가 상대방에게 표시되어 해석상 법률행위의 내용으로 된 경우뿐만 아니라 표시되지 않더라도 상대방으로부터 유발된 동기도 착오를 이유로 취소할 수 있다(대판 2012.12.13, 2012다65317).

29 ② 매매계약 내용의 중요부분에 착오가 있는 경우, 매수인은 매도인의 하자담보책임이 성립하는지와 상관없이 착오를 이유로 매매계약을 취소할 수 있다(대판 2018.9.13, 2015다78703).

30 ① 매매계약 내용의 중요부분에 착오가 있는 경우, 매수인은 매도인의 하자담보책임이 성립하는지와 상관없이 착오를 이유로 매매계약을 취소할 수 있다(대판 2018.9.13, 2015다78703).
② 甲에게 중대한 과실이 있었음을 乙이 주장·증명해야 한다.
③ 乙이 매매계약을 적법하게 해제한 후라도 甲은 매매계약을 착오를 이유로 취소할 수 있다.
④ 표의자가 착오를 이유로 의사표시를 취소하여 상대방이 손해를 입은 경우라도 상대방은 불법행위를 이유로 손해배상을 청구할 수는 없다.

31 ① 동기의 착오를 이유로 취소하기 위하여 당사자 사이에 동기를 의사표시의 내용으로 삼기로 하는 합의까지 이루어질 필요는 없다.

32 ⑤ 매매계약 내용의 중요 부분에 착오가 있는 경우 매수인은 매도인의 하자담보책임이 성립하는지와 상관없이 착오를 이유로 그 매매계약을 취소할 수 있다(대판 2018.9.13, 2015다78703).

33 ① 대리인에 의한 법률행위에서 착오의 유무는 대리인을 표준으로 판단한다.

34 ② 표의자의 중대한 과실은 상대방이 증명하여야 한다.

35 ① 매도인이 매수인의 중도금 지급채무불이행을 이유로 매매계약을 적법하게 해제한 후라도 매수인으로서는 상대방이 한 계약해제의 효과로서 발생하는 손해배상책임을 지거나 매매계약에 따른 계약금의 반환을 받을 수 없는 불이익을 면하기 위하여 착오를 이유로 한 취소권을 행사하여 위 매매계약 전체를 무효로 돌리게 할 수 있다(대판 1991.8.27, 91다11308).

36 ⑤ 착오를 이유로 취소한 것은 위법이라고 할 수 없으므로 설령 취소의 결과 상대방에게 손해가 발생하더라도 불법행위가 성립하지 아니하므로, 불법행위책임을 지지 않는다(대판 1997.8.22, 97다13023).

37 ㉡ 제3자의 사기로 계약을 체결한 경우, 그 계약을 취소하지 않고 그 제3자에 대하여 손해배상을 청구할 수 있다.
㉢ 정당한 권리행사로서의 고소·고발도 부정한 이익의 취득을 목적으로 한 경우에는 강박행위에 해당한다.

38 ⑤ 제3자의 사기로 인하여 피해자가 분양계약을 체결한 경우, 피해자가 제3자를 상대로 손해배상청구를 하기 위하여 반드시 그 분양계약을 취소할 필요는 없다.

39 ① 교환계약의 당사자가 시가를 묵비하였더라도 특별한 사정이 없는 한 기망행위에 해당하지 않는다.
② 강박에 의해 자유로운 의사결정의 여지가 완전히 박탈되어 그 외형만 있는 법률행위는 무효이다.
④ 대리인의 기망행위로 계약을 체결한 상대방은 본인이 대리인의 기망행위에 대해 선의·무과실이라도 계약을 취소할 수 있다.
⑤ 강박행위의 목적이 정당한 경우에도 그 수단이 부당하다면 위법성이 인정된다.

40 ② 단순히 상대방의 피용자이거나 상대방이 사용자책임을 져야 할 관계에 있는 피용자에 지나지 않는 자는 상대방과 동일시 할 수는 없어 이 규정에서 말하는 제3자에 해당한다(대판 1998.1.23, 96다41496).

41 ③ 강박에 의한 의사표시라고 하려면 상대방이 불법으로 어떤 해악을 고지하므로 말미암아 공포를 느끼고 의사표시를 한 것이어야 하므로, 어떤 해악의 고지가 없이 단지 각서에 서명 날인할 것을 강력히 요구한 것만으로는 강박으로 볼 수 없다(대판 1979.1.16, 78다1968).

42 ③ 국가기관이 헌법상 보장된 국민의 기본권을 침해하는 위헌적인 공권력을 행사한 결과 국민이 그 공권력의 행사에 외포되어 자유롭지 못한 의사표시를 하였다고 하더라도 그 의사표시의 효력은 의사표시의 하자에 관한 민법의 일반원리에 의하여 판단되어야 할 것이고, 그 강박행위의 주체가 국가 공권력이고 그 공권력 행사의 내용이 기본권을 침해하는 것이라고 하여 그 강박에 의한 의사표시가 항상 반사회성을 띠게 되어 당연히 무효로 된다고는 볼 수 없다(대판 2002.12.10, 2002다56031).

43 ② 부동산 거래에 있어 거래 상대방이 일정한 사정에 관한 고지를 받았더라면 그 거래를 하지 않았을 것임이 경험칙상 명백한 경우에는 신의성실의 원칙상 사전에 상대방에게 그와 같은 사정을 고지할 의무가 있으며, 그와 같은 고지의무의 대상이 되는 것은 직접적인 법령의 규정뿐 아니라 널리 계약상, 관습상 또는 조리상의 일반원칙에 의하여도 인정될 수 있다(대판 2007.6.1, 2005다5812).

44 ③ 비록 재산을 강제로 뺏긴다는 것이 표의자의 본심으로 잠재되어 있었다 하여도, 표의자가 강박에 의하여서나마 증여를 하기로 하고 그에 따른 증여의 의사표시를 한 이상, 증여의 내심의 효과의사가 결여된 것(비진의표시)이라고 할 수는 없다(대판 1993.7.16, 92다41528 · 92다41535).

45 ⑤ 제3자 丁은 선의라면 과실이 있더라도 보호되므로, 甲은 丁에게 근저당권설정등기의 말소를 청구할 수 없다.

46 ④ 甲이 乙과의 매매계약을 사기를 이유로 취소하더라도 그 효과를 선의의 丙에게는 주장할 수 없다.

47 ㉢ 취소하더라도 선의의 제3자에게는 대항할 수 없다.

㉣ 추인할 수 있는 날(취소원인이 소멸한 날)로부터 3년이 지나면 취소권은 소멸한다.

48 ① 상대방이 제3자의 사기나 강박을 알았거나 알 수 있었을 경우에 한하여 취소할 수 있다.

③ 상속인과 같은 포괄승계인은 제3자에 포함되지 않는다.

④ 교환계약을 체결하면서 목적물의 시가를 허위로 고지하였다 하더라도 원칙적으로 사기에 해당하지 않는다(대판 2002.9.4, 2000다54406).

⑤ 기망에 의하여 하자 있는 물건을 매수한 경우, 매수인은 담보책임뿐 아니라 사기를 이유로 한 취소권을 행사할 수 있다.

49 ② 기망행위로 인하여 법률행위의 중요부분에 관하여 착오를 일으킨 경우뿐만 아니라, 동기에 관하여 착오를 일으킨 경우에도, 표의자는 그 법률행위를 사기에 의한 의사표시로써 취소할 수 있다(대판 1985.4.9, 85도167).

50 ① 기망행위로 인하여 법률행위의 중요부분에 관하여 착오를 일으킨 경우뿐만 아니라, 동기에 관하여 착오를 일으킨 경우에도, 표의자는 그 법률행위를 사기에 의한 의사표시로써 취소할 수 있다(대판 1985.4.9, 85도167).

② 상대방과의 매매계약을 취소하지 않고도 기망행위를 한 제3자에 대해 손해배상을 청구할 수 있다.

③ 재산상의 손해를 입히려고 하는 의사가 기망행위를 하는 자에게 있을 것을 요하지 않는다.

⑤ 소송행위는 착오·사기 또는 강박에 의하여 이루어진 것임을 이유로 취소할 수 없는 것이 원칙이다.

51 ① 표의자가 착오를 이유로 의사표시를 취소한 경우, 상대방은 불법행위를 이유로 손해배상을 청구할 수는 없다.

② 매도인이 매수인의 중도금 지급채무불이행을 이유로 매매계약을 적법하게 해제한 후라도 매수인으로서는 상대방이 한 계약해제의 효과로서 발생하는 손해배상책임을 지거나 매매계약에 따른 계약금의 반환을 받을 수 없는 불이익을 면하기 위하여 착오를 이유로 취소할 수 있다(대판 1991.8.27, 91다11308).

③ 법률행위의 성립과정에 강박이라는 불법적 방법이 사용된 것에 불과한 때에는 반사회질서의 법률행위라고 할 수 없다.

⑤ 소송행위는 착오·사기 또는 강박에 의하여 이루어진 것임을 이유로 취소할 수 없는 것이 원칙이다.

52 ① 도달이란 사회통념상 요지할 수 있는 상태에 달한 때를 말한다(대판 1997.11.25, 97다31281).

③ 보통우편의 방법으로 발송되었다는 사실만으로는 그 우편물이 상당한 기간 내에 도달하였다고 추정할 수 없고, 송달의 효력을 주장하는 측에서 증거에 의하여 이를 입증하여야 한다(대판 2009.12.10, 2007두20140).

④ 의사표시자가 그 통지를 발송한 후 사망하거나 제한능력자가 되어도 의사표시의 효력에 영향을 미치지 아니한다(제111조 제2항).

⑤ 표의자가 과실없이 상대방을 알지 못하거나 상대방의 소재지를 알지 못하는 경우에는 의사표시는 민사소송법 공시송달의 규정에 의하여 송달할 수 있다(제113조).

53 ③ 의사표시자가 그 통지를 발송한 후 제한능력자가 되더라도 그 의사표시는 취소할 수 없다.

54 ① 격지자 간의 계약은 승낙의 통지를 발송한 때 성립한다(제531조).
② 특별한 사정이 없는 한, 아파트 경비원이 집배원으로부터 우편물을 수령한 후 이를 아파트 공동 출입구의 우편함에 넣어 두었다는 사실만으로는 수취인이 그 우편물을 수취하였다고 추단할 수 없다(대판 2006.3.24, 2005다66411).
④ 내용증명우편이나 등기우편과는 달리, 보통우편의 방법으로 발송되었다는 사실만으로는 그 우편물이 상당기간 내에 도달하였다고 추정할 수 없고 송달의 효력을 주장하는 측에서 도달사실을 입증하여야 한다(대판 2002.7.26, 2000다25002).
⑤ 상대방에게 의사표시가 도달하면 효력을 발생하므로(제111조 제1항), 상대방이 이를 알기 전이라도 그 의사표시를 철회할 수 없다.

55 ③ 도달이란 사회통념상 요지할 수 있는 상태에 달한 때를 말한다.

56 ② 표의자가 그 통지를 발송한 후 사망하거나 제한능력자가 되어도 의사표시의 효력에 영향을 미치지 아니한다(제111조 제2항).

57 ① 의사표시자가 그 통지를 발송한 후 사망하거나 제한능력자가 되어도 의사표시의 효력에 영향을 미치지 아니한다(제111조 제2항).

58 ㉠㉡은 발신주의
㉢㉣㉤은 도달주의

제**4**장 대 리

01 ⑤	02 ④	03 ③	04 ④	05 ②	06 ③	07 ③	08 ⑤	09 ②	10 ④
11 ③	12 ⑤	13 ⑤	14 ①	15 ④	16 ②	17 ③	18 ①	19 ③	20 ④
21 ①	22 ③	23 ③	24 ⑤	25 ④	26 ①	27 ⑤	28 ②	29 ④	30 ⑤
31 ①	32 ③	33 ③	34 ④	35 ②	36 ③	37 ②	38 ⑤	39 ②	40 ①
41 ⑤									

01 ⑤ 예금계약의 체결을 위임받은 자가 가지는 대리권에 당연히 그 예금을 담보로 하여 대출을 받거나 이를 처분할 수 있는 대리권이 포함되어 있는 것은 아니다(대판 1995.8.22, 94다59042).

02 ④ 권한을 정하지 아니한 대리인은 보존행위뿐만 아니라 대리의 목적인 물건이나 권리의 성질이 변하지 아니하는 범위에서 그 이용 또는 개량하는 행위를 할 수 있다(제118조).

03 ③ 현명은 묵시적으로도 할 수 있다.

04 ④ 경개계약은 당사자의 이해가 충돌하는 경우이므로, 쌍방의 허락 없이 체결할 수 없다.

05 ② 대리인이 대리권을 남용한 경우에도 유권대리이므로, 본인이 책임을 지는 것이 원칙이다.

06 ③ 대리인이 대리권을 남용한 경우에는 비진의표시에 관한 규정이 유추적용되므로, 상대방이 남용사실을 알았거나 알 수 있었을 경우에는 대리행위는 본인에게 효력이 없다.

07 ① 乙이 사기를 당했는지 여부는 乙을 표준으로 하여 결정한다.
② 乙은 甲의 수권이 없는 한 매매계약을 취소할 수 없다.
④ 甲은 특별한 사정이 없는 한 乙과의 위임계약을 언제든지 해지할 수 있다.
⑤ 타인의 기망행위에 기하여 중요부분의 착오가 발생한 때에는 그 요건을 입증하여 착오 또는 사기를 선택적으로 주장할 수 있다.

08 ⑤ 대리인이 상대방의 배임행위에 적극 가담하여 부동산을 이중으로 매수한 경우, 본인이 그러한 사정을 몰랐다 하더라도 매매계약은 무효이다.

09 ② 매매계약을 체결할 권한을 수여받은 대리인에게 본래의 계약관계를 해제나 취소할 대리권은 없다.

10 ④ 매매계약의 체결과 이행에 관하여 포괄적으로 대리권을 수여받은 대리인은 특별한 다른 사정이 없는 한 상대방에 대하여 약정된 매매대금지급기일을 연기하여 줄 권한도 가진다고 보아야 할 것이다(대판 1992.4.14, 91다43107).

11 ③ 대리인이 수인인 때에는 각자가 본인을 대리한다. 그러나 법률 또는 수권행위에 다른 정한 바가 있는 때에는 그러하지 아니하다(제119조).

12 ⑤ 대리인의 성년후견개시의 결정은 대리권의 소멸사유이나, 대리인의 한정후견개시의 결정은 대리권의 소멸사유가 아니다.

13 ① 복대리인은 본인의 대리인이다.
② 복대리인은 본인이나 제3자에 대하여 대리인과 동일한 권리·의무가 있다(제123조 제2항).
③ 대리인이 복대리인을 선임하더라도 대리인의 대리권은 소멸하지 않는다.
④ 대리인이 사망하면 복대리인의 복대리권도 소멸한다.

14 ② 본인의 승낙은 묵시적으로 할 수 있다.
③ 임의대리인이 본인의 승낙을 얻어 복대리인을 선임한 때에는 본인에 대하여 그 선임감독에 관한 책임이 있다.
④ 복대리인은 본인의 대리인이다.
⑤ 복대리인의 대리행위에 대해서도 표현대리는 성립할 수 있다.

15 ④ 임의대리인은 원칙적으로 복대리인을 선임할 수 없고, 본인의 승낙이 있거나 부득이한 사유가 있는 때에 한하여 복대리인을 선임할 수 있다.

16 ② 복대리인은 언제나 임의대리인의 지위를 가진다.

17 ① 乙은 자신의 이름으로 복대리인을 선임하여야 한다.
② 임의대리인이 복대리인을 선임한 때에는 본인에게 대하여 그 선임감독에 관한 책임이 있다.
④ 대리인의 대리권이 소멸하면 복대리권도 소멸한다.
⑤ 복대리인 丙은 착오에 의하여 의사표시를 한 것이 아니므로, 착오에 의한 취소는 인정될 수 없다.

18 ② 대리인이 복대리인을 선임하더라도 대리인의 대리권은 소멸하지 않는다.
③ 대리인이 사망하면 대리권이 소멸하므로 복대리권도 소멸한다.
④ 임의대리인은 원칙적으로 복임권이 없으나, 본인의 승낙이나 부득이한 사유가 있으면 복대리인을 선임할 수 있다.
⑤ 임의대리인이 본인의 지명에 의하여 복대리인을 선임한 경우에는 그 부적임 또는 불성실함을 알고 본인에게 대한 통지나 그 해임을 태만한 때가 아니면 책임이 없다(제121조 제2항).

19 ③ 본인의 특정후견의 개시는 복대리권의 소멸사유가 아니다.

20 ④ 丙은 계약 체결 당시 乙이 무권대리인임을 알았거나 알 수 있었을 경우에는 乙에게 계약의 이행이나 손해배상을 청구할 수 없다.

21 ① 乙이 무권대리인임을 알았던 丙도 甲에게 추인 여부의 확답을 최고할 수 있다.

22 ③ 추인의 의사표시는 상대방의 특별승계인(전득자)에 대해서도 할 수 있으므로, 甲이 丁에게 추인하면 무권대리행위에 대한 추인의 효과가 발생한다.

23 ③ 甲은 미성년자이므로 무권대리인의 책임을 부담하지 않는다.

24 ⑤ 무권대리인의 책임은 무과실책임이다.

25 ④ 무권대리인은 자신에게 과실이 없는 경우에도 책임을 진다(무과실책임). 따라서 무권대리행위가 제3자의 기망이나 문서위조 등 위법행위로 야기되었다고 하더라도 무권대리인의 책임은 발생한다(대판 2014.2.27, 2013다213038).

26 ① 무권대리인의 상대방에 대한 책임은 무과실책임으로서 대리권의 흠결에 관하여 대리인에게 과실 등의 귀책사유가 있어야만 인정되는 것이 아니고, 무권대리행위가 제3자의 기망이나 문서위조 등 위법행위로 야기되었다고 하더라도 책임은 부정되지 아니한다(대판 2014.2.27, 2013다213038).

27 ⑤ 묵시적 추인이 되기 위해서는 본인이 계약상 이행할 것처럼 행동한 것이 있어야 하므로, 장기간 형사고소를 하지 않은 것만으로는 묵시적 추인으로 볼 수 없다.

28 ② 본인이 무권대리를 알고 장기간 형사소추나 민사소송을 제기하지 않았다하여 추인한 것으로 볼 수는 없다(대판 1974.2.26, 73다934).

29 ①⑤ 무권대리행위의 추인은 무권대리인 또는 상대방의 동의나 승낙을 요하지 않는 단독행위로서 추인은 의사표시의 전부에 대하여 행하여져야 하고, 그 일부에 대하여 추인을 하거나 그 내용을 변경하여 추인을 하였을 경우에는 상대방의 동의를 얻지 못하는 한 무효이다(대판 1982.1.26, 81다카549).
② 무권대리행위의 추인은 무권대리인, 무권대리행위의 직접의 상대방 및 그 무권대리행위로 인한 권리 또는 법률 관계의 승계인에 대하여도 할 수 있다(대판 1981.4.14, 80다2314).
③ 무권대리행위가 범죄가 되는 경우에 대하여 그 사실을 알고도 장기간 형사고소를 하지 아니하였다 하더라도 그 사실만으로 묵시적인 추인이 있었다고 할 수는 없다(대판 1998.2.10, 97다31113).

30 ⑤ 상대방은 선의인 경우에 한하여 철회할 수 있다.

31 ① 계약체결의 권한을 수여받은 대리인은 체결한 계약을 처분할 권한은 없다.

32 ③ 표현대리가 성립한 경우, 상대방에게 과실이 있더라도 과실상계의 법리를 적용하여 본인의 책임을 경감할 수 없다.

33 ③ 사자권도 권한을 넘은 표현대리의 기본대리권이 될 수 있다.

34 ㉠ 대리권 소멸 후의 표현대리에 관한 규정은 법정대리에도 적용된다.
㉢ 강행법규를 위반하여 무효인 법률행위는 표현대리의 법리는 준용될 수 없다.
㉣ 표현대리가 성립하는 경우, 상대방에게 과실이 있더라도 과실상계의 법리를 유추적용하여 본인의 책임을 경감할 수 없다.

35 ② 표현대리가 성립하는 경우, 상대방에게 과실이 있더라도 과실상계의 법리가 유추적용되어 본인의 책임이 경감될 수 없다.

36 ③ 권한을 넘은 표현대리에 관한 규정에서의 제3자는 당해 표현대리행위의 직접 상대방만을 의미하고, 전득자는 포함되지 않는다.

37 ① 표현대리는 무권대리이므로, 유권대리의 주장 속에 표현대리의 주장이 포함된 것으로 볼 수 없다.
③ 악의인 丙은 계약을 철회할 수 없다.
④ 표현대리행위의 책임은 본인이 전적으로 져야 하고, 상대방에게 과실(약한 부주의)이 있어도 과실상계의 법리를 유추적용할 수 없다(대판 1996.7.12, 95다49554).
⑤ 정당한 이유의 유무는 대리행위 당시를 기준으로 하여 판정하여야 하고 대리행위 성립 후의 사정은 고려할 것이 아니다.

38 ⑤ 乙이 자기 앞으로 소유권이전등기를 한 후 丙에게 소유권이전등기를 경료한 경우에는, 丙은 乙을 甲의 대리인으로 믿고서 행위한 것이 아니므로 표현대리가 성립할 수는 없다(대판 1991.12.27, 91다3208).

39 ① 대리권은 권한이지, 권리는 아니다.

③ 대리인의 복임행위는 대리인 자신의 이름으로 하는 것이므로 대리행위가 아니다.

④ 대리인이 대리권 소멸 후 복대리인을 선임하여 복대리인으로 하여금 상대방과 사이에 대리행위를 하도록 한 경우에도, 상대방이 대리권 소멸 사실을 알지 못하여 복대리인에게 적법한 대리권이 있는 것으로 믿었고 그와 같이 믿은 데 과실이 없다면 민법 제129조에 의한 표현대리가 성립할 수 있다(대판 1998.5.29, 97다55317).

⑤ 무권대리인의 상대방에 대한 책임은 무과실책임으로서 대리권의 흠결에 관하여 대리인에게 과실 등의 귀책사유가 있어야만 인정되는 것이 아니고, 무권대리행위가 제3자의 기망이나 문서위조 등 위법행위로 야기되었다고 하더라도 책임은 부정되지 아니한다(대판 2014.2.27, 2013다213038).

40 ① 투자수익보장이 강행법규에 위반되어 무효인 이상 증권회사의 지점장에게 그와 같은 약정을 체결할 권한이 수여되었는지 여부에 불구하고 그 약정은 여전히 무효이므로 표현대리의 법리가 준용될 여지가 없다(대판 1996.8.23, 94다38199).

41 ⑤ 무권대리인의 상대방에 대한 책임은 무과실책임으로서 대리권의 흠결에 관하여 대리인에게 과실 등의 귀책사유가 있어야만 인정되는 것이 아니고, 무권대리행위가 제3자의 기망이나 문서위조 등 위법행위로 야기되었다고 하더라도 책임은 부정되지 아니한다(대판 2014.2.27, 2013다213038).

제5장 무효와 취소

01 ②	02 ④	03 ⑤	04 ②	05 ⑤	06 ⑤	07 ②	08 ⑤	09 ①	10 ①
11 ①	12 ⑤	13 ①	14 ①	15 ④	16 ②	17 ③	18 ①	19 ③	20 ①
21 ①	22 ③	23 ①							

01 ② 법률행위가 무효 또는 취소된 경우에는 채무불이행으로 인한 손해배상책임은 발생할 여지가 없다.

02 ① 진의 아닌 의사표시는 원칙적으로 유효이다.
② 법률행위에 무효사유와 취소사유가 모두 존재하는 경우, 이미 무효인 법률행위도 취소할 수 있다(대판 1997.11.14, 97다36118).
③ 무효행위의 추인은 무효행위를 사후로 유효로 하는 것이 아니라 새로운 의사표시에 의하여 새로운 행위가 있는 것으로 하여 그때부터 유효하게 되는 것이므로 원칙적으로 소급효가 인정되지 않는다(대판 1983.9.27, 83므22).
⑤ 무효행위의 추인은 명시적으로 뿐만 아니라 묵시적으로도 할 수 있다.

03 ⑤ 토지거래허가구역 내에서 경료된 중간생략등기는 그것이 실체관계에 부합하더라도 무효이다(대판 1997.3.14, 96다22464).

04 ② 매도인의 토지거래계약허가 신청절차에 협력할 의무와 토지거래허가를 받으면 매매계약 내용에 따라 매수인이 이행하여야 할 매매대금 지급의무 사이에는 상호 이행상의 견련성이 있다고 할 수 없으므로, 매도인으로서는 그러한 의무이행의 제공이 있을 때까지 그 협력의무의 이행을 거절할 수 있는 것은 아니다(대판 1996.10.25, 96다23825).

05 ⑤ 토지거래허가구역 안에 있는 토지에 관하여 중간생략등기의 합의가 있었다고 하더라도, 이를 최초 매도인과 최종 매수인 사이에 매매계약이 체결되었다고 볼 수는 없으므로, 최종 매수인은 최초 매도인에 대하여 직접 허가신청절차의 협력을 청구할 수 없다(대판 1997.3.14, 96다22464).

06 ⑤ 유동적 무효 상태에서는 이미 지급된 계약금은 부당이득으로서 반환을 구할 수 없다(대판 1997.11.11, 97다36965).

07 ㉠ 매매계약 체결당시 일정한 기간 안에 토지거래허가를 받기로 약정하였다고 하더라도, 특별한 사정이 없는 한, 이를 쌍무계약에서 이행기를 정한 것과 달리 볼 것이 아니므로 위 약정기간이 경과하였다는 사정만으로 곧바로 매매계약이 확정적으로 무효가 된다고 할 수 없다(대판 2009.4.23, 2008다50615).
㉢ 유동적 무효상태에서 토지거래허가구역 지정이 해제되면, 그 때부터 매매계약은 유효로 된다.

08 ⑤ 제한능력자도 법률행위를 단독으로 취소할 수 있다.

09 ① 법정대리인이 추인하는 경우에는 취소의 원인이 소멸하기 전에도 추인의 효력이 있다.

10 ① 법정대리인이 추인하는 경우에는 취소의 원인이 소멸하기 전에도 추인의 효력이 있다.

11 ① 취소권은 추인할 수 있는 날로부터 3년 내에 행사하여야 한다(제146조 참조).
② 취소의 의사표시란 반드시 명시적이어야 하는 것은 아니고, 취소자가 그 착오를 이유로 자신의 법률행위의 효력을 처음부터 배제하려고 한다는 의사가 드러나면 족한 것이며, 취소원인의 진술 없이도 취소의 의사표시는 유효한 것이다(대판 2005.5.27, 2004다43824).

12 ⑤ 취소권자의 상대방이 취소할 수 있는 행위로부터 취득한 권리의 전부나 일부를 양도한 경우에는 법정추인에 해당하지 않는다.

13 ① 미성년자가 단독으로 한 법률행위에 있어서는 법정대리인이 이행한 경우에 법정추인이 되고, 미성년자가 이행한 것만으로는 법정추인이 될 수 없다.

14 ① 상대방이 취소권자에게 이행청구한 경우에는 법정추인이 되지 않으므로 취소권자는 취소할 수 있다.

15 ① 계약이 불공정한 법률행위로서 무효인 경우에는 그 계약에 대한 부제소합의도 무효이다.
② 취소권자의 상대방이 이행을 청구하는 경우에는 법정추인이 될 수 없다.
③ 불공정한 법률행위에 해당하여 무효인 경우에도 무효행위의 전환에 관한 민법 제138조는 적용된다.
⑤ 취소의 의사표시는 그 상대방에 대하여 하여야 한다.

16 ① 매매계약이 약정된 매매대금의 과다로 말미암아 민법 제104조에서 정하는 '불공정한 법률행위'에 해당하여 무효인 경우에도 무효행위의 전환에 관한 민법 제138조가 적용될 수 있다(대판 2010.7.15, 2009다50308).

③ 취소할 수 있는 법률행위가 일단 취소된 이상 그 후에는 취소할 수 있는 법률행위의 추인에 의하여 다시 확정적으로 유효하게 할 수는 없고, 무효인 법률행위의 추인의 요건과 효력으로서 추인할 수는 있다(대판 1997.12.12, 95다38240).

④ 법률행위의 일부분이 무효인 경우 원칙적으로 전부가 무효이다(제137조 참조).

⑤ 乙의 기망행위로 丙과 매매계약을 체결하였으므로 甲은 丙을 상대로 취소의 의사표시를 하여야 한다.

17 ③ 집합채권의 양도가 양도금지특약을 위반하여 무효인 경우 채무자는 일부 개별 채권을 특정하여 추인하는 것이 가능하다(대판 2009.10.29, 2009다47685).

18 ② 취소권자가 이의의 보류 없이 상대방으로부터 일부의 이행을 수령한 경우에는 법정추인이 된다.

③ 불공정한 법률행위는 추인에 의해 유효로 될 수 없다.

④ 강박에 의한 의사표시를 취소하여 무효가 된 법률행위도 그 무효원인이 종료된 경우에는 무효행위 추인의 요건에 따라 다시 추인할 수 있다.

⑤ 토지거래허가 전에는 채무불이행을 이유로 계약을 해제할 수 없다.

19 ③ 취소권자의 상대방이 그 취소할 수 있는 행위로 취득한 권리를 양도하는 경우에는 법정추인이 될 수 없다.

20 ① 하나의 법률행위의 일부분에만 취소사유가 있다고 하더라도 그 법률행위가 가분적이거나 그 목적물의 일부가 특정될 수 있다면, 그 나머지 부분이라도 이를 유지하려는 당사자의 가정적 의사가 인정되는 경우 그 일부만의 취소도 가능하다.

21 ① 취소할 수 있는 법률행위는 취소권을 행사해야 처음부터 무효로 된다.

22 ③ 무효행위의 추인에는 소급효가 없는 것이 원칙이다.

23 ① 무효행위의 추인에는 소급효가 없는 것이 원칙이다.

제6장 | 조건과 기한

Answer

| 01 ⑤ | 02 ④ | 03 ⑤ | 04 ③ | 05 ① | 06 ④ | 07 ① | 08 ⑤ | 09 ④ | 10 ⑤ |
| 11 ⑤ | 12 ② | 13 ① | 14 ② | | | | | | |

01 ⑤ 조건성취의 효력은 원칙적으로 소급효가 없다.

02 ① 조건성취의 효력은 원칙적으로 소급효가 없으나 당사자 사이의 의사로서 소급효를 인정할 수 있다.
② 사회질서에 반하는 조건을 붙인 법률행위는 그 조건만이 무효인 것이 아니라 법률행위 전체가 무효이다.
③ 조건의 성취가 미정인 동안의 권리의무는 일반규정에 의하여 처분, 상속, 보존 또는 담보로 할 수 있다.
⑤ 단독행위에는 조건을 붙일 수 없는 것이 원칙이다.

03 ⑤ 부첩관계의 종료를 해제조건으로 하는 증여계약은 무효이다.

04 ③ 조건이 법률행위 당시 이미 성취한 것인 경우에는 그 조건이 해제조건이면 그 법률행위는 무효이다.

05 ① 조건성취의 효력은 당사자의 의사로 소급하게 할 수 있다.

06 ① 기성조건이 해제조건이면 그 법률행위는 무효이다.
② 불능조건이 정지조건이면 그 법률행위는 무효이다.
③ 불법조건이 붙어 있는 법률행위는 법률행위 자체가 무효이다.
⑤ 어느 법률행위에 어떤 조건이 붙어 있었는지 아닌지는 사실인정의 문제로서 그 조건의 존재를 주장하는 자가 이를 입증하여야 한다(대판 2006.11.24, 2006다35766).

07 ① 저당권설정행위 등과 같은 물권행위에도 조건을 붙일 수 있다.

08 ① 법정조건은 조건이 아니다.
② 채무면제와 유증은 상대방의 동의 여부와 상관없이 조건을 붙일 수 있다.
③ 기한은 특별한 사정이 없는 한 채무자의 이익을 위한 것으로 추정한다.
④ 조건에 친하지 않은 법률행위에 불법조건을 붙이면 법률행위 자체가 무효가 된다.

09 ④ 조건의 성취로 인하여 불이익을 받을 당사자가 신의성실에 반하여 조건의 성취를 방해한 경우, 조건이 성취된 것으로 의제되는 시점은 이러한 신의성실에 반하는 행위가 없었더라면 조건이 성취되었으리라고 추산되는 시점이다(대판 1998.12.22, 98다42356).

10 ⑤ 조건의 성취로 인하여 불이익을 받을 당사자가 신의성실에 반하여 조건의 성취를 방해한 경우, 조건이 성취된 것으로 의제되는 시점은 이러한 신의성실에 반하는 행위가 없었더라면 조건이 성취되었으리라고 추산되는 시점이다(대판 1998.12.22, 98다42356).

11 ① 채무자가 담보제공의 의무를 이행하지 아니한 때에는 채무자는 기한의 이익을 상실한다(제388조).
② 해제조건 있는 법률행위는 조건이 성취한 때로부터 그 효력을 잃는다(제147조 제2항).
③ 조건이 법률행위의 당시 이미 성취한 것인 때에는 그 조건이 정지조건이면 조건 없는 법률행위로 한다(제151조 제2항 참조).
④ 기한이익 상실의 특약이 채권자를 위하여 둔 것인 점에 비추어 명백히 정지조건부 기한이익 상실의 특약이라고 볼 만한 특별한 사정이 없는 이상 형성권적 기한이익 상실의 특약으로 추정하는 것이 타당하다(대판 2002.9.4, 2002다28340).

12 ② 법률행위 당시 이미 성취된 조건을 해제조건으로 하는 법률행위는 조건 없는 무효이다.

13 ① 조건을 붙이고자 하는 의사의 표시는 그 방법에 관하여 일정한 방식이 요구되지 않으므로 묵시적 의사표시나 묵시적 약정으로도 할 수 있다(대판 2018.6.28, 2016다221368).

14 ② 기한도래의 효과는 기한 도래시부터 생기며 당사자가 특약을 하더라도 소급효가 없다.

제1장 | 물권법 총론

Answer

01 ④	02 ②	03 ①	04 ②	05 ③	06 ⑤	07 ⑤	08 ④	09 ②	10 ②
11 ①	12 ④	13 ⑤	14 ③	15 ⑤	16 ⑤	17 ②	18 ④	19 ①	20 ③
21 ⑤	22 ②	23 ⑤	24 ②	25 ⑤	26 ①	27 ④	28 ④	29 ③	30 ④
31 ②	32 ⑤	33 ④	34 ①	35 ③	36 ⑤	37 ④	38 ⑤	39 ⑤	40 ③
41 ①	42 ⑤	43 ④	44 ①	45 ①	46 ⑤	47 ②	48 ③	49 ④	50 ③
51 ⑤									

01 ④ 매매는 법률행위에 의한 물권변동이므로 乙은 등기를 해야 소유권을 취득한다(제186조).

02 ② 당사자는 물권을 임의로 창설하지 못할 뿐 아니라, 법률이 정하는 것과 다른 내용으로 정하지도 못한다.

03 ① 부동산임차권은 채권이다.

04 ② 온천에 관한 권리는 관습법상의 물권의 일종 내지 준물권으로 볼 수 없다(대판 1970.5.26, 69다1239).

05 ③ 민법상 부동산만을 객체로 하는 물권은 지상권, 지역권, 전세권, 저당권이다.

06 ⑤ 물권적 청구권은 점유할 정당한 권원이 있는 자에 대해서는 행사할 수 없으므로, 甲은 丙에 대하여 소유물반환을 청구할 수 없다.

07 ⑤ 점유자가 점유의 침탈을 당한 경우에 간접점유자는 그 물건을 점유자에게 반환할 것을 청구할 수 있고 점유자가 그 물건의 반환을 받을 수 없거나 이를 원하지 아니하는 때에는 자기에게 반환할 것을 청구할 수 있다(제207조 제2항).

08 ④ 양도담보권설정자가 행사하는 소유권이전등기말소청구권은 소유권에 기한 물권적 청구권이므로 소멸시효에 걸리지 않는다.

09 ② 가등기는 부동산물권 및 이에 준하는 권리의 변동을 목적으로 하는 채권적 청구권을 보전하기 위하여 하는 것이므로, 물권적 청구권을 보전하기 위하여는 가등기를 할 수 없다(대판 1982.11.23, 81다카1110).

10 ㉡ 소유자인 임대인도 간접점유자로서 침해자에 대하여 점유보호청구권을 행사할 수 있다.
㉣ 소유권에 기한 방해제거청구권은 현재 계속되고 있는 방해의 원인을 제거하는 것을 내용으로 하는 것이지, 방해결과의 제거를 내용으로 하는 것이 되어서는 아니된다(대판 2014.11.13, 2009다3494).

11 ① 점유물반환청구권을 행사할 수 있는 경우는 점유를 침탈당한 때이다. 따라서 사기에 의해 점유물을 인도한 자는 점유물반환청구권을 행사할 수 없다.

12 ④ 甲은 간접점유자로서 丙에 대하여 점유권에 기한 방해배제청구권을 행사할 수 있다.

13 ① 소유권에 기한 물권적 청구권은 유치권에는 준용되지 않으므로, 유치권에 기한 물권적 청구권은 인정되지 않는다. 따라서 유치권이 침해된 경우에는 점유권에 기한 물권적 청구권을 행사해야 한다.
② 점유물반환청구권은 선의의 제3자에게는 행사하지 못하므로, 선의의 丙으로부터 양수받은 丁에게 甲은 점유물반환을 청구하지 못한다.
③ 지상권자 乙은 지상권에 기하여 丙을 상대로 건물철거를 청구할 수 있다.
④ 지역권자 乙은 방해제거청구는 할 수 있으나, 반환청구권을 행사할 수는 없다.

14 ㉢ 건물 철거를 실행하기 위해서 토지소유자는 자신의 소유권에 기한 방해배제로서 건물임차인에 대하여 건물로부터의 퇴출을 청구할 수 있다. 이는 건물임차인이 대항력을 갖췄다고 해서 달라지지 아니한다(대판 2010.8.19, 2010다43801).
㉣ 乙이 丙에게 건물을 매도하고 인도한 경우, 丙명의로 이전등기가 없더라도 甲은 丙을 상대로 철거를 청구할 수 있다.

15 ⑤ 매매를 원인으로 한 법원의 이행판결에 의한 소유권의 이전은 등기를 하여야 물권변동의 효력이 발생한다.

16 ㉢은 법률행위에 의한 물권변동으로, 등기한 때 물권변동의 효력이 발생한다.

17 ② 피담보채권이 소멸하면 저당권은 말소등기를 하지 않더라도 소멸한다.

18 ④ 공유지분의 포기는 법률행위로서 상대방 있는 단독행위에 해당하므로, 부동산 공유자의 공유지분 포기의 의사표시가 다른 공유자에게 도달하더라도 이로써 곧바로 공유지분 포기에 따른 물권변동의 효력이 발생하는 것은 아니고, 다른 공유자는 자신에게 귀속될 공유지분에 관하여 소유권이전등기청구권을 취득하며, 이후 민법 제186조에 의하여 등기를 하여야 공유지분 포기에 따른 물권변동의 효력이 발생한다(대판 2016.10.27, 2015다52978).

19 ① 미등기건물에 대한 양도담보계약상의 채권자의 지위를 승계하여 건물을 관리하고 있는 자는 건물의 소유자가 아님은 물론 건물에 대하여 법률상 또는 사실상 처분권을 가지고 있는 자라고 할 수도 없다 할 것이어서 건물에 대한 철거처분권을 가지고 있는 자라고 할 수 없다(대판 2003.1.24, 2002다61521).

20 ③ 시효완성자가 점유를 상실하였다고 하더라도 이미 취득한 등기청구권이 바로 소멸되는 것은 아니다(대판 1995.3.28, 93다47745). 이때부터 등기청구권의 소멸시효가 진행된다.

21 ㉢ 매매로 인한 소유권이전등기청구권은 특별한 사정이 없는 이상 그 권리의 성질상 양도가 제한되고 그 양도에 채무자의 승낙이나 동의를 요한다(대판 2001.10.9, 2000다51216).

22 ②는 물권적 청구권, 나머지는 채권적 청구권이다.

23 ㉡ 위조서류에 의해 마쳐진 소유권이전등기에 대한 소유자의 말소등기청구권은 물권적 청구권이다.

24 ② 매매계약이 해제되면 소유권은 매도인에게 말소등기 없이도 복귀하므로, 甲이 乙에게 행사하는 소유권이전등기의 말소청구권은 물권적 청구권이다.

25 ⑤ 미등기매수인 丙은 아직 소유권을 취득하지 못한 상태이므로, 제3자에 대하여 소유권에 기한 물권적 청구권을 행사할 수 없다.

26 ㉢ 부동산매수인이 목적물을 인도 받아 사용·수익하다가 점유를 침탈당한 경우에는, 점유상실시부터 소멸시효가 진행한다(대판 1992.7.24, 91다40924).
㉣ 점유물반환청구권은 침탈당한 날로부터 1년 내에 행사하여야 한다(제204조 제3항).

27 ④ 부동산이 전전양도된 경우에 중간생략등기의 합의가 없는 한 그 최종 양수인은 최초 양도인에 대하여 직접 자기명의로의 소유권이전등기를 청구할 수는 없다고 할 것이고, 부동산의 양도계약이 순차 이루어져 최종 양수인이 중간생략등기의 합의를 이유로 최초 양도인에게 직접 그 소유권이전등기청구권을 행사하기 위하여는 관계당사자 전원의 의사합치, 즉 중간생략등기에 대한 최초 양도인과 중간자의 동의가 있는 외에 최초의 양도인과 최종의 양수인 사이에도 그 중간등기생략의 합의가 있었음이 요구된다(대판 1994.5.24, 93다47738).

28 ㉠ 중간생략등기에 관한 합의가 있더라도, 甲의 乙에 대한 소유권이전등기의무가 소멸하는 것은 아니다.
㉡ 乙의 甲에 대한 소유권이전등기청구권의 양도는 甲의 동의가 있어야 대항력이 생긴다.
㉢ 중간생략등기에 관한 합의가 없더라도, 중간생략등기가 이루어져서 실체관계에 부합하면 그 등기는 유효이다.

29 ⓒ 토지거래허가구역 내에서 중간생략등기의 합의가 있다고 하여 최초의 매도인과 최종의 매수인 사이에 매매계약이 체결되었다는 것을 의미하는 것은 아니므로, 최종 매수인은 최초 매도인에 대하여 직접 그 토지에 관한 토지거래허가 신청절차의 협력의무 이행청구권을 가지고 있다고 할 수 없다 (대판 1996.6.28, 96다3982).

30 ㉠ 중간생략등기의 합의가 있었다 하더라도 중간매수인의 소유권이전등기청구권이 소멸된다거나 첫 매도인의 그 매수인에 대한 소유권이전등기의무가 소멸되는 것은 아니다(대판 1991.12.13, 91다 18316).

31 ② 동일한 부동산에 관하여 등기명의인이 다른 소유권보존등기가 중복되어 경료된 경우에 먼저 된 소유권보존등기가 원인이 무효인 등기가 아닌 한, 뒤에 된 소유권보존등기는 1부동산1용지주의를 채택하고 있는 우리 부동산등기법 아래서는 무효라고 해석하여야 한다(대판 1992.10.27, 92다16522).
① 등기는 물권의 효력발생요건이지 효력존속요건은 아니다.
③ 합의해제에 따른 매도인의 등기말소청구권의 법적 성질은 물권적 청구권이다.
④ 위조된 서류에 의하여 마쳐진 등기라도 실체관계와 부합하면 유효이다.
⑤ 무효등기의 유용에 관한 합의는 묵시적으로도 가능하다.

32 ⑤ 토지거래허가구역 내의 토지가 토지거래허가 없이 소유자인 최초 매도인으로부터 중간 매수인에게, 다시 중간 매수인으로부터 최종 매수인에게 순차로 매도되었다면 각 매매계약의 당사자는 각각의 매매계약에 관하여 토지거래허가를 받아야 하며, 위 당사자들 사이에 최초의 매도인이 최종 매수인 앞으로 직접 소유권이전등기를 경료하기로 하는 중간생략등기의 합의가 있었다고 하더라도 이러한 중간생략등기의 합의란 부동산이 전전 매도된 경우 각 매매계약이 유효하게 성립함을 전제로 그 이행의 편의상 최초의 매도인으로부터 최종의 매수인 앞으로 소유권이전등기를 경료하기로 한다는 당사자 사이의 합의에 불과할 뿐, 그러한 합의가 있었다고 하여 최초의 매도인과 최종의 매수인 사이에 매매계약이 체결되었다는 것을 의미하는 것은 아니므로 최초의 매도인과 최종 매수인 사이에 매매계약이 체결되었다고 볼 수 없고, 설사 최종 매수인이 자신과 최초 매도인을 매매 당사자로 하는 토지거래허가를 받아 자신 앞으로 소유권이전등기를 경료하였다고 하더라도 이는 적법한 토지거래허가 없이 경료된 등기로서 무효이다(대판 1997.11.11, 97다33218).

33 ④ 멸실된 건물의 보존등기를 멸실 후 신축한 건물의 보존등기로 유용하는 것은 허용되지 않는다.

34 ① 전부 멸실한 건물의 보존등기를 신축한 건물의 보존등기로 유용하는 것은 허용되지 않는다.

35 ① 등기는 효력발생요건이지 효력존속요건은 아니다.
② 무효등기의 유용에 관한 합의는 묵시적으로 할 수 있다.
④ 상속에 의한 토지소유권 취득은 등기 없이도 그 효력이 생긴다.
⑤ 미등기건물의 원시취득자와 그 승계취득자 사이의 합의에 의하여 직접 승계취득자명의로 소유권보존등기를 한 경우, 그 등기는 유효이다.

36 ⑤ 사항란등기의 유용은 유용합의 이전에 등기상 이해관계 있는 제3자가 없는 경우에 한하여 가능하다. 따라서 丙의 저당권이 존재하고 있기 때문에 甲과 丁은 1번 저당권을 유용할 수 없다.

37 ④ 무효인 소유권이전등기에 터 잡아 이루어진 근저당권설정등기는 무효이므로, 무효인 근저당권에 기한 경매절차에서 경락받은 자는 그 소유권을 취득할 수 없다.

38 ⑤ 가등기에 기한 본등기를 하게 되면, 가등기시로 순위가 소급하므로, 가등기 후에 대항력을 갖춘 임차인은 본등기가 경료되면 대항력을 상실한다.

39 ① 乙은 부기등기의 형식으로 가등기된 소유권이전청구권을 양도할 수 있다.
② 가등기는 등기의 추정력이 없다.
③ 乙은 본등기를 한 때부터 X토지의 소유권을 취득한다.
④ 가등기에 기하여 본등기를 하면 丙의 저당권은 직권으로 말소된다.

40 ③ 가등기는 본등기 순위보전의 효력만이 있고, 후일 본등기가 마쳐진 때에는 본등기의 순위가 가등기한 때로 소급함으로써 가등기 후 본등기 전에 이루어진 중간처분이 본등기보다 후 순위로 되어 실효될 뿐이고, 본등기에 의한 물권변동의 효력이 가등기한 때로 소급하여 발생하는 것은 아니다(대판 1981.5.26, 80다3117).

41 ① 신축된 건물의 소유권은 이를 건축한 사람이 원시취득하는 것이므로, 건물 소유권보존등기의 명의자가 이를 신축한 것이 아니라면 그 등기의 권리 추정력은 깨어지고, 등기 명의자가 스스로 적법하게 그 소유권을 취득한 사실을 입증하여야 할 것이다(대판 1995.11.10, 95다13685).

42 ㉠ 소유권보존등기의 명의자가 건물을 신축한 것이 아니라는 것이 밝혀지면 보존등기의 추정력은 깨진다.
㉡ 등기부상 등기명의자의 공유지분의 분자 합계가 분모를 초과하는 경우에는 등기의 추정력은 깨진다.
㉢ 보존등기 명의인이 전소유자로부터 매수하였다고 주장하는 데 대하여 전소유자가 매도사실을 부인하는 경우에는 보존등기의 추정력은 깨진다.

43 ㉡ 허무인(虛無人)으로부터 소유권이전등기를 이어받은 경우에는 등기의 추정력은 인정될 수 없다.

44 ① 부동산에 관하여 소유권이전등기가 마쳐져 있는 경우에는 그 등기명의자는 제3자에 대하여 뿐 아니라 그 전 소유자에 대하여서도 적법한 등기원인에 의하여 소유권을 취득한 것으로 추정되는 것이므로 이를 다투는 측에서 그 무효사유를 주장·입증하여야 한다(대판 1994.9.13, 94다10160).

45 ① 소유권이전등기를 마친 등기명의인은 전(前)소유자에 대하여 적법한 등기원인으로 소유권을 취득한 것으로 추정된다.

46 ⑤ 임야소유권 이전등기에 관한 특별조치법(법률 제2111호)에 의한 소유권보존등기가 경료된 임야에 관하여서는 그 임야를 사정받은 사람이 따로 있는 것으로 밝혀진 경우라도 그 등기는 동법 소정의 적법한 절차에 따라 마쳐진 것으로서 실체적 권리관계에 부합하는 등기로 추정된다 할 것이므로 위 특별조치법에 의하여 경료된 소유권보존등기의 말소를 소구하려는 자는 그 소유권보존등기 명의자가 임야대장의 명의변경을 함에 있어 첨부한 원인증서인 위 특별조치법 제5조 소정의 보증서와 확인서가 허위 내지 위조되었다던가 그 밖에 다른 어떤 사유로 인하여 그 소유권보존등기가 위 특별조치법에 따라 적법하게 이루어진 것이 아니라는 주장과 입증을 하여야 한다(대판 전합 1987.10.13, 86다카2928).

47 ① 본등기에 의한 물권변동의 효력은 본등기를 한 때에 발생한다.
③ 합유자가 그 지분을 포기한 경우, 포기된 합유지분은 지분권 이전등기를 하여야 나머지 잔존 합유지분권자들에게 귀속하게 된다.
④ 등기명의자가 등기부상 기재된 등기원인에 의하지 아니하고 다른 원인으로 부동산을 적법하게 취득하였다고 주장하는 경우, 등기원인 행위의 태양이나 과정을 다소 다르게 주장한다고 하여 그 등기의 추정력이 깨어진다고 할 수는 없다.
⑤ 사망자 명의로 신청하여 이루어진 이전등기는 특별한 사정이 없는 한 등기의 추정력이 인정되지 않는다.

48 ① 부동산등기에는 공신력이 인정되지 않는다(대판 2009.2.26, 2006다72802).
② 등기는 물권의 효력발생요건이고 효력존속요건은 아니므로, 물권에 관한 등기가 원인 없이 말소된 경우에도 그 물권의 효력에는 아무런 영향을 미치지 않는다(대판 1988.10.25, 87다카1232).
④ 멸실된 건물의 등기를 멸실 후에 신축한 건물의 등기로 유용하는 것은 허용되지 않는다(대판 1976.10.26, 75다2211).
⑤ 부동산에 관하여 소유권이전등기가 마쳐져 있는 경우에는 그 등기명의자는 제3자에 대하여 뿐만 아니라 그 전 소유자에 대하여서도 적법한 등기원인에 의하여 소유권을 취득한 것으로 추정되는 것이므로 이를 다투는 측에서 그 무효사유를 주장·입증하여야 한다(대판 1994.9.13, 94다10160).

49 ④ 후순위 저당권이 존재하고 있기 때문에 선순위 저당권자은 혼동에 의해 소멸하지 않는다.

50 ③ 부동산에 대한 합유지분의 포기는 법률행위이므로 등기를 해야 포기의 효력이 생긴다.

51 ⑤ 혼동을 생기게 한 원인이 무효, 취소, 해제 등으로 실효된 경우에는 소멸된 물권은 말소회복등기 없이도 당연히 부활한다.

제2장 점유권

Answer

01 ③	02 ⑤	03 ⑤	04 ④	05 ②	06 ②	07 ①	08 ①	09 ③	10 ③
11 ①	12 ④	13 ⑤	14 ①	15 ④	16 ②	17 ③	18 ②	19 ③	20 ①
21 ①	22 ④	23 ③							

01 ③ 점유자의 무과실은 추정되지 않는다(제197조 제1항).

02 ⑤ 점유자의 점유가 소유의 의사 있는 자주점유인지 아니면 소유의 의사 없는 타주점유인지의 여부는 점유자의 내심의 의사에 의하여 결정되는 것이 아니라 점유 취득의 원인이 된 권원의 성질이나 점유와 관계가 있는 모든 사정에 의하여 외형적·객관적으로 결정되어야 한다(대판 전합 1997.8.21, 95다28625).

03 ⑤ 소유의 의사가 없는 점유자는 선의인 경우에도 손해의 전부를 배상하여야 한다(제202조 단서).

04 ④ 점유매개관계는 법률규정에 의해서도 발생할 수 있다.

05 ② 점유의 시초에 자신의 토지에 인접한 타인 소유의 토지를 자신 소유의 토지의 일부로 알고서 이를 점유하게 된 자는 나중에 그 토지가 자신 소유의 토지가 아니라는 점을 알게 되었다고 하더라도 그러한 사정만으로 그 점유가 타주점유로 전환되는 것은 아니다(대판 2001.5.29, 2001다5913).

06 ② 점유자가 스스로 매매 등과 같은 자주점유의 권원을 주장하였으나 이것이 인정되지 않는 경우에도 그 이유만으로는 자주점유의 추정이 깨어지지 않는다(대판 2003.8.22, 2001다23225).

07 ㉢ 공유자 중 1인이 공유부동산 전부를 점유하고 있는 경우, 자신의 공유지분을 초과하는 부분에 대한 점유는 타주점유로 보아야 한다.
㉣ 타인의 토지 위에 분묘를 설치·소유하는 자는 다른 특별한 사정이 없는 한 그 분묘의 보존·관리에 필요한 범위 내에서만 타인의 토지를 점유하는 것이므로 점유의 성질상 소유의 의사가 추정되지 않는다(대판 1997.3.28, 97다3651·3668).

08 ① 자주점유의 추정은 국가나 지방자치단체가 점유하는 도로의 경우에도 적용된다(대판 1997.3.14, 96다55211).

09 ③ 점유의 승계가 있는 경우 전 점유자의 점유가 타주점유라 하여도 점유자의 승계인이 자기의 점유만을 주장하는 경우에는 현 점유자의 점유는 자주점유로 추정되며, 점유자가 스스로 매매 또는 증여와 같이 자주점유의 권원을 주장하였으나 이것이 인정되지 않는 경우에도, 원래 자주점유의 권

원에 관한 입증책임이 점유자에게 있지 아니한 이상 그 주장의 점유권원이 인정되지 않는다는 사유만으로 자주점유의 추정이 번복된다거나 또는 점유권원의 성질상 타주점유라고 볼 수는 없다(대판 2008.7.10, 2006다82540).

10 ③ 점유물반환청구권은 점유의 침탈을 당한 날로부터 1년 내에 행사하여야 한다.

11 ① 점유매개관계의 직접점유자는 타주점유자이다.

12 ④ 선의의 점유자라도 본권에 관한 소에 패소한 때에는 소제기시부터 악의로 간주되므로, 소제기 이후의 과실은 반환해야 한다.

13 ⑤ 점유자가 과실을 취득한 경우에는 통상의 필요비의 상환을 청구하지 못한다.

14 ① 선의의 점유자가 과실을 취득하였다면 통상의 필요비는 청구할 수 없다.

15 ① 과실에는 점유물의 사용이익도 포함된다.
② 유치권자에게는 원칙적으로 수익목적의 과실수취권은 인정되지 않는다.
③ 선의의 타주점유자는 손해 전부를 배상할 책임이 있다.
⑤ 점유물의 소유자가 변경된 경우, 점유자는 유익비 지출 당시의 전 소유자가 아니라 현재 소유자에게 비용상환을 청구해야 한다.

16 ② 유효한 도급계약에 기하여 수급인이 도급인으로부터 제3자 소유 물건의 점유를 이전받아 이를 수리한 결과 그 물건의 가치가 증가한 경우, 도급인이 그 물건을 간접점유하면서 궁극적으로 자신의 계산으로 비용지출과정을 관리한 것이므로, 도급인만이 소유자에 대한 관계에 있어서 민법 제203조에 의한 비용상환청구권을 행사할 수 있는 비용지출자라고 할 것이고, 수급인은 그러한 비용지출자에 해당하지 않는다고 보아야 한다(대판 2002.8.23, 99다66564·66571).

17 ③ 점유물이 점유자의 책임 있는 사유로 인하여 멸실 훼손한 때에는 선의의 자주점유자는 그 이익이 현존하는 한도에서 배상하여야 한다.

18 ① 악의의 점유자라도 자신의 노력으로 점유물을 활용하여 얻은 초과이익까지 반환하여야 하는 것은 아니다.
③ 악의의 점유자라도 과실(過失) 없이 과실(果實)을 수취하지 못한 경우에는 그 과실(果實)의 대가를 보상할 의무는 없다.
④ 필요비와 유익비 모두 점유자가 점유물을 반환할 때에 그 상환을 청구할 수 있다.
⑤ 악의의 점유자는 자주점유이든 타주점유이든 손해 전부를 배상해야 한다.

19 ① 법률상 원인 없이 타인의 토지를 점유 경작함으로써 타인에게 손해를 입혔다고 할지라도 선의의 점유자는 그 점유 경작으로 인한 이득을 그 타인에게 반환할 의무는 없다(대판 1981.9.22, 81다233).
② 점유자가 유익비를 지출할 당시 계약관계 등 적법한 점유의 권원을 가진 경우에 그 지출비용의 상환에 관하여는 그 계약관계를 규율하는 법조항이나 법리 등이 적용되는 것이어서, 점유자는 그 계약관계 등의 상대방에 대하여 해당 법조항이나 법리에 따른 비용상환청구권을 행사할 수 있을 뿐 계약관계 등의 상대방이 아닌 점유회복 당시의 소유자에 대하여 민법 제203조 제2항에 따른 지출비용의 상환을 구할 수는 없다(대판 2003.7.25, 2001다64752).
④ 피고가 본건 토지의 선의의 점유자로 그 과실을 취득할 권리가 있어 경작한 농작물의 소유권을 취득할 수 있다 하더라도 법령의 부지로 상속인이 될 수 없는 사람을 상속인이라고 생각하여 본건 토지를 점유하였다면 피고에게 과실이 있다고 아니할 수 없고 따라서 피고의 본건 토지의 점유는 진정한 소유자에 대하여 불법행위를 구성하는 것이라 아니할 수 없는 것이고 피고에게는 그 불법행위로 인한 손해배상의 책임이 있는 것이며 선의의 점유자도 과실취득권이 있다하여 불법행위로 인한 손해배상책임이 배제되는 것은 아니다(대판 1966.7.19, 66다994).
⑤ 소유의 의사가 없는 점유자는 선의인 경우에도 손해의 전부를 배상하여야 한다(제202조 단서).

20 ① 점유자는 선의로 점유한 것으로 추정되고, 권원 없는 점유였음이 밝혀졌다고 하여 바로 그 동안의 점유에 대한 선의의 추정이 깨어졌다고 볼 것은 아니지만, 선의의 점유자라도 본권에 관한 소에서 패소한 때에는 그 소가 제기된 때부터 악의의 점유자로 본다(대판 2000.3.10, 99다63350).

21 ② 민법 제203조 제1항은 "점유자가 점유물을 반환할 때에는 회복자에 대하여 점유물을 보존하기 위하여 지출한 금액 기타 필요비의 상환을 청구할 수 있다. 그러나 점유자가 과실을 취득한 경우에는 통상의 필요비는 청구하지 못한다."라고 정하고 있다. 위 규정을 체계적으로 해석하면 민법 제203조 제1항 단서에서 말하는 '점유자가 과실을 취득한 경우'란 점유자가 선의의 점유자로서 민법 제201조 제1항에 따라 과실수취권을 보유하고 있는 경우를 뜻한다고 보아야 한다. 따라서 과실수취권이 없는 악의의 점유자에 대해서는 위 단서 규정이 적용되지 않는다(대판 2021.4.29, 2018다261889).
③ 점유자가 점유물을 개량하기 위하여 지출한 금액 기타 유익비에 관하여는 그 가액의 증가가 현존한 경우에 한하여 회복자의 선택에 좇아 그 지출금액이나 증가액의 상환을 청구할 수 있다(제203조 제2항).
④ 민법 제202조에 의하면 악의의 점유자와 타주점유이지만 선의점유자의 반환범위는 손해 전부를 배상하여야 한다는 점에서 동일하다.
⑤ 민법 제204조 제3항은 본권 침해로 발생한 손해배상청구권의 행사에는 적용되지 않으므로 점유를 침탈당한 자가 본권인 유치권 소멸에 따른 손해배상청구권을 행사하는 때에는 민법 제204조 제3항이 적용되지 아니하고, 점유를 침탈당한 날부터 1년 내에 행사할 것을 요하지 않는다(대판 2021.8.19, 2021다213866).

22 ④ 비용상환청구권은 점유물을 반환하거나 반환청구를 받은 때에 비로소 행사할 수 있으므로, 회복자가 반환청구가 아닌 소유권이전등기의 말소만을 구하는 경우에는 비용상환청구권으로 동시이행의 항변권이나 유치권의 항변을 할 수 없다(대판 1976.3.23, 76다172).

23 ③ 점유자는 선의 · 악의를 불문하고 유익비상환청구권을 행사할 수 있다.

제**3**장 소유권

01 ③	02 ①	03 ③	04 ③	05 ①	06 ②	07 ⑤	08 ③	09 ①	10 ④
11 ③	12 ③	13 ④	14 ②	15 ⑤	16 ④	17 ⑤	18 ②	19 ①	20 ③
21 ③	22 ②	23 ⑤	24 ②	25 ⑤	26 ④	27 ⑤	28 ③	29 ⑤	30 ④
31 ③	32 ④								

01 ① 통행권자는 통행지 소유자의 손해를 보상하여야 하지만(제219조 제2항), 지급을 게을리 하더라도 통행권이 소멸하지는 않는다.

② 통행권의 범위는 현재의 토지의 용법에 따른 이용의 범위에서 인정할 수 있을 뿐, 장래의 이용상황까지 미리 대비하여 정할 것은 아니다(대판 2006.10.26, 2005다30993).

④ 주위토지통행권자가 통로를 개설하는 경우 통행지 소유자는 원칙적으로 통행권자의 통행을 수인할 소극적 의무를 부담할 뿐 통로개설 등 적극적인 작위의무를 부담하는 것은 아니다(대판 2006.10.26, 2005다30993).

⑤ 동일인 소유 토지의 일부가 양도되어 공로에 통하지 못하는 토지가 생긴 경우에 포위된 토지를 위한 주위토지통행권은 일부 양도 전의 양도인 소유의 종전 토지에 대하여만 생기고 다른 사람 소유의 토지에 대하여는 인정되지 아니한다(대판 1995.2.10, 94다45869·45876).

02 ① 분할로 인하여 공로에 통하지 못하는 토지가 있는 때에는 그 토지소유자는 공로에 출입하기 위하여 다른 분할자의 토지를 무상으로 통행할 수 있다(제220조 제1항).

03 ③ 분할로 인하여 공로에 통하지 못하는 토지가 있는 때에는 그 토지소유자는 공로에 출입하기 위하여 다른 분할자의 토지를 무상으로 통행할 수 있다(제220조 제1항).

04 ③ 통행권의 범위는 현재의 토지의 용법에 따른 이용의 범위에서 인정할 수 있을 뿐, 장래의 이용상황까지 미리 대비하여 정할 것은 아니다(대판 2006.10.26, 2005다30993).

05 ① 경계표나 담의 설치비용은 쌍방이 절반씩 부담하지만, 측량비용은 토지의 면적에 비례하여 부담한다(제237조 제2항).

06 ② 취득시효 완성을 이유로 한 소유권취득의 효력은 점유를 개시한 때에 소급한다(제247조 제1항).

07 ⑤ 점유취득시효의 목적부동산이 압류가 되더라도 점유자의 점유가 중단되지 않는 한 점유취득시효는 중단되지 않는다.

08 ③ 시효이익의 포기는 특별한 사정이 없는 한 시효취득자가 취득시효완성 당시의 진정한 소유자에 대하여 하여야 그 효력이 발생하는 것이지 원인무효인 등기의 등기부상 소유명의자에게 그와 같은 의사를 표시하였다고 하여 그 효력이 발생하는 것은 아니다(대판 1994.12.23, 94다40734).

09 ① 시효이익의 포기는 특별한 사정이 없는 한 시효취득자가 취득시효 완성 당시의 진정한 소유자에 대하여 하여야 그 효력이 발생하는 것이지 원인무효인 등기의 등기부상 소유명의자에게 그와 같은 의사를 표시하였다고 하여 그 효력이 발생하는 것은 아니다(대판 2011.7.14, 2011다23200).

10 ④ 부동산 점유자에게 시효취득으로 인한 소유권이전등기청구권이 있다고 하더라도 이로 인하여 부동산 소유자와 시효취득자 사이에 계약상의 채권·채무관계가 성립하는 것은 아니므로, 그 부동산을 처분한 소유자에게 채무불이행 책임을 물을 수 없다(대판 1995.7.11, 94다4509).

11 ③ 취득시효완성으로 인한 소유권이전등기청구권은 그 토지에 대한 점유가 계속되는 한 시효로 소멸하지 아니하고, 그 후 점유를 상실하였다고 하더라도 이를 시효이익의 포기로 볼 수 있는 경우가 아닌 한 이미 취득한 소유권이전등기청구권은 바로 소멸되는 것은 아니다(대판 1996.3.8, 95다34866·34873).

12 ③ 甲이 丙에게 처분하더라도 乙의 甲에 대한 등기청구권이 소멸하는 것은 아니므로, 甲이 다시 소유권을 회복한 경우에는 乙은 甲에게 시효완성을 주장할 수 있다.

13 ④ 명의신탁된 부동산에 대하여 점유취득시효가 완성된 후 시효취득자가 그 소유권이전등기를 경료하기 전에 명의신탁이 해지되어 그 등기명의가 명의수탁자로부터 명의신탁자에게로 이전된 경우에는 명의신탁의 취지에 따라 대외적 관계에서는 등기명의자만이 소유권자로 취급되고 시효완성 당시 시효취득자에게 져야 할 등기의무도 명의수탁자에게만 있을 뿐이므로 그 명의신탁자는 취득시효 완성 후에 소유권을 취득한 자에 해당하여 그에 대하여 취득시효를 주장할 수 없다(대판 2001.10.26, 2000다8861).

14 ㉠ 미등기 부동산의 경우에도 점유취득시효기간의 완성만으로 등기 없이도 점유자가 소유권을 취득한다고 볼 수 없다(대판 2006.9.28, 2006다22074).
㉡ 부동산에 대한 취득시효가 완성되면 점유자는 소유명의자에 대하여 취득시효완성을 원인으로 한 소유권이전등기절차의 이행을 청구할 수 있고 소유명의자는 이에 응할 의무가 있으므로 점유자가 그 명의로 소유권이전등기를 경료하지 아니하여 아직 소유권을 취득하지 못하였다고 하더라도 소유명의자는 점유자에 대하여 점유로 인한 부당이득반환청구를 할 수 없다(대판 1993.5.25, 92다51280).

15 ⑤ 명의신탁된 부동산에 대하여 점유취득시효가 완성된 후 시효취득자가 그 소유권이전등기를 경료하기 전에 명의신탁이 해지되어 그 등기명의가 명의수탁자로부터 명의신탁자에게로 이전된 경우에는 명의신탁의 취지에 따라 대외적 관계에서는 등기명의자만이 소유권자로 취급되고 시효완성 당시 시효취득자에게 져야 할 등기의무도 명의수탁자에게만 있을 뿐이므로 그 명의신탁자는 취득시효 완성 후에 소유권을 취득한 자에 해당하여 그에 대하여 취득시효를 주장할 수 없다(대판 2001.10.26, 2000다8861).

16 ㉠ 부동산의 점유권원의 성질이 분명하지 않을 때에는 「민법」 제197조 제1항에 의하여 점유자는 소유의 의사로 선의, 평온 및 공연하게 점유한 것으로 추정되는 것이며, 이러한 추정은 지적공부 등의 관리주체인 국가나 지방자치단체가 점유하는 경우에도 마찬가지로 적용된다(대판 2009.9.10, 2009다32553).

17 ⑤ 건물이 증축된 경우에 증축부분이 본래의 건물에 부합된 경우, 본래의 건물에 대한 경매절차에서 경매목적물로 평가되지 아니하였다고 할지라도 경락인은 그 부합된 증축부분의 소유권을 취득한다(대판 1981.11.10, 80다2757).

18 ② 동산 뿐만 아니라 부동산(건물의 증축부분)도 부합물이 될 수 있다.

19 ① 무주의 부동산은 국유로 한다.

20 ③ 각 공유자는 자신의 지분에 상응하는 비율의 한도 내에서만 손해배상을 청구할 수 있다.

21 ③ 공유자 사이의 분할협의가 성립하면 더 이상 공유물분할의 소는 허용되지 않으므로, 공유물분할 협의가 성립한 후에 공유자 일부가 분할에 따른 이전등기에 협력하지 않으면, 분할협의에 따른 이행소송을 제기해야 하는 것이지 재판상 분할을 청구할 수는 없다.

22 ② 소수지분권자가 다른 공유자와 협의 없이 공유물의 전부 또는 일부를 독점적으로 점유·사용하고 있는 경우, 다른 소수지분권자는 공유물의 보존행위로서 그 인도를 청구할 수는 없고, 다만 자신의 지분권에 기초하여 공유물에 대한 방해제거를 청구할 수 있다(대판 전합 2020.5.21, 2018다287522).

23 ⑤ 과반수 지분의 공유자로부터 특정 부분의 사용·수익을 허락받은 제3자의 점유는 적법한 점유이므로 그 제3자는 소수지분권자에 대하여도 그 점유로 인하여 법률상 원인 없이 이득을 얻고 있다고는 볼 수 없다(대판 2002.5.14, 2002다9738).

24 ② 제3자 丁이 X토지 전부를 불법점유하고 있는 경우, 甲은 단독으로 보존행위로서 X토지 전부에 대한 방해제거를 청구할 수 있다.

25 ⑤ 공유자 1인이 다른 공유자의 동의 없이 제3자에게 공유물 전부를 매도하는 계약을 체결한 경우, 매매계약은 유효이다.

26 ④ 부동산의 일부 공유지분에 관하여 근저당권이 설정된 후 부동산이 분할된 경우, 그 근저당권은 분할된 각 부동산 위에 종전의 지분비율대로 그대로 존속하고, 근저당권설정자 앞으로 분할된 부분에 당연히 집중되는 것은 아니다(대판 2012.3.29, 2011다74932).

27 ⑤ 공유물분할의 조정절차에서 공유자 사이에 현물분할의 협의가 성립하여 조정조서가 작성된 때에도 등기를 해야 물권변동의 효력이 발생한다.

28 ③ 부동산의 일부 공유지분에 관하여 저당권이 설정된 후 부동산이 분할된 경우, 그 저당권은 분할된 각 부동산 위에 종전의 지분비율대로 존속하고, 근저당권설정자 앞으로 분할된 부분에 당연히 집중되는 것은 아니다(대판 2012.3.29, 2011다74932).

29 ① 공유자 1인이 무단으로 임대하여 임대차보증금을 수령한 경우, 부당이득반환해야 할 범위는 위 부동산의 임대차로 인한 차임 상당액이라 할 것으로서 타공유자는 그 임대보증금 자체에 대한 지분비율 상당액의 반환을 구할 수는 없다(대판 1991.9.24, 91다23639).
② 공유물 무단 점유자에 대한 차임 상당 부당이득반환청구권은 특별한 사정이 없는 한 각 공유자에게 지분 비율만큼 귀속된다(대판 2021.12.16, 2021다257255).
③ 공유물의 소수지분권자인 피고가 다른 공유자와 협의하지 않고 공유물의 전부 또는 일부를 독점적으로 점유하는 경우, 다른 소수지분권자인 원고가 피고를 상대로 공유물의 인도를 청구할 수는 없다(대판 전합 2020.5.21, 2018다287522).
④ 구분소유적 공유관계는 부동산의 위치와 면적을 특정하여 2인 이상이 구분소유하기로 하는 약정이 있어야만 적법하게 성립할 수 있으므로, 구분소유적 공유관계를 주장하여 특정 토지 부분을 취득했다고 주장하는 사람은 구분소유약정의 대상이 되는 해당 토지의 위치뿐만 아니라 면적까지도 주장·증명해야 한다(대판 2019.7.10, 2017다253522).

30 ④ 1동의 건물 중 위치 및 면적이 특정되고 구조상·이용상 독립성이 있는 일부분씩을 2인 이상이 구분소유하기로 하는 약정을 하고 등기만은 편의상 각 구분소유의 면적에 해당하는 비율로 공유지분등기를 하여 놓은 경우, 구분소유자들 사이에 공유지분등기의 상호명의신탁관계 내지 건물에 대한 구분소유적 공유관계가 성립하지만, 1동 건물 중 각 일부분의 위치 및 면적이 특정되지 않거나 구조상·이용상 독립성이 인정되지 아니한 경우에는 공유자들 사이에 이를 구분소유하기로 하는 취지의 약정이 있다 하더라도 일반적인 공유관계가 성립할 뿐, 공유지분등기의 상호명의신탁관계 내지 건물에 대한 구분소유적 공유관계가 성립한다고 할 수 없다(대판 2014.2.27, 2011다42430).

31 ⓒ 채권자대위권은 채무자가 스스로 자기의 권리를 행사하지 아니하는 때에 채권자가 채무자에 대한 채권을 보전하기 위하여 채무자의 의사와는 상관없이 채무자의 권리를 대위하여 행사할 수 있는 권리로서 그 권리행사에 채무자의 동의를 필요로 하는 것은 아니므로, 비법인사단이 총유재산에 관한 권리를 행사하지 아니하고 있어 비법인사단의 채권자가 채권자대위권에 기하여 비법인사단의 총유재산에 관한 권리를 대위행사하는 경우에는 사원총회의 결의 등 비법인사단의 내부적인 의사결정절차를 거칠 필요가 없다(대판 2014.9.25, 2014다211336).

32 ④ 부동산 합유자 중 일부가 사망한 경우 합유자 사이에 특별한 약정이 없는 한, 사망한 합유자의 상속인은 합유자로서의 지위를 승계하는 것이 아니므로, 해당 부동산은 잔존 합유자가 2인 이상일 경우에는 잔존 합유자의 합유로 귀속되고, 잔존 합유자가 1인인 경우에는 잔존 합유자의 단독소유로 귀속한다(대판 1994.2.25, 93다39225).

제4장 용익물권

Answer

01 ⑤	02 ⑤	03 ④	04 ⑤	05 ⑤	06 ①	07 ③	08 ⑤	09 ⑤	10 ②
11 ②	12 ②	13 ⑤	14 ⑤	15 ③	16 ④	17 ③	18 ④	19 ①	20 ④
21 ⑤	22 ①	23 ⑤	24 ⑤	25 ①	26 ①	27 ④	28 ②	29 ②	30 ④
31 ③	32 ②	33 ④	34 ③	35 ④	36 ③	37 ⑤	38 ③	39 ③	

01 ⑤ 지상권자가 2년 이상의 지료를 지급하지 아니한 때에는 지상권설정자는 지상권의 소멸을 청구할 수 있는 민법규정은 편면적 강행규정이므로, 이에 위반하는 지상권자에게 불리한 약정은 무효이다.

02 ⑤ 구분지상권은 건물 기타의 공작물을 소유하기 위해서만 설정할 수 있다.

03 ① 용익물권은 토지의 일부에도 설정할 수 있다.
② 지상권자는 갱신청구 또는 지상물매수청구를 선택적으로 행사할 수 있는 것이 아니라 갱신청구를 먼저 한 후 거절당했을 때 지상물매수청구를 할 수 있다.
③ 지상권자는 지상권과 지상물을 각각 분리하여 양도할 수 있다.
⑤ 저당권의 담보가치를 확보하기 위하여 무상의 지상권을 설정한 경우, 지상권자는 그 토지의 불법점유자를 상대로 임료 상당의 손해배상을 청구할 수는 없다.

04 ⑤ 지상권자의 지료지급 연체가 토지소유권의 양도 전후에 걸쳐 이루어진 경우, 토지양수인에 대한 연체기간이 2년이 되지 않는다면 양수인은 지상권 소멸청구를 할 수 없다.

05 ⑤ 저당권의 담보가치를 확보하기 위하여 무상의 지상권을 설정한 경우이므로, 甲은 지상권의 침해를 이유로 손해배상을 청구할 수 없다.

06 ⓒ 저당권의 담보가치를 확보하기 위하여 무상의 지상권을 설정한 경우, 지상권자는 그 토지의 불법점유자를 상대로 임료 상당의 손해배상을 청구할 수는 없다.
ⓒ 피담보채권이 변제로 소멸하면 저당권이 소멸하므로, 지상권도 소멸한다.

07 ③ 분묘기지권을 시효로 취득한다는 관습법은 장사법의 시행일인 2001. 1. 13. 이전에 설치된 분묘에 관하여 현재까지 유지되고 있다(대판 2017.1.19, 2013다17292).

08 ⑤ ㉡ 자기 소유 토지에 분묘를 설치한 사람이 그 토지를 양도하면서 분묘를 이장하겠다는 특약을 하지 않음으로써 분묘기지권을 취득한 경우, 특별한 사정이 없는 한 분묘기지권자는 분묘기지권이 성립한 때부터 토지 소유자에게 그 분묘의 기지에 대한 토지사용의 대가로서 지료를 지급할 의무가 있다(대판 2021.9.16, 2017다271834).
㉢ 자기 소유의 토지 위에 분묘를 설치한 후 토지의 소유권이 경매 등으로 타인에게 이전되면서 분묘기지권을 취득한 자가, 판결에 따라 분묘기지권에 관한 지료의 액수가 정해졌음에도 판결확정 후 책임 있는 사유로 상당한 기간 동안 지료의 지급을 지체하여 지체된 지료가 판결확정 전후에 걸쳐 2년분 이상이 되는 경우에는 민법 제287조를 유추적용하여 새로운 토지소유자는 분묘기지권자에 대하여 분묘기지권의 소멸을 청구할 수 있다(대판 2015.7.23, 2015다206850).

09 ① 지상권의 양도는 토지소유자의 동의를 요하지 아니한다(제282조).
② 지료의 지급은 지상권의 성립요소가 아니므로 지료합의가 없더라도 지상권은 유효하게 성립한다.
③ 수목의 소유를 목적으로 하는 지상권의 최단존속기간은 30년이다.
④ 구분지상권은 제3자가 토지를 사용·수익할 권리를 가진 때에도 그 권리자 및 그 권리를 목적으로 하는 권리를 가진 자의 전원의 승낙이 있으면 이를 설정할 수 있다(제289조의2 제2항).

10 ② 토지에 저당권이 설정될 당시에 동일인 소유의 건물이 존재하기만 하면 족하고, 그 건물이 무허가 건물이거나 미등기 건물이라도 상관없다.

11 ② 나대지에 저당권을 설정한 후 건물이 신축된 경우에는 법정지상권은 발생할 수 없다.

12 ㉠ 나대지에 저당권을 설정한 후 건물이 신축된 경우에는 법정지상권은 발생할 수 없다.
㉢ 미등기건물을 그 대지와 함께 매수한 사람이 그 대지에 관하여만 소유권이전등기를 넘겨받고 건물에 대하여는 그 등기를 이전받지 못하고 있다가 대지에 설정된 저당권의 실행으로 대지가 경매되어 다른 사람의 소유로 된 경우에는 법정지상권이 성립될 여지가 없다.

13 ㉠ 환지로 인하여 건물의 부지에 관하여 소유권을 상실한 건물소유자가 환지된 토지(건물부지)에 대하여 관습법상 법정지상권을 취득한다고 할 수 없다(대판 2001.5.8, 2001다4101).
㉡ 미등기 건물을 그 대지와 함께 양수한 사람이 그 대지에 관하여서만 소유권이전등기를 넘겨받고 건물에 대하여는 그 등기를 이전받지 못하고 있는 상태에서 그 대지가 경매되어 소유자가 달라진 경우, 미등기 건물의 양수인은 소유권을 가지고 있지 아니함으로 대지와 건물이 동일인의 소유에 속한 것이라 볼 수 없으므로 법정지상권이 발생할 수 없다(대판 1998.4.24, 98다4798).

ⓒ 토지공유자 중의 1인이 공유토지 위에 건물을 소유하고 있다가 토지지분만을 전매한 경우에, 건물소유자는 당해 토지에 건물의 소유를 위한 관습법상의 법정지상권을 취득할 수 없다.

ⓔ 원래 동일인에게의 소유권의 귀속이 원인무효로 이루어졌다가 그 원인이 무효임이 밝혀져 그 등기가 말소됨으로써 건물과 토지의 소유자가 달라지게 된 경우에는, 관습법상의 법정지상권이 성립되지 않는다(대판 1999.3.26, 98다64189).

14 ⑤ 토지공유자의 한 사람이 다른 공유자의 지분 과반수의 동의를 얻어 건물을 건축한 후 토지와 건물의 소유자가 달라진 경우, 토지에 관하여 관습법상의 법정지상권이 성립되는 것으로 보게 되면 이는 토지공유자의 1인으로 하여금 자신의 지분을 제외한 다른 공유자의 지분에 대하여서까지 지상권설정의 처분행위를 허용하는 셈이 되어 부당하다(대판 1993.4.13, 92다55756).

15 ③ 건물양수인은 토지소유자에게 직접 지상권을 주장할 수는 없고, 법정지상권자인 건물양도인을 대위하여 청구할 수 있을 뿐이다.

16 ④ 지료에 관하여 당사자 사이에 협의가 없으면 당사자의 신청에 의하여 법원이 이를 정한다. 이렇게 지료를 정한 바가 없다면 지료연체를 이유로 한 소멸청구를 할 수는 없다(대판 1993.6.29, 93다10781).

17 ① 丙은 등기 없이도 X토지에 대한 법정지상권을 취득한다.
② 丙이 법정지상권을 취득한 경우에는 지료를 지급할 의무가 있다.
④ 건물매수인 戊는 등기를 해야 X토지에 대하여 지상권을 취득한다.
⑤ 丁은 戊에 대하여 Y건물의 철거를 청구할 수 없다.

18 ④ 담보가등기가 마쳐진 나대지(探堂地)에 그 소유자가 건물을 신축한 후 그 가등기에 기한 본등기가 경료되어 대지와 건물의 소유자가 달라진 경우, 특별한 사정이 없는 한 관습법상 법정지상권은 성립하지 않는다.

19 ① 지상권의 설정은 처분행위이지만, 지상권설정계약은 처분행위가 아니라 의무부담행위이므로 처분권 없는 자도 지상권설정계약은 할 수 있다.

20 ㉠ 자기 소유 토지에 분묘를 설치한 사람이 그 토지를 양도하면서 분묘를 이장하겠다는 특약을 하지 않음으로써 분묘기지권을 취득한 경우, 특별한 사정이 없는 한 분묘기지권자는 분묘기지권이 성립한 때부터 토지 소유자에게 그 분묘의 기지에 대한 토지사용의 대가로서 지료를 지급할 의무가 있다(대판 2021.9.16, 2017다271834).

㉢ 미등기건물을 그 대지와 함께 매도하였다면 비록 매수인에게 그 대지에 관하여만 소유권이전등기가 경료되고 건물에 관하여는 등기가 경료되지 아니하여 형식적으로 대지와 건물이 그 소유 명의자를 달리하게 되었다 하더라도 매도인에게 관습상의 법정지상권을 인정할 이유가 없다(대판 전합 2002.6.20, 2002다9660).

㉣ 대지상의 건물만을 매수하면서 대지에 관한 임대차계약을 체결하였다면 위 건물매수로 인하여 취득하게 될 습관상의 법정지상권을 포기하였다고 볼 것이다(대판 1991.5.14, 91다1912).

21 ㉠ 건물이 미등기라 하더라도 법정지상권의 성립에는 아무런 지장이 없다(대판 2004.6.11, 2004다14533).

㉡ 법정지상권에 관한 지료가 결정된 바 없다면, 법정지상권자가 지료를 지급하지 않았다고 하더라도 지료 지급을 지체한 것으로는 볼 수 없으므로 법정지상권자가 2년 이상의 지료를 지급하지 아니하였음을 이유로 하는 토지소유자의 지상권 소멸청구는 이유가 없다(대판 1996.4.26, 95다52864).

㉢ 건물 소유를 위하여 법정지상권을 취득한 자로부터 경매에 의하여 건물의 소유권을 이전받은 경락인은 특별한 사정이 없는 한 건물의 경락취득과 함께 위 지상권도 당연히 취득한다(대판 2014.9.4, 2011다13463).

22 ① 강제경매의 목적이 된 토지 또는 그 지상 건물의 소유권이 강제경매로 인하여 그 절차상의 매수인에게 이전된 경우에 건물의 소유를 위한 관습상 법정지상권이 성립하는가 하는 문제에 있어서는 그 매수인이 소유권을 취득하는 매각대금의 완납시가 아니라 그 압류의 효력이 발생하는 때를 기준으로 하여 토지와 그 지상 건물이 동일인에 속하였는지가 판단되어야 한다(대판 전합 2012.10.18, 2010다52140).

23 ⑤ 종전의 승역지 사용이 무상으로 이루어졌다는 등의 다른 특별한 사정이 없다면 통행지역권을 취득시효한 경우에도 주위토지통행권의 경우와 마찬가지로 요역지소유자는 승역지에 대한 도로 설치 및 사용에 의하여 승역지소유자가 입은 손해를 보상하여야 한다(대판 2015.3.20, 2012다17479).

24 ① 지역권은 배타적으로 점유하는 권리가 아니다.
② 지역권은 독립하여 양도할 수 없는 물권이다.
③ 지역권은 유상으로 하거나 무상으로 하거나 무방하다.
④ 통행지역권은 요역지의 소유자가 승역지 상에 통로를 개설한 경우에 한하여 시효취득할 수 있다.

25 ① 요역지공유자 중 1인은 자신의 지분만에 대해서 지역권을 소멸시킬 수 없다.

26 ① 지역권에는 존속기간에 관한 제한규정이 없다.

27 ④ 지역권은 점유를 요건으로 하지 않으므로, 지역권에 기한 승역지의 반환청구권은 인정되지 않는다(제301조 참조).

28 ② 전세권이 용익물권적인 성격과 담보물권적인 성격을 모두 갖추고 있는 점에 비추어 전세권 존속기간이 시작되기 전에 마친 전세권설정등기도 특별한 사정이 없는 한 유효한 것으로 추정된다(대결 2018.1.25, 2017마1093).

29 ① 목적물의 인도는 전세권의 성립요건이 아니다.
③ 전세목적물이 처분된 때에는 전세금반환의무는 신소유자에게 승계되므로 구소유자의 전세금반환의무는 소멸한다.
④ 전세권은 전세기간의 만료로 전세권설정등기의 말소등기 없이 당연히 소멸한다.
⑤ 전세권저당권이 설정된 경우, 제3제의 압류 등 다른 사정이 없으면 전세권설정자는 전세권자에게 전세금을 지급하여야 한다.

30 ④ 전세권이 성립한 후 목적물의 소유권이 이전되는 경우, 전세금반환의무는 신소유자에게 승계되므로 구소유자의 전세금반환의무는 소멸한다.

31 ① 건물의 일부에 대하여 전세권이 설정되어 있는 경우, 그 전세권자는 전세권의 목적물이 아닌 나머지 건물부분에 대하여는 우선변제권은 별론으로 하고 경매신청권은 없다(대결 1992.3.10, 91마256).
② 전세권설정계약의 당사자가 전세권의 핵심인 사용·수익 권능을 배제하고 채권담보만을 위해 전세권을 설정하였다면, 이러한 전세권설정등기는 무효이다(대판 2012.12.30, 2018다40235).
④ 전세권자는 전세권을 타인에게 양도 또는 담보로 제공할 수 있고 그 존속기간 내에서 그 목적물을 타인에게 전전세 또는 임대할 수 있다(제306조).
⑤ 전세권이 소멸한 때에는 전세권설정자는 전세권자로부터 그 목적물의 인도 및 전세권설정등기의 말소등기에 필요한 서류의 교부를 받는 동시에 전세금을 반환하여야 한다(제317조).

32 ② 전세권의 존속기간이 만료된 경우 저당권자는 전세권 자체에 대해 저당권을 실행할 수 없다.

33 ④ 전세권의 존속기간이 만료된 경우 저당권자는 전세권 자체에 대해 저당권을 실행할 수 없다.

34 ③ 지상권을 가지는 건물소유자가 그 건물에 전세권을 설정하였으나 그가 2년 이상의 지료를 지급하지 아니하였음을 이유로 지상권설정자, 즉 토지소유자가 지상권소멸을 청구하면 지상권은 소멸한다(대판 2010.8.19, 2010다43801).

35 ① 타인의 토지에 있는 건물에 전세권을 설정한 때에는 전세권이 효력은 그 건물의 소유를 목적으로 한 지상권 또는 임차권에 미친다.
② 대지와 건물이 동일한 소유자에 속한 경우에 건물에 전세권을 설정한 때에는 그 대지소유권의 특별승계인은 전세권설정자에 대하여 지상권을 설정한 것으로 본다.
③ 전세권자는 전세권설정자의 동의 없이도 전세권을 양도할 수 있다.
⑤ 건물전세권설정자가 건물의 존립을 위한 토지사용권을 가지지 못하여 그가 토지소유자의 건물철거청구에 대항할 수 없는 경우, 전세권자는 토지소유자의 권리행사에 대항할 수 없다(대판 2010.8.19, 2010다43801).

36 ③ 丙은 乙의 전세금반환채권을 압류하여 전세금반환채권으로부터 우선변제를 받을 수 있다.

37 ① 전세권 존속 중에는 장래에 그 전세권이 소멸하는 경우에 전세금 반환채권이 발생하는 것을 조건으로 그 장래의 조건부채권을 양도할 수 있다.
② 전세권자는 전세권의 목적이 된 부분을 초과하여 건물 전부의 경매를 청구할 수 없다.
③ 전세권자는 건물 전부에 대하여 전세금의 우선변제를 받을 권리가 있다.
④ 전세권의 존속기간이 만료되면 전세권은 소멸하므로 더 이상 전세권 자체에 대하여 저당권을 실행할 수 없다(대판 1999.9.17, 98다31301).

38 ① 전세권자의 책임 없는 사유로 전세권의 목적물 전부가 멸실된 때에는 손해배상 책임을 지지 않는다.
② 건물전세권이 법정갱신된 경우, 전세권의 존속기간은 그 정함이 없는 것으로 본다(제312조 제4항).
④ 전세권자는 목적물의 현상을 유지하고 그 통상의 관리에 속한 수선을 하여야 한다(제309조).
⑤ 지상권 또는 전세권을 목적으로 저당권을 설정한 자는 저당권자의 동의 없이 지상권 또는 전세권을 소멸하게 하는 행위를 하지 못한다(제371조 제2항).

39 ③ 농경지는 전세권의 목적으로 하지 못한다(제303조 제2항).

제5장 담보물권

Answer

01 ③	02 ⑤	03 ②	04 ⑤	05 ②	06 ①	07 ⑤	08 ①	09 ③	10 ②
11 ④	12 ①	13 ①	14 ②	15 ④	16 ⑤	17 ②	18 ③	19 ④	20 ②
21 ④	22 ⑤	23 ①	24 ①	25 ④	26 ①	27 ④	28 ③	29 ③	30 ①
31 ⑤	32 ②	33 ⑤	34 ②	35 ②	36 ④	37 ⑤	38 ②	39 ④	40 ④
41 ③	42 ②	43 ③	44 ④	45 ⑤	46 ⑤				

01 ③ 유치권배제특약이 있는 경우, 다른 법정요건이 모두 충족되더라도 유치권은 발생하지 않는데, 특약에 따른 효력은 특약의 상대방뿐 아니라 그 밖의 사람도 주장할 수 있다(대판 2018.1.24, 2016다 234043).

02 ⑤ 유치부동산에 대하여 법원이 간이변제충당을 허가한 경우, 등기 없이도 소유권이 이전된다.

03 ② 보증금, 권리금 반환청구권, 부속물(지상물)매수청구권 행사시 부속물(지상물)매매대금채권, 건축자재대금채권, 외상대금채권 등은 유치권이 발생할 수 없다.

04 ⑤ 점유는 유치권의 성립요건이자 존속요건이다. 따라서 점유를 상실한 때에는 유치권이 소멸한다. 단, 점유의 침탈로 유치권이 소멸한 후 점유 회수의 소를 제기하여 승소판결을 받아 점유를 회복하면 점유를 상실하지 않았던 것으로 되어 유치권이 되살아난다. 다만, 위와 같은 방법으로 점유를 회복하기 전에는 점유 회수의 소를 제기하여 점유를 회복할 수 있다는 사정만으로는 유치권이 되살아나지는 않는다(대판 2012.2.9, 2011다72189).

05 ② 임차보증금반환청구권이나 임대인이 건물시설을 하지 않아 임차인이 건물을 임대차목적대로 사용하지 못하였음을 이유로 하는 손해배상청구권은 모두 그 건물에 관하여 생긴 채권이라 할 수 없다 (대판 1976.5.11, 75다1305).

06 ① 유치권은 법정담보물권이다. 다만 채권자의 이익보호를 위한 채권담보의 수단에 불과하므로 이를 포기하는 특약은 유효하다(대판 2016.5.12, 2014다52087).

07 ① 물건을 점유하기 전에 그 물건에 관련하여 채권이 발생한 후 그 물건에 대하여 점유를 취득한 경우에도 유치권은 인정된다(대판 1965.3.30, 64다1977).
② 유치권자는 채권 전부의 변제를 받을 때까지 유치물 전부에 대하여 그 권리를 행사할 수 있다(제321조). 따라서 피담보채권의 일부가 변제 등의 사유로 소멸하더라도, 잔액이 있는 한 목적물의 전부에 유치권의 효력이 미친다.
③ 유치권의 행사는 채권의 소멸시효의 진행에 영향을 미치지 아니한다. 따라서 채권자가 유치권을 행사하더라도 피담보채권의 소멸시효는 그와 관계없이 계속 진행한다.

④ 정당한 이유 있는 때에는 유치권자는 감정인의 평가에 의하여 유치물로 직접 변제에 충당할 것을 법원에 청구할 수 있다.

08 ② 유치권은 우선변제권이 없다.

③ 수급인이 자신의 노력과 재료를 들여 신축한 건물은 수급인 자신의 소유에 속하므로, 수급인은 유치권을 행사할 수 없다(대판 2011.8.25, 2009다67443·67450).

④ 유치권을 포기하기로 특약한 경우에는 유치권은 발생하지 않으므로, 특약의 효력은 특약의 상대방뿐 아니라 그 밖의 사람도 주장할 수 있다(대판 2018.1.24, 2016다234043).

⑤ 유치권자가 보존에 필요한 범위 내에서 유치물인 주택에 거주하며 사용하는 경우에는 소유자는 유치권의 소멸을 청구할 수 없다.

09 ① 유치권이 성립하기 위해서는 그 점유가 불법행위로 인하여 취득한 것이 아니어야 한다(제320조 제2항).

② 채권자가 유치권을 행사하더라도 피담보채권의 소멸시효는 그와 관계없이 계속 진행한다.

④ 유치권자는 채권의 변제를 받기 위하여 유치물을 경매할 수 있다(제322조 제1항).

⑤ 유치권자가 유치물의 보존에 필요한 범위 내에서 유치물인 주택에 거주하며 사용하였다면, 특별한 사정이 없는 한 차임에 상당한 이득을 소유자에게 반환할 의무가 있다(대판 2009.9.24, 2009다40684).

10 ② 다세대주택의 창호 등의 공사를 완성한 하수급인이 공사대금채권 잔액을 변제받기 위하여 위 다세대주택 중 한 세대를 점유하여 유치권을 행사하는 경우, 그 유치권은 위 한 세대에 대하여 시행한 공사대금만이 아니라 다세대주택 전체에 대하여 시행한 공사대금채권의 잔액 전부를 피담보채권으로 하여 성립한다(대판 2007.9.7, 2005다16942).

11 ④ 수급인이 경매개시결정의 기입등기 전에 채무자로부터 건물의 점유를 이전받았더라도, 경매개시결정의 기입등기 후에 공사대금채권을 취득한 경우에는, 경매개시결정의 기입등기 후에 성립한 유치권이므로 수급인은 유치권을 경락인에게 주장할 수 없다.

12 ② 유치권자가 유치물의 보존에 필요한 사용을 한 경우, 특별한 사정이 없는 한 차임 상당의 이득을 소유자에게 반환할 의무가 있다.

③ 유치권을 행사하는 동안에도 채권의 소멸시효는 진행한다.

④ 임차인은 권리금반환청구권을 가지고 건물에 대한 유치권을 행사할 수 없다.

⑤ 유치권자가 경매개시결정등기 전에 부동산에 관하여 유치권을 취득한 경우에는 그 취득에 앞서 저당권설정등기가 먼저 되어 있었다 하더라도, 경매절차의 매수인에게 유치권으로 대항할 수 있다.

13 ① 과실은 먼저 채권의 이자에 충당하고 그 잉여가 있으면 원본에 충당한다(제323조 제2항).

14 ① 유치권은 법정담보물권이기는 하나 채권자의 이익보호를 위한 채권담보의 수단에 불과하므로 이를 포기하는 특약은 유효하고, 유치권을 사전에 포기한 경우 다른 법정요건이 모두 충족되더라도 유치권이 발생하지 않는다(대결 2011.5.13, 2010다1544).

③ 유치권은 타물권(他物權)이므로, 자신 소유 물건에 대해서는 유치권이 성립하지 않는다.

④ 유치권은 목적물을 유치함으로써 채무자의 변제를 간접적으로 강제하는 것을 본체적 효력으로 하는 권리인 점 등에 비추어, 그 직접점유자가 채무자인 경우에는 유치권의 요건으로서의 점유에 해당하지 않는다고 할 것이다(대판 2008.4.11, 2007다27236).

⑤ 점유가 불법행위로 인한 경우에는 유치권이 성립하지 않는다.

15 ① 유치물 가액이 피담보채권액보다 많을 경우에는 피담보채권액에 해당하는 담보를 제공하면 되고, 유치물 가액이 피담보채권액보다 적을 경우에는 유치물 가액에 해당하는 담보를 제공하면 된다(대판 2021.7.29, 2019다216077).

② 점유회수의 소를 제기하여 승소판결을 받아 점유를 회복하면 점유를 상실하지 않았던 것으로 되어 유치권이 되살아나지만, 점유회수의 소를 제기하여 점유를 회복할 수 있다는 사정만으로 유치권이 되살아나지는 않는다(대판 2012.2.9, 2011다72189).

③ 유치물의 소유권이 양도된 경우에도 제3자를 상대로 유치권을 행사할 수 있다.

⑤ 유치권은 타물권인 점에 비추어 볼 때 수급인의 재료와 노력으로 건축되었고 독립한 건물에 해당되는 기성부분은 수급인의 소유라 할 것이므로 수급인은 공사대금을 지급받을 때까지 이에 대하여 유치권을 가질 수 없다(대판 1993.3.26, 91다14116).

16 ① 유치권은 우선변제권이 없다.

② 유치물의 경매로 유치권이 경락인에게 인수되더라도, 유치권자는 경락인에 대하여 변제를 청구할 수는 없다.

③④ 경매개시결정 기입등기 이후에 성립한 유치권은 경매로 소멸하므로, 경락인에게 유치권으로 대항할 수 없다.

17 ㉠ 건물점유자가 건물의 원시취득자에게 그 건물에 관한 유치권이 있다고 하더라도 그 건물의 존재와 점유가 토지소유자에게 불법행위가 되고 있다면 그 유치권으로 토지소유자에게 대항할 수 없다(대판 1989.2.14, 87다카3073).

㉢ 유치권자가 유치물에 관하여 제3자와의 사이에 전세계약을 체결하여 전세금을 수령하였다면 전세금이 종국에는 전세입자에게 반환되어야 할 것임에 비추어 다른 특별한 사정이 없는 한 그가 얻은 구체적 이익은 그가 전세금으로 수령한 금전의 이용가능성이고, 그가 이와 같이 구체적으로 얻은 이익과 관계없이 추상적으로 산정된 차임 상당액을 부당이득으로 반환하여야 한다고 할 수 없고, 그 가액은 결국 전세금에 대한 법정이자 상당액이다(대판 2009.12.24, 2009다32324).

18 ③ 지역권은 저당권의 객체가 될 수 없다.

19 ④ 저당권설정자가 수령하기 전에 반드시 압류 또는 공탁 등이 있어야 한다. 따라서 저당권설정자에게 대위할 물건이 인도된 후에 저당권자가 그 물건을 압류한 경우에는 물상대위권을 행사할 수 없다.

20 ② 저당목적물의 변형물인 금전 기타 물건에 대하여 이미 제3자가 압류하여 그 금전 기타 물건이 특정된 이상 저당권자는 스스로 이를 압류하지 않고서도 물상대위권을 행사할 수 있다.

21 ④ 저당부동산에 대한 압류가 있기 전에 저당권설정자가 수취한 과실에는 저당권의 효력은 미치지 않는다.

22 ⑤ 저당권자가 물상대위권을 행사하지 아니한 경우, 저당목적물의 변형물로부터 이득을 얻은 다른 채권자에 대하여 부당이득반환을 청구할 수 없다.

23 ① 건물이 증축된 경우에 증축부분이 본래의 건물에 부합되어 본래의 건물과 분리하여서는 전혀 별개의 독립물로서의 효용을 갖지 않는다면, 위 증축부분에 관하여 본래의 건물에 대한 경매절차에서 경매목적물로 평가되지 아니하였다고 할지라도 경락인은 그 부합된 증축부분의 소유권을 취득한다(대판 1981.11.10, 80다2757).

24 ⓒ 저당부동산의 교환가치를 하락시키는 행위가 있으면 저당권자는 저당권에 기한 방해배제청구권을 행사할 수 있다.
ⓒ 제3취득자는 그 부동산의 개량을 위한 유익비를 지출하여 가치의 증가가 현존하면 그 비용을 저당물의 매각대금에서 우선적으로 상환 받을 수 있다.
ⓔ 제3자의 명의로 경료된 저당권등기는 무효임이 원칙이나, 채무자, 채권자, 제3자 간의 합의에 따라 제3자에게 실질적으로 채권이 귀속되었다고 볼 수 있는 사정이 있는 경우에는 저당권등기는 유효이다.

25 ④ 저당물의 제3취득자가 그 부동산의 보존, 개량을 위하여 필요비 또는 유익비를 지출한 때에는 제203조 제1항, 제2항의 규정에 의하여 저당물의 경매대가에서 우선상환을 받을 수 있다 (제367조).

26 ① 근저당권이 설정된 후에 그 부동산의 소유권이 제3자에게 이전된 경우에는 현재의 소유자가 자신의 소유권에 기하여 피담보채무의 소멸을 원인으로 그 근저당권설정등기의 말소를 청구할 수 있음은 물론이지만, 근저당권설정자인 종전의 소유자도 근저당권설정계약의 당사자로서 근저당권소멸에 따른 원상회복으로 근저당권자에게 근저당권설정등기의 말소를 구할 수 있는 계약상 권리가 있으므로 이러한 계약상 권리에 터잡아 근저당권자에게 피담보채무의 소멸을 이유로 하여 그 근저당권설정등기의 말소를 청구할 수 있다고 봄이 상당하고, 목적물의 소유권을 상실하였다는 이유만으로 그러한 권리를 행사할 수 없다고 볼 것은 아니다(대판 1994.1.25, 93다16338).

27 ㉠ 토지와 건물이 일괄경매가 되더라도 저당권자는 건물의 경락대금에서 우선변제를 받을 수 없다.

28 ㉡ 저당권설정자가 건물을 축조한 후 제3자에게 매도하여 현재 저당권설정자 소유의 건물이 아니라면 저당권자의 일괄경매청구권은 인정되지 않는다(대판 1999.4.20, 99마146).

29 ㉠ 후순위저당권자 등 이해관계인은 근저당권의 채권최고액에 해당하는 담보가치가 근저당권에 의하여 이미 파악되어 있는 것을 알고 이해관계를 맺었기 때문에 이러한 변경으로 예측하지 못한 손해를 입었다고 볼 수 없으므로, 피담보채무의 범위 또는 채무자를 변경할 때 이해관계인의 승낙을 받을 필요가 없다(대판 2021.12.16, 2021다255648).
㉡ 저당부동산의 제3취득자는 저당권설정자의 의사에 반하여 피담보채무를 변제하고 저당권의 소멸을 청구할 수는 있다.

30 ① 경매시 저당권은 소멸하므로, 1번 저당권이 설정된 후 설정된 지상권은 경매로 소멸한다.

31 ⑤ 근저당권자가 피담보채무의 불이행을 이유로 경매신청을 하여 경매개시결정이 있은 후에 경매신청이 취하된 경우에도 채무확정의 효과는 번복되지 않는다.

32 ① 피담보채무가 확정되기 이전 채무의 범위나 또는 채무자를 변경할 수 있는 것이고, 채무의 범위나 채무자가 변경된 경우에는 당연히 변경 후의 범위에 속하는 채권이나 채무자에 대한 채권만이 당해 근저당권에 의하여 담보되고, 변경 전의 범위에 속하는 채권이나 채무자에 대한 채권은 그 근저당권에 의하여 담보되는 채무의 범위에서 제외된다(대판 1999.5.14, 97다15777·15784).
③ 후순위 근저당권자가 경매를 신청한 경우 선순위 근저당권의 피담보채권은 그 근저당권이 소멸하는 시기, 즉 매수인이 매각대금을 완납한 때에 확정된다(대판 1999.9.21, 99다26085).
④ 근저당권은 피담보채권이나 기본계약과 분리하여 처분할 수 없다.
⑤ 채무자는 채권 전액을 변제해야 근저당권의 말소를 청구할 수 있다(대판 1981.11.10, 80다2712).

33 ㉣ 후순위 근저당권자는 제3취득자에 해당하지 않으므로, 선순위 근저당권의 채권최고액을 변제하더라도 선순위 근저당권의 소멸을 청구할 수 없다(대판 2006.1.26, 2005다17341).

34 ② 장래에 발생할 특정의 조건부채권을 피담보채권으로 하는 근저당권의 설정도 허용된다.

35 ① 丙이 경매를 신청한 때에는 경락대금완납시에 乙의 피담보채권이 확정된다.
③ 丙의 근저당권의 존속기간을 정하지 않은 경우, 甲은 근저당권설정계약을 해지할 수 있다.
④ 채무자 甲은 6억원을 변제해야 乙의 근저당권의 소멸을 청구할 수 있다.
⑤ 제3취득자 丁은 3억원을 변제하면 丙의 근저당권의 소멸을 청구할 수 있다.

36 ④ 근저당부동산에 대하여 후순위 근저당권을 취득한 자는 민법 제364조에서 정한 권리를 행사할 수 있는 제3취득자에 해당하지 않는다(대판 2006.1.26, 2005다17341). 따라서 丁은 최고액만을 변제하고 丙의 근저당권의 소멸을 청구할 수 없다.

37 ⑤ 공동근저당권자가 목적 부동산 중 일부 부동산에 대하여 제3자가 신청한 경매절차에 소극적으로 참가하여 우선배당을 받은 경우, 해당 부동산에 관한 근저당권의 피담보채권은 그 근저당권이 소멸하는 시기, 즉 매수인이 매각대금을 지급한 때에 확정되지만, 나머지 목적 부동산에 관한 근저당권의 피담보채권은 기본거래가 종료하거나 채무자나 물상보증인에 대하여 파산이 선고되는 등의 다른 확정사유가 발생하지 아니하는 한 확정되지 아니한다(대판 2017.9.21, 2015다50637).

38 ② 공동근저당권자가 목적 부동산 중 일부 부동산에 대하여 제3자가 신청한 경매절차에 소극적으로 참가하여 우선배당을 받은 경우, 해당 부동산에 관한 근저당권의 피담보채권은 그 근저당권이 소멸하는 시기, 즉 매수인이 매각대금을 지급한 때에 확정되지만, 나머지 목적 부동산에 관한 근저당권의 피담보채권은 기본거래가 종료하거나 채무자나 물상보증인에 대하여 파산이 선고되는 등의 다른 확정사유가 발생하지 아니하는 한 확정되지 아니한다(대판 2017.9.21, 2015다50637).

39 ④ 동시배당할 경우 공동저당권자 A는 X부동산은 1억 8,000만원 × 1/2 = 9,000만원, Y부동산은 1억 8,000만원 × 1/3 = 6,000만원, Z부동산은 1억 8,000만원 × 1/6 = 3,000만원을 배당받으므로 1억 8,000만원을 모두 배당받는다. 따라서 X부동산의 후순위 저당권자 B는 3,000만원, Y부동산의 후순위 저당권자 C는 2,000만원, Z부동산의 후순위 저당권자 D는 1,000만원을 각각 배당받는다.

40 ④ 甲이 Y건물의 경매대가에서 우선변제를 받는 금액은 3억 × 1/3 = 1억원이므로, 丁이 Y건물의 경매대가에서 배당받을 수 있는 금액은 1억원이다.

41 ③ 동시배당을 하는 경우, 甲은 X부동산과 Y부동산에서 각각 6,000만원과 4,000만원을 배당받게 되고, A는 X부동산에서 4,000만원을 B는 Y부동산에서 4,000만원을 배당받게 된다.
따라서 X부동산이 먼저 배당되는 경우, 甲은 1억원을 A는 2,000만원을 배당받게 되므로, A는 Y부동산에서 4,000만원을 배당받게 된다.

42 ② 공동근저당권자가 공동담보의 목적부동산 중 일부에 대한 환가대금으로부터 다른 권리자에 우선하여 피담보채권의 일부에 대하여 배당받은 경우, 공동담보의 나머지 목적부동산에 대하여 공동근저당권자로서 행사할 수 있는 우선변제권의 범위는 최초의 채권최고액에서 우선변제받은 금액을 공제한 나머지 채권최고액이다(대판 전합 2017.12.21, 2013다16992). 따라서 甲이 Y토지의 매각대금에서 우선 배당받을 수 있는 금액은 채권최고액 1억 2,000만원에서 X토지의 경매절차에서 받은 8,000만원을 공제한 4,000만원이다.

43 ③ 공동저당의 목적인 채무자 소유의 부동산과 물상보증인 소유의 부동산 중 채무자 소유의 부동산에 대하여 먼저 경매가 이루어져 그 경매대금의 교부에 의하여 1번 공동저당권자가 변제를 받더라도, 채무자 소유의 부동산에 대한 후순위 저당권자는 민법 제368조 제2항 후단에 의하여 1번 공동저당권자를 대위하여 물상보증인 소유의 부동산에 대하여 저당권을 행사할 수 없다(대판 1995.6.13, 95마500).

44 ④ 물상보증인 소유의 부동산에 대하여 먼저 경매가 이루어져 그 경매대금의 교부에 의하여 1번 공동저당권자가 변제를 받은 때에는 물상보증인은 채무자 소유의 부동산에 대한 1번 저당권을 취득하고, 이러한 경우 물상보증인 소유의 부동산에 대한 후순위저당권자는 물상보증인에게 이전한 1번 저당권으로 우선하여 변제를 받을 수 있다(대판 2001.6.1, 2001다21854). 따라서 戊는 X토지의 매각대금에서 3천만원을 배당받을 수 있다.

45 ⑤ 이러한 경우 경매법원으로서는 채무자 소유 부동산의 경매대가에서 공동저당권자에게 우선적으로 배당을 하고, 부족분이 있는 경우에 한하여 물상보증인 소유 부동산의 경매대가에서 추가로 배당을 하여야 한다(대판 2010.4.15, 2008다41475). 따라서 甲은 X부동산으로부터 1억 2,000만원을 우선 배당받고 부족분인 3,000만원에 대해서 Y부동산으로부터 배당을 받는다.

46 ⑤ 채무자 소유의 부동산과 물상보증인 소유의 부동산에 공동저당이 설정된 후 채무자 소유의 부동산이 먼저 경매된 경우, 채무자 소유의 부동산 위의 후순위 저당권자는 물상보증인 소유의 부동산에 대하여 공동저당권자를 대위하여 그 저당권을 실행할 수 없다(대결 1995.6.13, 95마500).

제1장 | **계약법 총론**

Answer

01 ⑤	02 ⑤	03 ③	04 ①	05 ④	06 ⑤	07 ④	08 ④	09 ④	10 ④
11 ④	12 ③	13 ①	14 ⑤	15 ③	16 ③	17 ③	18 ②	19 ③	20 ⑤
21 ①	22 ③	23 ⑤	24 ⑤	25 ④	26 ④	27 ①	28 ③	29 ④	30 ③
31 ③	32 ③	33 ②	34 ②	35 ⑤	36 ②	37 ③	38 ④	39 ①	40 ⑤
41 ④	42 ⑤	43 ③	44 ③	45 ③	46 ④	47 ④	48 ④	49 ⑤	50 ③
51 ②	52 ⑤	53 ①	54 ④	55 ③					

01 ⑤ 계약금계약은 요물계약이다.

02 ⑤ 격지자 간의 계약은 승낙의 통지를 발송한 때에 성립한다.

03 ① 승낙은 반드시 특정인(청약자)에 대해서만 할 수 있으나, 청약은 불특정 다수인에 대해서도 할 수 있다.
② 승낙자가 청약에 대하여 조건을 붙여 승낙한 때에는 그 청약을 거절함과 동시에 새로운 청약을 한 것으로 보기 때문에 계약은 성립하지 않는다.
④ 당사자 간에 동일한 내용의 청약이 상호교차된 경우에는 양 청약이 모두 도달한 때에 계약이 성립한다.
⑤ 청약자가 미리 정한 기간 내에 이의를 하지 아니하면 승낙한 것으로 간주한다는 뜻을 청약시 표시하였다고 하더라도 이는 상대방을 구속하지 않는다.

04 ① 청약자가 청약의 의사표시를 발송한 후 사망하여도 그 청약의 의사표시는 유효하다.

05 ④ 승낙기간을 도과한 후 승낙을 발송한 경우에는 별도로 연착의 통지를 할 필요가 없다.

06 ⑤ 乙이 승낙을 2020. 2. 10. 발송하여 甲에게 2020. 2. 15. 도달하였다면 계약성립일은 2020. 2. 10.이다.

07 ① 乙이 승낙기간 내에 회답을 발하지 않더라도 계약은 성립하지 않는다.
② 격지자 간의 계약은 승낙의 통지를 발송한 때에 성립하므로 계약은 승낙의 발송시인 5월 25일에 성립한다.
③ 乙의 승낙이 연착된 경우, 甲이 승낙을 하면 계약은 성립한다.
⑤ 甲이 사망한 경우에도 乙과 甲의 상속인 丙 사이에 계약은 성립한다.

08 ① 乙의 승낙이 승낙기간 내에 도달하였으므로, 매매계약은 승낙의 발신일 2018. 9. 17. 성립한다.
② 연착된 승낙은 효력이 없으므로, 甲의 승낙이 없는 한 매매계약은 성립하지 않는다.
③ 乙의 승낙이 승낙기간 내에 도달하였으므로, 매매계약은 승낙의 발신일 2018. 9. 17. 성립한다.
⑤ 甲의 청약이 도달하였으므로, 甲은 乙에 대하여 매각의 의사표시를 철회할 수 없다.

09 ④ 乙이 조건을 붙여 승낙한 경우이므로, 다시 甲의 승낙이 있어야 계약이 성립한다. 따라서 甲이 11월 2일에 승낙서를 발송하고 그것이 乙에게 11월 4일에 도달하면 발신일인 11월 2일에 계약이 성립한다.

10 ④ 당사자 간에 동일한 내용의 청약이 상호교차된 경우에는 양 청약이 상대방에게 도달한 때에 계약이 성립한다.

11 ④ 乙의 수령지체 중에 X주택이 소실된 경우, 甲은 乙에게 대금지급을 청구할 수 있다.

12 ③ 채무자의 책임 있는 사유로 후발적 불능이 발생한 경우에는 채무불이행책임이 발생한다.

13 ① 낙뢰에 의해 주택이 소실된 경우, 채무자인 乙이 대가위험을 부담한다.

14 ⑤ 토지가 수용되어 채무자인 매도인이 수용보상금청구권을 취득한 경우, 채권자인 매수인은 자신의 반대급부를 이행하면서 수용보상금청구권의 양도를 청구할 수 있다.

15 ③ 토지가 수용된 경우, 채권자인 매수인은 자신의 반대급부를 이행하면서 수용보상금청구권의 양도를 청구할 수 있는 것이지, 매수인이 대상청구권을 행사하면 매도인의 수용보상금청구권 자체가 매수인에게 당연히 귀속하는 것은 아니다.

16 ③ 매매계약이 체결된 후 그 목적부동산에 가등기가 경료된 경우, 그 가등기만으로는 소유권이전등기의무가 이행불능이 된다고 할 수 없다.

17 ③ 계약이 성립하지 아니한 경우에는 계약체결상의 과실책임은 유추적용될 수 없다.

18 ⓒ 관습에 의하여 승낙의 의사표시가 필요하지 아니한 경우, 계약의 성립시기는 청약자가 승낙의 의사표시로 인정되는 사실을 알게 된 때가 아니라 승낙의 의사표시로 인정되는 사실이 있는 때이다.
ⓔ 상대방은 원시적 불능에 대하여 선의·무과실이어야 하므로, 상대방이 그 불능을 알 수 있었을 경우에는 계약체결상의 과실책임은 발생하지 않는다.

19 ③ 임대차에서 목적물을 사용·수익하게 할 임대인의 의무는 임대인이 임대차목적물의 소유권을 상실한 것만으로 이행불능이 되는 것이 아니라, 임차인이 진실한 소유자로부터 목적물의 반환청구를 받는 등의 이유로 임차인이 이를 사용·수익할 수가 없게 되었을 때 임대인의 의무는 이행불능이 된다.

20 ⑤④ 채권자지체 중에 양 당사자의 책임 없는 사유로 이행이 불가능하게 된 경우에는 채권자가 위험을 부담하므로 채무자는 채권자에게 매매대금을 청구할 수 있다. 그러나 채무자는 자신의 채무를 면함으로써 이익을 얻은 때에는 이를 채권자에게 반환하여야 한다(제538조 제2항).

21 ① 불가항력으로 인한 경우이므로 채무자인 B가 대가위험을 부담하게 된다.

22 ① 동시이행의 항변권이 붙은 채권은 이를 자동채권으로 하여 상계하지 못한다.
② 동시이행의 항변권을 가지는 채무자는 비록 이행기에 이행을 하지 않더라도 이행지체가 되지 않는다.
④ 원고가 제기한 이행청구소송에서 피고가 동시이행항변권을 주장하는 경우 법원은 상환급부판결(피고는 원고의 이행과 상환으로 이행하여야 한다는 판결)을 한다.
⑤ 선이행의무자의 이행지체 중에 후이행의무자의 변제기가 도래한 경우에는 선이행의무자는 동시이행의 항변권을 주장할 수 있다. 단, 그때까지의 이행지체책임은 부담한다.

23 ⑤ 乙이 동시이행항변권에 기하여 주택을 사용·수익하더라도 그로 인하여 실질적으로 얻은 이익이 있으면 부당이득으로 甲에게 반환하여야 한다.

24 ① 근저당권 실행을 위한 경매가 무효로 된 경우, 매수인의 채무자에 대한 소유권이전등기 말소의무와 근저당권자의 매수인에 대한 배당금반환의무는 동시이행관계에 있지 않다.
② 동시이행관계에 있는 쌍방의 채무 중 어느 한 채무가 이행불능이 됨으로 인하여 발생한 손해배상채무는 다른 채무와 동시이행관계에 있다.
③ 가압류등기가 있는 부동산 매매계약의 경우, 특별한 사정이 없는 한 매도인의 가압류 등기의 말소의무는 매수인의 대금지급의무와 동시이행관계에 있다.
④ 쌍방의 채무가 동시이행관계에 있는 경우, 상대방 채무의 이행제공이 없으면 채무자는 이행기에 채무를 이행하지 않더라도 이행지체책임을 지지 않는다.

25 ④ 동시이행항변권이 있는 자는 동시이행항변권을 행사하지 않더라도 지체책임을 지지 않는다 (대판 1998.3.13, 97다54604).

26 ④ 동시이행의 관계에 있는 쌍방의 채무 중 어느 한 채무가 이행불능이 됨으로 인하여 발생한 손해 배상채무도 여전히 다른 채무와 동시이행의 관계에 있다(대판 2000.2.25, 97다30066).

27 ㉡ 주택임대인과 임차인 사이의 임대차보증금 반환의무와 임차권등기명령에 의해 마쳐진 임차권등 기의 말소의무는 동시이행의 관계가 아니라 보증금 반환의무가 선이행의무이다.
㉢ 채권담보의 목적으로 마쳐진 가등기의 말소의무와 피담보채무의 변제의무는 동시이행의 관계가 아니라 변제의무가 선이행의무이다.

28 ③ 저당권이 설정된 부동산의 매매계약에서 소유권이전등기의무 및 저당권등기말소의무와 대금지 급의무는 동시이행관계에 있다.

29 ㉡ 변제와 영수증의 교부의무는 동시이행관계이나, 변제와 담보물권의무는 변제가 선이행의무이다.

30 ㉢ 근저당권 실행을 위한 경매가 무효로 되어 채권자(= 근저당권자)가 채무자를 대위하여 낙찰자에 대 한 소유권이전등기말소청구권을 행사하는 경우 낙찰자가 부담하는 소유권이전등기말소의무는 채무자 에 대한 것이다. 그러나 낙찰자의 배당금반환청구권은 실제 배당금을 수령한 채권자(= 근저당권자)에 대한 채권인바, 채권자(= 근저당권자)가 낙찰자에 대하여 부담하는 배당금반환채무와 낙찰자가 채무 자에 대하여 부담하는 소유권이전등기말소의무는 서로 이행의 상대방을 달리하는 것으로써, 채권자 (= 근저당권자)의 배당금반환채무가 동시이행의 항변권이 부착된 채 채무자로부터 승계된 채무도 아 니므로, 위 두 채무는 동시에 이행되어야 할 관계에 있지 아니하다(대판 2006.9.22, 2006다24049).

31 ③ 甲이 잔금지급일에 이행을 제공하지 않으면 乙은 동시이행항변권이 있으므로 잔금지급일 이후 의 중도금에 대한 지연이자를 지급할 의무가 없다.

32 ③ 낙약자는 요약자와의 계약에서 발생한 항변으로 수익자에게 대항할 수 있다.

33 ② 甲과 丙 사이의 계약이 무효라는 사실은 甲과 乙의 매매계약의 효력에 아무런 영향을 미치지 않는다. 따라서 乙은 丙의 지급요구를 거절할 수 없다.

34 ② 甲은 乙의 채무불이행을 이유로 계약을 해제할 수 있으며, 丙의 동의도 필요 없다.

35 ⑤ 제3자는 계약당사자가 아니므로 해제권이나 취소권을 행사할 수는 없으며, 나아가 해제를 원인 으로 한 원상회복청구권도 행사할 수 없고, 원상회복청구의 상대방이 될 수도 없다.

36 ① 채무자와 인수인의 계약으로 체결되는 병존적 채무인수는 채권자로 하여금 인수인에 대하여 새로운 권리를 취득하게 하는 것으로 제3자를 위한 계약의 하나로 볼 수 있다(대판 1997.10.24, 97다28698).

③ 제3자가 수익의 의사표시를 한 후에도 요약자와 낙약자의 합의에 의하여 제3자의 권리를 변경·소멸시킬 수 있음을 미리 유보한 경우에는 요약자와 낙약자는 제3자의 권리를 변경·소멸시킬 수 있다(대판 2022.1.14, 2021다271183).

④ 요약자는 낙약자에 대하여 수익자에게 이행할 것을 청구할 수 있다.

⑤ 요약자는 낙약자의 채무불이행을 이유로 제3자의 동의 없이 계약을 해제할 수 있다(대판 1970.2.24, 69다1410).

37 ③ 제3자를 위한 계약의 체결 원인이 된 요약자와 제3자(수익자) 사이의 법률관계(이른바 대가관계)의 효력은 제3자를 위한 계약 자체는 물론 그에 기한 요약자와 낙약자 사이의 법률관계(이른바 기본관계)의 성립이나 효력에 영향을 미치지 아니하므로 낙약자는 요약자와 수익자 사이의 법률관계에 기한 항변으로 수익자에게 대항하지 못하고, 요약자도 대가관계의 부존재나 효력의 상실을 이유로 자신이 기본관계에 기하여 낙약자에게 부담하는 채무의 이행을 거부할 수 없다(대판 2003.12.11, 2003다49771).

38 ㉡ 제3자를 위한 계약에서 제3자는 계약의 내용에 포함되는 자이므로 제3자 보호규정에 있어서의 제3자에 해당되지 않는다.

㉢ 乙은 매매계약 자체에 기한 항변으로 수익자 丙에게 대항할 수 있으므로, 乙은 동시이행의 항변권에 기하여 丙에게 대항할 수 있다.

39 ② 요약자와 수익자 간의 관계의 흠결이나 하자는 계약의 효력에 아무런 영향을 미치지 않는다.

③ 丙은 제3자 보호규정에 있어서의 새로운 이해관계를 맺은 제3자에 해당하지 않는다.

④ 요약자가 낙약자의 채무불이행을 이유로 계약을 해제하는 경우에 수익자는 낙약자에게 자기가 입은 손해의 배상을 청구할 수 있다(대판 1994.8.12, 92다41559).

⑤ 제3자가 수익의 의사표시를 한 후에도 요약자(채권자)는 제3자의 동의 없이도 계약을 취소하거나 해제할 수 있다.

40 ⑤ 제3자의 수익의 의사표시는 제3자의 권리취득요건이지 제3자를 위한 계약의 성립요건이 아니다.

41 ④ 채무자가 미리 이행거절의사를 명백히 표시한 경우에는 최고할 필요 없이 해제할 수 있으나, 채무자가 이행거절의사를 적법하게 철회한 경우에는 최고한 후라야만 해제할 수 있다.

42 ⑤ 계약의 상대방이 수인인 경우, 해제권자는 그 전원에 대하여 해제권을 행사하여야 한다.

43 ⑤ 이행불능으로 인한 손해배상액은 이행불능당사의 시가상당액이고 계약해지시의 시가를 표준으로 할 것이 아니다(대판 1970.7.28, 70다784).

44 ③ 계약이 합의해제된 경우에는 그 해제시에 당사자 일방이 상대방에게 손해배상을 하기로 특약하거나 손해배상청구를 유보하는 의사표시를 하는 등 다른 사정이 없는 한 채무불이행으로 인한 손해배상을 청구할 수 없다(대판 1989.4.25, 86다카1147).

45 ③ 계약이 일부이행된 경우에는, 그 원상회복에 관하여 당사자의 의사가 일치되지 않으면 묵시적 합의해제는 인정될 수 없다.

46 ① 합의해제는 묵시적으로도 할 수 있다.
② 손해배상에 관한 별도의 특약이 없다면 합의해제로 인한 손해배상을 청구할 수 없다.
③ 합의해제의 경우에도 제3자의 권리를 해할 수 없다.
⑤ 다른 약정이 없는 이상 합의해제로 인하여 반환할 금전에 그 받은 날로부터 이자를 붙여서 반환할 의무는 없다.

47 ④ 합의해제의 경우, 손해배상에 대한 특약이 없는 한 채무불이행으로 인한 손해배상을 청구할 수 없다.

48 ① 해지 또는 해제 의사표시는 상대방에게 도달하면 효력을 발생하므로 철회할 수 없다.
② 채무불이행을 이유로 해제하더라도 별도로 손해배상을 청구할 수 있다(제551조).
③ 해지나 해제의 권리가 당사자 1인에 대하여 소멸한 때에는 다른 당사자에 대하여도 소멸한다(제547조 제2항).
⑤ 매도인의 매매계약상의 소유권이전등기의무가 이행불능이 되어 이를 이유로 매매계약을 해제함에 있어서는 상대방의 잔대금지급의무가 매도인의 소유권이전등기의무와 동시이행관계에 있다고 하더라도 그 이행의 제공을 필요로 하는 것이 아니다(대판 2003.1.24, 2000다22850).

49 ⑤ 계약해제의 소급효가 제한되는 제3자는 일반적으로 그 해제된 계약으로부터 생긴 법률효과를 기초로 하여 해제 전에 새로운 이해관계를 가졌을 뿐만 아니라 등기, 인도 등으로 권리를 취득한 사람을 말하므로, 소유권이전등기청구권(=채권)을 양도받은 양수인은 채권의 양수인에 불과하므로 제3자에 해당하지 않는다(대판 2021.8.19, 2018다244976),

50 ③ 계약해제 전, 매수인 명의로 이전등기된 부동산을 다시 매수하여 소유권이전청구권보전을 위한 가등기를 한 매수인은 보호되는 제3자에 해당된다.

51 ㉠ 계약이 해제되기 이전에 계약상의 채권을 양수하여 이를 피보전권리로 하여 처분금지가처분결 정을 받은 자는 해제시 보호되는 제3자에 해당되지 않는다.
㉣ 미등기 무허가건물에 관한 매매계약이 해제되기 전에 매수인으로부터 무허가건물을 다시 매수 하고 무허가건물관리대장에 소유자로 등재된 자는 해제로 인하여 보호받는 제3자에 해당하지 않 는다.

52 ⑤ 해제의 소급효는 제3자의 권리를 해하지 못한다. 따라서 해제권을 행사하기 전에 완전한 제3자 에게는 대항할 수 없고, 해제권을 행사한 후라도 말소등기가 있기 이전에 권리를 취득한 선의의 제3 자에게도 대항할 수 없다.

53 ① 계약이 해제된 경우, 甲은 금전을 받은 날부터 이자를 가산하여 乙에게 반환하여야 한다.

54 ㉠ 乙이 잔금을 지급하지 않은 경우, 甲은 상당한 기간을 정하여 최고한 후에 계약을 해제할 수 있다.

55 ㉢ 해제되기 전에 매매잔대금채권을 압류한 경우라도 계약이 해제되면 채권이 소급해서 소멸하므 로 丙은 乙에게 채권을 행사할 수 없다.

제2장 계약법 각론

01 ③	02 ⑤	03 ②	04 ⑤	05 ⑤	06 ①	07 ⑤	08 ①	09 ⑤	10 ②
11 ③	12 ②	13 ①	14 ⑤	15 ③	16 ②	17 ②	18 ④	19 ③	20 ⑤
21 ③	22 ①	23 ③	24 ①	25 ①	26 ⑤	27 ③	28 ④	29 ⑤	30 ③
31 ①	32 ⑤	33 ②	34 ①	35 ②	36 ②	37 ③	38 ⑤	39 ④	40 ④
41 ②	42 ③	43 ⑤	44 ④	45 ④	46 ②	47 ④	48 ③	49 ⑤	50 ④
51 ①	52 ②								

01 ① 매도인이 해약금에 의한 해제를 하려면 계약금의 배액을 제공하면 족하고, 상대방이 이를 수령하지 아니한다고 하여 이를 공탁할 필요는 없다.

② 매도인이 매수인에 대하여 매매계약의 이행을 최고하고 매매잔대금의 지급을 구하는 소송을 제기한 것만으로는 이행에 착수하였다고 볼 수 없다(대판 2008.10.23, 2007다72274 · 72281).

④ 위약금특약이 없는 한, 매수인의 채무불이행을 이유로 계약이 해제되더라도 매도인은 계약금을 몰취할 수는 없고 실제 손해만을 배상받을 수 있다.

⑤ 해약금에 의한 해제권 행사를 배제하는 당사자의 약정이 있으면, 해약금에 의한 해제를 할 수 없다.

02 ① 甲은 수령한 계약금의 배액 2,000만원을 乙에게 제공해야 해제할 수 있다.

② 토지거래허가를 받은 것만으로는 이행에 착수한 것으로 볼 수 없으므로, 乙은 계약금을 포기하고 해제할 수 있다.

③ 중도금이 지급된 후에는 甲은 계약금의 배액을 제공하고 해제할 수 없다.

④ 甲이 乙에게 소송을 제기한 것만으로는 이행에 착수한 것으로 볼 수 없으므로, 乙은 계약금을 포기하고 해제할 수 있다.

03 ② 甲이 계약금의 배액을 乙에게 제공하여야 해제의 효과가 발생한다.

04 ⑤ 임차인에 대한 위약금약정이 있더라도 임대인에 대한 위약금약정이 없는 한 임차인은 임대인에게 계약금의 배액을 청구할 수 없다(대판 1996.6.14, 95다11429).

05 ⑤ 매매당사자 간에 계약금을 수수하고 계약해제권을 유보한 경우에 매도인이 계약금의 배액을 상환하고 계약을 해제하려면 계약해제의 의사표시 외에 계약금 배액의 이행의 제공이 있으면 족하고, 상대방이 이를 수령하지 아니한다 하여 이를 공탁할 필요는 없다(대판 1981.10.27, 80다2784).

06 ① 계약금계약은 요물계약이므로, 계약금 중 일부만 지급된 경우에는 해약금에 의한 해제를 할 수 없다.

07 ㉡ 민법 제587조는 "매수인은 목적물의 인도를 받은 날로부터 대금의 이자를 지급하여야 한다."고 규정하고 있다. 그러나 매수인의 대금지급의무와 매도인의 소유권이전등기의무가 동시이행관계에 있는 등으로 매수인이 대금지급을 거절할 정당한 사유가 있는 경우에는 매매목적물을 미리 인도받 았다 하더라도 위 민법 규정에 의한 이자를 지급할 의무는 없다(대판 2013.6.27, 2011다98129).

08 ② 타인 소유의 물건을 매도하기로 약정한 경우 그 매매계약은 유효하다.
③ 매매의 일방예약에서 예약자의 상대방이 매매예약완결의 의사표시를 하여 매매의 효력을 생기 게 하는 권리, 즉 매매예약의 완결권은 일종의 형성권으로서 당사자 사이에 그 행사기간을 약정 한 때에는 그 기간 내에, 그러한 약정이 없는 때에는 그 예약이 성립한 때로부터 10년 내에 이를 행사하여야 하고 그 기간이 지난 때에는 예약완결권은 제척기간의 경과로 인하여 소멸한다(대판 2000.10.13, 99다18725).
④ 해약금의 기준이 되는 금원은 '실제 교부받은 계약금'이 아니라 '약정 계약금'이라고 봄이 타당하 므로, 매도인이 계약금의 일부로서 지급받은 금원의 배액을 상환하는 것으로는 매매계약을 해제할 수 없다(대판 2015.4.23, 2014다231378).
⑤ 매매계약에 관한 비용은 당사자 쌍방이 균분하여 부담한다(제566조).

09 ⑤ 민법 제587조는 "매수인은 목적물의 인도를 받은 날로부터 대금의 이자를 지급하여야 한다."고 규정하고 있다. 그러나 매수인의 대금지급의무와 매도인의 소유권이전등기의무가 동시이행관계에 있는 등으로 매수인이 대금지급을 거절할 정당한 사유가 있는 경우에는 매매목적물을 미리 인도받 았다 하더라도 위 민법 규정에 의한 이자를 지급할 의무는 없다(대판 2013.6.27, 2011다98129).

10 ② 예약완결권은 당사자 사이에 그 행사기간을 약정한 때에는 그 기간 내에 행사하여야 하며, 기간 약정이 없는 때에는 그 예약이 성립한 때로부터 10년 내에 행사해야 하고, 그 기간이 지난 때에는 상대방이 예약 목적물인 부동산을 인도받은 경우라도 예약완결권은 제척기간의 경과로 소멸한다(대 판 1997.7.25, 96다47494).

11 ① 예약완결권을 행사하면 그 때부터 매매의 효력이 생기는 것이지 매매예약 당시로 소급하여 효력 이 발생하는 것이 아니다.
② 예약완결권은 당사자 사이에 그 행사기간을 약정한 때에는 그 기간 내에 행사하여야 하며, 기간 약정이 없는 때에는 그 예약이 성립한 때로부터 10년 내에 행사해야 하고, 그 기간이 지난 때에는 상대방이 예약 목적물인 부동산을 인도받은 경우라도 예약완결권은 제척기간의 경과로 소멸한다 (대판 1997.7.25, 96다47494).
④ 예약완결권의 제척기간이 도과하였는지 여부는 당사자의 주장이 없더라도 법원이 직권으로 조 사하여 판단하여야 한다(대판 2000.10.13, 99다18725).
⑤ 예약완결권은 형성권이므로 예약완결권을 행사하면 당사자의 승낙이 없어도 매매의 효력이 발 생한다(대판 1993.5.27, 93다4908).

12 ② 권리의 일부가 타인에게 속한 경우에 매수인은 선·악을 불문하고 대금감액청구권을 행사할 수 있고, 수량 부족이나 일부멸실의 경우에는 매수인이 선의인 때에 한하여 대금감액청구권을 행사할 수 있다.

13 ① 전부타인권리매매에서 매수인은 선의·악의를 불문하고 계약을 해제할 수 있다.

14 ⑤ 계약 당시 제3자 명의로 가등기가 경료되어 있었는데, 그 후 본등기로 매수인이 소유권을 상실한 경우에는 악의인 매수인도 해제 및 손해배상을 청구할 수 있다.

15 ③ 건축을 목적으로 매매된 토지에 대하여 건축허가를 받을 수 없어 건축이 불가능한 경우, 위와 같은 법률적 제한 내지 장애 역시 매매목적물의 하자에 해당한다(대판 2000.1.18, 98다18506). 따라서 매수인은 선의·무과실이라야 담보책임을 물을 수 있다.

16 ② 수량이 부족한 경우, 매수인이 선의인 경우에 한하여 담보책임이 인정된다.

17 ① 전부타인권리매매는 제척기간(1년) 제한규정이 적용되지 않는다.
③ 전부타인권리매매는 유효이다.
④ 甲의 귀책사유로 건물이 소실된 경우에는 丙은 채무불이행을 이유로 계약을 해제하고 손해배상을 청구할 수 있다.
⑤ 丙이 甲의 기망에 의하여 乙의 건물을 甲소유로 알고 매수의 의사표시를 한 경우, 丙은 사기를 이유로 그 의사표시를 취소할 수 있다.

18 ② 선의의 매수인이 '사실을 안 날'이라 함은 단순히 권리의 일부가 타인에게 속한 사실을 안 날이 아니라 그 때문에 매도인이 이를 취득하여 매수인에게 이전할 수 없게 되었음이 확실하게 된 사실을 안 날을 의미한다.

19 ② 제척기간의 기산일은 계약한 날이 아니라 수량이 부족함을 안 날로부터 1년 이내이다.

20 ⑤ 법률상 장애는 물건의 하자로 다루는 것이 판례의 태도이며, 경매로 취득한 경우에는 물건의 하자에 대해서는 담보책임이 발생하지 않으므로 경락인은 담보책임을 물을 수 없다.

21 ③ 경매절차가 무효인 경우, 甲은 담보책임을 물을 수 없다.

22 ① 부동산매매계약에 있어서 실제면적이 계약면적에 미달하는 경우에는 그 매매가 수량지정매매에 해당할 때에 한하여 민법 제574조, 제572조에 의한 대금감액청구권을 행사함은 별론으로 하고, 그 매매계약이 그 미달 부분만큼 일부 무효임을 들어 이와 별도로 일반 부당이득반환청구를 하거나 그 부분의 원시적 불능을 이유로 민법 제535조가 규정하는 계약체결상의 과실에 따른 책임의 이행을 구할 수 없다(대판 2002.4.9, 99다47396).

23 ③ 매도인의 담보책임이 성립하더라도, 중요부분의 착오가 있는 경우에는 매수인은 착오를 이유로 매매계약을 취소할 수 있다.

24 ㉢ 법률적 제한 내지 장애는 물건의 하자에 해당한다.
㉣ 특정물매매에서 매도인의 하자담보책임이 성립하는 경우에도, 매수인은 매매계약 내용의 중요 부분에 착오가 있으면 취소할 수 있다.

25 ㉡ 매매의 목적 부동산에 설정된 저당권 행사로 매수인이 그 소유권을 취득할 수 없는 경우, 악의의 매수인도 손해배상을 청구할 수 있다.
㉢ 매매의 목적이 된 권리가 타인에게 속하여 매도인이 그 권리를 취득한 후 매수인에게 이전할 수 없는 때에는 악의의 매수인은 해제할 수 있지만, 손해배상은 청구할 수 없다.

26 ⑤ 환매권의 행사로 발생한 소유권이전등기청구권은 그 환매기간 내에 행사하지 않으면 소멸하는 것이 아니라 환매권을 행사한 때로부터 10년의 소멸시효가 진행하는 것이다(대판 1991.2.22, 90다 13420).

27 ③ 매도인이 환매기간 내에 환매의 의사표시를 하였더라도 그 환매에 의한 권리취득의 등기를 하지 않으면 그 부동산을 가압류 집행한 자에 대하여 권리취득을 주장할 수 없다.

28 ④ 환매특약등기가 된 후 매수인으로부터 그 부동산을 다시 매수한 제3자가 있는 경우, 환매권자가 환매권을 행사하지 아니한 이상 환매특약의 등기사실만으로 매수인은 전득자인 제3자의 소유권이 전등기청구를 거절할 수 없다(대판 1994.10.25, 94다35527).

29 ⑤ 교환계약은 합의만으로 성립되는 낙성계약이다.

30 ㉣ 교환계약의 당사자가 목적물의 시가를 묵비하여 상대방에게 고지하지 아니 하거나 허위로 시가 보다 높은 가액을 시가라고 고지한 경우라도 사기에 해당하지 않는다.

31 ① 환매권은 양도할 수 재산권이다.

32 ⑤ 임차인의 비용상환청구에 관한 규정은 임의규정이다. 따라서 임차인의 필요비상환청구권을 포기하기로 하는 약정은 임차인에게 불리하더라도 유효이다.

33 ② 부속된 물건이 건물의 객관적 편익이 아니라 오로지 임차인의 특수목적에 사용하기 위하여 부속된 것인 경우에는 부속물매수청구권을 행사할 수 없다.

34 ① 기간의 약정이 없는 토지임대차에서 임대인이 해지통고를 한 경우에는 임차인은 갱신청구 없이 곧바로 지상물매수청구를 할 수 있다.
②③ 임대인의 동의를 얻어 신축한 것이 아니라도 매수청구의 대상이 되며, 임대인에게 경제적 가치가 있는지 여부도 불문한다.
④ 임차인 소유의 건물이 임대토지와 제3자 소유의 토지 위에 걸쳐서 건립된 경우, 임차인은 건물 전체에 대하여 매수청구를 할 수 없다.
⑤ 임차권이 소멸된 후 임대인이 그 토지를 제3자에게 양도하는 등 소유권이 이전된 경우에는 제3자에 대하여 대항할 수 있는 토지임차인은 그 신 소유자에게 매수청구권을 행사할 수 있다(대판 1977.4.26, 75다348).

35 ② 임차인의 채무불이행을 이유로 해지된 경우에는 임차인은 건물매수청구권을 행사할 수 없다.

36 ⓒ 乙은 건물에 대한 보존등기를 했기 때문에 토지임차권등기를 하지 않았더라도 丙에게 건물매수청구를 할 수 있다.
ⓔ 건물의 매수가격은 시가 상당액이며, 근저당권의 채권최고액이나 피담보채무액을 공제한 금액이 아니다(대판 2008.5.29, 2007다4356).

37 ① 부속물매수청구권은 토지임차인에게는 인정될 수 없다.
② 비용상환청구권은 임대인이 목적물을 반환받은 날로부터 6월 내에 행사하여야 한다.
④ 법원이 차임증액을 결정한 경우, 증액의 효력은 청구한 때로 소급해서 발생한다.
⑤ 임차인이 보증금을 반환받을 때까지 동시이행항변권에 기하여 목적물을 계속하여 사용·수익한 경우에는 사용이익을 부당이득으로 반환할 의무가 있다.

38 ⑤ 차임증감청구권에 관한 규정은 일시사용을 위한 임대차의 경우에는 적용되지 않는다.

39 ④ 임대인이 임대물의 보존에 필요한 행위를 하는 때에는 임차인은 이를 거절하지 못한다. 다만, 임대인이 임차인의 의사에 반하여 보존행위를 하는 경우에 임차인이 이로 인하여 임차의 목적을 달성할 수 없는 때에는 계약을 해지할 수 있다(제625조).

40 ④ 임대차가 묵시의 갱신이 된 경우, 전임대차에 대해 제3자가 제공한 담보는 원칙적으로 소멸한다.

41 ② 임대차계약이 중도에 해지되어 종료하면 임차인은 목적물을 원상으로 회복하여 반환하여야 하는 것이고, 임대인의 귀책사유로 임대차계약이 해지되었다고 하더라도 임차인은 그로 인한 손해배상을 청구할 수 있음은 별론으로 하고 원상회복의무를 부담하지 않는다고 할 수는 없다(대판 2002.12.6, 2002다42278).

42 ③ 甲과 乙이 합의로 임대차계약을 해지한 경우에는 丙의 전차권은 소멸하지 않는다.

43 ⑤ 임대인 甲은 임차인 乙에 대해서 임대차계약을 '해지하지 않는 한' 차임청구권을 가지므로 손해가 발생하지 않아 손해배상을 청구할 수는 없다.

44 ① 甲의 동의 없이 전대하였으므로, 甲은 丙에게 X토지의 반환을 청구할 수 있다.
② 甲의 해지의 의사표시가 없는 한 甲은 乙에 대한 임대차계약상의 차임청구권을 상실하는 것은 아니다.
③ 甲의 해지의 의사표시가 있어야 해지의 효력이 발생한다.
⑤ 甲과 乙 사이의 임대차계약이 존속하는 동안에는 甲은 X토지의 불법점유를 이유로 丙에게 차임 상당의 부당이득반환을 청구할 수 없다.

45 ⑦ 무단양도계약은 유효이다.
㉣ 임대인의 동의가 있는 양도의 경우, 임차인의 연체차임채무나 의무위반에 따른 손해배상채무는 특약이 없는 한 양수인에게 당연히 이전하는 것은 아니다

46 ② 건물의 소유를 목적으로 하는 토지임대차는 이를 등기하지 아니한 경우에도 임차인이 지상건물을 등기한 때에는 제3자에 대하여 임대차의 효력이 생긴다(제622조 제1항).

47 ④ 매수청구권의 대상이 되는 건물은 임대인의 동의를 얻어 신축한 것에 한정된다고는 할 수 없다(대판 1993.11.12, 93다34589).

48 ③ 임대차계약에서 목적물을 사용·수익하게 할 임대인의 의무와 임차인의 차임지급의무는 상호 대응관계에 있으므로 임대인이 목적물을 사용·수익하게 할 의무를 불이행하여 목적물의 사용·수익이 부분적으로 지장이 있는 상태인 경우에는 임차인은 그 지장의 한도 내에서 차임의 지급을 거절할 수 있고, 이는 임대인이 수선의무를 이행함으로써 목적물의 사용·수익에 지장이 초래된 경우에도 마찬가지이다(대판 2015.2.26, 2014다65724).

① 임대차보증금이 임대인에게 교부되어 있더라도 임대인은 임대차관계가 계속되고 있는 동안에는 임대차보증금에서 연체차임을 충당할 것인지를 자유로이 선택할 수 있으므로, 임대차계약 종료 전에는 연체차임이 공제 등 별도의 의사표시 없이 임대차보증금에서 당연히 공제되는 것은 아니다(대판 2013.2.28, 2011다49608).

② 임대차의 최장존속기간에 관한 민법규정은 헌법재판소에 의하여 위헌결정을 받았기 때문에 20년을 넘을 수 있다.

④ 임대인에게 임대권한이 없더라도 임대차계약은 유효하게 성립한다.

⑤ 임차인이 임대인의 동의 없이 임차권을 양도한 경우에는 임대인은 임대차계약을 해지할 수 있다.

49 ① 임차인이 지상물만을 타인에게 양도하였다면 그 임차인은 지상물매수청구권을 행사할 수 없다.

② 임차인이 그 건물의 소부분을 타인에게 사용하게 하는 경우에는 임대인의 동의가 없더라도 임대인은 계약을 해지할 수 없다.

③ 임차인의 채무불이행으로 임대차가 종료된 경우에는 부속물매수청구권은 인정되지 않는다.

④ 보증금은 연체차임 등을 담보하는 기능을 한다. 보증금반환채권이 임차인의 채권자에 의하여 압류되고 전부되었더라도 여전히 담보적 기능을 하기 때문에 임대인은 임차인의 연체차임을 보증금에서 공제할 수 있다.

50 ④ 임대인은 임대차를 해지하지 않는 한 전차인에게 차임 상당의 손해배상청구를 할 수 없다. 해지하지 않는 한 임차인에게 차임을 받을 수 있으므로 손해가 없기 때문이다.

51 ① 비용상환청구권, 임차권등기협력청구권, 임차권의 양도 및 전대에 관한 규정은 임의규정이다.

52 ② 비용상환청구권에 관한 규정은 일시사용을 위한 임대차에도 적용된다.

제1장	**주택임대차보호법**

Answer

01 ⑤	02 ③	03 ②	04 ②	05 ⑤	06 ⑤	07 ③	08 ⑤	09 ②	10 ⑤
11 ②	12 ③	13 ③	14 ⑤	15 ②	16 ②	17 ③			

01 ⑤ 저당권설정일 보다 늦게 대항력을 갖춘 임차인은 경매시 경락인에게 대항하지 못한다.

02 ③ 법정갱신된 경우, 임차인은 언제든지 임대인에 대하여 계약의 해지를 통고할 수 있으나, 임대인은 해지통고를 할 수 없다.

03 ② 임차인이 임대인에게 계약해지를 통지한 경우, 임대인이 그 통지를 받은 날로부터 3월이 경과하면 해지의 효력이 발생한다.

04 ② 임차인이 직접점유를 하지 않더라도 임대인의 승낙을 받아 전대를 한 경우 전차인이 점유를 하고, 또 그의 이름으로 주민등록을 함으로써 대항요건을 갖춘 경우에는 임차인이 대항력을 취득한다. 따라서 임차인의 이름으로 주민등록이 된 경우에는 대항력이 발생할 수 없다.

05 ⑤ 丙이 乙에게 보증금을 반환하는 것은 자신의 채무를 이행한 것이므로 丙은 甲에게 부당이득반환을 청구할 수 없다.

06 ⑤ 甲이 丙에게 주택의 소유권을 이전한 것이 아니라 양도담보를 한 경우에는, 甲이 주택의 소유자이므로 특별한 사정이 없는 한 甲은 乙에게 보증금반환의무를 부담한다.

07 ③ 주택임차인으로서의 우선변제를 받을 수 있는 권리와 전세권자로서 우선변제를 받을 수 있는 권리는 근거규정 및 성립요건을 달리하는 별개의 것이므로, 임차인의 지위에서 경매법원에 배당요구를 하였더라도 전세권에 관해서도 함께 배당요구를 한 것으로 볼 수 없다.

08 ⑤ 우선변제권을 행사할 수 있는 주택임차인으로부터 임차권과 분리된 임차보증금반환채권만을 양수한 채권양수인은 우선변제권을 행사할 수 없다.

09 ② 우선변제권 있는 임차인이 배당요구를 하지 아니하여 후순위 권리자에게 먼저 배당된 경우, 임차인은 그에게 부당이득반환청구를 할 수 없다.

10 ⑤ 임차권등기명령에 의한 임차권등기가 된 주택을 그 등기 후에 임차한 임차인에게는 소액보증금 중 일정액에 대한 최우선변제권이 인정되지 않는다.

11 ② 제3자에 의해 주택이 경매된 경우, 임차인은 경매절차에서 배당요구를 해야 보증금에 대해 우선 변제를 받을 수 있다.

12 ⓒ 주택임대차 이전에 乙의 선순위 저당권이 존재하고 있었기 때문에 丙의 저당권 실행에 의해 경매가 된 경우에도 甲은 경락인에 대하여 임차권으로 대항할 수 없다.

13 ③① 丙의 임차권은 경매로 소멸하므로, A는 임대인의 지위를 승계하지 않는다.
② 가압류채권자 丁과 후순위저당권자 戊는 동순위로 배당받는다.
④ 甲이 선순위저당권자이므로, 丙은 甲에 우선하여 보증금에 대해 우선변제를 받을 수 없다.
⑤ 丙의 배당요구가 없어서 丁과 戊에게 배당된 경우, 丙은 丁과 戊에게 부당이득반환을 청구할 수 없다.

14 ⑤ 대지와 주택이 동일인 소유였다가 대지만을 제3자에게 매도한 뒤 그 대지가 경매되는 경우에도 임차인은 대지의 환가대금에서 최우선변제를 받을 수 있다.

15 ② 임차인은 계약갱신요구권을 1회에 한하여 행사할 수 있다.

16 ② 임대인은 임차인이 임대차기간이 끝나기 6개월 전부터 2개월 전까지의 기간에 계약갱신을 요구할 경우 정당한 사유 없이 거절하지 못한다.

17 ㉠ 임대인은 해지통고를 할 수 없으나 임차인은 해지통고를 할 수 있다.
ⓒ 임차인이 임차한 주택의 전부 또는 일부를 고의나 중대한 과실로 파손한 경우, 임대인은 계약갱신요구를 거절할 수 있다.

제2장 상가건물 임대차보호법

Answer

01 ④　　02 ③　　03 ④　　04 ④　　05 ①　　06 ⑤　　07 ③　　08 ⑤　　09 ③

01 ① 확정일자는 대항요건이 아니다.

② 법정갱신된 경우, 존속기간은 1년으로 본다.

③ 임차인이 폐업신고를 하였다가 다시 같은 상호 및 등록번호로 사업자등록을 하면, 처음의 대항력이 그대로 유지되는 것이 아니라 새로운 대항력을 취득하게 된다.

⑤ 권리금 회수의 방해로 인한 임차인의 임대인에 대한 손해배상청구권은 임대차가 종료한 날로부터 3년 이내에 행사하지 않으면 시효의 완성으로 소멸한다.

02 ③ 임차인 乙이 중과실로 파손한 경우이어야 임대인 甲은 갱신을 거절할 수 있으며, 경과실의 경우에는 갱신을 거절할 수 없다.

① 임대차종료 후 보증금을 반환받지 못한 경우에 신청할 수 있다.

② 임차주택의 소재지를 관할하는 지방법원·지방법원지원 또는 시·군법원에 임차권등기명령을 신청할 수 있다.

④ 임차인의 계약갱신요구권은 최초의 임대차기간을 포함한 전체 임대차기간이 10년을 초과하지 않는 범위 내에서만 행사할 수 있다.

⑤ 경매개시결정시까지가 아니라 배당요구 종기까지 존속하고 있어야 한다.

03 ④ 환산보증금을 초과하는 상가건물 임대차에는 임차권등기명령에 관한 규정이 적용되지 않는다.

04 ⓒ 환산보증금을 초과하는 상가건물 임대차에는 확정일자 부여 등에 대해 규정하고 있는 상가건물 임대차보호법 제4조의 규정이 적용되지 않는다.

05 ⓒⓒ 환산보증금을 초과하는 상가임대차에서 기간약정을 하지 않은 경우에는 최단기간에 관한 규정이 적용되지 않으므로, 임대차기간이 정해져 있음을 전제로 인정되는 임차인의 계약갱신요구권은 발생할 여지가 없다(대판 2021.12.30, 2021다233730).

06 ⑤ 최초의 임대차기간을 포함한 전체 임대차기간이 10년을 초과하여 임차인이 계약갱신요구권을 행사할 수 없는 경우에도 임대인은 권리금 회수기회 보호의무를 부담한다고 보아야 한다(대판 2019.5.16, 2017다225312).

07 ③ 임차인의 계약갱신요구권은 최초의 임대차기간을 '포함'한 전체 임대차기간이 10년을 초과하지 않는 범위 내에서만 행사할 수 있다.

08 ⑤ '최초의 임대차기간'이라 함은 위 법시행 이후에 체결된 임대차계약에 있어서나 위 법시행 이전에 체결되었다가 위 법시행 이후에 갱신된 임대차계약에 있어서 모두 당해 상가건물에 관하여 최초로 체결된 임대차계약의 기간을 의미한다(대판 2006.3.23, 2005다74320).

09 ③ 손해배상액은 신규임차인이 임차인에게 지급하기로 한 권리금과 임대차종료 당시의 권리금 중 낮은 금액을 넘지 못한다.

제3장 | 가등기담보 등에 관한 법률

Answer

01 ⑤	02 ⑤	03 ②	04 ④	05 ⑤	06 ②	07 ①	08 ③	09 ④	10 ①
11 ①	12 ②								

01 ⑤ 청산절차가 종료되면 가등기담보권자는 본등기를 경료하기 전에도 과실수취권을 취득한다.

02 ⓒ 가등기담보권자는 청산금이 없는 경우에도 실행통지가 채무자 등에게 도달한 날로부터 2월이 경과한 후에 본등기를 청구할 수 있다.
ⓔ 청산금이 없는 귀속청산의 경우, 청산절차가 종료되더라도 가등기담보권자는 본등기를 해야 소유권을 취득한다.

03 ① '담보설정 당시'가 아니라 '실행통지 당시'의 목적물의 평가액과 피담보채권액의 범위를 밝혀야 한다.
③ 청산금이 없다고 인정되는 경우에도 그 뜻을 통지하여야 한다.
④ 채권자는 담보목적부동산에 관하여 이미 소유권이전등기를 마친 경우에는 청산기간이 지난 후 청산금을 채무자 등에게 지급한 때에 소유권을 취득한다.
⑤ 채권자가 주관적으로 평가한 청산금의 액수가 정당하게 평가된 청산금의 액수에 미치지 못한다고 하더라도 담보권 실행의 통지로서의 효력이 있다(대판 2008.4.11, 2005다36618).

04 ④ 가등기담보권자인 채권자가 청산기간이 경과하기 전에 채무자에게 청산금을 지급한 경우에는, 이로써 후순위권리자에게 대항할 수 없다.

05 ① 후순위권리자는 청산기간에 한정하여 그 피담보채권의 변제기 도래 전이라도 경매를 청구할 수 있다.
② 채무자가 청산기간 전에 한 청산금에 관한 권리의 양도나 그 밖의 처분은 이로써 후순위권리자에게 대항하지 못한다.

③ 담보목적물에 대한 사용·수익권은 채무자에게 청산금을 지급하여야 채권자에게 귀속된다.
④ 담보가등기를 마친 부동산에 대하여 강제경매 등이 행하여진 경우에는 담보가등기권리는 그 부동산의 매각에 의하여 소멸한다.

06 ② 후순위 권리자는 청산기간 내에 변제기 도래 전이라도 경매를 청구할 수 있다.

07 ② 甲의 피담보채권의 범위는 청산금 지급 당시를 기준으로 하는 것이 아니라 실행통지 당시를 기준으로 확정된다.
③ 청산기간이 지난 후에도 청산금이 지급되기 전에는 乙은 대여금을 변제하고 가등기말소를 청구할 수 있다.
④ 甲이 나름대로 평가한 청산금액이 객관적인 평가액에 미치지 못할 경우에도 실행통지는 효력이 있다.
⑤ 선순위 저당권자의 피담보채권액을 공제하는 것이지 모든 피담보채권액을 공제하는 것이 아니다.

08 ③ 양도담보권자는 청산절차가 종료되기 전에는 소유자가 아니므로 제3자에 대하여 직접 소유권에 기한 인도청구를 할 수 없다.

09 ④ 특별한 사정이 없는 한, 목적부동산에 대한 사용수익권(과실수취권)은 양도담보권설정자(소유자)에게 있으므로, 양도담보권자는 임료 상당의 손해배상이나 부당이득반환청구를 할 수 없다(대판 2008.2.28, 2007다37394·37400).

10 ① 가등기담보 등에 관한 법률이 적용되기 위해서는 피담보채권은 소비대차로 인하여 발생한 채권이라야 하고, 예약 당시의 목적물가액이 피담보채권액을 초과해야 하고, 가등기나 이전등기를 경료해야 하므로 이 모든 요건을 충족한 경우는 ①번뿐이다.

11 ⓛ 청산금의 평가액을 통지한 채권자는 그가 통지한 청산금의 금액에 관하여 다툴 수 없다.
ⓒ 청산기간이 경과된 후라도 채무자는 정당하게 평가된 청산금을 지급받을 때까지는 채무를 변제하고 가등기의 말소를 청구할 수 있다.
ⓔ 채권자가 나름대로 평가한 청산금액이 객관적인 평가액에 미치지 못할 경우에도 실행통지는 효력이 있다.

12 ② 청산절차를 거치지 않고 가등기담보권자가 경료한 소유권이전등기는 무효지만 나중에 청산절차를 마치면 그때부터 유효한 등기가 된다(대판 2002.12.10, 2002다42001).

제4장 부동산 실권리자명의 등기에 관한 법률

01 ④	02 ③	03 ②	04 ③	05 ⑤	06 ③	07 ⑤	08 ④	09 ⑤	10 ③
11 ①	12 ⑤	13 ③	14 ②	15 ④	16 ②	17 ③	18 ③	19 ⑤	20 ⑤

01 ① 명의신탁약정이 3자 간 등기명의신탁인지 아니면 계약명의신탁인지를 구별하는 것은 계약당사자를 확정하는 문제로서, 타인을 통하여 부동산을 매수하면서 매수인 명의를 그 타인 명의로 하기로 하였다면, 계약명의자인 명의수탁자가 아니라 명의신탁자에게 계약에 따른 법률효과를 직접 귀속시킬 의도로 계약을 체결하였다는 등의 특별한 사정이 없는 한, 그 명의신탁관계는 계약명의신탁에 해당한다고 보아야 한다(대판 2017.7.11, 2012두28414).

② 용익물권도 명의신탁의 대상이 될 수 있다.

③ 유효인 명의신탁에서 명의신탁자는 대외적으로 소유자가 아니므로, 명의신탁재산에 대한 불법점유자에게 직접 물권적 청구권을 행사할 수 없다.

⑤ 계약명의신탁에서 매도인이 명의신탁에 대하여 선의라면 매매로 인한 물권변동은 유효이다(동법 제4조 제2항 단서).

02 ③ 부부 사이에 유효하게 성립한 명의신탁은 배우자 일방이 사망하더라도 잔존배우자와 사망한 배우자의 상속인과의 관계에서 여전히 유효하게 존속한다(대판 2013.1.24, 2011다99498).

03 ② 토지를 丙이 침해하는 경우, 물권적 청구권자는 대외적 소유자인 乙이므로 甲은 직접 丙에게 신탁재산에 대한 침해의 배제를 청구할 수 없고, 乙을 위해서 청구해야 한다.

04 ③ 부동산실명법을 위반하여 무효인 명의신탁약정에 따라 명의수탁자 명의로 등기를 하였다는 이유만으로 그것이 당연히 불법원인급여에 해당한다고 단정할 수는 없다(대판 전합 2019.6.20, 2013다218156).

05 ⑤ 양자간 등기명의신탁에서 수탁자가 부동산을 처분하여 제3자가 유효하게 소유권을 취득하게 되면, 신탁자의 소유권에 기한 물권적 청구권은 소멸한다. 따라서 그 후 수탁자가 우연히 부동산의 소유권을 다시 취득하더라도 신탁자는 수탁자에게 소유물반환을 청구할 수 없다(대판 2013.2.28, 2010다89814).

06 ③ 甲과 乙 사이의 매매계약은 유효하므로 甲은 乙에게 이전등기청구권을 갖고, 또한 乙은 丙에게 등기말소청구권을 가지고 있으므로 甲은 乙을 대위하여 丙명의의 등기를 말소하고, 자기명의로 등기를 할 수 있다(대판 2002.11.22, 2002다11496). 따라서 甲은 乙에게 매매대금반환청구를 할 수는 없다.

07 ㉠ 현재 소유자는 甲이므로, 乙은 丙에게 진정명의회복을 원인으로 하는 소유권이전등기를 청구할 수 없다.

08 ④ 丁이 명의신탁 사실을 알고 丙으로부터 X토지를 매수하고 소유권이전등기를 한 경우라도 丁은 원칙적으로 소유권을 취득한다.

09 ⑤ 丙으로부터 X부동산을 매수한 丁이 丙의 甲에 대한 배임행위에 적극 가담한 경우에는 丙과 丁 사이의 매매계약은 반사회적인 법률행위에 해당하여 무효이다.

10 ③ 매도인의 선의는 계약체결 당시를 기준으로 판단한다.

11 ① 매도인의 선의는 계약체결 당시를 기준으로 판단하므로, 丙이 계약체결 이후에 甲과 乙의 명의 신탁약정 사실을 알게 된 경우에도 매매계약은 유효이다.

12 ⑤ 만약, 甲과 乙 간의 명의신탁약정과 乙명의의 소유권이전등기가 부동산실명법이 시행되기 전에 이루어진 것이고 부동산실명법상의 유예기간 내에 甲명의로 실명등기를 경료하지 않은 채 유예기간 이 경과하였다면, 甲은 乙에게 매매대금의 반환을 청구할 수 있을 뿐만 아니라 소유권을 취득한 乙 에게 그 부동산 자체의 반환을 청구할 수도 있다(대판 2002.12.26, 2000다21123).

13 ③ 乙과 丙 간의 매매계약은 무효이므로 乙의 소유권이전등기말소의무와 丙의 매매대금반환의무는 동시이행관계에 있다.

14 ㉠ 甲이 명의신탁약정을 알지 못한 경우, 丙이 소유권을 취득하므로 乙은 丙에게 소유권이전을 청 구할 수 없다.
㉢ 甲이 명의신탁약정을 알고 있었던 경우, 부동산 소유권은 甲에게 있으므로 乙은 甲에 대하여 진 정명의회복을 원인으로 한 소유권이전등기를 청구할 수 없다.
㉣ 乙은 甲과 매매계약관계가 없으므로 甲에 대하여 소유권이전등기를 청구할 수 없다(대판 2013.9.12, 2010다95185).

15 ④ 경매목적물의 소유자가 명의신탁사실을 알았다 하더라도 그 사정만으로 수탁자의 소유권취득이 무효가 되는 것은 아니다(대판 2012.11.15, 2012다69197).

16 ② 상호명의신탁의 경우 그 지분권자는 외부관계에 있어서는 1필지 전체에 관하여 공유관계가 성립 되므로, 제3자의 방해행위가 있는 경우에는 자기의 구분소유 부분뿐 아니라 전체 부동산에 대하여 공유물의 보존행위로서 방해배제를 구할 수 있다.

17 ③ 비록 명의신탁이 부동산 실권리자명의 등기에 관한 법률상 무효이어도 그 자체로 민법 제103조 위반은 아니므로 결국 불법원인급여에 해당하지 않는다. 따라서 명의신탁자가 무효인 명의신탁을 주장하면서 자신의 권리를 찾을 수도 있다(대판 2003.11.27, 2003다41722).

18 ③ 乙은 甲을 대위해서 丙에게 등기말소를 청구할 수 있을 뿐, 丙에 대하여 진정명의회복을 원인으로 한 소유권이전등기를 청구할 수 없다.

19 ⑤ 수탁자가 제3자에게 부동산을 처분하면 제3자는 유효하게 소유권을 취득한다.

20 ⑤ 명의신탁자의 부당이득반환청구권은 부동산 자체로부터 발생한 채권이 아닐 뿐만 아니라 소유권 등에 기한 부동산의 반환청구권과 동일한 법률관계나 사실관계로부터 발생한 채권이라고 보기도 어려우므로, 결국 민법 제320조 제1항에서 정한 유치권 성립요건으로서의 목적물과 채권 사이의 견련관계를 인정할 수 없다(대판 2009.3.26, 2008다34828).

제5장 집합건물의 소유 및 관리에 관한 법률

Answer

01 ②	02 ②	03 ⑤	04 ④	05 ⑤	06 ④	07 ④	08 ④	09 ②	10 ①
11 ⑤									

01 ② 구분소유자 중 일부가 정당한 권원 없이 집합건물의 복도, 계단 등과 같은 공용부분을 배타적으로 점유·사용함으로써 이익을 얻고, 그로 인하여 다른 구분소유자들이 해당 공용부분을 사용할 수 없게 되었다면, 공용부분을 무단점유한 구분소유자는 특별한 사정이 없는 한 해당 공용부분을 점유·사용함으로써 얻은 이익을 부당이득으로 반환할 의무가 있다(대판 2020.5.21, 2017다220744).

02 ② 공용부분에 관한 물권의 득실변경은 등기를 요하지 아니한다(동법 제13조).

03 ⑤ 당초의 수분양자가 분양대금을 완납하지 않았더라도 경락인이 대지사용권을 취득한다(대판 2006.9.22, 2004다58611).

04 ④ 구분소유권이 순차로 양도된 경우 각 특별승계인들은 이전 구분소유권자들의 채무를 중첩적으로 인수한다고 봄이 상당하므로, 현재 구분소유권을 보유하고 있는 최종 특별승계인뿐만 아니라 그 이전의 구분소유자들도 구분소유권의 보유 여부와 상관없이 공용부분에 관한 종전 구분소유자들의 체납관리비채무를 부담한다(대판 2008.12.11, 2006다50420).

05 ⑤ 관리단집회 결의나 다른 구분소유자의 동의 없이 구분소유자 1인이 공용부분을 독점적으로 점유·사용하는 경우, 다른 구분소유자는 공용부분의 보존행위로서 그 인도를 청구할 수는 없고, 자신의 지분권에 기초하여 공용부분에 대한 방해 상태를 제거하거나 공동 점유를 방해하는 행위의 금지 등을 청구할 수 있다(대판 2019다245822).

06 ④ 전유부분은 구분소유자에게 인도한 날로부터, 공용부분은 사용검사일 또는 사용승인일부터 그 기간을 기산한다.

07 ④ 최고를 받은 구분소유자가 2개월 이내에 회답이 없는 경우에는 재건축에 참여하지 않겠다는 뜻을 통지한 것으로 본다(동법 제48조 제2항).

08 ④ 구분소유자는 그가 가지는 전유부분과 분리하여 대지사용권을 처분할 수 없다. 다만, 규약으로써 달리 정한 경우에는 그러하지 아니하다(동법 제20조 제2항).

09 ② 집합건물의 소유 및 관리에 관한 법률 제20조의 규정내용과 입법취지 등을 종합하여 볼 때, 규약이나 공정증서로 다르게 정하였다는 특별한 사정이 없는 한 대지사용권을 점유부분과 분리하여 처분할 수는 없으며, 이를 위반한 대지사용권의 처분은 법원의 강제경매절차에 의한 것이라 하더라도 무효이다(대판 2009.6.23, 2009다26145).
① 일부의 구분소유자에게만 공용으로 제공되는 것임이 명백한 공용부분은 그들 구분소유자의 공유에 속한다.
③ 집합건물의 분양자가 수분양자에게 대지지분의 소유권이전등기나 대지권변경등기를 지적정리 후에 해 주기로 하고 전유부분의 소유권이전등기만을 마쳐 준 상태에서 전유부분에 대한 경매절차가 진행되어 제3자가 이를 경락받은 경우, 수분양자가 분양대금을 완납하지 않았더라도 경락인은 대지사용권을 취득한다(대판 2006.9.22, 2004다58611).
④ 대지소유권을 취득하지 못한 상태에서 전유부분의 소유권을 경매로 상실한 자는 장래 취득할 대지지분을 전유부분의 소유권을 취득한 경락인이 아닌 제3자에게 분리처분하지 못하고, 이를 위반한 대지지분의 처분행위는 무효이다(대판 2008.9.11, 2007다45777).
⑤ 법정공용부분은 등기할 사항이 아니다. 규약상의 공용부분은 공용부분이라는 취지를 등기하여야 한다(동법 제3조 제4항).

10 ① 건물을 구분건물로 하겠다는 구분의사가 객관적으로 표시된 경우에는 구분건물로 등기부에 등기되지 않았다 하더라도 구분소유는 성립할 수 있다.

11 ⑤ 촉구를 받은 구분소유자가 2개월 이내에 회답이 없는 경우에는 재건축에 참여하지 않겠다는 뜻을 통지한 것으로 본다(동법 제48조 제2항).

연구 집필위원

김덕수	김민권	이승현	김화현	민석기
설신재	안우채	백 헌	윤태석	이정환
이강술	고창덕	정동섭	유재헌	

제35회 공인중개사 시험대비 **전면개정판**

2024 박문각 공인중개사
합격예상문제 **1차** 민법·민사특별법 정답해설집

초판인쇄 | 2024. 4. 1. **초판발행** | 2024. 4. 5. **편저** | 박문각 부동산교육연구소

발행인 | 박 용 **발행처** | (주)박문각출판 **등록** | 2015년 4월 29일 제2015-000104호

주소 | 06654 서울시 서초구 효령로 283 서경 B/D 4층 **팩스** | (02)584-2927

전화 | 교재 주문 (02)6466-7202, 동영상문의 (02)6466-7201

판 권
본 사
소 유

비매품

ISBN 979-11-6987-921-7 | ISBN 979-11-6987-919-4(1차 세트)